Verloren im Cyberspace

Joachim Köhler

Verloren im Cyberspace

**Auf dem Weg zur
posthumanen Gesellschaft**

EVANGELISCHE VERLAGSANSTALT
Leipzig

Bibliographische Information der Deutschen Nationalbibliothek
Die Deutsche Nationalbibliothek verzeichnet diese Publikation in der
Deutschen Nationalbibliographie; detaillierte bibliographische Daten
sind im Internet über http://dnb.de abrufbar.

Printed in Germany

Das Buch wurde auf alterungsbeständigem Papier gedruckt.

Cover: NORDSONNE IDENTITY GmbH, Berlin
Coverbild: © Maximalfocus/unsplash.com
Satz: Evangelisches Medienhaus GmbH, Leipzig
Druck und Binden: CPI books GmbH

ISBN 978-3-374-06758-9 // eISBN (PDF) 978-3-374-06759-6
eISBN (E-Pub und Mobi) 978-3-374-06760-2
www.eva-leipzig.de

Für Carol, wen sonst ...

»Die Computer haben uns in eine virtuelle Welt eingetaucht, die uns immer mehr absorbiert und entmenschlicht. Was wir sehenden Auges uns selbst zufügen, gleicht einer neurologischen Katastrophe gigantischen Ausmaßes.«[1]

Oliver Sacks, 2015

»Die Menschen haben Angst, dass die Computer zu smart werden und unsere Welt übernehmen könnten. Das eigentliche Problem aber liegt darin, dass sie dumm sind und unsere Welt bereits übernommen haben.«[2]

Pedro Domingos, 2015

»Das 21. Jahrhundert wird die Ära der Weltkontrolleure sein.
Der Frage, ob man nicht auch die Kontrolleure kontrollieren muss, wird eine klare Absage erteilt:
Sie brauchen keine Kontrolle.«[3]

Aldous Huxley, 1958

Vorwort

Wer sich Wissen, Nachrichten, Entertainment und was sonst
noch aus dem Internet besorgt, gleicht einem Angler, der seine
Angelschnur vom sicheren Ufer aus in einen Fluss wirft. Da
das Gewässer äußerst fischreich ist, beißt immer etwas an,
wenn auch nicht immer das Richtige. Am ungefährlichsten ist
es in Ufernähe, dort fließt das Wasser träge, und der Angler
kann bis auf den Grund sehen. Man könnte es die Wikipedia-
Zone nennen. Wer sich ihrem *Flow* überlässt, bewegt sich schwe-
relos durch alle Bibliotheken und Enzyklopädien der Welt,
ohne seinen Schreibtisch verlassen zu müssen. Ein biblisches
Versprechen scheint damit eingelöst: Wer sucht, der wird
finden, wer anklopft, dem wird aufgetan.

Während man sich dank Google im Bilderstrom von immer neuen Ansichten und Ausblicken entzücken lässt, gleitet
man, von Link zu Link getragen, tiefer und tiefer in den Strom
hinein. Unmerklich nimmt die Fließgeschwindigkeit zu. Und
dort, wo man gerade noch mittels Suchmaschine gesurft hat,
klickt man sich zur Abwechslung durch YouTube-Clips, gerät
anschließend in einen Twitter-Strudel, und während man mechanisch scrollt und scrollt, findet man sich selbst – dieses fast
schon vergessene Selbst – bei Facebook wieder, dessen *Newsfeed* einen augenblicklich gefangen nimmt, denn er gehört

einem allein. Und während man noch die »Gefällt mir«-Noten zählt, was meist wenig Wohlgefallen auslöst, wird man von einer Strömung, genannt *Streaming*, mitgerissen, die einen mit Musik umhüllt oder in den abgedunkelten Raum eines Kinos führt. Von dort treibt es einen ganz unwiderstehlich weiter in die Wirrnis der *Game World* hinein, wo man sich unversehens in eine Traumwelt innerhalb der Traumwelt versetzt sieht. Hier muss man immer wieder töten, um nicht selbst getötet zu werden, und immer wieder spielen, um nicht alles zu verlieren. Spätestens dann weiß man vor lauter Mitgerissensein nicht mehr, worauf all das, der Strom, das Treiben der Wellen, am Ende die Katarakte des virtuellen Wahnsinns, noch hinauslaufen. Und wohin. Sicher ist nur, dass man die Kontrolle verloren hat. Man spielt nicht mehr, man wird gespielt. Man ist der Fisch, der an der Angel zappelt.

Die Cyberwelt ist zu unserem Lebensmittelpunkt geworden, der allein darüber entscheidet, ob für uns etwas wirklich existiert oder nicht. Alle benutzen diese Welt, wenige beherrschen sie, kaum einer versteht sie. Entstanden durch die Verschmelzung von Computer- und Internettechnologie, spielt sich die Cyberwelt im Vordergrund ab, bietet allem eine Bühne und zeigt allen ihr *Face*. Man trägt sie bei sich und oft auch vor sich her wie eine Monstranz, die einem alles zeigt und die man allen zeigt.

Der nicht enden wollende Strom an Informationen erschafft so den Menschen, der immer woanders ist und Wichtigeres zu tun hat. Was hinter den Kulissen dieses Theaters der großen Weltentfremdung steckt, bleibt verborgen. Einerseits bringt die Cyberwelt die alles durchdringende Transparenz, führt ihre Nutzer in ein gläsernes Universum von unvorstellbaren Ausmaßen. Andrerseits hält sie sich selbst, als Wunscherfüllungsmaschine, im Hintergrund. Sie führt und verführt in eine Unendlichkeit von Räumen. Und bleibt selbst ein geschlossener Raum ohne Fenster.

Dies dunkle Reich, das den modernen Menschen Licht bringt, verfügt über gefühlte Allmacht. Sie beruht auf dem Zusammenspiel von zwei Netzwerken, die die Welt umspannen: zum einen das Internet der Informationen, die ein unendliches Zahlenwerk bilden, parallel dazu das menschliche Netzwerk, in das Milliarden von Nutzern verwoben und verstrickt sind. Das Internet ist unsere tägliche Verstrickung. Das Netz, das uns mit sanftem Nachdruck, aber auch unerbittlich zum Kollektiv zusammenfasst.

Gewöhnlich drückt man dies positiver aus: Das Internet bringt die Menschen einander näher, heißt es, eröffnet ihnen einen globalen Marktplatz für Kommunikation und Warenaustausch. Doch diese Menschheitsgemeinschaft, so wünschenswert sie sein mag, hat einen Haken. Beim kommunikativen »Seid umschlungen, Millionen« bleibt nämlich verborgen, dass jeder Mensch, der das Informationsuniversum nutzt, sich zugleich als Teil davon zur weiteren Nutzung anbietet. In einer Form, die sich seiner Kontrolle und seinem Wissen entzieht. In zahlenbasierte Informationen verschlüsselt, wird er selbst verkäuflich. Wodurch Schillers »Seid umschlungen, Millionen« einen weniger erfreulichen Sinn erhält: Für die Betreiber ist das unerschöpfliche Netzwerk eine unerschöpfliche Goldgrube.

Die Cyberwelt bietet sich als universale Dienstleistung an, die so gut wie nichts kostet. Sie präsentiert sich als allgegenwärtige Alternative zur wirklichen Welt. Zu ihrem unwiderstehlichen Angebot gehört, dass man, im Gegensatz zur Alltags- und Berufswelt, immer alles unter Kontrolle zu haben glaubt. Man ruft auf, was einen interessiert, und erhält prompt, was man sich wünscht. Man glaubt, am Steuerhebel seines eigenen Lebens zu sitzen. Und ist doch unmerklich selbst gesteuert: Was einem als ureigenstes Interesse erscheint, wird einem von diesem Wunderland der Wünschbarkeiten selbst nahegelegt. Man glaubt, sich mittels Maus, Tastatur oder Touchscreen die Welt untertan zu machen, wird aber selbst mit einem einzigen Mausklick zum Untertanen der Betreiber.

Der moderne Mensch kann nicht mehr ohne die Speicher-funktion des Computers leben. In der *Cloud*, der ominösen Datenwolke, ist sein eigenes Gewesensein festgehalten, in ihr feiert er die Erinnerungskultur seiner selbst: Was er an Texten und Bildern der Cyberwelt anvertraut hat, wird fortbestehen. Und er mit ihm. Das uralte und immer neue Problem der Vergänglichkeit scheint durch die Datenwolke besiegt zu sein: Sie schenkt allem, was zählt, ewiges Leben. Zahlen, in denen die Wirklichkeit codiert ist, und Photonen, die sie transpor-tieren, sind zeitlos. Mit ihnen lässt sich alles im Augenblick einfrieren.

Alles bleibt, wie es ist. Was auf der Festplatte steht, schenkt dauernde Gegenwart, an der man sich festhalten kann. Man sieht nicht gern in die Zukunft, die ein bedrohliches Gesicht zeigt. Dagegen zeigt das, was der Gegenwart vorausging, ein vertrautes Gesicht. Vor allem, es bedroht einen nicht. Man hat das Vergangene schon hinter sich. Und man kann es auch je-derzeit abrufen. Das Selbst ist im Selfie bestens aufgehoben.

Man glaubt die Cyberwelt zu nutzen, und wird von ihr be-nutzt. Aber schließlich, so heißt es, nutzt sie mehr, als sie scha-det. Sie dient einem auf allen nur denkbaren Feldern. Und kos-tet nichts. Dass es doch etwas kostet, am Ende alles kostet, bemerkt man nur langsam. Die grenzenlose Vielfalt der Web-sites, die einen, wie das Kind im Spielzeugladen, entzückt, lenkt davon ab, dass die Cyberwelt genau dieses Online-Kind, zu dem wir konditioniert werden, im Visier hat. Ganz lang-sam, aber stetig, nimmt es Besitz vom Menschen, der vergisst, dass diese schöne neue Welt ein Spielzeugladen ist. Und der darüber sich selbst und seine Menschlichkeit vergisst.

Zum Existieren braucht der Mensch die Natur nur noch als Rohstofflieferanten, die Gesellschaft als prompten Dienst-leister, und auch sein Körper ist nur noch fehlbares Bedienele-ment unfehlbarer Maschinen. Er ist Mensch nur noch im Ne-benberuf. Die Grenzen der Nation hat er übersprungen, auch einen festen Ort muss er nicht mehr einnehmen. Sein Ort ist überall und nirgendwo. Er lebt in der Utopie des Alleswissens und Alleskönnens. Fortan ist er der Mensch, der alles kann und nichts ist. Außer den Informationen, die über ihn gesammelt sind.

Unbemerkt ist man posthuman geworden. So fremd der Begriff auf uns wirkt, so vertraut ist das, was er meint. Bezeichnet »postmodern« das, was nach der Moderne kommt, so bedeutet das Wort, das unbemerkt unsere Zeit und vielleicht alle kommenden Zeiten prägt, »nach dem Menschlichen«. Aber dieses »Nach« geschieht im Jetzt. Der Mensch ist auf dem Weg, sich endgültig in diese neue, unheimliche Identität zu verwandeln. Der Falter, gerade erst aus der Puppe geschlüpft, flattert bereits mit den Flügeln. Das Posthumane hat sich sprichwörtlich als etwas »entpuppt«, das nicht vorauszusehen war. Es hielt sich, wie man heute sagt, unter dem Radarschirm. Es blieb im Schatten, wo es prächtig gedieh. Berauscht von den unablässig wechselnden Horizonten des Cyberspace, ist man sich selbst abhanden gekommen.

Die beiden Schlüsselwörter der Cyberwelt sind aufschlussreich genug: *Digital*, dieser unablässig benutzte Begriff, bedeutet wörtlich »in Zahlen ausgedrückt«, meint aber »in Zahlen verschlüsselt«. Was verschlüsselt ist, kann nur der öffnen, der den Code dazu hat. Das andere Zauberwort ist *Cyber*. Heute lässt sich fast alles mit diesem Begriff verbinden, Cyberweek, Cybersecurity, Cybersex. Das Wort kommt aus dem Griechischen und bedeutet schlicht »gesteuert«. Wer sich in den Cyberspace begibt, unterwirft sich einer Lenkung, auf die er selbst keinen Einfluss hat: Man kann wählen, aber was man wählen kann, entscheidet die höhere Instanz, der Cyberspace.

Um zu erkennen, dass in dieser schönen neuen Welt für den Menschen etwas gründlich schiefläuft, muss man kein Computer- und Internetfachmann sein. Auch ich bin das nicht. Als Philosoph, Journalist und Schriftsteller habe ich dreißig

Jahre lang von diesem Informationsuniversum profitiert, mich aber auch mit seinen Tücken herumschlagen müssen. So lernte ich es ziemlich gut kennen. Sollten mir trotzdem in manchen Punkten Fehler unterlaufen sein, bitte ich den Leser um Nachsicht. Dabei möchte ich mich dem Eingeständnis des Futurologen Nick Bostrom anschließen, der einmal über sein neues Buch sagte, es enthalte »wahrscheinlich schwere Fehler und Irreführungen. Aber die in der Literatur vorgebrachten Alternativen stehen meiner Meinung nach noch schlechter da.«[5]

Das Unheimliche an diesem superintelligenten Ungeheuer Cyberwelt ist mir erst langsam aufgegangen. Besser gesagt, es ist mir aufgegangen, dass diese scheinbar so rationale Technologie mit ihrem launischen Eigenleben ein Ungeheuer ist. In dramatischer, vom Nutzer kaum verfolgbarer Beschleunigung ist es uns von Innovation zu Innovation über den Kopf gewachsen. Das allwissende Frage-und-Antwort-Spiel, der blitzschnelle Such-und-Finde-Mechanismus sowie die verführerische Heute-bestellt-morgen-geliefert-Automatik haben alle in ihren Bann gezogen. Schritt für Schritt, von Update zu Update lassen wir uns ins künstliche Paradies der digitalen Wunscherfüllung locken. Und gehen uns selbst dabei verloren. Über dem Eingangsportal der Cyberwelt stehen nicht, wie über Dantes Höllentor, die Worte »Lasst alle Hoffnung fahren, die ihr hier eintretet«, sondern: »Lasst euch selbst fahren, den Rest besorgen wir«.

Joachim Köhler
Hamburg, im November 2020

Inhalt

Vom Verschwinden des Menschen

>*»Wie das Schicksal der Gorillas*
>*heute stärker von uns Menschen*
>*abhängt als von den Gorillas selbst,*
>*so hängt das Schicksal unserer*
>*Spezies von den Handlungen der*
>*maschinellen Superintelligenz ab«.*[6]
>**Nick Bostrom, 2014**

Die Cyberwelt ist eine Sphinx. Sie zeigt der Welt ihr schönes Menschengesicht, doch ihren Raubtierkörper verbirgt sie. Scheinbar allwissend, bleibt sie doch undurchsichtig und unberechenbar. Aber sie kann einem jede Frage beantworten und jedes Rätsel lösen. Im antiken Mythos war es die Sphinx, die dem Menschen Rätsel vorlegte. Konnte er sie nicht lösen, brachte sie ihn um.

Irgendwann bringt der Cyberspace jeden zur Verzweiflung. Von den technischen Problemen ganz zu schweigen. Man schmeichelt sich, mit dieser Wunscherfüllungsmaschine anstellen zu können, was immer man will. Aber irgendwann muss man sich doch eingestehen, dass sie es ist, die mit einem anstellt, was sie will. Und keiner weiß, wer sich hinter dieser »sie« verbirgt.

Die Machtübernahme dieser Technologie begann mit Elektronengehirnen, groß wie Wohnzimmer, die man in den 1950er Jahren als Gipfel menschlichen Erfindungsgeistes anstaunte. Ein halbes Jahrhundert später sind sie zu winzigen

Smartphones geschrumpft, die die Fähigkeiten der Wohnzimmerschränke um unvorstellbare Dimensionen erweitern. So verfügt ein gewöhnliches iPhone heute über die 100.000fache Rechenleistung, mit der die Nasa-Computer 1969 die Apollo-Kapsel auf den Mond steuerten.

Da man die Smartphones immer bei sich trägt, verwandeln sie einen selbst in ein menschliches Elektronengehirn. Das »mobile Endgerät«, das einem die Denkarbeit abnimmt, denkt schneller und weiß mehr, unendlich mehr, als irgendein einzelner Mensch. Rund um die Uhr steht die Taschensphinx mit dem spiegelglatten Gesicht bereit, uns alle Rätsel und endlich das Rätsel des Lebens selbst zu lösen.

Zukunftsforscher wie Nick Bostrom haben auf das Rätsel Mensch eine eigene Antwort gegeben: Der moderne Computer mit seiner maximalen Leistung auf minimalem Raum, so seine Prognose, stellt nur den Anfang einer Entwicklung dar. Dank ihrer wird sich der Cyberspace, der aller menschlichen Intelligenz überlegen ist, auch von der Intelligenz seiner Erfinder emanzipieren. Vielleicht schon bald dürfte eine »Superintelligenz« entstehen, die sich, ganz ohne menschliches Zutun, selbst weiterentwickelt und in Eigenregie die Kontrolle über das Ganze übernimmt. In ihrer »Allmacht«, so Bostrom, »könnte sie sogar auf eine Weise ins Gefüge der Welt eingreifen, die den Gesetzen der Physik widerspricht«[7]. Zeichen und Wunder nicht ausgeschlossen.

Dank freundlicher Patronage durch die Superintelligenz weiß und kann der Mensch, der nach dem Menschen kommt, viel mehr und genießt auch viel intensiver als seine Vorfahren. Aber er hat nichts mehr zu sagen. Schon heute bekommt man einen Vorgeschmack auf diese digitale Deklassierung, wenn man ratlos vor einem Fahrkartenautomaten oder Bankcomputer steht oder einen neuen Laptop in Betrieb nehmen oder das jeweils neueste Elster-Formular ausfüllen möchte. Der Mensch, der dank Computern alles zu können scheint, lernt durch sie und die überall lauernden Automaten, dass er eigentlich nichts kann. Und dass er sich das, was ihm Arbeit ersparen soll, erst mühsam erarbeiten muss.

Die posthumanen Menschen, deren Intelligenz sich einer superintelligenten Maschine unterworfen hat, wurden schon vor über hundert Jahren beschrieben. Der englische Schriftsteller E. M. Forster hatte damals eine erstaunliche Zukunftsvision, die über alles hinausging, was zu seiner Zeit für möglich gehalten wurde. In seiner Kurzgeschichte »Die Maschine bleibt stehen« (»The Machine Stops«) ist der nachmenschliche Mensch immer noch Mensch, aber er handelt nicht mehr menschlich. Er fühlt auch nicht mehr menschlich. Er kommt ganz ohne Natur aus, er hat sie ja vergiftet, so dass sie nur noch ein kümmerlicher Aussatz der Erdoberfläche ist. Aber wie sich zeigt, geht es auch ohne sie. Dem Tageslicht entzogen und voneinander isoliert, lebt jeder Einzelne in seiner kleinen Welt, die nicht größer ist als eine Zelle. Aber man ist sehr zufrieden damit. Denn von der Misere des Daseins wird man durch prompte Wuscherfüllung und mediale Dauerberieselung abgelenkt.

Forsters Mensch, der nach dem Menschen kommt, führt ein gespenstisches Schattendasein und weiß es nicht einmal. Ihm fehlt auch die Erinnerung daran, wie er in diese fatale Lage gekommen ist. Und er ahnt nicht, dass er diesen Zustand kaum noch länger aushalten wird. Sein Verschwinden kündigt sich bereits an. Weil er sich jahrhundertelang der Zerstörung der Natur und der Verleugnung seiner eigenen natürlichen Existenz schuldig gemacht hat, ist sein Lebensrecht verspielt. Sein Untergang lässt sich nicht mehr abwenden. Das wird den Menschen erst klar werden, wenn es zu spät ist.

Der Autor dieser realistischen Prophezeiung, 1879 in London geboren, wurde eigentlich für seine konventionellen, in der Sprache der Jahrhundertwende geschriebenen Gesellschaftsporträts bekannt. Die Romane »Zimmer mit Aussicht« und »Wiedersehen in Howard's End« wurden zu Bestsellern, die später erfolgreich verfilmt und mit Oscars ausgezeichnet wurden. Dagegen blieb seine Shortstory »Die Maschine bleibt stehen« lange unbeachtet. Vielleicht wurde sie auch bewusst ignoriert, wie man von etwas wegsieht, das man fürchtet.

Man wollte nicht wahrhaben, dass es sich nicht um Unterhaltungslektüre handelte, sondern um die Vorhersage eines Weltuntergangs. Auch in einem anderen Punkt unterscheidet sich »Die Maschine bleibt stehen« von anderen Sci-Fi-Geschichten: Forster hat nicht einfach ins Blaue hinein fabuliert, sondern offensichtlich etwas gesehen, wovon noch niemand etwas ahnte, ja ahnen konnte. In einer Zeit, in der es weder Computer noch Internet gab und die Männer noch Zylinder und die Frauen Straußenfedern an den Hüten trugen, beschrieb er die Machtübernahme durch die Cyberwelt.

Forsters Online-Menschen leben in vollautomatisierten und -klimatisierten Zellen unter der Erde. Sie sind Singles aus Überzeugung. Nur ungern verlassen sie ihre kleine Welt. Das ist auch nicht nötig, denn was sie brauchen, wird ihnen gebracht. Da die Beleuchtung ihrer Zellen hervorragend ist, kommen sie blendend ohne Tageslicht aus. Dass die Gesichter der Unterirdischen bleich sind wie Tünche, stört sie nicht. Sie lassen auch keine Kritik an ihrem gespenstischen Leben zu. Gegen jeden, der ihr Rundum-sorglos-Paket samt *Social Distancing* in Frage stellt, wehren sie sich mit Händen und Füßen.

Sie lieben dieses Leben nun einmal. Es bleibt ihnen nichts zu wünschen übrig, und anderes bleibt ihnen auch nicht übrig. Denn es gibt nichts anderes mehr. Aber das stört sie nicht. Um nichts in der Welt wollen sie aus ihrer Vereinzelung zurück in die Gemeinschaft. Vor allem lieben sie die unsichtbare Macht, die ihnen alle Mühen des Menschseins abnimmt, einschließlich der des Menschseins selbst. Forster nennt dieses allgegenwärtige Wesen »die Maschine«. Sie ist ein Prototyp von Nick Bostroms »maschineller Superintelligenz«[8]. Gegen die Geisteskraft dieses Weltcomputers kommt kein menschliches Gehirn an. Aber das will auch keiner: Das voll computerisierte Leben im Schoß der Maschine ist einfach zu bequem.

Als Forster dies 1909 schrieb, gab es noch keine Bildschirme, geschweige denn Fernsehen oder Smartphones. Forster sah beides voraus. Er stattete die unterirdischen Wohnzellen, in denen die Quarantäne-Menschen ihr unterirdisches Glück genießen, weil sie kein anderes mehr kennen, großzügig mit Bildschirmen aus. Man kann nicht nur alles sehen, was einen interessiert, sondern auch gesehen werden und interaktiv mitmischen. In den Multimedia-Kämmerchen herrscht bereits ein *Internet of Things*, bei dem alles mit allem zusammenhängt. Und der Mensch hängt mittendrin. Alles ist natürlich auch mit der allgegenwärtigen, höchst wachsamen Maschine verknüpft, die offensichtlich über ein Selbstbewusstsein verfügt.

In Forsters Unterwelt geht es hypermodern zu. Betritt man sein Zimmer, blinken überall elektrische Knöpfe, mit denen man Essen oder Kleider, oder was immer das Herz begehrt, bestellen kann. Auch lässt sich der Raum in eine kleine Wellness-Oase verwandeln. Auf Knopfdruck entsteigt dem Fußboden eine rosa Badewanne aus Kunstmarmor, in die automatisch ein heißes Bad eingelassen wird. Wohlgerüche und Dauerberieselung durch sanfte Musik sorgen für andauerndes Wohlgefühl. Fühlt man sich unwohl, wird man maschinell getestet und therapiert. Hat man etwa Kopfweh, legt sich einem wie von Geisterhand ein kühlendes Tuch auf die Stirn.

Diese posthumanen Menschen kennen keine Langeweile. Möglichst oft geben sie sich der »Ekstase« hin, »einen Knopf zu drücken, und sei er noch so bedeutungslos, oder eine Klingel läuten zu lassen, und sei sie noch so überflüssig«. Auch Einsamkeit kommt nie auf, denn man kann per Videoschaltung skypen. Da gab es Knöpfe, mit denen Vashti (die Mutter des Helden) mit ihren Freunden kommunizierte. Zwar enthielt der Raum fast nichts, aber mit ihnen konnte sie Verbindung zu allem herstellen, was ihr in der Welt etwas bedeutete.

Dagegen war körperliches Berühren der Mitmenschen verpönt. In einer Welt sich überschlagender Innovationen galt es als hoffnungslos antiquiert. War Körperkontakt unvermeidlich, hielt man Mindestabstand. Toleriert wurde Nähe nur, wenn es sich nicht vermeiden ließ, etwa beim Kinderzeugen.

Die plumpen Sozialkontakte hatte man aufgegeben, um sich an Stelle dieser Zeitverschwendung ganz den *Social Media* zu widmen. Ihr ununterbrochenes Gerede und Geplauder verstummte nie. Da Stille out war, kommunizierte man Tag und Nacht miteinander, wobei es zwischen beiden, wie in der modernen Cyberwelt, ohnehin keinen Unterschied mehr gab. Seit die Maschine die Natur ersetzte, »hatte Vashti schon tausende neue Leute kennen gelernt. In dieser Hinsicht hatte die menschliche Kommunikation enorme Fortschritte gebracht.«

Beim Redemarathon konnte sie in ihrem automatisierten Lehnstuhl ruhen, »während die Gesprächspartner, ebenfalls in Lehnstühlen sitzend, sie dabei gut genug sehen und hören konnten.« Zwischendurch ertönte auch die Stimme der Maschine, die, wie eine Vorform von Alexa, selbständig mit ihr Kontakt aufnehmen konnte, um informierend und korrigierend in ihr Leben einzugreifen. »Durch die Maschine«, sagt Vashti begeistert, »sprechen wir miteinander und sehen einander. In ihr liegt unser ganzes Sein«. Das klingt wie die Firmenphilosophie von »Zoom«, das heute vom Silicon Valley aus weltweit Videokonferenzen organisiert. Derlei konnte Forsters Maschine schon vor über hundert Jahren. Im unterirdischen England findet sich auch schon eine Vorahnung von Amazon: Man brauchte nur zu bestellen, und prompt wurde man bedient. »Wie schlecht funktionierte das alte System«, sagte Vashti rückblickend, »in dem die Menschen zu den Dingen gehen mussten, statt dass die Dinge zu den Menschen gebracht wurden.«

Die Enge ihrer unterirdischen Wohnzelle fiel ihr auch deshalb nicht auf, weil sie den Kontakt mit der ganzen Welt mittels Smartphone halten konnte. Der in Amerika dafür übliche

21

Begriff *Cell Phone* erhielt so hundert Jahre, bevor es erfunden wurde, seine sprichwörtliche Bedeutung. »Es dauerte fünfzehn Sekunden«, erklärt Forster sein Zukunfts-Handy, »bis die runde Tafel, die sie in Händen hielt, zu glühen begann. Ein schwaches blaues Licht flackerte darüber hin, verdunkelte sich zu Purpur. Und schon konnte sie das Bild ihres Sohnes Kuno sehen, der auf der anderen Seite der Erde lebte. Und er sah sie.« Als er seine Mutter mittels einer Art von audio-visuellem Skype inständig bittet, ihn persönlich zu besuchen, wehrt sie ab. Obwohl man, so schreibt der Autor zu Zeiten der ersten wackligen Flugapparate, mit neuartigen Passagiermaschinen bequem um die ganze Welt reist, lehnt sie jedes Verlassen ihrer bequemen Wohnzelle strikt ab. »Ich kann dich doch *sehen*«, sagte sie. »Was willst du mehr?« Und außerdem, »Kritik an der Maschine gehört sich nicht.« »Du redest, als hätte Gott sie geschaffen«, erwidert der rebellische Kuno. »Aber Menschen haben sie gemacht, vergiss das nicht. Sie ist viel, aber sie ist nicht alles. Ich sehe etwas wie dich auf dem Bildschirm, aber ich sehe nicht *dich*. Ich höre etwas wie dich durch dies Telefon, aber ich höre nicht *dich*.«

Kuno weiß, dass das, was man noch als menschliches Leben bezeichnet, diesen Begriff nicht mehr verdient. Es ist nur ein schlechter Ersatz für die einstige Realität. Echt am neuen Menschen ist nur, dass er sterben muss. »Das einzige Ding«, sagt er, »das hier unten wirklich lebt, ist die Maschine. Wir haben die Maschine geschaffen, unseren Willen zu tun, aber wir können sie nicht mehr zwingen, unserem Willen zu folgen. Sie hat uns das räumliche Empfinden und das Gefühl für Berührungen geraubt, sie hat jede Art menschlicher Beziehung verwässert und die Liebe zu einem fleischlichen Akt degradiert. Sie hat unsere Körper und unseren Willen gelähmt, und jetzt zwingt sie uns, sie anzubeten. Die Maschine entwickelt sich, aber nicht nach unserer Vorgabe. Die Maschine schreitet voran, aber nicht zu unserem Ziel.«

Was Forster auf diese Idee brachte, die so gar nicht in seine Dampfmaschinen- und Telegraphenwelt passte, ist schwer zu erklären. Rätselhaft bleibt auch, wie der Autor die fatale Entwicklung unseres Planeten voraussagen konnte. Umweltzerstörung und Luftverschmutzung waren noch für lange Zeit kein Thema. »Aus Begierde nach Bequemlichkeit«, so erläutert der Autor, »war die Menschheit weit über ihre Bedürfnisse hinausgegangen. Die Schätze der Natur hatte sie bis zum äußersten ausgebeutet.« Bis nichts mehr von ihr übrig blieb.

Spätestens seit Beginn des Industriezeitalters dient die Natur als Quelle für Rohstoffe, die zu Werkstoffen verarbeitet und dann in Wegwerfprodukte verwandelt werden. Diese wiederum kehren zur Natur als ihrer Deponie zurück. Der *Dual Use* als Lieferant und Mülleimer überfordert die Umwelt. Alle industriellen Produkte wie Plastik und Schwermetalle sind für die Natur unverdaulich. Und auch für den Menschen, der als Naturwesen, selbst wenn er es nicht wahrhaben will, mit ausgebeutet und mit vergiftet wird. Und dabei fleißig mit ausbeutet und mit vergiftet.

Auch Forsters bleiche Menschheit konsumiert nicht, um zu leben, sondern lebt, um zu konsumieren. Nach dieser Devise wurde die Natur »verfrühstückt«. War das Verhalten zu ihr jahrtausendelang durch das Prinzip der Gegenseitigkeit bestimmt, kippte es spätestens seit dem Jahrhundert der Dampfmaschinen in einseitige Ausbeutung um. Diese wiederum wurde durch das explosive Weltwachstum nach 1945 angeheizt und endlich durch die Algorithmen der Computer perfektioniert. Von dieser exponentiellen Entwicklung in Richtung Entmenschlichung hat Forster nichts wissen können. Aber er sah sie voraus.

Als Folge seiner Entfremdung von der Natur konzentriert sich der Mensch auf den Konsum und das, was allen Konsum übersteigt, die glückverheißende Multimediawelt. Hier existiert Natur nur noch im Bild. Aber dieses bietet die Schönheit, die aus der zubetonierten und elektrifizierten Wirklichkeit vertrieben wurde. Die virtuelle Natur ersetzt die gewachsene. Doch die Rohstoffe zur Verfügung stellen, die von der Zivilisation vertilgt und anschließend als Schrott zurückgegeben werden, kann sie nicht. In der Welt der Wegwerfprodukte wird der Mensch selbst zum Wegwerfprodukt. Er lässt sich ausbeuten, aber zugleich findet er die verlorene Freiheit in der fensterlosen Cyberwelt wieder, an die er sich wegwirft, um sich in der vermeintlich höheren Lebensform seines Online-Profils wiederzugewinnen.

Hat die Natur uns einst die Freiheit zu leben geschenkt, so kann sie diese Aufgabe nicht mehr erfüllen. Man hat ihr zu viel zugemutet, und jetzt ist sie erschöpft. Während sie zugrunde geht und die Luft so giftig wird, wie Forster prophezeit hat, wirft man sich sozusagen dem Computer an die Brust. Mit der Konsequenz, die der Autor beschreibt: Das *Zoon Politicon*, das Gesellschaftstier, als das Aristoteles den Menschen beschrieb, wird zum Einzelwesen. Es lebt in der fensterlosen Zelle, der Computer ist sein Altar, das Smartphone sein Partner. Alle Bedürfnisse werden auf der Stelle befriedigt. Es ist der Fortschritt, der in den Abgrund führt.

In Forsters Vision ist die Vernichtung des Lebendigen so weit vorangeschritten, dass man die Welt nicht mehr bewohnen kann. Wer unbedingt einen Blick auf die verödete Oberfläche mit ihrer giftigen Atmosphäre werfen will, braucht eine Atemmaske. Denn »sobald man der Luft ausgesetzt ist, tötet sie einen.« Und das ist auch der Grund, warum die Menschen unterirdisch leben. Sie müssen es.

Aber irgendwann finden der Verrat an der Natur und das Spiel mit der Selbstverleugnung ein Ende. Die Maschine bleibt stehen. Das globale Netz stürzt ab, und mit ihm die von ihm abhängige Menschheit. »Ohne die geringste Warnung, ohne ein vorausgehendes Anzeichen von Schwäche«, so Forsters Vorahnung, »brach die gesamte Kommunikation zusammen, auf der ganzen Welt. Und die Welt, wie sie ihnen vertraut war, endete. Mit dem Ende aller Aktivität aber kam ein unerwartetes Entsetzen: Plötzlich herrschte Stille. Die Menschen hatten sie nie kennen gelernt, und dass sie nun kam, genügte fast, sie zu töten. Besser gesagt, Tausende wurden auf der Stelle getötet.«

Dieses schrecklich stumme Ende, das mit der Zerstörung der Natur, der Selbstaufgabe des Menschen und der Machtübergabe an die Maschine begonnen hatte, fasste E. M. Forster in die Worte zusammen: »Der Mensch, das edelste aller sichtbaren Geschöpfe, der einst Gott nach seinem Bild schuf, starb dahin, erdrosselt im *Gewebe*, das er selbst gewoben hatte.«

Achtzig Jahre später ging auch dieser Teil von Forster Prophetie in Erfüllung. Seine weltumspannende Maschine begann unter dem Namen eines *World Wide Web* (Weltweites Gewebe) Wirklichkeit zu werden. Und das war erst der Anfang. Durch eine immer schnellere Entwicklung, die dem Betrachter wie eine Explosion der Produktideen vorkommen musste, perfektionierte sich die Computer-und-Internet-Technologie, eroberte erst die Alltagswelt, dann die Privatsphäre des Menschen. Und jeder konnte daran teilhaben.

Die Menschheit war in eine neue geschichtliche Phase eingetreten, die manche das Ende der Geschichte nennen. Denn in der Maschine namens Cyberspace ist alles, Vergangenheit, Gegenwart und Zukunft, gegenwärtig. Mittels algorithmischer Formeln ist es exakt berechnet und jederzeit greifbar abgespeichert. Und irgendwo in der verschlüsselten Unendlichkeit findet sich auch der Mensch, wie er einmal gewesen war.

1. Kapitel

Ein kalifornischer Traum

»Heute gibt es zwei große Krankheiten in der Welt: Kommunismus und Amerikanismus. Und der Amerikanismus ist die schlimmere von beiden, weil der Kommunismus nur das Haus, das Geschäft oder den Schädel in Stücke schlägt, während der Amerikanismus die Seele vernichtet.«[9]

D. H. Lawrence, 1926

Die vergessene Revolution

Das Ende der Welt, wie wir sie kannten, kommt aus einem malerischen Landstrich südlich von San Francisco. Er hat die Welt verändert, wie er sich selbst verändert hat. Man nennt ihn Silicon Valley. Aus Silicon, deutsch Silizium, sind die winzigen Mikroprozessoren, genannt Chips, gefertigt, die die moderne Welt am Laufen halten. Das heutige Zentrum der Hightech-Industrie hat mit seinen tausend Firmen die ganze Welt mit einem elektronischen Netz überzogen, aus dem es kein Entrinnen gibt.

Ob Google, Amazon, Apple, Microsoft oder Facebook, sie alle sind hier zuhause. Dabei strahlen sie die kalifornische Entspanntheit aus, die vergessen macht, dass sie die Welt beherrschen. »Dem ganzen Silicon Valley geht es darum«, so verriet ein ehemaliger Facebook-Manager, »etwas Vorhandenes durch etwas Eigenes zu ersetzen«[10]. Dass mit dem Vorhandenen nichts weniger gemeint war als unsere Welt, brauchte er nicht eigens hinzuzufügen. Ihre neue Ordnung wird durch die Cyberwelt bestimmt. Ihr Betriebssystem heißt Silicon Valley.

Noch vor hundert Jahren breitete sich hier eine paradiesische Landschaft aus. So etwa sah der Kalifornien-Traum der Siedlertrecks aus, die einst durch die Wüste Nevadas und über die Schneeberge der Rocky Mountains ins gelobte Land gezogen waren. Mit seinem Meer aus Blüten und Früchten, über dem sich ein makellos blauer Himmel spannt, nannte man dieses von Pazifik und San Francisco Bay umrahmte Ländchen das *»Valley of the Heart's Delight«*. In dem flachen Tal, umrahmt von den Höhenzügen der Santa Cruz Mountains und des Diablo Range, ließ sich tatsächlich »nach Herzenslust« leben. In diesem Garten Eden hat Ende des 19. Jahrhunderts ein Eisenbahn-Tycoon eine Universität errichtet. Zur Erinnerung an seinen jung verstorbenen Sohn nannte er sie Leland Stanford junior University.

Die Stanford Universität, zu der eine prächtige Palmenallee führt, bietet äußerlich ein eindrucksvolles Sammelsurium an Architekturstilen. Von den Adobe-Mauern der indianischen Ureinwohner über europäische Gotik und Renaissance bis zum spanischen Missionsstil und der Bauhaus-Moderne ist alles vertreten. Der Eintretende bemerkt sofort, dass er hier nicht nur an einem privilegierten Ort weilt, sondern sozusagen überall gleichzeitig. Nach dem Prinzip des Eklektizismus ist alles erlaubt, solange es schön ist.

Stanford ist schön. Der Gründer lieferte das Geld, und die Welt lieferte ihre Baustile und ihr Wissen, ihre Kultur und ihr Genie. Dieses blühende Idyll, wie man kein vergleichbares in Europa findet, beherbergt eine der erfolgreichsten Hochschulen Amerikas. Über ihren Kolonnaden, Türmchen, Torwegen und rabattengesäumten Rasenflächen rascheln die Palmblätter im Meerwind, der vom Pazifik oder der San Francisco Bay herüber weht.

Diese üppig mit Geld ausgestattete und mit Nobelpreisträgern gespickte Privathochschule wurde seit den 1960er Jahren zum Magneten für Elektronikwissenschaftler. Damals bahnte sich die entscheidende Wende in der Computertechnologie an. Von den monströsen IBM-Rechnern, deren erste Festplatte 1955 über eine Tonne wog, entwickelte sie sich zu den »Micro-Computern« für den Hausgebrauch. Voraussetzung für die dramatische Verkleinerung war der erste serienmäßige Mikroprozessor, den die Firma Intel 1971 herausbrachte. In Palo Alto hatte sich das elektronische Forschungszentrum Xerox Parc angesiedelt, das zum Pionier der Cyberwelt wurde. Um 1975 war der erste *Desktop* (Schreibtisch-Rechner) vorgestellt worden. Das kastenartige Gerät verfügte statt einer Tastatur über Kippschalter und kostete 500 Dollar. Dafür musste man es auch selbst zusammenbauen.

Den entscheidenden Schub zur digitalen Welteroberung brachten zwei Hightech-Enthusiasten, Bill Gates und Paul Allan. In dem bescheidenen Bausatz für Tüftler entdeckten sie das gewaltige Zukunftspotenzial. Für das Urmodell schrieben sie das erste Programm. Damit lieferten sie zur Hardware der Rechenmaschine die Software, die den Computer in ein massentaugliches Allround-Instrument mit Bildschirm verwandelte. Und was man schrieb, konnte man auf einer Floppy-Disc speichern. Da die Nachfrage nach Software-Innovationen riesig war, gründeten die Männer, die der Rechenmaschine Flügel verliehen hatten, in Albuquerque/New Mexico eine Firma. Weil man für *Micro*-Computer die *Soft*ware entwickelte, nannte man sie »Microsoft«.

Der zukünftige Hauptkonkurrent entstand im Jahr darauf. In einer Garage nicht weit von der Stanford Universität baute der in San Francisco geborene Steve Jobs mit seinem Kollegen Steve Wozniak einen Heimcomputer mit eigenem Programm.

Ihre Firma nannten sie »Apple«. Das Logo zeigte im Gegensatz zu dem der gleichnamigen Beatles-Firma einen angebissenen Apfel. Der Firmenname prangte in Regenbogenfarben. Nachdem der legendäre Computerriese IBM 1981 seinen ersten PC *(Personal Computer)* auf den Markt gebracht hatte, wurde Jobs' kalifornisches Rechenzentrum weltweit populär. Fünfzehn Jahre später folgte die Innovation der Innovationen: der Durchbruch zur Cyberwelt.

Das Silicon Valley hieß damals noch San Francisco Bay Area. Das Städtchen Palo Alto, an dessen Rand die Stanford University erbaut wurde, war eine mit Palmenalleen und einem Blumenmeer geschmückte Kleinstadt. Statt der heute üblichen Fast-Food-Ketten gab es noch Restaurants und zu Imbissbuden umfunktionierte Speisewagen, die man *Diner* nennt. Es fanden sich altmodische Metzgerläden, Fischhändler, Bagelbäcker (»Rabbinical Bagels«). In einem Laden konnte man klassische Platten und Bücher tauschen. Und ein kleines Kino namens »Varsity« zeigte spät nachts europäische Kunstfilme von Fellini bis Fassbinder.

Meine Frau und ich lebten 1975/76 in Palo Alto: Carol studierte Jura an der Stanford Law School, während ich in den Katakomben der Universitätsbibliothek an meiner Doktorarbeit schrieb. Das Thema war Friedrich Nietzsches Buch »Die Fröhliche Wissenschaft«, was exakt dem Lebensgefühl in Palo Alto entsprach: Eifrig betrieb man die Wissenschaft, und zugleich genoss man das Leben.

Noch war die Atmosphäre geprägt von der Kulturrevolution, die Amerika in den 1960ern verändert hatte. Überall konnte man den Geist der *Flowerpower*-Bewegung spüren, die im nahen San Francisco begonnen hatte. Statt Geld und Macht, den Turboladern Amerikas, stand nun die Freiheit an oberster Stelle. Es ging um Freiheit von Repression, Rassismus, Sexismus und Imperialismus. Vor allem aber wollte man den Konsumzwang, diese uramerikanische Krankheit, beenden. Die neue Generation legte Wert darauf, alles selber zu machen. Im Zeichen der Freiheit hatte man an den Universitäten gegen den Vietnamkrieg gekämpft. Amerika hatte den Krieg verloren, aber die Studenten den Krieg gegen den Krieg gewonnen. Bei politischen Protestveranstaltungen drängte sich die T-Shirt- und Button-tragende Jugend auf den Gängen der Stanford Universität, aus denen einem der Duft von Marihuana entgegenwehte.

Schon Ende der 1950er Jahre hatte der Protest gegen die Konsumgesellschaft der Nachkriegszeit eingesetzt. Beatniks wie Jack Kerouac schufen eine anarchistische Gegenkultur. Die Friedensbewegung mit dem Folksänger Pete Seeger beschwor die Rückkehr zur Menschlichkeit. Martin Luther Kings schwarze Bürgerrechtsbewegung forderte Gleichheit für alle. Und Timothy Leary, der Hippie-Guru, ermutigte zum drogeninduzierten Ausstieg aus der Gesellschaft. Sein berühmtes Wort, *Turn on, Tune in, Drop out*, rief die Jugend zum Dreischritt auf: Sie sollte sich geistig über die Gesellschaft erheben, die richtige Wellenlänge finden und endlich die Alltagsmisere hinter sich lassen. Abschalten, Aussteigen, Umdenken. Learys Devise wurde zum Schlachtruf der alternativen Lebensform.

Die Jugend- und Studentenbewegung, die von der Befreiung des Menschen träumte, hinterließ auch im Silicon Valley ihre Spuren. Die nahe gelegene Berkeley University, an der der Marxist Herbert Marcuse und Timothy Leary lehrten, war Hochburg des Protests gegen Vietnamkrieg, autoritären Staat und die Macht der Multis, genannt *Corporations*. Das ebenfalls nahe San Francisco mit seiner multikulturellen Bevölkerung und sexuellen Liberalität wurde zum Mekka der Woodstock-Generation. Wer in jenen Jahren in Kalifornien aufwuchs, wurde unvermeidlich vom Geist des Nonkonformismus angesteckt. Man rebellierte gegen die Autoritäten, agitierte gegen den Kapitalismus, strebte zurück zur Natur und sehnte sich nach dem neuen Menschen, der die Fesseln der zwanghaften Geldgier und repressiven Moral von sich warf. Aus dem »Eindimensionalen Menschen«, wie Marcuses Hauptwerk hieß, sollte der vieldimensionale Weltbürger werden. In Stanford konnte man ihn finden. Hier war Mitte der 1970er Jahre die Aufbruchstimmung eines neuen, menschlicheren Amerika noch lebendig.

Die Weltmacht der Computer-Corporations, die man dereinst mit dem Namen des jugendbewegten Tals verbinden sollte, lag in ferner Zukunft. Der Alltag war noch analog. Man schrieb auf elektrischen Schreibmaschinen, studierte Archivmaterial in Form von Mikrofiches, hörte Musik auf Vinylplatten und ärgerte sich über das Knistern der Rillen, das einem die Reibungsverluste der analogen Technik vor Ohren führte.

Die digitale Welt dagegen, die damals ihren Siegeszug antrat, besteht aus Zahlen, die nicht materiell dargestellt werden müssen. In Lichtgeschwindigkeit von Medium zu Medium übertragen, bleiben sie ewig mit sich identisch. Ihre Kombinationen lassen sich unendlich vervielfältigen, ohne dass sich das Geringste an ihrem Inhalt ändern würde. Digitales nutzt sich nicht ab. Es hält nicht nur die Wirklichkeit fest, sondern ist selbst eine Wirklichkeit. Am besten ließ sie sich auf Halbleitern aus Silicon speichern. Und damit war der neue Name, Silicon Valley, geboren.

Angezogen von berühmten Forschern und dem Geld, das für ihre Arbeit zu Verfügung stand, entstanden im Umkreis der Stanford University die ersten *Startups*. Schon 1939 hatten die Stanford-Absolventen Bill Hewlett und David Packard in einer campusnahen Garage ihre spätere Weltfirma gegründet. »Die Elektroniker«, so sagte David Packard, »kommen aus einem einzigen Grund nach Palo Alto. Sie wollen nahe der Stanford Universität arbeiten, weil sie eine bedeutende Quelle für neue Ideen der Elektronikindustrie ist, und ebenso eine Quelle für gut ausgebildete Ingenieure«[11]. Die Lebensader der Unternehmungsgründungen bildeten die *Venture Capital*-Firmen, die sich auf das Wagnis *(Venture)* der Computertechnik einließen und die benötigten Gelder zuschossen. Ihre generösen Besitzer nennt man noch heute ehrfurchtsvoll *Business Angels,* sozusagen die geflügelten Boten des Unternehmer-Gottes Mammon. Wer damals Tausende investierte, hat heute Milliarden. Mit der neuen Computergeneration waren mechanische Schreib- und Rechenmaschinen zu Schrott geworden. Was sich in Zahlenkombinationen ausdrücken ließ, existierte nun jenseits von Zeit und Raum. Alles war machbar, und alles war am Platz. Damals begann etwas im Silicon Valley, das man die Verfügbarmachung der Welt nennen könnte. Und sie schien nur darauf gewartet zu haben.

Herz der Finsternis

Knapp zehn Jahre nach der Geburt der Heimcomputer aus dem Geist der Garagen folgte der letzte und entscheidende Schritt zur Weltveränderung. Die ersten Rechner hatten der Mathematik zu universeller Anwendung verholfen. Durch Tüftler wie Bill Gates und Steve Jobs war diese Revolution jedermann zugänglich gemacht worden. Blieb noch die Erfindung des Internet. Was früher seine Zeit gebraucht hatte, geschah nun in Echtzeit. Alles war sagbar, darstellbar, speicherbar, versendbar geworden. Und dies über jede Distanz hinweg, ohne Zeitverlust, in absoluter Präzision.

1994 wurde durch den ersten Browser der Silicon-Valley-Firma »Netscape« das Internet für jedermann zugänglich gemacht. Es war die Einstiegsdroge. Jetzt konnte das Silicon Valley endgültig zum Zentrum der weltumspannenden Digitalkultur aufsteigen. Hatten Computer zuvor nur in geschlossenen Intranets kommuniziert, lernten sie nun, sich weltweit miteinander zu unterhalten. Durch das globale Netzwerk, das zuvor nur für Telefon und Telefax ausgelegt war, bildeten sämtliche angeschlossenen Computer eine kommunizierende Gemeinschaft. Fortan stand die Menschheit, wie in E. M. Forsters Vision, mit sich selbst im unendlichen Dialog. Aus dem Austausch, der zuerst Wissenschaft und Militär diente, hatte sich ganz natürlich das Dauergespräch der Menschen entwickelt, für die es keine Tageszeiten mehr gab. Man korrespondierte per *E-Mail*, plauderte in *Chat Rooms* und begann in den *Social Media* über Kontinente hinweg ein alternatives Leben zu führen.

Dass diese weltumspannende, alles einschließende Cyberwelt aus einem gänzlich unkommerziellen Impuls geboren wurde, ist heute fast vergessen. Auch, dass dies weit entfernt von Kalifornien stattfand. Es geschah am europäischen Kernforschungszentrum CERN, wo man sich 1989 vor eine bis dahin unlösbare Aufgabe gestellt sah. Da diese Anlage teils auf schweizerischem, teils auf französischem Gebiet lag, bedienten sich beide wissenschaftlichen Netzwerke unterschiedlicher Computersprachen. Bei der Zusammenarbeit am gemeinsamen Projekt verstand man sich gut, aber die Rechner verstanden sich nicht.

Ein englischer Physiker, Tim Berners-Lee, kam auf den, wie sich zeigen sollte, revolutionären Einfall, eine dritte Sprache zu erfinden. Mit ihr ließen sich auch alle anderen Sprachen verstehen. Die *Hyper Text Markup Language* (HTML) war geboren. Schon im 17. Jahrhundert hatte der deutsche Philosoph Gottfried Wilhelm Leibniz diese Idee einer digitalen Universalsprache vorweggenommen. In seiner »Characteristica Universalis« wollte der geniale Mathematiker ein Zeichensystem schaffen, mit dem sich alles, was es auf, unter und über der Welt gab – alle Objekte und ihre Beziehungen, Materielles und Geistiges, Profanes und Heiliges –, mit mathematischen Symbolen darstellen und berechnen ließ. Sie sollte die Grundlage für Leibniz' visionäre Universalwissenschaft bilden, wie sie heute auch dank Tim Berners-Lee im Cyberspace verwirklicht ist.

Da mit der HTML nun alle Netzwerke miteinander kompatibel waren, entstand wie von selbst das weltweite Internet. Womit die Erfindung einer Suchmaschine, die sämtliche Speicher nach bestimmten Begriffen abklapperte, förmlich auf der Hand lag. Die gewaltigen Chancen, die sich aus dieser digitalen Universalwissenschaft ergaben, wurden nicht von Berners-Lee oder dem CERN wahrgenommen, sondern von den geistesgegenwärtigen Junggenies des Silicon Valley. Mit ihren Desktops und fantasievollen Software-Anwendungen eroberten sie den Weltmarkt.

Dabei ging es anfangs eher bedächtig zu. Wählte man eine Website an, dauerte es oft Minuten bis sie sich stockend aufbaute. Man wartete gern, wohl wissend, dass auch Rom nicht an einem Tag erbaut worden war. Die Geschwindigkeit, mit der das Internet sich entwickelte, ließ sich auch an der Geschwindigkeit ablesen, mit der die einzelnen Seiten auf dem Bildschirm erschienen. Seit Beginn des neuen Jahrtausends wurden dem Heimcomputer durch das Breitbandkabelnetz zusätzliche Möglichkeiten eröffnet. Bis sich die bestellte Seite in voller Pracht darstellte, dauerte es kaum länger als die Eingabe des Suchbegriffs. Nie war schnelle Wunscherfüllung schneller gewesen. Aber auch hier war noch eine Steigerung möglich: Denn heute ahnt die Suchmaschine bereits nach wenigen Buchstaben, worauf man hinaus will. Und liefert, noch bevor man zu Ende gesprochen hat. Selbstverständlich darf sich Weltwohltäter Google das Recht nehmen, einem regelmäßig ins Wort zu fallen.

Noch vor der Jahrtausendwende hatte sich im Silicon Valley alles niedergelassen, was in der Cyberwelt zu Rang und Namen gekommen war. Neben den fünf Multis Google, Amazon, Facebook, Apple und Microsoft findet man heute auch Whatsapp, Instagram, Adobe, Cisco, eBay, Intel, Sun Systems, Hewlett & Packard, Netflix, Oracle, Nvidia, Symantec, SAP, Tesla, Skype, Zoom, Twitter und Yahoo! Mit diesem Ausrufezeichen, das zum Namen dieser Suchmaschine gehört, könnten sich alle schmücken. Denn jede Corporation ist Ausrufer ihrer selbst.

Im blühenden Tal von Stanford, zum Zischen der nimmermüden Rasensprinkler, hatte sich der größte *Brain Trust* (»Denkfabrik«) der Welt angesiedelt. Die Produktionen dieses Supergehirns breiteten sich aus wie eine Pandemie, die noch den letzten Winkel der Welt beherrschte. Der Kulturwissenschaftler Yuval Noah Harari hat diese geistige Einflussnahme treffend mit der Allmacht der Papstkirche im Mittelalter verglichen. »Der Vatikan«, so der »Homo Deus«-Autor, »war im Europa des 12. Jahrhunderts beinahe das, was heute das Silicon Valley ist.« Beinahe. Das ideologische Versprechen, »wenn du uns folgst, steht dir der Himmel offen«[12], ist das gleiche geblieben. Und die Menschen folgen, eins, zwei, drei im Sauseschritt.

Was aus menschheitsverbindendem Idealismus entstanden war, entwickelte sich zur größten Geld- und Machtmaschine aller Zeiten. Der im Silicon Valley lebende Investmentmanager John Doerr schrieb, das Tal sei »die größte legale Vermögensbildung, die wir jemals auf unserem Planeten erlebt haben«. Google, Amazon, Facebook, Apple und Microsoft, genannt die Big Five, stellen die größtmögliche Öffentlichkeit für alle her und kontrollieren sie zugleich. Doch sich selbst halten sie bedeckt. Wie die Allmacht der Kirche durch die »Geheimnisse des Vatikans« geschützt war, verbergen die Cybermultis sich selbst als ungreifbare, undurchschaubare Organisationen. Sie sind das rastlos schlagende Herz der Finsternis im unergründlichen Raum des Digitalen.

Die Big Five sind Multis, weil sie, im ursprünglichen Sinn, multinational operieren. Sie sind aber auch Meister der Multiplikation. Was sie auf kleinstem Raum entwickeln und auf Mikrochips nach außen vermitteln, multipliziert sich zur

gigantischen Dimension des Globalen. Man nennt diese Hebel-
wirkung, mit der das Große sich durch das Kleine bewegen
lässt, *Hyper Scale* (Hypermaßstab). Nur eine relativ kleine
Zahl hochqualifizierter Mitarbeiter ist nötig, um der digitalen
Infrastruktur ständig ein neues Gesicht zu verleihen. Eine solche Umsetzung kleiner Investments in riesige Marktmacht
und nie gesehene Gewinne bildet den Wunschtraum jedes
Unternehmers. Im Silicon Valley ist er Wirklichkeit geworden.

Die Cybermultis haben nicht die ganze Welt unter Kontrolle. Sehr wohl aber die Welt, die mit der Welt kommuniziert.
Sie geben ihr sogar die Zeichen vor, mit denen sie mit sich
korrespondiert. Der *Unicode* sagt exakt, wie man sich ausdrücken muss, um verstanden zu werden. Sämtliche Schrift-
zeichen, die im digitalen Raum Gültigkeit besitzen, werden
hier festgelegt. So umzäunt man den Bereich, in dem die
Milliardenkundschaft sich austoben darf. Das Team, das der
Weltkommunikation ihre verbindlichen Formen verleiht, tagt
unweit von Stanford und legt den Code fest. Der hier definierte
Zeichenstandard hat weltweite Geltung. Wer im Internet
schreibt, folgt ihm. Da alle Tastaturen darauf eingestellt sind,
bleibt ihm auch keine Wahl. Der Google-Mann Mark Davis,
der an der Stanford University in Philosophie promoviert hat,
präsidiert dem Konsortium des *Universal Coded Character
Set*, das der Welt das Schreiben beibringt.

Nicht nur Buchstaben und Zahlen finden sich in den
Unicode-Standards. Auch die Piktogramme, die man *Emojis*
nennt, sind hier gelistet. Entwickelt für die Kurztext-Dienste,
wirken diese Smiley-Gesichter wie Hieroglyphen aus dem Kin-
derzimmer. Hatte sich einst die Sprache aus Symbolen erhoben, sinkt sie mit den Emojis in die Bilderwelt zurück. Mit
lachenden, weinenden, zornigen, Zähne oder Zunge zeigenden
und tausend anderen Fratzen erspart man sich umständliche
Gefühlsbeschreibungen. Wo einst Sprache war, herrschen Mond-
gesichter. Dank dieser Kinderfibelsymbolik werden weltweit

alle Emotionen auf den kleinsten gemeinsamen Nenner gebracht. Und die Menschen gleich mit.

Die fünf Giganten, die der Welt ihre Ausdrucksmöglich-
keiten vorgeben, zählen zu den mächtigsten Corporations der
Welt, ihre Gründer zu den reichsten Menschen. Deshalb ihre
demonstrative Bescheidenheit. Sie selbst nennen sich *High
Tech*, also Hohe Technik, wie man früher von der Hohen Pries-
terschaft sprach. Hoch, das heißt, über den anderen, über der
Welt. Dabei erwecken sie bei ihrer weltumspannenden Kundschaft den Eindruck, als stünden sie ihnen mit Leib und Seele
zu Diensten.

Das Eroberungsrezept des Silicon Valley bestand darin, die
Welt über den Tisch zu ziehen, indem es ihr einredete, es sei
eine neue Art von Umarmung. So konnten die Big Five ihre
internationale Präsenz unbehindert ausbauen und Milliarden
Kunden einsammeln. Zur Umarmungsstrategie gehörte es,
das eigene Billionenvermögen als unbeabsichtigten Nebeneffekt darzustellen. Auch gelang es den *Big Five*, das Negativ-
Image der klassischen Großunternehmen zu vermeiden. Ihre
Fassade, die bis heute über die realen Machtverhältnisse hin-
wegtäuscht, gibt nicht die Wirklichkeit dieser Hochleistungs-
maschinen wieder, sondern das entspannte Lebensgefühl der
San Francisco Bay Area. Während ihre Denkmaschinen heiß-
laufen, sind sie cool bis ans Herz.

Auch für die amerikanische Journalistin Rana Foroohar
bahnte sich Ende des 20.Jahrhunderts ein Bruch in der kalifornischen Computerwelt an. Anfangs sei alles von der Hippie-
und Freiheitskultur der amerikanischen Studentenbewegung
beeinflusst gewesen. »Schon im buntstiftbunten Google-Logo«,
so die Financial Times-Journalistin, »zeigte sich der lebens-
frohe, idealistische Geist des Unternehmens«[13]. Um dessen
humanistische Ausrichtung zu betonen, lautete der erste Satz
der offiziellen Firmenphilosophie, *Don't be evil* (Tu nichts
Böses). »Heute erscheint dies Motto«, so Foroohar weiter, »wie

ein drolliges Überbleibsel aus den Anfangsjahren des Unternehmens«. Ihrem Buch über den moralischen Niedergang des Silicon Valley gab sie denn auch den Untertitel »Wie Big Tech seine ursprünglichen Prinzipien verriet«. 2015 ließ Google, nun eine Weltmacht, auch das verräterische Motto »Tu nichts Böses« fallen und ersetzte es durch das unverfängliche, weil sinnfreie *Do the Right Thing* (»Tu das Richtige«).

Den Ausgangspunkt der digitalen Weltrevolution hatte die Mikroelektronik gebildet, die vom militärisch-industriellen Komplex im Kalten Krieg entwickelt worden war. Doch die Studenten, die von Krieg nichts mehr wissen wollten, verfolgten das entgegengesetzte Ziel. »Statt sich in der Politik zu engagieren«, so die US-Historikerin Margaret O'Mara, »wollten sie Computer bauen, mit denen man dem Militär, den Universitäten und den Corporations die Macht entziehen würde, um sie in die Hände der Nutzer zu legen.« Man hoffte, dass die Computerrevolution für die Völker den Durchbruch zu einer neuen Gemeinschaft brächte. Die Technik, so O'Mara, sollte »die saubere und schöne Lösung für alle Probleme« der Menschheit bieten. »Heute lachen wir darüber.«[14]

Der Geist, der damals an Amerikas Universitäten herrschte, hatte auch Stanfords junge Technikgenies erfasst: Für sie stand nicht die kommerzielle Verwertbarkeit im Mittelpunkt, sondern die Chance für die Menschen, Kriege zu vermeiden und einander näherzukommen. Die Ergebnisse der Wissenschaft sollten allen zugänglich sein, das teure Telefon sollte durch die kostenlose Internetverbindung abgelöst werden. Endlich würde die ganze Welt im eigenen Zimmer abrufbar sein. »Mit der Computertechnik«, so der Computerpionier Alan Kay vom Xerox Parc, »wollten wir die Welt zu einem besseren Platz machen«. Tatsächlich schienen mit der Cyberwelt die Ideale der Französischen Revolution, Freiheit – Gleichheit – Brüderlichkeit, endlich erfüllt: Jeder hat die Freiheit, sich mit allem und allen in Beziehung zu setzen. In der

Kommunikation wiederum herrscht absolute Gleichheit. Und dank weltumspannender Social Media ist Brüderlichkeit nicht länger nur Utopie.

Bald zeigten sich die Schattenseiten: Die Freiheit bot auch Freiheit zum Missbrauch. Die Gleichheit hob auch den Unterschied von Wahrheit und Unwahrheit auf. Und die solidarische Gemeinschaft blieb auf den virtuellen Bereich beschränkt, wo sie zur anonymen Feindschaft gegenüber anderen Gemeinschaften einlud. Dass das Internet diesen Tummelplatz des Hasses geradezu förderte, sollte sich erst später erweisen. Es war der Erfinder des World Wide Web, Tim Berners-Lee, der im November 2019 vor dem »digitalen Schreckensszenario« warnte, das sich für die Zukunft abzeichnete. Sein Appell gegen Desinformation, Hassrede, Zerstörung der Privatheit und Ausbeutung der Nutzer wurde, wie könnte es anders sein, auch von den einschlägigen IT-Firmen (IT gleich *Information Technology*) unterzeichnet. Denn einem Gegner zuzustimmen, war schon immer die eleganteste Art, ihn loszuwerden.

Im Silicon Valley spricht man nicht gern über das hässliche Gesicht des Massenmediums. In ihren öffentlichen Äußerungen bleiben die Superstars ihrem Weltverbesserungoptimismus treu. Ständig wird betont, wie sehr für sie der Mensch im Mittelpunkt stehe. Das höchste Ziel sei es, immer mehr Menschen die Freiheit zu schenken, sich in freundschaftlichen Austausch miteinander zu bringen. Für Mark Zuckerberg verdient sein Unternehmen Facebook wegen dieses hehren Ziels geradezu den Ehrentitel einer »Kirche«: Kirche der Freiheit, des Humanismus, der Völkerfreundschaft, der Weltenharmonie. Und es wird dem Mann mit dem unsicheren Auftreten eines Schülers auch noch abgenommen. Seine App »Newsfeed« erhebt laut Facebook den Anspruch, der Allwissenheit ganz nahe zu kommen: Man will, so sagt Zuckerberg, den »richtigen Menschen« die »richtigen Inhalte« zur »richtigen Zeit« anzeigen. Zwar bleibt es den *Usern* (Nutzern) überlassen, was ihnen jeweils als »richtig« erscheint, aber die Auswahl wird von Facebooks Supercomputern generiert.

Die Methode, die punktgenaue Informationen liefert, heißt *Data Mining*. Diesen Prozess kann man tatsächlich, wie der Name andeutet, mit der Ausbeutung eines Daten-Bergwerks vergleichen. Analysiert wird der Ertrag mittels Algorithmen. Diese komplizierten Rechenanweisungen organisieren und filtern unvorstellbar große Datenmengen. Mittels automatischer Handlungsanweisung wird die Datenmasse über eine Vielzahl von Schritten analysiert und zugeordnet. So entsteht ein Mehrwert aus den Daten, der vorher nicht abzusehen war. Die chaotische Masse macht plötzlich Sinn. Algorithmen räumen auf. Sämtliche gespeicherten Informationen eines bestimmten Gebietes werden durch einen mathematisch-statistischen Prozess geschleust, an dessen Ende das gewünschte Produkt steht. Das kann etwa die Antwort auf eine »Google«-Anfrage liefern oder die Eingrenzung der Menschen, die für die Empfehlung einer Ware oder eines Politikers besonders empfänglich sind. Da es nicht »die« Antwort, sondern immer eine Vielzahl davon gibt, errechnet der Algorithmus exakt die für den Fragenden geeignetste, für den werbenden Unternehmer oder Politiker wirksamste und zugleich für das eigene Unternehmen profitabelste.

Der Algorithmus wurde zuerst in der industriellen Warenproduktion angewandt: Statt Informationen ging es hier um ein Programm für konkrete Montageschritte, mit denen ein Werkstück zusammengebaut wurde. Im 19. Jahrhundert nannte man das »Rationalisierung«. Erst durch sie wurde Fließbandarbeit möglich. Auch hier entsteht über eine Vielzahl kleiner Schritte, von denen jeder an sich sinnlos ist, ein sinnvolles Ganzes, das Produkt. Dagegen lässt sich die Frage, inwieweit dieses selbst »rational«, also vernünftig ist, durch keinen Algorithmus feststellen. Denn über den Sinn einer Sache kann allein der Mensch entscheiden, dem freilich in der

Industrieproduktion wie in der Informationsverarbeitung nur noch eine dienende Funktion zugeteilt ist. Wobei er, wie Charlie Chaplin schon 1933 in »Moderne Zeiten« demonstrierte, meist einen Schritt zu spät kommt.

Ein Problem des Algorithmus besteht in der Qualität der Informationen, die man ihm zur Bearbeitung liefert. Sind die Daten inkorrekt, stimmt auch seine Antwort nicht. Gerade in den Social Media dürften die Daten nur selten mit der Wirklichkeit übereinstimmen. Was zur Folge hat, dass auch die Antworten, die der Computer gibt, nicht vollständig zutreffen. Da diese aber auf die Nutzer wie normative Werte wirken, bestärkt das Medium die Täuschung der Masse über sich selbst. Es ist eben nicht die Wahrheit, mit der die User sich vor anderen und sich selbst interessant machen, sondern, laut Facebook-Mitgründer Chris Hughes, »das, was sie sein wollen«.

Der YouTube-Algorithmus etwa zieht alles ins Kalkül, was der Nutzer je hoch- und heruntergeladen hat. Daraus ergibt sich ein Profil, das bei jedem neuen Aufrufen einer Seite aktiviert wird: Es werden nur solche Videos angeboten, die den Nutzer interessieren müssen. Teils genau zum Thema, teils scheinbar abseitig, aber eben doch für ihn geeignet. So wird er »im Spiel« gehalten. Er muss nicht einmal aktiv werden, kann seinen Fingern einmal Ruhe gönnen. Denn die Clips spielen von selbst ab, einer nach dem anderen. Damit es nicht langweilig wird, gibt es Werbeunterbrechungen, die der jeweiligen Stimmungs- und Interessenlage angepasst sind. Denn YouTube weiß, was der YouTuber will. Und besser als er selbst.

2. Kapitel

Im Reich der Milliardäre

»Die Menschen, die uns konditionieren, sind keine schlechten Menschen. Sie sind gewissermaßen
Menschen, die ihren eigenen Anteil
an der traditionellen Menschheit
geopfert haben, um entscheiden zu
können, was ›Menschheit‹ in
Zukunft bedeuten soll.«[15]

C. S. Lewis, 1943

»Mit Ausnahme von biologischen
Viren gibt es nichts, was sich
mit derartiger Geschwindigkeit,
Effizienz und Aggressivität
ausbreitet wie diese Technologie-
plattformen. Und dies verleiht
auch ihren Machern, Eigentümern
und Nutzern neue Macht.«[16]

Eric Schmidt, 2013

»Zerreißen, zerbrechen, zerschlagen«

Was im Internet geschieht, wirkt ebenso unwiderstehlich wie
unverzichtbar. Unter anderem, weil es immer den attraktiven
Stempel der Neuheit trägt. Es glänzt wie eine frisch geprägte
Münze. Alles, was online auftaucht, wirkt so neu, dass man

vergisst, was man zuvor als »neu« bezeichnet hatte. Das Alte kommt einem vor, als wäre es nie neu gewesen. Oder überhaupt nie gewesen. Denn der Übergang vom einen zum anderen findet in höchster Eile statt. Die Aufmerksamkeit, die man dem frisch Eingetroffenen zollt, überlagert die Erinnerung an das Entschwundene. Wer sich dieser Dynamik verschließt, ist bald selbst Vergangenheit.

Der Strom von *Real News* und *Fake News*, von Inventionen und Innovationen fliegt rasend schnell an ihm vorbei. Wer nicht mit rast, wird überrollt. Dem User kommt schon bald die Fähigkeit abhanden, auf Neues *nicht* zu reagieren. Es scheint ein Wert an sich zu sein. Alles, was auf dem Schirm erscheint, birgt eine offene oder versteckte Aufforderung, Stellung zu beziehen. Am besten durch eine schnelle Antwort. Dieses zwanghafte Reagieren-Müssen lässt sich auch bei überaktiven Kindern beobachten.

Nichts ist es selbst, sondern alles nur *Trigger* für Anderes. Die *Trigger Function* (Auslöserfunktion) des Cyberspace drückt sich auch im *Startup* aus. Dieser Begriff für »hippe« Firmengründungen bedeutet nicht nur, dass etwas Neues gestartet wird, denn das geschieht ständig. Sondern auch, dass man schneller als andere auf eine Marktlücke oder eine Neuentwicklung reagiert. Erfolgreiche Startups lassen sich häufig von einem der Silicon Valley-Giganten mit einem Milliardenscheck aufkaufen. Irgendwie ist es auch stimmig, denn die ursprüngliche Heimat der Hightech-Startups war nun einmal das liebliche Tal. Seitdem gilt auf der ganzen Welt die Devise: »schafft zwei, drei, viele Silicon Valleys«. Die Reaktionsschnelligkeit gleicht in gewisser Weise dem Klickverhalten im Netz. Alle sind vom *Fomo (Fear of Missing Out)* verfolgt, der Angst, etwas zu verpassen. Wer zu spät kommt, den bestraft der Markt. Kommt die Novität an, verwandelt sich die Garage in eine Corporation. Und die Geschäftsidee verbreitet sich wie das Coronavirus.

Internet rast, Heimat steht still. Internet zwingt einen zu reagieren, Heimat heißt, Genügen daran finden, so zu sein, wie man ist. Jemand sagte, Kontrolle sei besser als Vertrauen. Das gilt unter Maschinen. Menschlich aber ist es, zu vertrauen. Doch ohne Bodenständigkeit gibt es kein Vertrauen. Wer dem Netz traut, wird es irgendwann kennen lernen. Aber anders, als ihm lieb ist. Vertrauen hat hier keine Bedeutung. Man täuscht sich und wird getäuscht, und irgendwie gleicht sich das am Ende aus. Eine Schäbigkeit ist eine andere wert. Unter Datensätzen kann keine Liebe entstehen. Menschliche Zuneigung setzt körperliche Gegenwart und lebendige Beziehung voraus. Die Begegnung der Augen ist für Liebe und Vertrauen unverzichtbar. Webcam-Augen schauen auch, aber ihr Blick ist tot.

Das Internet vereint unzählige kommunikationswillige Menschen. In seinem Raum-Zeit-Kontinuum verbindet es Völker, schafft internationale Solidarität. So will es die Eigenwerbung. In Wahrheit bleiben die Völker und ihre Befindlichkeiten den Betreibern herzlich gleichgültig. Das lässt sich an der fehlenden Bereitschaft des Silicon Valley ablesen, Steuern zu zahlen. Nationen sind auf finanzielle Beiträge angewiesen. Steuern sind Solidarität, die sich in Zahlen ausdrückt. Die Cyberwelt kennt Zahlen, aber keine Solidarität. Sie lässt jeden Nutzer verdeckte Internetsteuern zahlen. Die ganze Welt muss diesen Tribut an das Silicon Valley entrichten. Aber selbst weigert sich das Weltbetriebssystem, zum Unterhalt seiner Kunden beizutragen. Will man es dazu per Gesetz zwingen, tritt das Weiße Haus auf den Plan und droht mit Repressalien. Man nutzt die Weltbevölkerung als Kundschaft, aber sträubt sich, sie als physische Existenz ernst zu nehmen.

Das hängt auch damit zusammen, dass die körperliche Realität für das Internet völlig uninteressant ist. Die Cyberindustrie, diese Reichste der Reichen, kultiviert den ordinären Geiz. Der gewaltige Riese verkriecht sich in ein Steuerschlupfloch.

Das Silicon Valley kassiert alle ab, spendiert aber selbst nichts. Man steht über dem Gesetz, ja allen Gesetzen, weil man über den Menschen steht. Und diese, vom Datenangebot überwältigt, stellen keine weiteren Fragen. Hauptsache, sie finden auf alle Fragen eine Antwort, gegen jede Langeweile eine Zerstreuung und alle bestellten Waren vor der Haustür.

Das Internet gilt heute, so ein US-Magazin, als »größte Innovation aller Zeiten«. Innovation ist in diesem Fall kein harmloses Motto, sondern der Schlachtruf, mit dem allem Althergebrachten und Gegenwärtigen der Kampf angesagt wird. Erscheint das Neue am Horizont, hat das Alte seine Daseinsberechtigung verloren. Das technische Spitzenprodukt von heute ist der Elektroschrott von morgen.

Dasselbe kann für den Menschen gelten, der sich auf dieses Spiel einlässt. Nachdem er den Kampf um die Zukunft verloren hat, verliert er auch sich selbst. Dann verschwindet er nicht, aber muss sich eine Rundumerneuerung gefallen lassen. Vor allem in Amerika grassiert die Vorstellung, jedermann sei dringend innovationsbedürftig. Mittels Computer- und Gentechnik müsse er seine biologische Beschränktheit, am besten auch seine Sterblichkeit überwinden. Man nennt diese Denkrichtung »Transhumanismus«. Der Mensch muss nicht nur anders, sondern besser werden. Sein Geist braucht ein *Software Update*, und es wird ihm frei Haus geliefert.

Stolz verkündete Eric Schmidt 2019 über sein Unternehmen Google, es begründe eine »Kultur der Innovation«[17]. Google bedeutet Fortschritt. Wer nicht googelt, lebt im Gestern. Wie viel am Menschen in der Zukunft noch menschlich sein wird und wie viel Innovation, das lässt sich nicht vorhersagen. Vermutlich aber wird der alte Mensch spurlos im neuen verschwinden, wie das Produkt von gestern im brandaktuellen. Man weint ihm keine Träne nach. Wo Humanismus war, herrscht Innovation. Zuerst verwandeln sich die Dinge, die der Mensch benutzt, dann verwandelt er sich selbst.

Innovation ist nicht einmal das letzte Wort in der Branche. Heute wird der Begriff im Englischen durch *Disruption* ersetzt. »Disruption«, so sagte der Computerpionier Jaron Lanier, Preisträger des Friedenspreises des deutschen Buchhandels 2014, »ist vielleicht das häufigste Wort in der digitalen Kultur- und Geschäftswelt.«[18] Alles, was den Trend setzt, ist disruptiv. Bloße Neuerungen genügen der Wirtschaftswelt nicht mehr: Man will »disruptive Technologien«, die »disruptive Produkte« herstellen, um die Marktnische »disruptiv« zu übernehmen. Meist wird der Begriff verharmlosend gebraucht. So erklärte Amazon-Chef Jeff Bezos, der vermutlich disruptivste Unternehmer aller Zeiten, der Begriff umfasse »alles, was die Kunden lieber mögen als das, was sie vorher gekannt haben.«[19]

Verharmlosend wirkt auch die deutsche Übersetzung, wenn das Wort, wie bei Wikipedia, mit »unterbrechend« oder »bahnbrechend« wiedergegeben wird. Dagegen lese ich in meinem Latein-Wörterbuch, dass es den eindeutigen Sinn von »zerreißen, zerbrechen, zerschlagen« hat. Die revolutionäre Entwicklung, die das Silicon Valley der Welt verordnet hat, besitzt in Wahrheit eine zerstörerische Dimension. Wie der Online-Händler Amazon, dieser Triumph der Bequemlichkeit, die Infrastruktur des Einzelhandels und der Kaufhäuser erst gestört und dann zerstört hat. Das Silicon Valley erobert nicht nur die Welt, sondern verwandelt sie. In diesem »unter Bluthochdruck leidenden Herzen der Cyberwelt«, so schrieb der Finanzjournalist Justin Fox, »hat der Glaube an die Disruption mittlerweile einen religiösen Beigeschmack. Alles, was zerreißt, ist gut; alles, was dem im Weg steht, verdient den Untergang.«[20]

Die Cyberwelt ist dabei, uns das Menschsein abzunehmen und dies im doppelten Sinn: Sie erleichtert uns das Leben, dessen sie uns zugleich beraubt. Auch deshalb wird sie, die alles besser weiß und kann, uns irgendwann auch in unserem Menschsein übertreffen. Dann wird sie Dinge auf die Beine stellen, die uns nicht im Traum eingefallen wären. Sie wird uns überflüssig machen. Irgendwann, vielleicht schon bald, könnte der *Point of no Return* erreicht sein, wo es nicht mehr an unserer Entscheidung hängt, ob wir der Cyberwelt den Vortritt lassen. Ob wir stark genug sind, uns der großen Disruption unserer selbst in den Weg zu stellen.

Man muss die Kraft aufbringen, zu dieser fordernden Maschine »Nein« zu sagen. Auch wenn das nicht ohne Entzugserscheinungen abgeht. Vielen Internetmüden erscheint schon heute die Vorstellung verlockend, aus der Virtualität auszusteigen. Das große »Als ob« hinter sich zu lassen. Und wieder ohne digitale Hilfestellung auszukommen. Wieder wirklich zu werden. Wieder Mensch zu werden und sich mit dem Analogen zu begnügen, das einem die ans Digitale verlorene Identität wiedergibt.

Vor einem Jahr fiel mir in einer Buchhandlung ein Buchumschlag ins Auge, der als Titel die Aufforderung »Internet abschalten«[21] trug. Jan Heidtmann, Journalist der Süddeutschen Zeitung, liefert in seinem Buch gute Argumente, die für diesen radikalen Schritt sprechen. Denn längst hat die Menschheit ihre Eigenverantwortung an die Cyberwelt abgetreten. Das möglicherweise Irreparable besteht darin, dass nicht nur einzelne Aufgaben von der Computertechnik übernommen werden, sondern dass unser ganzes Leben mit allem privaten und öffentlichen Inventar, Strom- und Wasserversorgung, Flug- und Bahnverkehr, Staaten, Städten und Kommunen, nicht zu vergessen die Krankenhäuser und die Atomraketen, die in ihren Bunkern warten, von Cyberrechnern gesteuert werden. Weltökonomie, Weltlogistik, Weltkommunikation, selbst die globale Sicherheit basieren darauf, dass die Netzwerke funktionieren. Wehe, wenn einmal nicht mehr.

»Das Internet frisst uns auf«, lautet Heidtmanns Untertitel. Es weiß mehr über uns als wir selber, so dass von dem, was wir als das »Eigene« bezeichnen könnten, nichts übrig bleibt.

47

Computer setzen uns über eine Zukunft ins Bild, die uns selbst noch verborgen ist. Und auch darüber, welche Art von Mensch nötig sein wird, um ihren Anforderungen gerecht zu werden. Vor allem müssen wir jederzeit computerkompatibel sein. Von jenem Menschentypus, den Luther den »wahrhaft menschlichen Menschen«[22] genannt hat, wird kaum etwas übrig bleiben. Und kein Mensch wird sich mehr der Anstrengung unterziehen, zu einem wahrhaft menschlichen Menschen zu werden.

Nicht länger ist die Welt, in die wir hineingeboren wurden, die unsere. Eine andere hat sich in den Vordergrund geschoben, leistungsfähiger und attraktiver als die frühere. Sie fordert exklusive Aufmerksamkeit. Man muss sich die Dinge der Welt nicht mehr mühsam zusammensuchen, sie werden einem in leckeren Häppchen auf den Bildschirmen gereicht. An dieser unser ganzes Leben bestimmenden Dauerdienstleistung hängen wir wie der Corona-Patient am Beatmungsgerät.

Dank unserer festen Anbindung an die digitale Denkmaschine wissen wir in jedem Augenblick, was uns durch den Kopf gehen soll. Wir sind nur noch algorithmisch definierte Modelle, die in unserem Namen berechnet werden. Ob für uns oder gegen uns, werden wir erst wissen, wenn es zu spät ist. Das Privileg, von perfekten, mit übermenschlichen Fähigkeiten ausgestatteten Superintelligenzen an der Hand geführt zu werden, fordert seinen Preis. Der Mensch ist, ob es ihm passt oder nicht, ins zweite Glied getreten. Und das Internet diktiert ihm, was es mit seiner untergeordneten Rolle auf sich hat. Schließlich wird er sich damit abfinden, der disruptiven Entwicklung weichen zu müssen. Zumindest in seiner jetzigen Form.

Als ich Heidtmanns »Internet abschalten« auf dem Büchertisch liegen sah, fiel mir zuerst das Wort »abschalten« ins Auge. Dabei assoziierte ich nicht den unterbrochenen Stromkreis, sondern die Fähigkeit oder Unfähigkeit des Menschen,

»einfach einmal abzuschalten«. Sich aus dem Weltbetrieb zurückzuziehen, Computer Computer sein zu lassen. Gelassenheit zu lernen. Ich fragte mich, ob ich selbst, nach jahrzehntelanger Gewohnheit, dazu fähig wäre. Als Antwort schrieb ich dieses Buch. Es wurde mein persönliches Abschalten.

Dieses Abschalten oder Aussteigen, wie man es im letzten Jahrhundert nannte, ist keine Flucht. Man bringt nur in Sicherheit, was an einem noch menschlich ist. Sollte Freiheit ein Synonym dafür sein, könnte man das Abschalten eine Freiheitsbewegung nennen. Denn die Cyberwelt, die anfangs als ungeheure Dienstleistung für die Menschheit erschien, entpuppt sich als deren ungeheuerliche In-Dienst-Stellung. Während wir überzeugt sind, alles unter Kontrolle zu haben, werden wir rund um die Uhr kontrolliert. Als konditionierte Bedienelemente helfen wir der Cyberwelt sogar dabei. Wir gewinnen der Disruption Geschmack ab. Und schaffen uns selbst ab. Was bleibt, sind wir, die posthumane Menschheit. Und der Cyberspace als unsere schöne neue Smartphone-Welt.

Magische Aktien

Die Galionsfiguren dieser vollautomatisch gesteuerten Cyberwelt sind nicht, wie in Amerika üblich, angestellte CEOs in abgedunkelten Stretch-Limousinen. Es sind die Gründer selbst. Immer locker, lässig, jungenhaft: Technikgenies, die kein Wässerchen trüben können. Nur, dass sie die Aktienmehrheiten halten an den teuersten Corporations der Welt. In der Forbes-Liste der reichsten Milliardäre dieser Welt finden sich 2019 unter den ersten zehn vier Silicon Valley-Vertreter: An erster Stelle steht Amazons Jeff Bezos mit 131 Milliarden Dollar Vermögen. Bill Gates, der Microsoft-Gründer, bringt es im gleichen Jahr auf 96,5 Milliarden. Auf Rang 8 steht Facebook-Erfinder

Mark Zuckerberg mit 62,3 Milliarden, und Google-Gründer Larry Page kommt abgeschlagen auf armselige 50,8 Milliarden.

Dann kam Corona, das weltweite Desaster, das jeden mittelbar oder unmittelbar in Mitleidenschaft zieht. Nur die Big Five, ohnehin schon die reichsten Corporations der Welt, haben allen Grund zur Freude. Während weltweit die Infektionszahlen und Sterbefälle, die Arbeitslosenzahlen und Unternehmenspleiten in die Höhe schossen, konnte das Silicon Valley dies als Profit verbuchen. Die Welt wurde ärmer und kränker, das Silicon Valley reicher und mächtiger. Vor allem konnte es historisch nie gekannte Gewinne einstreichen, die sich auf hunderte Milliarden Dollar belaufen. Jeff Bezos Vermögen stieg bis August 2020 auf 188,5 Milliarden, Bill Gates folgte mit 113,6 Milliarden, Mark Zuckerberg besitzt 98,6 Milliarden und Larry Page verfügt nun über ganze 66,7 Milliarden.

Dieser sagenhafte Gewinnsprung verdeutlicht einmal mehr, dass die wirkliche Welt und die virtuelle nicht parallel existieren. Letztere hat die Realität »verschluckt« und gewinnt im selben Maß, wie diese verliert. Das liegt auch an der Affinität zwischen dem digitalen und dem finanziellen Bereich. Beide basieren nicht auf der materiellen Welt, sondern auf deren Übersetzung in Zahlen. Jedes Ding ist eine Realität, aber es hat nebenbei oder auch hauptsächlich zwei in Zahlen ausdrückbare Werte: den Geldwert, also den Preis der Sache, und den in binären Zahlen verschlüsselten Code, die Information darüber. Was in der Welt zählt, sind die Zahlen. Wer über keinen Rechner verfügt, zählt nicht. Wer die Rechner beherrscht, regiert die Welt.

Was zu Geldgier führte, hatte einmal vernünftig begonnen. Die jungen Elektroniktüftler des Silicon Valley, kaum ihren Buden und Garagen entstiegen, brauchten für ihre bahnbrechenden Erfindungen das nötige Fundament. Um Geld zu verdienen, braucht man vor allem eins, Geld. Man lieh es sich. Als Erster ging 1980 Apple an die New Yorker Börse, es folgten

1986 Microsoft, danach Amazon, Google und Facebook. Das Tal der Lebenslust war zum Eldorado von netten Aktienunternehmen geworden.

Welche Macht sie ausüben, geht aus den Statistiken hervor. Vergleicht man etwa die Suchmaschinen, die von Milliarden Menschen dieses Planeten benutzt werden, und zwar unablässig, so laufen 90 Prozent aller Anfragen über Google. Dasselbe gilt für Facebook, das zusammen mit seinen kleineren Brüdern Instagram und Whatsapp 95 Prozent aller Nutzer unter dreißig Jahren beherrscht. Dass die Stanford-Kollegen Google und Facebook zusammen 90 Prozent der weltweiten Online-Anzeigen an sich ziehen, führt zu einer unangefochtenen Machtstellung, über die in den Firmen selbst nur ungern gesprochen wird. Rechnet man den Marktwert der Big Five zusammen, so übertrifft er den der französischen Volkswirtschaft. Von einigen hunderttausend Mitarbeitern wird mehr erwirtschaftet als von einem Volk von knapp 70 Millionen.

Für Amerikas Arbeitsmarkt hat dieser Wertschöpfungsvorteil des Silicon Valley erhebliche Konsequenzen: So stemmen die Big Five zusammen mit Netflix ein Drittel der Wirtschaftsleistung der USA. Doch beschäftigen sie nur ein Prozent der Erwerbstätigen. Auch dies ein Grund, warum Hi-Tech seine globale Dominanz immer weiter ausbaut. Zudem ist die Macht dieser Monopolisten krisenfest. Für die Menschheit sind sie längst zum Lebensmittel geworden. Als die Aktienmärkte während der Corona-Pandemie in die Tiefe rauschten, kletterten die Big Five in ungeahnte Höhen. Seitdem werden ihre Wertpapiere von den Börsianern ehrfürchtig als »Magic Stocks« (Magische Aktien) bezeichnet.

In der »New York Times« beklagte Facebook-Mitbegründer Chris Hughes, diese Machtakkumulation habe sich zu einer Bedrohung der Demokratie und überhaupt der menschlichen Freiheit ausgewachsen. »Marks Einfluss«, so Hughes 2019 über seinen einstigen Freund Zuckerberg, »ist atemberaubend. Er geht weit über den jedes Politikers hinaus.« Das hängt auch damit zusammen, dass Zuckerberg selbst »über die Konfiguration von Facebooks Algorithmen entscheidet, die wiederum darüber entscheiden, was Nutzer in ihrem Newsfeed zu sehen bekommen. Diese Algorithmen«, so Hughes weiter, »können unsere Kultur verändern, Wahlen beeinflussen, nationalistische Führer an die Macht bringen.«

Facebook hat auch dank seiner Tochterfirmen diesen Einfluss auf die ganze Welt ausgedehnt. Im Mai 2020 bediente Zuckerbergs Imperium 2,6 Milliarden Nutzer, ungefähr ein Drittel der Weltbevölkerung. Laut Hughes hat Zuckerberg diese singuläre Macht von Anfang an angestrebt. »Zur Beschreibung seiner Ambitionen«, so der Ex-Facebook-Chef, »benutzte Zuckerberg das Wort *Domination* (Herrschaft).« Zweifellos ist er damit überaus erfolgreich gewesen. Die Social Media-Welt wird von Facebook ebenso dominiert wie die der Suchmaschinen von Google. Pro Sekunde bearbeitet diese Supersuchmaschine 40 Millionen Fragen, deren jede von Algorithmen individuell beantwortet wird. Um seine verschiedenen Sparten unter einen Hut zu bringen, hat Google sich 2015 den Namen »Alphabet« zugelegt. Hatte das griechische Alphabet die Basis der abendländischen Kultur gebildet, war das Firmenkonglomerat nun zum Beherrscher der Weltkultur aufgestiegen. Für die Gegenwart und auch für die Zukunft. Das Silicon Valley, so der Wissenschaftsjournalist Thomas Ramge, träumt bereits von einer »technischen Vorherbestimmung der Menschheit«.[23]

Jedenfalls ist die Welt durch die Mega-Corporation Google so durchsuchbar und damit durchsichtig geworden wie nie zuvor. Überspitzt könnte man sogar sagen, dass Google die Durchsuchbarkeit und Transparenz der Welt erst erfunden hat. Natürlich gab es schon immer Lexika, aber was in ihnen gedruckt war, gehörte bereits bei der Lektüre der Vergangenheit an. Hier dagegen ist es die Gegenwart, die sich durch Googles Antwortmaschine sozusagen selbst zu Wort meldet.

Jede Meldung erscheint in Form eines Berichts, aus dem der User seine Schlüsse ziehen kann. In einem Unternehmen wird die Beziehung zwischen Vorgesetztem und Untergeordnetem mit den Worten ausgedrückt, dass dieser dem Chef »berichtet«. Bei Google ist jeder User ein Chef, denn ihm muss die ganze Welt »berichten«. Und das erreicht man ohne den geringsten Kraftaufwand. Dass er gleichzeitig der Plattform unfreiwillig über sich selbst berichten muss, wird verschwiegen.

Jeder Suchdienst reklamiert für sich Allwissenheit. Das heißt, was man wissen kann in diesem Universum, ist bei ihm gespeichert und abrufbar. Vielleicht deshalb trug einer der ersten Suchdienste, Yahoo!, den Namen des alttestamentlichen Gottes Jahwe, der ebenso ausgesprochen werden kann. Netanjahu etwa bedeutet »Gott hat gegeben«. Die Anmaßung ist der einst mächtigsten Suchmaschine schlecht bekommen. Während Google aufstieg, stieg Yahoo! ab. Nachdem der Besitzer und Name mehrmals gewechselt hat, spielt die Firma nicht mehr in der ersten Liga.

Im Gegensatz zum kreativen Gott, der die Welt aus Nichts erschuf, sind die Suchmaschinen nicht schöpferisch. Sie sind Vergegenwärtigungsautomaten dessen, was ist, aber eben auch dessen, was nicht ist. Sie berechnen gleichermaßen, was gegeben und was nur vorgegeben ist. Der Unterschied von Wahrheit und Lüge ist ihnen unbekannt. Suchmaschinen können alles Menschliche berechnen, aber wie die ganze Cyberwelt sind sie unmenschlich. Ihre Rechner beherrschen die Welt, aber können nicht »Fünfe gerade sein lassen«.

»Es gibt wenige Menschen«, schrieb der Spiegel 2019, »die unser Leben so geprägt haben wie Ex-Google-Chef Larry Page.«[24] Nur wenige wissen das, und er selbst macht kein Aufhebens davon. Der jungenhaft wirkende Visionär ruht sich nicht auf seinen Erfolgen aus. Er hat bereits weitere weltverändernde Maßnahmen in der Planung. Zuerst möchte er »das Universum digitalisieren«, danach den »Tod besiegen«.

Gentechniker seines Unternehmens »Calico« erforschen, wie sie dem Menschen Krankheit und Sterblichkeit abgewöhnen können. In Kaliforniens produktiver Hybris fällt derlei Größenwahn nicht weiter auf.

Die Entwicklung des Silicon Valley zum Weltwirtschaftsimperium war vorhersehbar. Gewiss wollten die Gründer den gewöhnlichen Sterblichen das Zusammenleben erleichtern, doch zugleich waren sie von Anfang an nüchterne Pragmatiker. Im Altgriechischen bedeutet »Pragma« schlicht »die Sache«. Wer pragmatisch vorgeht, tut dies immer sachbezogen und sachdienlich. Als Denkrichtung entstand der Pragmatismus Ende des 19. Jahrhunderts in Amerika. Seine Botschaft lautet, dass nur gut ist, was einem Zweck dient. Nicht der Weg zählt, sondern allein das Ziel. Womit sich der Pragmatismus als Ideologie des expandierenden Geschäftslebens anbot.

Die moderne Welt eroberte er in einer Variante, die man pragmatisch-hedonistisch nennen könnte. Das Wort »hedonistisch«, das ebenfalls aus dem Altgriechischen stammt, bedeutet schlicht »lustorientiert«. Der pragmatisch-hedonistischen Lebensform, die unsere Zeit beherrscht, leistet die Computerwelt hervorragende Dienste. Beide sind füreinander wie geschaffen. Tatsächlich glich die Online-Welt anfangs einem Schlaraffenland, in dem sich jeder, der sich durch den Grießbreiberg der Technik gefressen hatte, nach Herzenslust bedienen konnte. Das unausgesprochene Motto lautete: Hedonismus für alle.

Banner voran!

Nach den ersten Jahrzehnten philanthropischer Freigebigkeit, dem sogenannten »Gratis-Internet«, schlichen sich immer mehr kostenpflichtige Programme ein. Der User akzeptierte es klag-

los, weil die Gier nach dem Vergnügen größer war als die
Angst um die eigene Freiheit. Als Vorgeschmack auf den dro-
henden Kontrollverlust nahm die Online-Werbung Jahr für
Jahr zu. Heute ärgert das alle, doch kaum einem ist bewusst,
dass es sich *de facto* um Freiheitsberaubung handelt. Bekanntlich besteht der Vorteil des Internet gerade darin, frei wählen
und nach Belieben durch das unendliche Info-Universum surfen zu können. Je mehr Zwangsinhalte einem aufgedrängt
werden, desto weniger Freiraum wird einem gelassen. Konnte
man anfangs alle *Sites* wie durch offene Türen betreten, stößt
man nun auf mehrere Wächter, von denen einer nach dem
anderen Aufmerksamkeitstribute fordert: Datenschutz- und
Einverständniserklärungen, Subskriptions- und Kaufoptionen,
immer häufiger auch Push-Nachrichten, die einen erinnern,
dass man sich in andauernde Abhängigkeit begeben hat.

In den 1990er Jahren begann die Eroberung der Cyberwelt
durch die Werbeagenturen mit simplen Anzeigen, die sich
nicht von denen in den Printmedien unterschieden. Dann entwickelte man neue Methoden der Fremdbeeinflussung. Dazu
gehören die unerwünschten Besuche der *Pop-ups*, die einem
aus den Websites »ins Auge springen«. Hier zählt das Überra-
schungsmoment, das sich nicht durch die Botschaft, sondern
durch die Plötzlichkeit einprägt. Noch bevor der User es bewusst ignorieren oder wegklicken kann, ist der Überrumpe-
lungseffekt eingetreten. Man könnte dies als permanenten
Blitzkrieg bezeichnen. Aber um der grenzenlosen Freiheit willen
erträgt man ihn geduldig.

Dieses Eindringen der Kaufprovokation in die Privatsphäre
wird vom User als notwendiges Übel eingepreist. Schließlich
bleibt ihm die Freiheit, sie zu ignorieren. Diesen Eindruck zumindest weckt die Werbung. In Wahrheit umgeht sie diese Freiheit, indem sie sich auf andere Weise in den Nutzer einschmug-
gelt. Das Resultat ist dieselbe Art von Prägung, die der Verhaltensforscher Konrad Lorenz bei den Graugänsen feststellte. An

die Gänsemutter, die ihre Aufmerksamkeit zuerst weckt, bleiben die Graugansküken ewig gebunden. Dabei muss das Vor-Bild gar keine Gans sein. Auch Lorenz selbst wurde so zur Gänsemutter. Wie dem Forscher die Gänschen folgen Millionen ihren Führern, Filmstars, Popidolen oder Kultmarken, weil sie ihnen nach allen Regeln der Online-Kunst eingeprägt wurden.

Bei diesem Prägevorgang geht es nur scheinbar um Kommunikation. Durch einen kalkulierten Prozess wird der Mensch unmerklich in die passive Rolle gedrängt. Er muss schlucken, was ihm eingeschenkt wird. Er muss gucken, welches Produkt ihm unter die Nase gehalten wird. Auf jeder Website findet man die Werbung vor wie einen Überraschungsgast im Wohnzimmer. Meist handelt es sich um eine Kaufempfehlung, für die man den User empfänglich glaubt. Dank algorithmischer Ausbeutung gesammelter Persönlichkeitsdaten kennt man die Interessen, zumal die unbewussten, oft besser als der Kunde selbst. Wer auf die Verlockung hereinfällt und klickt, gerät in eine Abfolge immer neuer Links. An deren Ziel steht früher oder später der Kaufabschluss.

Jeder wählt sich die Website aus, die er will. Das ist die Freiheit im Netz. Und er kann dies, so oft er möchte, Tag und Nacht. Nur, was man in Wahrheit bekommt, zeigt sich erst, wenn die Seite auf dem Schirm erscheint. Sie bietet nämlich eine Wundertüte an, die teils das bringt, was man erwartete, teils, was einem die Werbung oktroyiert. Die Website kann sich aber auch schlicht als automatischer Durchgangspfad zu anderen Inhalten entpuppen. Der Surfer lenkt per Touchscreen, gewiss. Aber dass er umgelenkt wird, entzieht sich seiner Kontrolle.

Der Computer ist eine Art selbstfahrender Einkaufswagen. Er weiß genau, wo man selbst hinwill, führt einen aber so, wie *er* das für richtig hält. Seit der Jahrtausendwende sind sämtliche Websites mit Banners und Pop-ups, diesen Wegweisern zum Pseudoglück, gesättigt. Auch die Social Media kamen auf den Geschmack. Facebook begann seine Fangemeinde ab 2006 mit Anzeigen zu bombardieren. Da diese unter dem Dach von Meinungsfreiheit und *Community Building* liefen, erwiesen sie sich als besonders wirksam. Die dreiste Anzeigenflut konnte Facebooks guten Ruf nicht ruinieren, ganz im Gegenteil: Die Werbung profitierte von ihm. Wer Facebook-Follower war, erhielt auch das Recht, die Facebook-Werbung zu konsumieren. Diese wurde statt nach dem üblichen Gießkannenprinzip individuell verbreitet. Damit ließen sich Streuverluste vermeiden. »Facebook hat sich«, so der Branchendienst Hubspot 2019, »als Pionier der gezielten Werbeanzeigen erwiesen.« Gründer Zuckerberg will darin sogar eine gemeinnützige Errungenschaft erkennen. »Unsere Priorität«, so betonte er, »liegt nicht auf der Menge der Anzeigen, sondern darauf, wie wir die richtige Zielgruppe mit den richtigen Inhalten ansprechen.« Es ist das Credo jedes Werbefachmanns.

Um die Zielgruppe zu erreichen, muss man auch nicht länger zwischen redaktionellen und kommerziellen Beiträgen unterscheiden. Dann bietet sich an, was seit den 2010er Jahren von vielen Internetmedien praktiziert wird: Ein Redakteur schreibt den gewünschten Text im Auftrag von Werbeagenturen. Bewusst lässt man im Dunkeln, ob er der eigenen Überzeugung folgt oder den Wünschen der Industrie. Auch die »privaten« Empfehlungen in Form der begehrten Sterne, Herzchen oder gehobenen Daumen lassen sich kaufen. Der Werbung ist diese Schützenhilfe willkommen, da sie am liebsten vertuscht, dass sie Werbung ist.

Das Internet bietet sich als ebenso unermüdliche wie selbstlose Lebenshilfe an. Es lässt keinen Wunsch offen und keine Frage unbeantwortet. Dabei bildet die Auskunft nur den Vorwand für die damit verbundene Datenerhebung und -analyse, auf denen die Werbung basiert. Deren Schaltung wird nicht, wie beim Fernsehen, vorab gebucht, sondern, aufgrund des bisherigen Surfverhaltens des Anklickenden, in einer Echtzeitauktion verkauft. Der gesamte Biet- und Kaufvorgang läuft über sogenannte *Ad Exchanges* (Anzeigenbörsen). Bei großen Plattformen wie Google werden solche Transaktionen täglich milliardenfach getätigt. Pro Einblendung läuft der Bestellvorgang in der unvorstellbaren Geschwindigkeit von 100 Millisekunden ab. Der Surfende wird kaum ahnen, dass im Sekundenbruchteil zwischen seiner Eingabe und der Antwort eine gewaltige Maschinerie gearbeitet hat, und zwar speziell für ihn. Nicht als den tatsächlichen Menschen, sondern den potenziellen Kunden.

Wer in den Cyberspace eintritt, wird überwältigt vom unendlichen Angebot kostenfreier Informationen. Dass er zugleich von Verkaufsgenies überlistet wird, fällt dabei nicht auf. Keine Information kommt ohne diese dreiste Invasion aus. Jede Website dient sich dem Besucher als Auskunftsmittel an. Zugleich zieht sie über den Benutzer die eigenen Auskünfte ein. Dies wiederum erfolgt mittels *Tracking* (Spurenlesen). Der Begriff wird im Militärischen für die Feindaufklärung verwendet. Jedem Nutzer ist ein Verfolger auf der Spur. Er beobachtet ihn aus dem All, schaut ihm beim Texten über die Schulter und notiert alles mit, was sein Opfer schreibt und seinem Smartphone anvertraut. Und selbst was er ihm nicht explizit anvertraut, lässt sich implizit mittels Algorithmen erschließen. Wer verfolgt wird, fühlt immer auch den Doppelsinn des Wortes: Jemand folgt einem, und jemand ist hinter einem her. Was man online mit dem harmlosen Begriff Tracking bezeichnet, heißt im wirklichen Leben *Stalking*. Dieser Alptraum im wirklichen Leben gehört im Cyberspace zur Routine. Zum Glück merkt man es nicht.

Über jeden Nutzer oder vielmehr seinen digitalen Doppelgänger wird automatisch ein Protokoll erstellt. Hauptindizien sind dabei seine Mausklicks. Er selbst ist die Maus, mit der Verhaltensforschung betrieben wird. Der Lauf des *Cursors* (Mauszeigers) oder des Eingabefingers über den Bildschirm wird ebenso verfolgt wie die hin und her bewegten Augen des Versuchsobjekts. Denn wo eine Webcam lauert, wird auch *Eye Tracking* betrieben. Aus den Bewegungen der Augäpfel lassen sich die unterbewussten Prioritäten des Nutzers ablesen. Dasselbe gilt auch für die anderen Bewegungen und Lebensäußerungen. Sie alle liegen unter der digitalen Lupe.

Das beim Tracking gesammelte Wissen wird umgehend angewandt. Was der User zufällig im Netz entdeckt, ist für ihn dort platziert worden, damit er es zufällig entdeckt. Auch jene, die es wissen, vergessen im Eifer ihres täglichen Goldschürfens, dass es sich meist um Katzengold handelt. Gerade weil man immer wieder fündig zu werden glaubt, geht der Eifer in Sucht über. Der Cyberspace ist ein Nervengift, das abhängig macht. Entsprechende Entziehungskuren sind noch nicht erfunden. Sie hätten auch wenig Sinn. Der Rückfall würde schon am ersten Tag eintreten, wenn nämlich der Online-Kranke sein Smartphone einschaltet, um den Begriff »Smartphone-Entziehungskur« zu googeln.

Werbung wird bekanntlich in Form von Kampagnen durchgeführt. Beide Begriffe, Strategie wie Kampagne, stammen aus der Militärsprache. Der Stratege ist der Planer eines kriegerischen Feldzugs *(Campaign).* Früher versammelten sich die Truppen unter einer bunten Heerfahne, Banner genannt. Geht es in den Krieg, marschiert das Tuch vorweg. Der Schlachtruf der englischen Ritterarmeen lautete: *Banners advance!* (Banner voran!) Ist der Sieg errungen, wird das Banner mit dem Wappen des Siegers in den Boden gepflanzt.

Das Internet ist heute der Versammlungsort der *Banner* der Anzeigenfirmen. Kaum eine Website findet sich, auf der keine solche Heerfahne mit dem Firmenwappen, genannt Logo, aufgepflanzt wird. Oft wartet die Seite sogar, bis sich ihr Werbebanner entfaltet hat. Jede Anzeige führt Krieg um die Aufmerksamkeit der User. Hat sie diese gefangen genommen, bleibt der Besiegte zumindest mit seinen Daten tributpflichtig.

Eine wichtige Rolle in diesem Krieg spielt die Strategie, mit der die Werbebotschaft an den richtigen Mann gebracht wird. Man nennt sie *Targeting*. Ebenfalls ein Begriff aus der Militärsprache, der bedeutet, jemanden zum Ziel *(Target)*, etwa eines Geschosses, auszuwählen. Im Internet ist dieses Geschoss die Anzeige. Je enger die Werbung den Kundenkreis zu definieren vermag, umso zielgenauer wirkt das Targeting. Hat man im Internet ein Produkt gekauft oder auch nur gegoogelt, werden für dies und ähnliche Waren automatisch die Banner gehisst.

Wer sich einmal über eine spezielle elektrische Zahnbürste informiert hat, wird auf unabsehbare Zeit von einer Kaufempfehlung für diese spezielle elektrische Zahnbürste heimgesucht. Gleichgültig, ob man nun wegen eines heftigen Elektrische-Zahnbürsten-Überdrusses zur analogen Zahnbürste zurückgekehrt ist oder die beworbene Zahnbürste tatsächlich erworben hat, wird man weiter vom Geist der elektrischen Zahnbürste verfolgt. Der amerikanische Medienkritiker Marshall McLuhan prägte dafür den Begriff, die Botschaft werde »einmassiert«. Im totalitären Staat leistet das die Gehirnwäsche.

Die Datenstaubsauger, denen alles gratis in den Rüssel geworfen wird, nennen sich Suchmaschinen. Während der User sich selbstvergessen durch das Website-Universum klickt, schreibt eine Software mit. Sie arbeitet die Ware für die Werbebranche auf. Wer googelt, wird feilgeboten. In Echtzeit. Adressenhändler hat es immer gegeben. Stillschweigend hat man akzeptiert, dass Name, Wohnort, Straße und, wer weiß, was noch, gesammelt und gespeichert und verkauft wird. Jetzt gibt es die Identitätshändler, für die eine Adresse, verglichen mit den zusammengerafften Vorlieben, Charakterzügen, Freundschaften und Ortsbewegungen, nur eine Marginalie ist. Auch deutsche Firmen sind am Geschäft mit dem Menschenhandel beteiligt.

Die Gütersloher Firma »AZ Direct« etwa hat, laut eigenen Angaben, rund 70 Millionen Mitmenschen im Angebot. Über jeden von ihnen stehen dem Käufer 250 verschiedene Lebensdetails zur Verfügung. Die Firma bezeichnet diese Methode als *Multi Channel Marketing*. Mit anderen Worten, man schießt aus allen Rohren. Zugleich generiert man laut Eigenwerbung laufend Neukunden, die man per *Direct Mail, E-Mail Marketing, Display Advertising, Videoclips* und bezahlten *Social Media Postings* zum Kauf animiert. Und jeder Werbetreibende kann sicher sein, dass er auf diesem Sklavenmarkt der Daten das Richtige findet.

Unerwünschte E-Mail-Botschaften verstopfen den Briefkasten und stehlen einem die Zeit. In seiner Hässlichkeit verrät der Name alles: *Spam* ist die Laus im Pelz, gegen die es nur ein Pulver gibt, den Spamfilter. Aber auch er kann nicht jeden Eindringling abwehren. Die Herkunft der dreisten Besucher lässt sich ohnehin nicht feststellen, da Spam meist von einem zwischengeschalteten *Proxy Server* anonymisiert wird, der die wahre Adresse vertuscht. Der Clou dieser aus dem Nichts auftauchenden Werberundschreiben besteht darin, dass sie mittels Adressdateien jedes Opfer ihrer Botschaft persönlich ansprechen. Viele fühlen sich dann angesprochen, dies auch persönlich zu lesen. Dabei lesen gleichzeitig zahllose Andere dasselbe. Oder sie werfen es weg. Nur dass dies Wegwerfen nicht so einfach ist. Meist bleibt ein Cookie im Computer zurück, das die Verbindung zur anonymen Quelle hält. Wer darüber hinaus den getürkten Anhang öffnet, hat damit meist dem Massenversender die Kontrolle über seinen Computer abgetreten. Zum Glück weiß man auch das nicht.

Generell trickst das Datenmanagement der Suchmaschinen jeden User aus. Sie bieten geborgten Wissensgewinn gegen profitablen Wissensertrag. Für sich. Wer mit der Suchmaschine etwas sucht, wird zuvor schon von dieser gesucht. Ihre Antworten antizipieren seine Frage. Und das heimliche Interesse, das sich dahinter verbirgt. Der Nutzer gehört der Maschine, die er zu benutzen glaubt. Besteht die Aufgabe der Werbung darin, den Kunden von seinem Geld zu trennen, so bewirkt die

Online-Beeinflussung, den Menschen von sich selbst zu trennen. Der posthumane Mensch ist der von sich selbst getrennte Mensch. Er ist noch er selbst, aber was dieses Selbst bedeutet, erfährt er nur online. »Das Paradoxe ist«, schreibt Jan Heidtmann, »dass sich der Mensch selbst zum Untertanen degradiert.«[25]

Damit Werbung möglichst nachhaltig auf den Nutzer einwirkt, muss sie, nicht anders als Spam und alle anderen Zumutungen, häufig wiederholt werden. Hat beim ersten Mal der Intellekt Einwände dagegen erhoben, wird der Mensch durch Gewöhnung immer vertrauter damit. Bis das Produkt zum Bestandteil des eigenen Lebens geworden ist. Kauf und Konsum sind dann unvermeidliche Konsequenzen. »In jeder Hightech-Plattform«, so der ehemalige Google-Manager Tristan Harris, »arbeitet eine ganze Armee von Ingenieuren daran, dass der Nutzer online mehr Zeit verbringt und mehr Geld ausgibt.«[26]

Facebook versteht sich besonders gut auf das *Micro Targeting*, den gezielten Angriff auf klar definierte »kleine« Bevölkerungsgruppen. 2017 wurden Dokumente des Cybermultis geleakt, wonach Manager ihren Werbekunden erklärten, wie sie zu ihren aufschlussreichen Informationen kommen. Durch Überwachung von Postings, Interaktionen und Fotos etwa können sie den seelischen Zustand der jugendlichen Nutzer analysieren. Ziemlich exakt lässt sich feststellen, »ob die Teens sich unsicher, nutzlos, gestresst oder als Totalversager fühlen«.

Computer mit künstlichen neuronalen Netzen können auch Affekte wie Angst, Scham oder Begeisterung erkennen, in Echtzeit und mit hoher Trefferquote. Augenblicklich kann die Werbung mit Anzeigen zuschlagen, die »genau auf diese verletzlichen Momente ausgerichtet sind, in denen junge Menschen eine Stärkung ihres Selbstvertrauens brauchen.«[27] Ob man diese Rolle den Pickelcremes, Haargels oder dem keimtötenden Mundwasser »Listerin« zutraut, haben die Facebook-Akquisiteure nicht verraten.

Jede Sekunde eines jeden Tages bietet die Cyberwelt ein neues Gesicht und ein neues Produkt, das der benutzte Nutzer auf keinen Fall verpassen darf. Die Milliarden vor den Bildschirmen sind sich einig, dass diese schöne neue Welt für sie vollkommen unverzichtbar ist. Und für die Annehmlichkeiten, die einem jederzeit zu Gebote stehen, nimmt man die Sucht gern in Kauf. Das Smartphone ist das Sesam-öffne-dich, das in Ali Babas Schatzhöhle führt. Nicht zufällig nennt sich Chinas größter Online-Händler nach dem Räuberhauptmann Ali Baba.

Die Preisgestaltung gehört zu den bestgehüteten Geheimnissen der Großversender. Denn was im gewöhnlichen Handel meist verbindlich ist, hat man hier abgeschafft. Big Data-Speicher können für jedes Produkt den Preis entsprechend der Marktlage und der Nachfrage individuell errechnen. Das geschieht mehrmals am Tag. Und für jeden Kunden individuell. Wer per Suchanfrage seinen Kaufwunsch offenlegt, hat im Preispoker schon verloren. Denn Big Data wissen, was der Kunde ausgeben kann, und das soll er auch. Wer also einen Preis recherchiert, hat ihn oft schon unfreiwillig erhöht. Dieses *Individual Pricing* gilt vor allem in den USA als wichtiger Erfolgsfaktor des *E-Commerce* (Online-Handels). Mittels raffiniertem Algorithmus lässt sich auch das letzte Tröpfchen aus der Zahlungsfähigkeit des Kunden herauspressen. Wodurch die Onlinehändler dank modernster Computertechnik auf das Geschäftsgebaren des Basars herabgesunken sind.

So beherrscht Big Business nicht nur das Medium, sondern auch das Publikum, das sich der permanenten Einschränkung seiner Freiheit unterwerfen muss. Und während dem User immer neue Produkte aufs Auge gedrückt werden, intensiviert man die Abschöpfung des *Data Exhaust* (Datenüberschuss). Denn das, was der Wissbegierige bewusst eintippt oder hochlädt, bildet gar nicht das Hauptziel der Cybermultis. Neben den freiwillig gelieferten Informationen greifen die Maschinen auch jene Daten ab, von denen sich deren Lieferanten nichts träumen lassen.

Exhaust ist eigentlich das, was bei Autos aus dem Auspuff kommt: Abgase. Dieser Begriff passt auch auf die Datenabsaugung. Vergleicht man die Internetnutzung mit einer Fahrt im Auto, so hinterlässt der Motor eine Abgasfahne. Für den Fahrer nutzlos, ist sie für die Cybermultis Gold wert. Denn aus den überschüssigen Spuren, die der Onlinemensch im Internet hinterlässt, lassen sich Profile und Statistiken erstellen. Aus ihnen kann das Silicon Valley ziemlich gut ablesen, wer dieser Mensch ist, was er will und was er in Zukunft tun und kaufen wird. »Zeige mir deinen Exhaust, und ich sage dir, wer du bist.«

Beim Verbrennungsmotor kann man die Abgase nutzen, indem man sie durch einen Turbolader schickt. Auf gleiche Weise nutzen die Cyberkonzerne die Daten-Abgase für den Turbomotor ihrer Verkäufe. Google weiß auch, wie man sich jene Daten besorgen kann, die einem nicht freiwillig preisgegeben werden. Dazu segelt man gern auch, wie Shoshana Zuboff detailliert nachwies, unter falscher Flagge.[28] Als seit 2007 die Street View-Autos durch die Städte der Welt kreuzten, wandten sie die Idee von Facebook, Gesichter zu zeigen, auf die Häuserfronten an. So entstand ein globales *Streetbook*, das wenig Rücksicht darauf nahm, dass hinter den Fassaden auch Menschen lebten. Man wollte das Gesicht aller Straßenzüge und zeigte es im Panoramablick.

Das war aber nur die öffentliche Seite des gigantischen Unternehmens. Während man der neugierigen Masse, die nicht in der jeweiligen Straße wohnte, einen Wunsch erfüllte, an den niemand zuvor gedacht hatte, erwies Google sich auch selbst einen Dienst. Dessen Möglichkeit war zuvor niemandem aufgefallen. Unbemerkt luchste es den Hausbewohnern, die beim Fassadendefilee gar keine Rolle spielten, heimlich ihre Daten ab. Während die Aufmerksamkeit der Stadtbe-

wohner durch die groteske 360-Grad-Kamera auf dem Auto-
dach abgelenkt wurde, erfasste man sämtliche WLAN, an
denen die Fotoautos verbeigondelten, und schöpfte deren
Daten ab.

Jeder weiß, dass der Sinn der drahtlosen WLAN-Netze
darin besteht, dass persönliche Daten nicht allgemein zugänglich gemacht werden. Generell bleiben sie auf die Reichweite
des Routers begrenzt. Deshalb kamen die Google-Fahrzeuge
auftragsgemäß ganz nahe an diesen geschlossenen Netzen
vorbei, um die erwünschte Privatheit aushebeln zu können. *En
passant* nahmen sie alles auf, was für Google interessant war.
Und für Google ist alles interessant. Das trifft auf das gesamte
Internet zu. »Wir versuchen«, so ein für Street View verant-
wortlicher Google-Manager 2012, die Kluft zwischen der Online-Welt »und dem, was wir in der realen Welt sehen, zunehmend zu überbrücken«.

Durch diese Spionagetätigkeit wurde es möglich, der Indus-
trie Einblicke in die wahre Gefühls- und Interessenlage der
Menschen anzubieten. So vermied die Werbung den teuren
Gießkanneneffekt und deckte den Kunden nur noch mit Pro-
duktwerbung ein, die ihn auch wirklich interessieren musste.
Der Datenüberschuss führte zum Gewinnüberschuss. Bald waren es Milliarden, die dank Anzeigengeschäft den Big Five ins
Haus flatterten. Der *Shareholder Value* (Anlagewert) für die
Aktienbesitzer stieg ins Astronomische. So verschaffte man
sich unter der Maske des urbanen Fotoprojekts unzählige Tele-
fonnummern, Kreditkarten-Daten, Passwörter, SMS-Botschaf-
ten, Tweets und E-Mails, außerdem Video- und Audio-Dateien,
private Chats, Streaming-Filme, und nur Google weiß, was
sonst noch. Die Unkenntlichmachung der eigenen Fassade, die
Street View immerhin anbot, bezog sich nicht auf die interessanten Dinge, die aus dem Inneren herausgeschnüffelt wurden. Die amerikanische Sprache mit ihrer Freude an Neuprä-
gungen hat für diese verdeckte Ermittlung einen prägnanten

Namen erfunden: das *War Driving*. Zusammengesetzt aus den Worten für Krieg und Fahren, bedeutet es, dass sich die Datensammler heimlich auf dem Kriegspfad befinden.

Die Sparte »Google Maps«, die sich den gesamten Erdball optisch angeeignet hat, möchte ihren Usern aber auch die Wege aufzeigen, die sie gehen sollen, natürlich nur zu ihrem Besten. Denn Google kann aus seinem Datenschatz herauslesen, wohin man wirklich will, ob zum Baumarkt, Friseur, Arzt oder einfach weit weg. Der User folgt der Route, vorgetragen von einer sanften Frauenstimme, der man unbedingt vertrauen kann. Am Zielort eingetroffen, begrüßen einen auf dem Smartphone die einschlägigen Geschäfte über ihre einladenden Apps. Dank ihnen erfährt der Kunde, was er wissen muss. Wünscht er weitere Daten, etwa den üblichen Preisvergleich mit Amazon, liefert Google sie ihm dienstfertig und kostenpflichtig nach. So verkauft Zuckerberg Tag für Tag seine gläubige Gemeinde an den Meistbietenden.

Das Erscheinungsbild auch der anderen Herren des Silicon Valley lässt davon nichts ahnen. Sie geben sich harmlos, als Menschen guten Willens. Nicht nur der Facebook-Boss Zuckerberg in seinem Sweatshirt mimt ewige Jugend. Die mächtigsten Meinungsbildner der Welt, die das Innenleben der Nationen besser kennen als diese sich selbst, tun so, als herrschten sie nicht und als würden sie keinen Multis vorstehen. Und wenn sie vor der Weltöffentlichkeit ihre neuesten Produkte, die Tablets und Smartphones, internetfähigen Gadgets und bahnbrechenden Apps persönlich präsentieren, dann mit dem lässigen Stolz eines Pennälers, der sein neuestes Modellflugzeug vorführt. Und die Welt schaut gebannt zu.

Dabei handelt es sich bei diesen entspannten Weltbeglückern, laut Harvard-Ökonomin Shoshana Zuboff, um die Erfinder des globalen »Überwachungskapitalismus«. Während sie etwas verkaufen, sammeln sie die Kundenadressen, die sie wiederum selbst verkaufen. Börsenerfolg bemisst sich nach der simplen Akkumulation von Geld. Und keiner akkumuliert erfolgreicher. Denn den Käufer verkaufen, das ist das perfekte Geschäftsmodell.

3. Kapitel

Glück in Endlosschleife

> *»Big Tech möchte die Plattform*
> *für alles werden, das Betriebs-*
> *system für unser Leben.«*[29]
> **Rana Foroohar, 2019**

Philanthropische Milliarden

Seit die Cyberwelt vom Silicon Valley aus die reale Welt erobert hat, erheben sich im Tal, wo früher Obstplantagen und
Kürbisfelder blühten, hochmoderne verglaste Bürokomplexe.
Die Welt bestaunt das gigantische »Googleplex« mit seinen
23.000 Mitarbeitern, das ringförmige »Apple«-Gebäude, genannt *Infinite Loop* (Endlosschleife) oder das Facebook-Haupt-
quartier, das Mark Zuckerberg stolz »die größte zusammen-
hängende Bürofläche der Welt« nennt. Diese luxuriös ausgestatteten Konzernzentralen erwecken freilich den Eindruck,
als herrschten hier nicht Stressangst und Konkurrenzdruck,
sondern eitel Campus-Freude und Sunkist-Sonnenschein. Als
lebten alle Mitarbeiter in ihren T-Shirts und Jeans so zusammen wie die Hippies in San Francisco. Silicon Valley präsentiert sich der Menschheit als Musterbiotop, dessen Bewohner
nichts heißer ersehnen, als auf ihren glorreichen Weg in die
Zukunft die ganze Welt mitzunehmen. Denn sie ist der Roh-
stoff, aus dem ihre Träume sind.

Betrachtet man das wunderwirkende Tal mit nüchternen
Augen, sieht man vor sich ein Konglomerat gigantischer Netz-

werk-Firmen, die sich auch untereinander vernetzt haben.
Ihre Kooperation zum gemeinsamen Zweck der Profit- und
Machtmaximierung geschieht von der Öffentlichkeit unbemerkt. Anfang 2020 etwa ging durch die Presse, dass das bekannte »Ring«-System für die Videoüberwachung von Haus-
eingängen, das seit Jahren mit weltweiter TV-Werbung um
sich wirft, sensible Daten an Cybermultis weitergibt. Mittels
digitalen *Trackern* verfolgen sie alles, was sich über den Besitzer und seine Besucher, seien es Paketboten oder Paketräuber,
zu wissen lohnt. Beim Ausspähen bleiben die Multis unter
sich: »Ring« gehört Amazon, und mit den hypersensiblen
Trackern in den vermeintlich harmlosen Kamera-Apps werden
unter anderem Google und Facebook versorgt. Letzteres geschieht sogar, wenn der stolze Ring-Inhaber gar kein Facebook-
Konto besitzt.

Trotz der globalen Ausforschung blieb dem Silicon Valley
der Malus, der den anderen Corporations anhaftet, erspart. Im
Gegenteil, fast alle Schwachpunkte, die den gewöhnlichen
Firmen ihr mieses Kapitalisten- und Ausbeuter-Image ein-
brachten, wurden im Valley ins Positive umgewandelt. So
überflügelte man die anderen auch, weil man ihnen einen gewaltigen Bonus voraus hatte: Man versicherte, der Menschheit
in Richtung Zukunft auf die Sprünge helfen zu wollen. So zumindest wollte es das Image, das von den Corporations des
Silicon Valley verbreitet wurde.

Corporations sind eine typisch amerikanische, reichlich
mit Rechten und Privilegien ausgestattete Institution. Als im
19. Jahrhundert die ersten dieser warenproduzierenden Großunternehmen juristische Bevorzugung erfuhren, verband der
Staat das mit öffentlichen Aufträgen. Bis ins 20. Jahrhundert
legte man Wert darauf, dass Corporations nicht nur dem eigenen Kassenstand, sondern auch dem *Public Interest* zu dienen
hatten. Für die börsennotierten Unternehmen erwies sich dies
als heikel, weil die Kluft zwischen Eigennutz und Gemeinwohl

sich oft als unüberbrückbar erwies. Wo eine Pharmafirma prosperierte, waren bald die Gewässer vergiftet.

Genau hier können die Cybermultis ihren Vorteil ausspielen: Denn zweifellos bedienen Telekommunikation und Internet wie wenige andere Industrieprodukte das öffentliche Interesse. Sie *sind* das öffentliche Interesse. Alle interessieren sich für sie. Folglich entsprechen die Cybermultis der Forderung nach dem Gemeinwohl auf vorbildliche Weise. Der Cyberspace ist für jeden erreichbar, schenkt ihm fast unbeschränkte Freiheit und trägt außerdem zur gesellschaftlichen Bildung bei. So scheinen die Cybermultis die demokratischen Unternehmen schlechthin zu sein. Mit jeder neuen Technologie können sie ihren Vorsprung gegenüber ordinären Warenproduzenten ausbauen. Ja, ordinäre Warenproduzenten müssen sich noch bedanken, dass es das Internet gibt.

Besteht Demokratie darin, dass alle Mitglieder einer Gesellschaft untereinander auf Augenhöhe kommunizieren, um ihre Interessen ausgleichen zu können, scheint die Cyberworld auch die Erfüllung dieses Menschheitstraums zu bieten. Nicht nur fördert sie die freiheitliche Demokratie, sie verkörpert sie. Und zugleich führt sie die Demokratie *ad absurdum*. Denn nicht der Mensch selbst, sondern das Internet bestimmt, welche Interessen er verfolgt. Und die Gleichheit gehört ebenfalls zu den Illusionen, von denen das Internet lebt: Gleich ist man nicht, sondern man stellt sich, als wäre man es. Und was die Freiheit betrifft, so verzichtet jedermann gerne darauf, wenn er nur gut versorgt und unterhalten wird.

Der Begriff Jedermann ist nicht zu hoch gegriffen. Allein an der Dauerkommunikation der Social Media beteiligen sich 40 Prozent der Weltbevölkerung. Doch wird durch den digitalen Austausch nicht die Gemeinschaft, das soziale Miteinander, gestärkt, sondern auf eine neue Ebene gehoben: die der gegenseitigen Anpassung. Auf der Bühne der Social Media wird das große Welttheater aufgeführt, bei dem die Mitwirkenden

Schauspieler und Publikum zugleich sind. Jeder gibt sich so, wie er wünscht, von den anderen gesehen und akzeptiert zu werden. Jeder passt sich dem Stück, das gerade gegeben wird, an. Jeder spielt die Rolle, die sich Ich-selbst nennt.

Doch bevor jedermann diese Identität im Medium finden konnte, hat er sich als das, was er wirklich ist, bereits aufgegeben, Distanz hergestellt zu sich selbst und Anderen. Ebendies lässt sich alltäglich auf der Straße beobachten, wenn dieser Jedermann, das Smartphone vor Augen, an einem vorbeihuscht. Womit er zu verstehen gibt, dass er ganz woanders ist und Wichtigeres zu tun hat. Aber damit ist er woanders, als er selbst ist, und hat Wichtigeres zu tun, als er selbst zu sein.

Das widerspricht natürlich dem weltoffenen, menschenfreundlichen Image des Silicon Valley. Der Eindruck, dass es sich hier um eine künstliche Welt handelt, in der die Corporations als Scheinpersonen die Menschen selbst in Scheinpersonen verwandeln, muss vermieden werden. Den industriellen Großunternehmen stellte sich dieses Problem seit Beginn des 20. Jahrhunderts. Sie lösten es auf schlaue Weise: Aus der abstrakten Person ließen sie, wie das Kaninchen aus dem Hut, eine lebendige Person hervorgehen. Man »personalisierte« die Institution und stellte deren Belegschaft als »Familie« dar. Das Wort »Corporation ist kalt«, so erklärte ein General-Motors-Boss in den 1920er Jahren, während »Familie persönlich, menschlich, freundlich ist. Und so wollen wir, dass unsere Firma gesehen wird: als großer, von einem gemeinsamen Geist erfüllter Haushalt«.[30]

Ein für die Werbung passender Haushaltsvorstand ist schnell gefunden. Er kann gern prominent sein und das »Gesicht« der Firma liefern, er muss sympathisch und irgendwie normal sein. Einer wie du und ich. Oder ein Wesen aus der infantilen Traumwelt der Comics, eine Mickey Maus, ein Michelin-Männchen oder, bei McDonald's, der Luftballonclown Ronald McDonald. Kann ein Clown das 66-Milliarden-Bouletten-

Imperium vertreten, so mochten viele Amerikaner gedacht haben, dann kann auch ein Clown an der Spitze der Vereinigten Staaten stehen.

Diese Lenkung der Wahrnehmung, das sogenannte *Perception Management*, hat das Silicon Valley nicht nötig. Es besteht nicht nur aus den anonymen »Rechtspersonen« der Corporations, sondern wird von wirklichen Personen vertreten, die diese Firmen perfekt verkörpern: Gates *ist* Microsoft, Zuckerberg Facebook, Page Google, Bezos Amazon. Es sind einzelne Menschen, genial wie du und ich, die unsere Cyberworld am Laufen halten. Mit ihrem betont natürlichen Verhalten vermeiden sie die egoistische Kälte, die von den anderen Unternehmen ausströmt. Oder die Lächerlichkeit eines Ronald McDonald. Statt wie dieser Luftballons zu verteilen, verteilt Gates philanthropische Stiftungen, widmet sich angelegentlich der Rettung des Planeten und zerstreut damit letzte Zweifel an der Menschheitsmission der Cybermultis.

Auch von der Laune des Marktes haben sich die Herren des Valley frei gemacht. Sie *sind* der Markt. Normale Unternehmen leiden unter wechselnden Vorlieben ihrer Kunden, denen sie jeweils die »Produktpalette« anpassen müssen. Die Technologie-Plattformen bestimmen auf subtile Weise, in welche Richtung sich diese Vorlieben zu bewegen haben. Die gepriesene Wahlfreiheit der Käufer wird ausgeschaltet, indem man einen Gruppenkonformismus erzeugt. Dem beugt sich jeder, der dazugehören will. Aus Kundenlaune wird Kaufzwang. Wer Sehnsüchte nach Produkten wecken kann, kann diese auch verkaufen. Nicht länger muss er sie, wie gewöhnliche Unternehmen, den Kunden andienen. Er teilt sie ihnen zu.

Bereits im Begriff »Plattform«, mit dem die Cybermultis sich selbst bezeichnen, liegt eine Irreführung. Sie schließt jeden Gedanken an Eigennutz aus. Bewusst suggeriert der Begriff Plattform, dass sie keine Unternehmen sind, die Produkte verkaufen. Stattdessen bieten sie, so ihre Selbstdarstellung, anderen

Unternehmen großzügig Freiräume, in denen diese ihre Produkte verkaufen können. Denn wer sich exponiert, verkauft sich. Den Nutzern wiederum bieten sie das größte Produktangebot der Welt. Hier gibt es alles, und zwar sofort.

Die Plattformen selbst halten sich aus diesem Massentausch heraus. Sie müssen sich nicht verkaufen, denn man kommt von selbst zu ihnen. Sie verstehen sich auch nicht als Akteure, sondern als deren Ermöglicher. Das wiederum bringt den Vorteil mit sich, dem Monopolverbot zu entgehen. Weil sie selbst keine Waren verkaufen, sondern den Verkauf nur ermöglichen, können sie auch keine Preisabsprachen für Waren treffen. Und weil sie nur passiv in Erscheinung treten, können sie auch nicht für die Produkte oder geistigen Inhalte, die auf ihnen erscheinen, zur Verantwortung gezogen werden. Wird ein Massaker live gestreamt, verdienen sie mit. Aber völlig unschuldig. Ihre Diskretion bietet den Vorteil des Nichtbeteiligtseins und der Unauffälligkeit. Man stellt sich klein und ist doch größer als die Größten. Man streicht seinen Anteil an werbungsgenerierten Gewinnen ein, ohne sich weiter um negative Konsequenzen kümmern zu müssen.

Und doch bleiben Unterschiede. Warenproduzierende Unternehmen müssen den Weg in die Wohnung der Menschen mit Werbung pflastern. Cybermultis sind bereits darin. Das Zuhause des Menschen ist eigentlich das Symbol seiner Integrität, seiner Freiheit und seines Selbstbewusstseins. In seinen vier Wänden ist er Herr seines Schicksals. Das Haus, in dem man wohnt, ist das Heim, in dem man den Druck der Außenwelt abschütteln kann. Und genau dort haben es sich die Cybermedien bequem gemacht. Bei den meisten haben sie sogar die Herrschaft übernommen: Der Fernseher läuft, die Computerschirme leuchten und das Smartphone summt Alarm. All dies besagt, dass das wahre Leben nicht zuhause, sondern woanders spielt. Und dass die menschliche Freiheit darin besteht, sie sich auf interessante und unterhaltsame Weise nehmen zu lassen.

Die Cyberwelt hat sich im Zuhause der Menschen festgekrallt. Bildschirm-Medien stellen das Gewünschte dar, dienende Medien warten auf Befehle, Amazon auf Bestellungen. Unwiderstehlich wirkt dabei, dass das Informationsuniversum der Außenwelt zum integralen Bestandteil des Innenbereichs wird. Wobei die Welt der Filme, Bilder, Musik, Bücher, Spiele von den Cybercorporations in ihr Imperium stillschweigend einverleibt wird. Was sich digital darstellen lässt, erscheint im Netz. Dass jemand das Copyright daran besitzt, interessiert das Silicon Valley nur nebenbei. Schlimmstenfalls sucht man mit den Rechteinhabern einen Vergleich. Dank dieser Piratenmentalität erhält der Nutzer Zugriff auf alles, wonach ihm der Sinn steht. Im Gegenzug bietet er den Cyberpiraten Zugriff auf alles, wonach ihnen der Sinn steht.

Die Firmen des Silicon Valley, deren wohlklingende Namen täglich in aller Munde sind, unterscheiden sich in ihrem Wesen nicht von den börsennotierten Auto-, Kühlschrank- oder Waschmittelmultis. Doch verfügen sie über eine Macht, die, wenn auch uneingestanden, selbst jene der Politik weit übertrifft. Washington gibt der Welt den Takt vor, aber das Silicon Valley gibt Washington den Takt vor. Obwohl ihm von keiner Gesellschaft ein Mandat dazu erteilt wurde. Corporations sind durch nichts legitimiert als durch sich selbst. Zwar sind sie nicht gewählt, aber dafür kann man unter ihren Produkten wählen. Und weil diese alles Interesse auf sich ziehen, ist Macht kein Thema. Dankbar nimmt der Bürger entgegen, was er zu essen, anzuziehen oder anzusehen hat. Und auch, wiewohl ahnungslos, wer er ist.

Das zutiefst Fragwürdige an der Geschäftsform der Corporation besteht darin, dass sie das Kapital einer unbegrenzten Zahl von *Shareholders* (Aktionären) zusammenfassen kann, ohne diese selbst in die Verantwortung zu nehmen. Ihr Gewissen haben sie einem abstrakten wertfreien Konstrukt abgetreten, das über keine moralische Instanz verfügt. Von Einzelmenschen gebildet, stellt die Corporation eine anonyme und gewissenlose Macht dar. Wörtlich bedeutet Corporation »Verkörperung«. Nach dem Gesetzgeber verkörpern die Anteilseigner die Firma. Sie wird dadurch quasi zu einem eigenen Körper, erfüllt von menschlichem Geist. Der so entstandene »Mensch« kann anderen Menschen auf Augenhöhe gegenübertreten. Als *Legal Person* (Rechtsperson) kommen ihm alle Rechte zu, die ein Staatsbürger besitzt: Recht auf eigenen Namen, Vertragsschließung, Prozessführung, Vermögensbildung, Weiterleben auch nach dem Tod der Eigner. Vor allem kann er das amerikanische Verfassungsrecht des *Pursuit of Happiness* ausüben, wonach jeder Bürger das Recht hat, »nach Glück zu streben«. Für Corporations besteht das Glück darin, nach Profit zu jagen.

Die Firmen legen Wert darauf, dass diese Jagd auch hierarchisch verankert wird. Die Stelle der Führungsfigur nimmt meist ein Pseudopersonenkult ein, der sich *Corporate Identity* nennt. »Die moderne Ehefrau weiß«, so schrieb ein sarkastischer Aldous Huxley 1958, »dass die erste Loyalität ihres Mannes seiner Corporation gilt.«[31] Durch diese bedingungslose Treue bildet die gesamte Belegschaft die Verkörperung der Pseudoperson. Im Glauben an die Firma sollen sich alle gleich fühlen, ohne es in Wahrheit zu sein. Diese falsche Identität schenkt jedem das Gemeinschaftsgefühl, wonach er etwas Anderes und Größeres ist als er selbst. Weshalb er dies Andere, seine unsichtbare Uniform, höher schätzt als sich selbst. Das Großunternehmen mit seinen unübersehbaren Strukturen und seiner Mitarbeitermasse nennt sich gern *Family*. Wir, so lautet das Credo, sind wie eine Familie, deren Mitglieder sich ihrem Wohl mit Leib und Seele zur Verfügung stellen. Wer sich selbstlos eine Corporate Identity »anzieht«, ist tatsächlich sein Selbst los.

Auch Facebook betrachtet sich als Großfamilie. Nicht der Geburtstag jedes Mitarbeiters wird gefeiert, sondern der Tag, an dem er ins Unternehmen eingetreten ist. Man nennt ihn *Faceversary* (Facebook-Jahrestag). Als habe der Gefeierte in der Firma seine wahren Eltern gefunden und sei als neuer Mensch wiedergetauft worden. Der Kult der Corporate Identity geht in einigen US-Firmen so weit, dass die Angestellten uniformiert wie Scientology-Mitglieder auftreten und das Hosianna ihrer Produkte singen. Es ist ein weltumspannendes Hosianna: Wäre Facebook eine Nation, könnte sie sich die größte der Welt nennen. Wäre sie eine Sekte, müssten alle Konfessionen vor ihr zittern.

Nach uns die Sintflut

Berichte aus dem Innenleben des Social Media-Giganten sind spärlich. Ein Produktmanager, der mehrere Jahre für Facebook arbeitete, hielt es für »seltsam, dass das Unternehmen davon lebt, seine Nutzer auszuhorchen, seine eigene Privatsphäre aber mit Zähnen und Klauen verteidigt.«[32] Der Mann, der trotz der Androhung von Millionenstrafen auspackte, arbeitete im Bereich Monetarisierung, in dem persönliche Daten der Nutzer gegen Höchstgebot in Geld verwandelt werden. Seinen Erinnerungen lässt sich entnehmen, dass zwischen Firma und Kultbewegung kaum mehr ein Unterschied besteht. Dass sich in jedem Kult ein Anspruch auf Weltherrschaft und Menschheitserlösung findet, muss nicht eigens betont werden.

Das Weltwunder Facebook basiert auf dem simplen Plattform-Trick: Es bietet seinen Usern die Gelegenheit, Inhalte zu posten, also der Plattform zur Verfügung zu stellen. Dann verkauft Facebook diese indirekt der Werbeindustrie als Köder, mit dem die Inhaltslieferanten eingefangen werden. So wird dem Facebook-Teilnehmer für die kostenlose Preisgabe seiner

Liebesbotschaften, Hochzeits- und Babyfotos nachträglich die Rechnung in Form unerwünschter Werbung präsentiert. Während dem Opfer der Charade der Zusammenhang verborgen bleibt, verdient Facebook an dem versteckten Tauschgeschäft Milliarden. Da man nicht produzieren, sondern nur die Sache am Laufen halten muss, ist es auch leicht verdientes Geld. Während 2019 eine Firma wie Disney zur Erhaltung ihres Marktwerts von 180 Milliarden Dollar bis zu 185.000 Mitarbeiter beschäftigen musste, generiert Facebook zur gleichen Zeit einen Spitzenwert von 500 Milliarden mit nur 17.000 Mitarbeitern. Dank Corona-Pandemie stieg der Wert bis August 2020 sogar auf 744 Milliarden Dollar.

Auch der unvergleichliche Amazon-Erfolg von 1.783 Billionen an Marktwert, der die gesamte Waren- und Konsumwelt auf den Kopf stellt, verdankt sich dem Geschäftsmodell Plattform: Auf ihr werden die beiden Bereiche Einzelhandel und Logistik, die sonst getrennt sind, auf geniale Weise miteinander kombiniert: Amazon ist der Marktplatz, auf dem alle allen alles verkaufen können, und zugleich das Logistikzentrum, das allen alles Gekaufte vor die Tür bringt. Dank der bescheidenen Vermittlungsgebühr wurde der ebenso bescheidene Gründer Jeff Bezos fast nebenbei zum reichsten Mann der Welt, seine Firma zur wertvollsten weltweit.

Auch die neueren Welteroberer wie Uber oder Airbnb nutzen das Plattform-System. In ihrem Fall besteht der Trick darin, dass sie nicht die Vermittlung zwischen Kunden und Kunden wie Facebook oder zwischen Waren und Kunden wie Amazon anbieten, sondern zwischen Kleinunternehmern und Kunden. Sie versuchen nicht selbst, ihre Kunden zu bedienen, sondern engagieren Privatpersonen, die bereit sind, Kunden für die Plattform abzuschöpfen. Millionen von Uber- oder Airbnb-Mitarbeitern nehmen diesen Corporations die Arbeit ab. Und das mit dem täuschenden Gefühl, in die eigene Tasche zu wirtschaften.

Arbeits- und Materialaufwand von Millionen Kleinunternehmern bildet die Bonanza für diese Online-Corporations. Die größte Taxifirma weltweit besitzt kein einziges Taxi. Der größte Zimmervermittler verfügt über kein einziges Zimmer. Der aggressivste Online-Händler Ali Baba muss kein einziges Lager unterhalten. In Amerika nennt man diese schlaue Verlagerung *From Bricks to Clicks*, übersetzt etwa »Vom Haus zur Maus«. Den Aufwand haben die Subunternehmer, die Gewinne bleiben bei dem, der die richtige App anbietet.

Diese fast materielosen Agenturen des globalen Philanthropismus haben nicht nur das Recht, sondern die Pflicht, sämtliche ihrer Kräfte auf Profitsteigerung zu richten. Darin liegt das Prinzip der Corporations, darauf basiert ihr Selbstverständnis. Ein Ungeheuer wie Amazon, das quasi spielerisch sämtliche Warenhäuser und Einzelhandelsgeschäfte der Welt zu Eckenstehern degradiert, hat nichts anderes im Sinn als seine Opfer es haben: Profite erzielen. Der neoliberale Ökonom Milton Friedman ging sogar so weit, diesen Hauptzweck der inkarnierten Gelddruckmaschinen zum moralischen Imperativ zu überhöhen. Die Unternehmenschefs, lehrte der Nobelpreisträger, stünden geradezu in der »sozialen Verantwortung«, für die Anteilseigner »so viel Geld wie möglich«[33] zu erwirtschaften.

Da für die Geschäftspraktiken allein »Mister Corporation« verantwortlich zeichnet, können dessen teilhabende Besitzer ihre Hände in Unschuld waschen. Das gilt auch für die Tabakindustrie, die ihr Geld mit der lebensgefährlichen Sucht verdient. Nicht weniger gilt es für die Pharmafirmen, die mit angeblich ungefährlichen Schmerzmitteln Milliarden scheffeln, indem sie Millionen in Abhängigkeit bringen. Dank eines heroinartigen Wirkstoffs sind in den letzten 20 Jahren rund 200.000 Amerikaner an solchen legalen »Opioiden« gestorben. Auch jene Unternehmen können ein gutes Gewissen haben, die für ihre eigenen Arbeitnehmer, die sich krank gearbeitet haben, heimlich Lebensversicherungen abschließen. Die Prämie wird im Todesfall an die Firma, nicht die Familie ausgezahlt.

Die »Verkörperung« eines rigorosen Profitstrebens verleiht dem Begriff Corporation seine wahre Bedeutung. Voraussetzung ist allerdings, dass sie auch eine Verkörperung des Innovationsgeistes bietet. Produkte sind gut, neue Produkte sind besser. Die zwar erfinderische, aber immer einseitige Ausrichtung auf Gewinnsteigerung wird durch eine weitere Konsequenz problematisch. Sie ergibt sich aus dem Personenstatus dieser Unternehmen: Diese können nach Macht und Geld streben, wie und so viel sie wollen, aber ohne die negativen Konsequenzen tragen zu müssen. Im Gegensatz zu jedem Staatsbürger, der für seine Handlungen verantwortlich ist, haften die Anteilseigner nicht für das Ganze, mit dem sie ihr Vermögen verdienen, sondern nur für ihre persönlichen Einlagen.

Als fatal für die Gesellschaft erweist sich die Corporation im *Worst Case Scenario*, dem Firmen-GAU: Geht das Unternehmen bankrott, haben die Banken, die Gläubiger, die Mitarbeiter das Nachsehen. Dagegen verlieren die Anteilseigner höchstens ihren oft bescheidenen oder auch nur geliehenen Eigenanteil. Der große Schaden bleibt an einer Person hängen, die es nicht gibt. Und plötzlich ist auch nicht mehr die Rede von deren personhaftem Wesen und ihrer Corporate Identity. Was von der Markensolidarität bleibt, ist eine flüchtige Fiktion, zusammengesetzt aus willkürlichem Firmennamen und verödeten Produktionsstätten. Oder es kommt beim sogenannten *Corporate Bail Out* zur staatlichen Rettung mit Steuergeld.

Dies ist das Janusgesicht der Corporations: Was beim Verfolgen der Eigeninteressen noch bürgerliche Privilegien genoss, verflüchtigt sich, sobald Schäden an Mensch oder Natur verursacht werden. Aus finanziellen Gründen hat man etwas dagegen, »sich den Schuh anzuziehen«. Stattdessen löst man das Problem durch *Externalizing*, frei übersetzt, »man macht es zu anderer Leute Problem«. Die meist ökologischen Negativfolgen der Produktion werden externalisiert, damit der Gewinn den Anteilseignern unvermindert zufließen kann. Verantwortung ist ein gern gemiedenes Profithemmnis, gegen das sich eine ganze Zunft von Firmenanwälten stemmt. Tritt ein Totalschaden ein, löst sich die Körperschaft schlagartig in ihre Einzelteile auf. Wird das Restvermögen liquidiert, darf sich niemand wundern, dass die ersten Nutznießer dieser Erbmasse nicht die Gläubiger, sondern die Anteilseigner sind. Da sie das geringste Risiko trugen, sollen sie auch den geringsten Nachteil erleiden.[34]

Bei dem oft irreparablen Schaden, den die Gesellschaft zu tragen hat, denkt man zuerst an die Umweltverschmutzung. Doch ähnlich fatal wirkt sich das Externalisieren auf die »Innenweltverschmutzung« aus: Die Folgen des Rauchens wurden von der Industrie anfangs geleugnet, ja, vom Erfinder der *Public Relations*, Edward Bernays, sogar als gesundheitsfördernd dargestellt. Bewusst fügte man dem Tabak Zusatzstoffe bei, mit denen die Suchtwirkung verstärkt wurde. Zur Rede gestellt, gab man sich ahnungslos. Die verlorenen Prozesse und Milliardenstrafen in den USA haben die Zigarettenkonzerne nicht weiter beeindruckt. Der Krebs tötet den einzelnen Menschen, aber die Gesellschaft beraubt er: Den 14 Milliarden Einnahmen aus der deutschen Tabaksteuer 2019 stehen Ausgaben von 78 Milliarden an Krankheitskosten gegenüber, die an der Gemeinschaft hängen bleiben. Keiner kann bezweifeln, dass es das Prinzip Corporation war, das weltweit die Umwelt beschädigt und den Klimanotstand ausgelöst hat. Es war die pseudomenschliche Jagd nach Profit, schmackhaft gemacht durch ein buntes Produktspektrum, die zum Globalschaden führte. So wurde durch den Golem Corporation die Zukunft der Menschheit aufs Spiel gesetzt.

Aus der Anmaßung, dieser Unternehmensform den Personentitel zu verleihen, ergab sich noch eine andere, vielleicht nicht minder fatale Konsequenz. Das Beispiel der Corporations gab auch den Einzelpersonen das gute Gewissen, sich geschäftsmäßig, modern gesagt: rücksichtslos zu verhalten. Dass die Corporations mit ihrer Version des *Pursuit of Happiness* Erfolg hatten, wurde zum unwiderstehlichen Anreiz, nun auch selbst das Streben nach Glück in eine atemlose Jagd nach Geld zu verwandeln. Mensch zu sein, ohne menschlich zu sein. So entstand die coole Persönlichkeit, die ganz ihrer Vermögensbildung lebt und sich nicht um deren Konsequenzen kümmert. Zur *Corporate Identity* gehört eben auch das »Nach uns die Sintflut«.

Einfach märchenhaft

Eines der beliebtesten Märchen der Brüder Grimm ist »Hänsel und Gretel«. Alle Kinder wollen, dass man es ihnen vorliest, so oft wie möglich. Denn an Dramatik ist die Gruselstory kaum zu überbieten, was ebenso für die Betroffenheit der Kleinen gilt: Empörung lösen die treulosen Eltern aus, Verzweiflung die Verlassenheit der Kleinen, die sich im dunklen Wald verirren und, welch bittere Ironie, nach ihren Eltern sehnen. Dann aber taucht ein Hoffnungsschimmer auf: das Licht, das im Dunkel scheint, das wundersame Lebkuchenhäuschen, zu dem ein lieblich singendes Vöglein lockt. Magnetisch angezogen, glauben die Geschwister nun alles gefunden zu haben, was ihr Herz begehrt. Bald ist ihr Heißhunger gestillt, die Lust auf Süßigkeiten befriedigt. Und um das Glück vollkommen zu machen, lädt eine freundliche Alte sie ins Haus ein und bewirtet sie mit erlesenen Speisen.

Dann, wie der Blitz aus heiterem Himmel, entpuppt sich die liebenswerte Alte als böse Hexe, von der die Kinder im Knusperhäuschen der tausend Köstlichkeiten gefangen gehalten werden. Und gemästet. Zwar darf Hänsel nach Herzenslust essen, aber nur, weil er selbst gegessen werden soll. Diese Vorstellung der Messer und Gabel handhabenden Hexe bildet den grässlichen Höhepunkt des kindlichen Mitleidens. Worauf der Showdown zwischen der Unschuld und dem abgefeimten Bösen folgt. Im Augenblick höchster Not, wo für die beiden alles auf dem Spiel steht, tut Gretel das Unerwartete, ja, zuvor ganz und gar Unvorstellbare: Sie stößt die Menschenfresserin in ebenden Ofen, in dem sie selbst mit ihrem Bruder gebraten werden sollte. Und die kleinen Zuhörer klatschen Beifall.

Der User des Internet, dem jeder Wunsch gratis erfüllt wird, befindet sich in ähnlicher Lage wie die Märchenkinder. Er glaubt, dass alle Speisen für ihn allein angerichtet sind. Und wird dabei selbst zur Speise. Man kocht ihn ab, bis er gar ist und für den *E-Commerce,* den Online-Handel, angerichtet. Oder wie auch Apple-Chef Tim Cook warnte: »Wenn der Service kostenlos ist, dann bist du nicht der Konsument, sondern das Produkt.«[35] Dieses menschliche Produkt wird ohne sein Wissen weiterverkauft und von der Werbeindustrie vereinnahmt. Menschen werden zu Einnahmen. Aus der Gefangenschaft im digitalen Lebkuchenhäuschen gibt es auch keinen Ausweg. Einmal gespeichert, immer gespeichert. Wünsche werden einem nicht von den Augen abgelesen, sondern unablässig vor Augen geführt. Dank des Trommelfeuers der Werbung befindet man sich in einer Endlosschleife aus Gier und Sättigung. Sie raubt einem die Freiheit, die man im Netz eigentlich zu finden hoffte.

Jeder einzelne Internetnutzer ist überzeugt, dass ihm alle Wünsche erfüllt werden. Für die meisten entspricht dies ihrer Vorstellung von Freiheit. So bedeutet der *American Way of Life,* zu kriegen, was man will, und es Freiheit zu nennen. Mit dem *Online Shopping* wurde die *Instant Gratification* (sofortige Wunscherfüllung) perfektioniert. Der Internet-Riese Amazon hat seine Funktion selbst so definiert. Amazons von Waren,

Warentransportrobotern, Warenverpackern und Warenversendern wimmelnde Auslieferungslager sind nicht nach den Waren benannt, die hier prozessiert werden. Sondern nach der Sehnsucht der Menschen, ihrer habhaft zu werden. Die Lager tragen die poetische Bezeichnung *Fullfillment Center*, was sie auch sind: Zentren der Wunscherfüllung, die jeden Erwachsenen in seine Kindheit zurückversetzen. Die eigentlichen Leistungsträger sind Lastenroboter der Marke Kiva, die von einem Computer, dem Kopf der kopflosen Fahrzeuge, ihre Routen in Millisekunden berechnet bekommen. Ganze Flotten von ihnen tragen, als rollende Plattformen, Warenregale zu den Beschäftigten, die das Gewünschte herausnehmen und verpacken. Dank der rollenden Regalbeweger und einer Armee unterbezahlter Arbeitsmenschen und Ausfahrer trifft die Ware umgehend beim Kunden ein.

Die Cyberwelt lehrt den Menschen, nicht lernen zu müssen. Das nehmen ihm heute die Computer mittels *Machine Learning* ab. Der Begriff des Lernens, das bei den Menschen immer auch Leben-lernen ist, wird dabei den digitalen Prozessen angepasst. Wenn man von »lernenden Computer« spricht, geht man von der Theorie aus, dass das Lernen, wie das praktische Leben, aus Informationsaneignung besteht. Doch Computer lernen nur das, was man ihnen als Daten eingibt. Oder sie versuchen etwas so lange, bis sie das Richtige gefunden haben. Dann speichern sie den Weg, der zum korrekten Ergebnis führte, und haben etwas gelernt. Das kann der Chip. Mechanisch, automatisch, wartungsfrei. Ohne dabei das Geringste zu begreifen. »Künstliche Intelligenz« (KI) versteht alles, aber begreift nichts.

Heute scheint der Mensch ohne Lernmaschinen nicht mehr leben zu können. Unser Cyber-Alltag ist von ihnen bestimmt. Gibt man bei Google eine Anfrage ein, antwortet einem die Lernmaschine exakt so, wie es auf einen persönlich passt, einschließlich der Werbung, für die man empfänglich ist. Erhält man E-Mails, hat die pseudointelligente Maschine den *Spam* großenteils herausgefiltert. Möchte man bei Amazon ein Buch bestellen oder bei »Amazon prime« einen Film ansehen, weiß die Maschine ziemlich genau, was einem gefällt, und bietet es automatisch an. Oder bietet es einem so lange automatisch an, bis es einem gefällt. Wer bei YouTube einen Clip aufruft, wird danach mit einer ganzen Springflut von »Das könnte dir auch gefallen«-Streifen überfallen. Mit anderen Worten, der Computernutzer ist der Lernmaschine schon in die algorithmischen Greifhände gefallen, die ihn für die Werbeindustrie zurechtportionieren. Das Maschinenlernen der Computer macht aus dem Menschen selbst eine Lernmaschine. Der Cyberspace bedient ihn und verwurstet ihn zugleich.

Da die Maschine für ihn lernt, muss der posthumane Mensch nichts lernen außer der Bedienung des Geräts. Hier genügt es, zu fragen, um gratis jede erdenkliche Antwort zu erhalten. Es genügt zu bitten, um jedes gewünschte Schauspiel geboten zu bekommen. Man möchte unterhalten sein? Bitteschön. Man lechzt nach sexueller Befriedigung? Nur keine falsche Zurückhaltung. Wozu lernen, wenn einem alles auf dem Silberteller präsentiert wird? Psychologen sehen darin eine Rückkehr in die Zeit, in der das Wünschen noch geholfen hat. Dies ist märchenhaft, nur eben jenseits des wirklichen Lebens.

Für den Vater der Tiefenpsychologie, Sigmund Freud, bedeutete der Zwang zur sofortigen Wunscherfüllung, dass sich der Mensch vom Lustprinzip beherrschen lässt. Dabei meinte er nicht das gewohnte »Darauf hätte ich jetzt Lust«, sondern den sexuellen Erfüllungswunsch, der eigentlich ein Erfüllungszwang ist. Um das Objekt der Begierde zu erlangen, setzt man alles andere hintan, damit sich die gesamte Lebenskraft auf diesen einen Vorgang konzentriert. Dafür fehlt die derart mobilisierte und verschwendete Energie dem Menschen an anderer Stelle und lässt auf Dauer sein Leben verarmen. Er gewinnt die Lust, aber aufs Leben hat er »keinen Bock mehr«.

Der moderne Wunscherfüller, der nur auflebt, wenn er online ist, isoliert sich damit vom wirklichen Leben und seiner Vielfalt. Auch die eigene Liebesfähigkeit geht verloren. Wozu der ganze Aufwand mit den anderen, fragt der Cybermensch, wenn ich alles per Mausklick haben kann? Eigentlich zur Selbstbestimmung fähig, wird der Mensch stattdessen in die schnelle Abfolge von Frage und Antwort, Wunsch und Erfüllung, Gier und Sättigung hineingezogen. Man wird kurzfristig befriedigt, aber man lebt nicht mehr. Man lernt nicht mehr. Im schlimmsten Fall schleppt man sich von Sättigung zu Sättigung. Das nennt man Suchtverhalten, und das Internet konditioniert einen dazu. Was wie absolute Freiheit erscheint, man selbst zu sein, ist in Wahrheit der Zwang, den Wünschen zu folgen, die einem suggeriert werden. Und die den User versklaven. Der Rest ist nur noch Selbst-Befriedigung.

Zu einer Selbst-Versklavung eigener Art wird man von *Streaming Services* wie Netflix, Amazon Prime oder Sky verurteilt, von denen wöchentlich neue hinzukommen. Im Gegensatz zum TV sieht man nicht nach vorgegebenem Programm und muss auch nichts mehr zur späteren Benutzung aufnehmen. Was man möchte, klickt man im Streaming-Dienst an, und zwar so oft man möchte. Am beliebtesten sind die Serien, die mit ihrer Vielteiligkeit bewusst unermüdliche Abhängigkeit schaffen. Die monatlichen Kosten sind geringer als ein Kinobesuch. Das führt dazu, dass alle Altersgruppen sich Tag und Nacht dem Filmrausch überlassen.

Rausch ist das treffende Wort. In Amerika werden die vor allem bei Jugendlichen beliebten Alkoholexzesse *Binge Drinking* (»Saufen, bis der Arzt kommt«) genannt. Seit es Streaming-Dienste gibt, ist ihm das *Binge Watching* (»Komaglotzen«) zur Seite getreten. Vom Menschen zur *Couch Potato* (»Dauerschauer«) mutiert, sieht man sämtliche Staffeln einer Serie im Tag-und-Nacht-Marathon an. Da viele Serien in sieben und mehr Staffeln aufgeteilt sind, die wiederum bis zu einem Dutzend Folgen à 45 Minuten haben, kann sich ein *Binge Watching* über mehrere Tage hinziehen, und zwar 24/7. Dabei wird der Bildschirm oft in Gruppen umlagert, bei denen der Alkohol nicht zu kurz kommen darf. Die Länge dieses Kollektivrauschs dürfte sich damit der Dauer der dionysischen Feste in der Antike nähern.

Prinzipiell ist die Cyberwelt auf spontane Wunscherfüllung spezialisiert. Sie versteht es sogar, die Wünsche zu erfüllen, noch bevor sie aufgetaucht sind. Softwareprogramme können voraussagen, mit welcher Wahrscheinlichkeit ein Mensch eine bestimmte Entscheidung trifft. So erfüllt das Internet auch den Wunsch nach neuen Wünschen. Und schafft täglich, stündlich neue Begehrlichkeiten, die in sich selbst schon Erfüllung sind, insofern sie den nimmermüden Wunsch nach Neuigkeit erfüllen. Salzwasser macht Lust auf Salzwasser. Wenn Freiheit gleichgesetzt wird mit Wahlfreiheit, die wiederum mit der Wunscherfüllung vollendet ist, dann hat die Menschheitsgeschichte mit dem Cybermenschen ihr höchstes Ziel erreicht. Er kann alles. Nur ist er kein Mensch mehr. Er scheint die Wirklichkeit nicht mehr zu brauchen. Auch nicht die der eigenen Körperlichkeit, die ihre Vergänglichkeit nicht ablegen will. In seinem Körper sieht der User nur noch das Werkzeug, mit dem er Tastatur, Maus oder Touchscreen bedient, das Schlüsselwerkzeug seines Universums. Dank dessen Hilfe verfügt er darüber, aber über sich selbst verfügt er nicht mehr. »Wer überall ist«, sagte der Philosoph Seneca, »der ist nirgendwo.«[36]

Im Internet kann man sich alles wünschen und kriegt meist etwas Passendes. Ob man genau das bekommt, was man sich erwartet, ist eine andere Frage. Oft wird einem nur suggeriert, dass die Antwort der Suchmaschine oder die Ware des Online-Handels exakt dem entsprechen, was man bestellt hat. Google bietet als Antwort zuerst einen Werbelink. Amazon sendet meist korrekt, aber oft ist es nur eine täuschend echte

Kopie. Meist wird das nicht einmal bemerkt, und wenn, dann ignoriert man es, weil der richtige Markenname darauf steht. Und auf das Äußerliche kommt es an. Bei vielen Produkten zählt nicht, was drin ist, sondern was draufsteht. Die Parallele zum Social Media-Nutzer lässt sich nicht übersehen.

Längst hat die Cyberwelt auch vom öffentlichen Raum Besitz ergriffen. Das Checken, Surfen, Skypen, Gamen, anfangs auf die eigenen vier Wänden beschränkt, hat die Straßen und Plätze der Städte, die Parks, Einkaufspassagen und Bahnhofshallen, selbst die Friedhöfe erobert: Menschen aller Altersstufen laufen mit dem Internet in der Hand herum. Statt ihre Identität im Hier und Jetzt wahrzunehmen und mit der Gegenwart auch die Möglichkeit zur Geistes-Gegenwart, starren sie in den Cyberspace, der sie aus Zeit und Raum, Hier und Jetzt, entführt. Das Smartphone ist der Taschenspiegel, in dem sich das kleine Ich unendlich vergrößert sieht. Die mickrige Alltagswelt ist verschwunden, ein unendliches Wolkenkuckucksheim bietet sich einem an. In Echtzeit, jetzt. Und zwar alles, das große Ganze dem kleinen User. Der viel zu beschäftigt ist, um sich selbst weiterentwickeln zu können. An sich zu arbeiten, ist ohnehin überflüssig. Denn bildschirmperfekt ist man schon.

Was zuerst der Mensch ist, der in den Spiegel schaut, wird dann zum Spiegel, der in den Menschen schaut. Dort sammelt er seine Daten und definiert seinen Stellenwert im Ganzen. Man glaubt zu tun und wird getan. Man glaubt sich im Spiegel zu sehen, aber es ist ein Zweiwegspiegel. Man sieht sich an, aber die anderen, die einen dabei ansehen, sieht man nicht.

4. Kapitel

Der Leibniz'sche Dämon

*»Es gibt nichts Ödes, nichts
Unfruchtbares, nichts Totes in der
Welt, kein Chaos, keine Verwirrung –
auch wenn es so scheint.«*[37]

Gottfried Wilhelm Leibniz, 1710

Der Einzige und sein Eigentum

Für die Stars des Silicon Valley scheint Geld das Letzte zu sein, woran sie denken. Zwar sitzen sie, wie Disneys Dagobert Duck, auf einem gewaltigen Goldhaufen, aber im Gegensatz zu ihm spielen sie nicht mit den Münzen. Sie legen auch keinen Wert auf besonderes gesellschaftliches Ansehen. So fahren sie nicht in Nobelkarossen, an denen sich im statusbesessenen Amerika der Reichtum ablesen lässt. Zwar könnten sie sich jeden Tag einen goldenen Rolls-Royce mit Chauffeur leisten, doch ihre Autos sehen aus wie vom Uni-Parkplatz: Facebooks Zuckerberg fährt eine japanische Familienkutsche, und der reichste Mann der Welt, Amazon-Chef Jeff Bezos, begnügt sich mit einem 16.000 Dollar-Honda.

Neben der demonstrativen Bescheidenheit pflegen die Computer-Tycoons vor allem ihr Einzelgängertum. Auch wenn sie in ihren Firmen von einem Hofstaat an Führungskräften umgeben sind, treten sie am liebsten alleine auf. Das gehört zu ihrer Imagepflege, drückt aber auch eine tieferliegende Neigung aus. Zwar leben sie für die Gesellschaft und von der

Gesellschaft, bleiben ihr aber fremd und mischen sich nicht unter die Leute. Wer sie persönlich kennt, bestätigt die prinzipielle Distanz, die sie zu anderen wahren.

Das trifft nicht nur auf Zuckerberg, Bezos, Page oder Gates zu, sondern entspricht dem Typ des Computermenschen generell. Man lebt nicht in der Welt, sondern vor dem Bildschirm. Gearbeitet wird mit dem Gehirn und seinen Werkzeugen, den flinken Fingern. Obwohl das Silicon Valley als Ort intensiven Gesellschaftslebens und kollektiver Freizeitgestaltung gilt, hat sich dort ein Menschentyp etabliert, der das genaue Gegenteil von Leutseligkeit darstellt. Statt seine Fühler zur Gemeinschaft hin auszustrecken, sondert er sich ab. Man konzentriert sich eben auf seinen Computer, mit dem in Personalunion man die Zukunft entwirft. Wie ein Algorithmus erfüllt der Computermensch seine Funktion und sogar mehr: Denn er ist das Zahnrädchen, das seine eigene Maschine perfektioniert.

Den Typus, der die Hightech-Industrie am Laufen hält, könnte man als »Autisten« bezeichnen. Auch wenn dies nicht genau dem neurologischen Befund entspricht, den man heute auch als »Asperger Syndrom« (AS) bezeichnet, trägt es doch unverkennbar dessen Züge: Vollständig von seinem Gegenstand oder dem eigenen Ego absorbiert, versinkt für den Betroffenen die gesamte Umwelt. Sie ist sozusagen nicht mehr da, Kommunikation mit ihr ausgeschlossen. Der Autist sitzt auf der Insel seines Selbst, umgeben von einem Meer, dessen Rauschen er kaum mehr wahrnimmt. Mancher mag sich an das Buch »Der Einzige und sein Eigentum« des Anarchisten Max Stirner erinnern. So etwa verhält sich der Cybermensch zur Cyberwelt.

Von diesem eigenartigen Menschentyp wird das Silicon Valley nicht nur angetrieben, es züchtet ihn auch. Das Internet schuf eine Welt von Bildschirm-Autisten. Wo man online geht, findet der Exodus aus der Wirklichkeit statt. Auf Schritt und Tritt lässt sich das am Smartphone-User beobachten. Oder an den videoaktiven Kinderzimmern, die auf die Eltern wie fremde Galaxien wirken, während die Eindringlinge für die Kinder nur noch Exoten sind. Statistisch werden im Silicon Valley weit mehr Menschen autistisch geboren als in anderen Teilen der USA. Was die Beschäftigung in den Hightech-Firmen betrifft, ist der Prozentsatz sogar noch höher. In anderen Berufen nur schwer vermittelbar, erweist sich ihr Persönlichkeitsprofil für die Cyberwelt als kongenial.

Wie der Name »autos« (griech. selbst) sagt, lebt der Autist hauptsächlich in sich selbst. In der vordigitalen Gesellschaft galt dies als schweres Leiden, bei dem der Erkrankte lebenslang im Kerker seines Ego gefangen war. Dann bemerkte man, dass viele Autisten gerade wegen dieser Abschließung von äußeren Reizen zu geistigen Höchstleistungen fähig waren. Die vermeintlich Zurückgebliebenen wurden, wenn auch auf streng begrenztem Feld, die Vorreiter neuer, weltverändernder Entwicklungen.

Für Autisten bildet der Computer die ideale Bezugsperson. Der Touchscreen ersetzt seine Sprachfähigkeit, das gezeigte Bild bietet das dialogfähige Gegenüber. Früher nannte man das Gewehr die »Braut« des Soldaten. Mit gleichem Recht könnte man heute den Computer als Braut des Cybermenschen bezeichnen. In Amerika nennt man diese hochspezialisierten Einzelgänger *Geeks*. Obwohl dies eigentlich den weltfremden Sonderling bezeichnet, schwingt darin die Anerkennung für seine Ausnahmebegabung mit. Dasselbe gilt für den *Nerd*, dieses Mauerblümchen der Cyberwelt, vor dessen Wissen man den Hut zieht, um ihn zugleich als Fachidioten zu belächeln. Das Magazin »Der Spiegel«, das auch Mark Zuckerberg in diese Kategorie einordnete, witzelte, »wohl dem, der eine Macke hat«[38].

Dass Autisten meist, wie im Film »Rainman« mit Dustin Hoffman, eine besondere Affinität zu Zahlen aufweisen und die diffizilsten mathematischen Probleme lösen können, prädestinierte sie von Anfang an für die Computerwelt. Auch bei

Zuckerberg erwiesen sich Schwächen im Umgang mit Menschen als Stärken im Umgang mit Prozessoren und Programmen. Nerds wie er können in einem menschlichen Umfeld arbeiten, ohne menschlich zu interagieren. Dass auch der »Pate des Cyberspace«, Microsoftgründer Bill Gates, zumindest in seiner Kindheit autistische Züge an den Tag legte, bestätigte seine Schwester Libby[39]. Der mathematisch Hochbegabte, so erzählte sie, sei schon immer ein Sonderling gewesen, habe sich stundenlang in seiner Bude eingeschlossen und Bücher gewälzt. Mit seiner Familie habe er tagelang nicht gesprochen, und wenn überhaupt, dann nur mit befreundeten Nerds. Die Verhaltensforscherin Temple Grandin, selbst Autistin, hat sich mit der Psyche der Hightech-Sonderlinge beschäftigt. »Das halbe Silicon Valley«, so ihr Fazit, »hat eine milde Form von Autismus. Nur vermeidet man, es beim Namen zu nennen«[40].

Dem Bildschirmmenschen präsentiert sich die Welt in ihrer unermesslichen Totalität, aber geborgen fühlt er sich nur bei sich selbst. Und aus der Sicherheit heraus, die einem die selbstgewählte Isolation bietet, kann er die digitale Außenwelt durchforschen, auf virtuelle Abenteuerreisen gehen und doch in sich zurückgezogen bleiben. Möglichst lange haftet er am Schirm, der ihm die Welt bedeutet. Hier arbeitet er für sich, studiert für sich, spielt für sich und spielt mit sich, je nach Lust und Laune. Muss er doch einmal vor die Haustür, bietet ihm das Smartphone die Nabelschnur zur Cyberwelt. Er fühlt sich wie Shakespeares Hamlet, der sagte, »ich könnte in eine Nussschale eingesperrt sein und mich zugleich für einen König von unermesslichem Gebiet halten«. Wer einen Smartphone-User sieht, der weiß, was Shakespeare meinte.

Der Typ des Nussschalenkönigs zeigte sich schon in den Anfängen des Silicon Valley. Nicht die amerikanischen Geschäftemacher und pragmatischen Ingenieure brachten diese Revolution, sondern projektbesessene Studenten. Um wie Columbus eine neue Welt zu entdecken, mussten sie keine Schiffe besteigen, sondern konnten in ihrer Garage basteln. Diese neue Welt, die erst von den Computern, dann vom Internet entdeckt wurde, gab dem Begriff »Welt« einen neuen Sinn: Welt umfasste nun alle denkbaren Welten, und Neues wurde im Sekundentakt geboten. Vor den Wundermonitoren der kalifornischen Innovationsgenies versammelten sich bald unzählige Interessierte, deren selbstbestimmtes Leben seitdem in Welten stattfindet, die kein menschlicher Fuß je betreten wird.

Die zum Autismus passende Philosophie stammt vom deutschen Philosophen Gottfried Wilhelm Leibniz. Er nannte sie »Monadologie«. Mit ihr erklärte er, wie an einem einzigen Punkt, der Monade eben, das ganze Universum abgebildet sein kann. »Jede Monade«, so der Philosoph, »ist ein lebender, immerwährender Spiegel des gesamten Universums«. Und in diesem Universum, darin bestand die Paradoxie, existieren wiederum unendlich viele Monaden, die alle, mit jeweils eigener Perspektive, das Ganze widerspiegeln. Dabei brauchen sie »keine Fenster nach außen«, weil alles schon in ihrem Inneren gegenwärtig ist. Nicht anders als heute die ganze Welt im Computer des Users, der wiederum selbst zu dieser Welt und ihren Milliarden Computern gehört. »Monaden bilden das Paradigma informationsverarbeitender Automaten«, schrieb der Philosoph Herbert Okolowitz, »und in ihrer Verknüpftheit ein Denkmodell für Netzwerke und Fernkommunikation.«[41] Womit Leibniz vor über 300 Jahren das Wesen des Cyberspace vorweggenommen hat.

1646 in Leipzig geboren, verkörperte Leibniz den Typus des Universalgenies, wie es in der Geschichte nur wenige gab. Während die meisten großen Geister ihre Hochbegabung auf ein Feld konzentrieren, vereinigte Leibniz eine Reihe epochaler Talente, von denen jedes einzelne ihn berühmt gemacht hätte. Als Philosoph, Mathematiker, Ingenieur, Historiker, Psychologe, Sprachwissenschaftler, Diplomat, Jurist und lutherischer Theologe leistete er Bahnbrechendes. Wäre er auch noch Maler gewesen, man hätte ihn den Leonardo da Vinci des 17. Jahrhunderts nennen können.

Wie wenige andere verkörperte Leibniz den Geist der Aufklärung, die Befreiung des Menschen durch seine Vernunft. Für ihn war diese nicht in erster Linie das Werkzeug, mit dem der Mensch die objektive Wirklichkeit begreift, sondern diese objektive Wirklichkeit selbst. Alles war in sich vernünftig, und das hieß für den Mathematiker auch, dass es sich dank seines logischen Aufbaus berechnen ließ. Leibniz hat in den 1670er Jahren, zeitgleich mit Isaak Newton, die Differential- und Integralrechnung erfunden, was ihm einen Platz im Olymp der Mathematik sicherte.

Noch bedeutender aber ist seine Revolution des Rechnens mit den binären Zahlen 1 und 0. Mit ihnen, so erkannte er als einer der Ersten, lässt sich jede Zahl darstellen. Ausgangspunkt war seine Theologie, wonach Gottes Sein für die 1 steht, während sein Gegensatz, die 0, das Nichts repräsentiert. Und da, wie die Bibel lehrt, das Sein aus Nichts erschaffen wurde, kann der rechnende Verstand alles Seiende mit dem aus 1 und 0 gebildeten Zahlenwerk vollständig rekonstruieren. Wie Gott sich in die unendliche Vielfalt seiner Schöpfung hineinbegibt und dabei doch immer der Eine bleibt, so sind in der 1 sämtliche Zahlen enthalten, und zwar deshalb, weil jede Zahl *eine* ist. Alles, was ist, ist in Gott. Aber ebenso ist Gott in allem, was ist. Das ist für den Leipziger Philosophen das Geheimnis des binären Denkens. »Um alles aus dem Nichts hervorzubringen«, sagte er, »genügt die Eins.« Und dasselbe gilt für die Monade, diese Eins, in der sämtliche Einsen enthalten sind, die zusammen die Unendlichkeit der Zahlenwelt bilden.

Auch das unendlich scheinende, ständig in Ausdehnung begriffene Universum der Cyberwelt basiert auf der simplen Tatsache, dass sich alles, was irgend zählt im Universum, zählen lässt. Was aber zählbar ist, kann auch gemessen und in Zahlen dargestellt werden. Sämtliche Zahlen wiederum lassen sich auf die zwei Zustände einer einzigen Zahl, man könnte sagen, *der* einzigen Zahl, zurückführen.

Auf 1 und 0 basierte auch die Technik des Morsens, die im 19. Jahrhundert zur Mitteilung von Informationen verwendet wurde. Das Internet ist eine Art hochgezüchteter Morsecode, für den alles digital darstell- und versendbar ist. Alles, was man braucht, sind Schalter für Ein und Aus. So gibt es auch keinen Verlust zwischen Senden und Empfangen. Da das »Morsen« des Photonenstroms mit Lichtgeschwindigkeit fließt, nimmt es auch praktisch keine Zeit mehr in Anspruch. Wie zum Beweis verkündet Google bei jeder Eingabe, wie schnell die Antwort erfolgt. Zum Begriff »Leibniz« etwa liefert die Suchmaschine 24.800.000 Ergebnisse in 0,54 Sekunden. Die nach ihm benannten Kekse mitgerechnet.

Dass aus der binären Rechenart im 20. Jahrhundert Kybernetik und Informatik hervorgingen, denen sich die digitale Welt der Computer und des Internet verdankt, ist auch dem Mathematiker Leibniz zu verdanken. Er hatte die enorme rechnerische Effektivität des binären Codes mittels einer Rechenmaschine, die er »lebendige Rechenbank« nannte, praktisch anwendbar gemacht. Mit ihren vier Grundrechenarten nahm sie im Wesentlichen die modernen Taschenrechner vorweg. Damit, so ein Standardwerk über Codes, »hat Leibniz tatsächlich den ersten Computer erfunden«[42].

Durchsuchungsmaschinen

Wenn die Suchmaschinen des Silicon Valley ihre Arbeit verrichten, spielen weder Moral noch Vernunft, ja nicht einmal das Interesse der Menschheit eine Rolle. Eine Suchmaschine ist in erster Linie eine Maschine. Bereitwillig gibt sie auf alle Fragen Antwort, aber was genau der Fragende als Antwort erhält, bestimmt sie. Dank ihrer Algorithmen kann sie die Frage in sein Nutzerprofil einordnen und daraus folgern, was er wirklich wissen will. Denn was einer schreibt, entspricht nur selten dem, was er meint. Doch die Rechenmaschine lässt sich nicht täuschen. Sie weiß, was der User wirklich will. Deshalb liefert sie ihm nicht unbedingt, was er zu wollen glaubt, sondern was zugleich in seinem Interesse und dem der werbetreibenden Industrie liegt. Man könnte von einer vorprogrammierten Harmonie sprechen.

Das weiß der Betroffene natürlich nicht. Jeder der 40 Millionen Menschen, die pro Sekunde bei Google anfragen, wird in die von der Maschine gewünschte Richtung gelenkt, unter anderem, indem sie bestimmte Informationen unter den Tisch fallen lässt und andere an bevorzugter Stelle anführt. Sie rechnet nicht nur, sondern verhält sich auch berechnend. Sie kennt nicht nur die unzähligen möglichen Antworten auf die eine konkrete Eingabe, sondern weiß auch, welche Firma am meisten dafür bezahlt hat, dass ihr Link an vorderster Stelle steht. Ebenso registriert sie, wer den zweithöchsten Betrag gezahlt hat, und positioniert ihn an zweiter Stelle.

Mit Ausnahme von Wikipedia, der ein Ehrenplatz eingeräumt wird, findet sich jeder, der nichts zahlt, unter ferner liefen. Oder gar nicht. Wer etwas zu veröffentlichen oder zu verkaufen hat und nicht auf den ersten Google-Seiten auftaucht, kann sein Geschäft bald zumachen. Seit 2019 gilt dies auch für die vielgenutzten Google Maps: Eine Firma, die schon bei der Routenplanung ins Auge springen will, kann gegen Gebühr in die bis dahin neutralen Stadtpläne ihr Werbelogo einfügen. Damit der Nutzer sofort sieht, was in einer Stadt wichtig ist.

Google-Chef Larry Page gab einmal als sein Ziel an, dass »alles, was du je gehört oder gesehen oder erfahren hast«, maschinell gesucht und gefunden werden kann. Und er fügte hinzu, dass »Dein ganzes Leben durchsuchbar wird.« Was in seinen Ohren wie ein großartiges Zukunftsversprechen klang, erscheint europäischen Ohren wie eine Drohung. Plötzlich bekommt der Begriff Suchmaschine einen neuen Sinn.

Eigentlich klingt das deutsche Wort »Suchmaschine« harmlos. Dagegen ist der amerikanische Ausdruck *Search Engine* genauso gebildet wie der gängige Polizeibegriff *Search Warrant*. Das ist ein Durchsuchungsbefehl, der den Beamten erlaubt, die betreffende Wohnung auf den Kopf zu stellen. Der Angezeigte muss der Staatsmacht auch sein letztes Geheimnis preisgeben. So verstanden, entpuppt sich die Suchmaschine als eine Durchsuchungsmaschine, die alles an sich nimmt, egal ob es offen liegt oder versteckt ist. Andrerseits kann vor ihr nichts versteckt bleiben, denn für sie gehört alles in die *Public Domain*, ist also öffentliches Gebiet oder wird dazu gemacht. Und wie die Polizei die Wohnung durchkämmt, praktiziert Google dasselbe mit dem ganzen Menschenleben. Doch man zieht vor, nicht daran zu denken. Keiner will sich die Freude am Googeln dadurch trüben lassen, dass gleichzeitig ein Angriff auf seine Persönlichkeit, ein Eindringen in seine Privatheit, eine Demütigung seines Selbstverständnisses stattfindet.

Um die Welt durchsichtig und jeden Menschen zum »gläsernen Bürger« zu machen, durchwühlt und analysiert die neugierige Maschine alle Datenlieferanten der Welt, und was sie ausfindig macht, wird vor den Gerichtshof der öffentlichen Meinung gezerrt. Das dient zum einen der unersättlichen Wissbegier der Nutzer, zum anderen der Sammelwut der Betreiber. Das Gefundene lässt sich jederzeit für Werbung oder Wahlmanipulation versilbern, ohne es doch je weggeben zu müssen. Denn man behält die gespeicherten Daten für zukünftige Wiederverwertung. *Google eats the cake and has it*, so heißt es: Die Suchmaschine kann den Kuchen essen und ihn doch behalten.

Suchmaschinen sind Maschinen, die jeden suchen und finden. Die meisten Surfer stört es nicht, und die anderen sind sogar in ihrer Eitelkeit geschmeichelt. »Gesucht« sein bedeutet

auch, beliebt sein. So setzt man sich einerseits für strengsten
Datenschutz ein, andererseits verschleudert man bereitwillig
sein Eigentum an Daten und Bildern. Man trägt seine Haut zu
Markte, stellt sein Familienalbum, seine Liebesgeständnisse,
Gesicht und Körper zur allgemeinen Begutachtung aus. »Die
von den Nutzern freiwillig preisgegebenen Daten«, so Rana
Foroohar, »haben für die Firma einen höheren Wert als der von
den Datensammlern gebotene Service, weitaus mehr, um genau
zu sein.«[43]

Diese automatische Sammeltätigkeit kann für jeden Such-
maschinennutzer unerwünschte Nebenwirkungen zeitigen:
Hatte er früher eine *Life History* (Lebensgeschichte), in der er
seine Lebensdaten und Karrierestationen aufzählte, so kann
die Suchmaschine dem jederzeit seine *Search History* (Such-
geschichte) gegenüberstellen. Letztere hat für den Betreiber
den Vorteil, lückenlos und präzise auch all jene Ereignisse und
Interessen des Menschen zu registrieren, die dieser lieber für
sich behalten würde. Das macht Angst, und davor will man
sich schützen. Zuvor aber hat man sich selbst, wissentlich oder
nichtsahnend, anderen zugänglich gemacht. Deshalb bedeutet
der Ruf nach Datenschutz oft auch, den Brunnen abdecken,
nachdem man das Kind hineingeworfen hat.

Quantum Supremacy

Moderne Herrschaft benutzt Geld und Macht, aber sie basiert
nicht darauf. Es ist das Wissen, das alles beherrscht. Wer über
alles informiert ist, hat alles unter Kontrolle. Mehr noch, wer
über die Daten der Menschheit verfügt, weiß mehr über sie als
die Menschheit selbst. Vor allem kann er aus ihrem bisherigen
Verhalten voraussagen, wie ihr künftiges aussehen wird. Das
betrifft das Kaufverhalten, das Wahlverhalten, das Kommuni-

kationsverhalten der Masse. Aber eben nicht nur, denn die Datensammlung über jeden einzelnen Internetnutzer ist so vollständig, dass sich theoretisch sein gesamtes Handeln voraussagen lässt. Dank *Data Mining* kann man ziemlich genau berechnen, was ein Kunde als Nächstes bestellen wird oder für welche politische Radikalisierung er geeignet ist. Um das vom Kunden erwünschte Ergebnis zu erzielen, muss man nur die entsprechenden Impulse verstärken oder abschwächen.

Wer sämtliche Informationen der Vergangenheit besitzt, so sagte Leibniz voraus, könne aus ihnen die Zukunft »ablesen«. Wer weiß, was war, kann kalkulieren, was sein wird. Der Philosoph war überzeugt, dass sich der künftige Gang der Welt aus dem zurückliegenden Weg berechnen lässt. Streng mathematisch. Denn die Geschichte des Universums ist für ihn kein Zufallsgeschehen, sondern läuft ab wie ein Uhrwerk. Alles folgt dem Gesetz der Kausalität. Das wiederum bedeutet, dass sich alles aus Notwendigkeit ergibt. Oder in Albert Einsteins Worten, »Gott würfelt nicht«.

Nach Leibniz bringt das für den Menschen keinen Nachteil. Denn Gott hat dafür gesorgt, dass alles, weil einer inneren Logik folgend, reibungslos und planmäßig abläuft. Deshalb ist diese Welt, so Leibniz, »die beste aller Welten«. Und nach seinem berühmten Ausdruck herrscht in ihr vorprogrammierte (»prästabilierte«) Harmonie. Keine Monade kann mit dem Ganzen in Konflikt geraten, weil das Ganze bereits in ihr enthalten ist. Und Gott hat alles so aufeinander abgestimmt, dass die Schöpfung wie eine perfekte Maschine funktioniert, weil Rädchen in Rädchen greift.

Was immer geschieht, und sei es noch so unscheinbar, ist für den Lauf des Ganzen ebenso wichtig wie das größte Weltereignis. Heute veranschaulicht man diese Erkenntnis mit dem Bild vom Flügelschlag eines Schmetterlings in Brasilien, der in Texas einen Tornado auslöst. Auch dies hatte bereits in Leibniz' Fantasie statt gefunden. »Eine Fliege«, so scherzte er, könne »den ganzen Staat verändern, wenn sie einem großen König, der eben mit wichtigen Ratschlägen beschäftigt sei, vor der Nase herumsaust.«[44]

Einem Menschen, so Leibniz, ist es allerdings nicht möglich, solche verborgenen Zusammenhänge zu erkennen. Um wirklich aus allem bisherigen Geschehen die Zukunft ableiten zu können, sei ein gottähnliches Geistwesen nötig. Es müsse alles wissen und gleichzeitig ein mathematisches Genie sein. »Wenn Gott rechnet«, so sagt Leibniz, »entsteht die Welt.« Mit absoluter Notwendigkeit. Und mit derselben Notwendigkeit lässt sich, zumindest für Leibniz' Geistwesen, die Zukunft an der Vergangenheit ablesen. Bekannt wurde sein hypothetischer Weltberechner allerdings nicht unter seinem Namen, sondern unter dem des französischen Mathematikers Pierre-Simon Laplace, der hundert Jahre nach ihm lebte. Seitdem geistert der kalkulierende Weltgeist als »Laplace'scher Dämon« durch die Mathematik.

Diesem übermenschlichen Rechengenie, das man mit mehr Recht als Leibniz'schen Dämon bezeichnen könnte, hat sich die Cyberwelt weitgehend angenähert. Denn sämtliche Daten der Vergangenheit, die sich in ihren Riesenspeichern angesammelt haben, lassen sich, algorithmisch aufgearbeitet, in die Zukunft projizieren. Das wiederum bedeutet, dass der moderne Mensch, der von seiner Freiheit felsenfest überzeugt ist, in Wahrheit Gesetzmäßigkeiten folgt, die nicht er kennt, sehr wohl aber die Maschine. Was immer er tut, er muss es tun. Und Google weiß es.

Das digitale »Geistwesen«, das die Zukunft kennt, noch bevor sie eingetreten ist, hat tatsächlich etwas Unheimliches, ja Dämonisches. Denn Wissen ist Macht und Zukunftswissen Allmacht. Da die digitalen Denkmaschinen fast alles über die Menschen wissen, können sie diese mühelos in jede beliebige Richtung lenken. Dank der computergestützten Rundum-Beobachtung ist es möglich, das Persönlichkeitsprofil der Menschen von Stunde zu Stunde, Tag für Tag, von der Wiege bis zum Grabe zu erstellen. Aus den Datenlandschaften lässt sich ziemlich genau ablesen, was im Leben des Einzelnen als Nächstes geschehen wird, was die betreffende Person tun, kaufen, ansehen wird, mit wem sie sich trifft, mit wem sie schläft. Vor allem weiß dieser berechnende Dämon, wie man den Menschen das Geld aus der Tasche zieht. Denn die »ultimative Suchmaschine«, so räumte Google-Chef Larry Page ein, ist »so smart wie die Menschen – oder smarter«[45].

Seit Oktober 2019 gibt es eine Maschine, die nicht nur smarter ist als alle Menschen, sondern auch smarter als die smartesten Rechner. Entwickelt wurde dieses Weltwunder, wie könnte es anders sein, von Google. Dieser sogenannte Quantencomputer, ein mathematisch-technischer Geniestreich, arbeitet sehr viel schneller, fast möchte man sagen, unendlich schneller als der schnellste existierende Computer. Er kann dies, weil er eine neue, von außen unbegreifliche Rechenmethode anwendet, die eine besondere Eigenschaft des elektrischen Stroms ausnutzt.

Alle herkömmlichen Rechner benutzen den binären Code, bei dem sich, wie in der Mathematik üblich, 1 und 0 gegenseitig ausschließen. Entweder der Strom fließt oder er ist abgeschaltet. Schon für die Quantentheorie galt dieses Prinzip nicht mehr. Elektronen, so bewiesen Atomphysiker wie Heisenberg und Planck, existieren und gleichzeitig existieren sie nicht, denn zwischen der Energiewelle und dem einzelnen Energiequantum besteht kein messbarer Unterschied. Man nennt das die Unschärferelation. Erst wenn man auf die entsprechende Weise nachmisst, »entscheidet« sich das Elektron für einen Zustand. Nach diesem Prinzip arbeitet Googles Quantencomputer. Für ihn sind 1 und 0 gleichzeitig präsent, und erst wenn man das Quantenbit abruft, legt es sich fest. Tatsächlich trifft das, was man früher als dämonisch bezeichnete, auf diese Unberechenbarkeit des Rechners zu. Er kann

Ungeheuerliches bewirken, ohne dass sich von außen erklären ließe, wie.

Ohne vorgängige Unterscheidbarkeit des binären Codes greift die gewohnte Kalkulation ins Leere. Stolz nennt Google sein Rechenwunder *Quantum Supremacy* (Überlegenheit durch Quanten). Diese Überlegenheit hat wesentlich mit der Zeit zu tun, in der eine Rechenaufgabe gelöst wird. In der sich aus dem, was war, das, was sein wird, ableiten lässt. Um diese Leistungsfähigkeit zu testen, tüftelte man bei Google wochenlang eine unvorstellbar komplizierte, alle bekannten Rechenkünste überfordernde Aufgabe aus: Der Quantencomputer löste sie in nicht einmal zwei Minuten. Für dieselbe Berechnung, so Google, bräuchte der schnellste heute existierende Computer zehntausend Jahre. Freilich wird sich das nie nachprüfen lassen.

Quantum Supremacy kann alles gleichzeitig wissen, kontrollieren, berechnen. Vor diesem Dämon gibt es keine Geheimnisse mehr. Da er alle Aufgaben in Nanosekunden löst, werden »unsere Verschlüsselungsalgorithmen in Zukunft nicht mehr ausreichen.«[46] Ob es sich um Virenschutz oder Kontonummern, private Dokumente oder diplomatische Geheimbotschaften handelt – er liest alles, speichert alles, und wer ihn besitzt, hat Zugriff auf alles. Hacking ist damit obsolet geworden. Der Supercomputer muss in keinen Code einbrechen. Er ist bereits drin.

Dasselbe gilt natürlich ebenso umgekehrt. Der Quantencomputer kann nicht nur alles entdecken, sondern auch alles verbergen. Seine Codes lassen sich nicht knacken, denn sie entstehen erst, wenn sie vom befugten Rezipienten abgefragt werden. Steuerbehörden und Polizei greifen ins Leere, jedes Gesetz kann umgangen werden. Wie der Quantencomputer alles ans Tageslicht bringt, bleibt er selbst im Dunkel der Unlesbarkeit. Er berechnet alles, bleibt aber für alle unberechenbar.

Auch auf Googles ureigenstem Gebiet, der Suchmaschine, stellt der Quantencomputer alles in den Schatten. Wie ein

Leibniz'scher Dämon kennt er alle Menschen, aber keiner kennt ihn. Als Welterklärer und Menschenversteher sieht er, was war und was sein wird. Und dies gleichzeitig. Zwar befindet sich die Zaubermaschine noch in der Erprobungsphase, doch ist es nur eine Frage der Zeit, bis dieser schier allmächtige Digital-Dämon die Kontrolle übernimmt.

5. Kapitel

In Kafkas Schloss

»Die Lüge wird zur Weltordnung gemacht.«

Franz Kafka, 1925

»In unserer Zeit, einer mythischen Zeit, haben wir uns alle in Chimären verwandelt, Hybride aus Maschine und Organismus. Kurz: Wir sind Cyborgs.«[47]

Donna Haraway, 1985

Der pragmatisch-hedonistische Bürger

Die Cyberwelt trägt das erhabene Menschenantlitz einer Sphinx. Es nimmt einen spontan für sich ein. Der Bildschirm blickt einen vielversprechend an. Obwohl man nie wissen kann, was dahintersteckt, wird diese Machtergreifung allgemein begrüßt. Schließlich erweitert sie das Alltagsleben und bereichert die Freizeit. Die Befürchtung, das Internet könne dem Menschen die Herrschaft aus der Hand nehmen, scheint abwegig. Nimmt die Cyberwelt ihm doch die Arbeit aus der Hand, ohne eigens dafür eine Gegenleistung einzufordern.

Das muss sie auch nicht, denn sie ist so frei, sich diese selbst zu nehmen. Durch ihre grenzenlose Dienstbarkeit macht sie sich so unersetzlich, dass sich ihre Macht zum Nutzen und auf Kosten des Wirts von selbst ausdehnt. Wo sich etwas ausbreitet, muss sich etwas anderes zurückziehen. Wo ein Reich entsteht, geht ein anderes unter. Wo Menschenwelt war, herrscht Cyberwelt.

Unter ihrer Herrschaft ist der Mensch nicht mehr, wie man früher sagte, sein »eigener Herr«, sondern schlicht User. Er sieht sich zum Nutzer dessen bestellt, was ihm geboten wird. Was nicht zum Angebot gehört, fällt unter den Tisch. Das Leben jedes Nutzers wird von einer fiktiven, auf Zahlencodes basierenden Welt bestimmt, die ihre Inhalte in Lichtgeschwindigkeit um den Erdball jagt. Diese raum- und zeitfüllende Welt, die von Superrechnern gesteuert wird, macht uns als körperliche Wesen fast überflüssig. Wir sind noch wir, aber als Menschen sind wir bereits posthuman. Als unsere eigenen Nachkömmlinge blicken wir von erhabener Warte auf das zurück, was wir einst gewesen zu sein glauben.

Da wir als pragmatisch-hedonistische Erdenbürger ganz auf den Nutzen konzentriert sind, den wir uns nicht entgehen lassen wollen, wird unser natürliches Dasein zur Nebensache. Wir können, wissen und dürfen alles. Doch wir sind nicht länger wir selbst. Wir können uns jeden Wunsch erfüllen, aber uns selbst kennen wir nicht mehr. Denn an unsere Stelle ist unser eigenes Wunschbild getreten. Der Zauberspiegel des Bildschirms hält es uns entgegen. Wir sehen uns, wie wir uns gerne hätten, und wir sehen nur, was wir gerne sehen wollen. Das Online-Leben ist ein Wunschkonzert, in dessen Mittelpunkt der Nutzer steht, der aller Augen auf sich gerichtet glaubt.

Auf der Suche nach unserem flüchtigen Selbst sind wir in eine fatale Abhängigkeit geraten. Die Cyberwelt erfüllt alle Wünsche, die uns in den Sinn kommen. Wie sie dorthin gelangen, ist eine andere Frage. Glaubt man Statistiken, dann übertrifft die Macht des Internet jede andere gesellschaftliche Einrichtung. Im Gegensatz zur Arbeits- oder Behördenwelt nimmt das Internet nicht nur einen Teil des Tages ein. Es geht mit dem Kunden schlafen und steht wieder mit ihm auf. Es begleitet ihn vom Kindergarten bis zum Pflegeheim. Lebenslänglich folgt es dem Menschen wie sein Schatten. Und wenn er tot ist und sich selbst nicht mehr gehört, lebt er immer noch als Datei, die den Riesenspeichern gehört und an den jeweils Meistbietenden vermietet wird. 2019 haben 96 Prozent der Deutschen das Netz genutzt. Rund die Hälfte von ihnen beteiligte sich an den Social Media. Besser gesagt, sie integrierte sich in sie. Auch um dem Preis, von ihnen kontrolliert zu werden.

In der analogen Welt konnte man immer zwischen dem Menschen und den Hilfsmitteln unterscheiden, deren er sich bedient. Im Cyberspace fällt dieser Unterschied weg. Geht der Mensch online, ist auch sein ganzes Leben online. Er selbst wird zum Bild, das er in diesem Spiegel wiederfindet. Und dies geschieht nicht als Zustand, sondern als pausenloses Weiterstreben auf einem Weg, der sich von selbst zu gehen scheint und deshalb die Schritte beflügelt. Es ist ein Weg, der nicht zu einem besseren, vernünftigeren, friedliebenderen Menschen hinführt, wie die Sozialutopie es sich erträumt. Sondern er führt weg von ihm in die posthumane Gesellschaft.

In der Definition von Wikipedia bedeutet posthuman, »dass die Menschheit den Gipfel ihrer Evolution bereits erreicht hat und die nächste Entwicklung von intelligentem Leben in den Händen der künstlichen, computergestützten Intelligenz liegt.« Früher assoziierte man mit dem Begriff »posthuman« die bizarren Robotergestalten, die das Film- und Lesepublikum das Gruseln lehren sollten. Heute sind es jene aus Filmen bekannten Supercomputer in Menschengestalt, die man *Cyborgs (Cyber Organisms)* nennt. Manche glauben, dass es sie nicht nur in der Science-Fiction gibt.

Je weiter wie uns auf die posthumane Gesellschaft zu bewegen, desto mehr entfremden wir uns von uns selbst. Je größer unsere Vorfreude auf die Zukunft, desto geringer unsere Meinung von dem, was ist und gewesen war. Wie die Postmoderne die Moderne hinter sich gelassen und *ad acta* gelegt hat, stellt das posthumane Zeitalter den gewohnten Menschentyp außer Dienst, um statt seiner den posthumanen Menschen zu erschaffen. Und täglich neu. Rein äußerlich gibt es zwischen beiden keinen Unterschied. Der neue Mensch wird genauso aussehen, dieselbe Sprache sprechen, denselben Personalausweis mit sich führen. Kurz, er wird noch Mensch sein. Aber nicht mehr menschlich.

Bisher blieb diese unheimliche Verwandlung so gut wie unbemerkt. Vielleicht spürte man sie, aber bewusst wahrgenommen wurde sie nicht. In der Geschichte wurde das Verschwinden der Menschheit immer mit ihrem physischen Untergang gleichgesetzt. Am anschaulichsten geschah es im Bild von der Sintflut, in der die Menschen sprichwörtlich untergingen. Als Auslöser galt der Zorn Gottes über jene, die sich seinen Verbesserungsforderungen widersetzten. Obwohl die Menschen in der Neuzeit hartnäckig damit fortfuhren, sich nicht zu verbessern, existierten sie weiter. Sie pflanzten sich fort und erfanden den Fortschritt. Dass der sich verselbständigen und täglich neu über sie hinwegschreiten würde, war nicht absehbar.

Die Moderne repräsentiert das Neue als Institution. Nachdem sie im industriellen Allmachtsrausch außer Kontrolle geraten war, kamen neue Untergangsszenarien auf. Nicht länger wurde das Ende von einer höheren Macht über die Menschen verhängt, sondern sie selbst waren es, die ihren kollektiven Tod herbeiführen sollten. Atomkrieg, biologische Seuchen, Umweltzerstörung, Erderwärmung und endlich Viren-Pandemien boten sich als Auslöser an. Das Wie und Wann ließ man offen, aber das Dass stand außer Zweifel.

Blieb noch die Alternative, dass die Menschheit verschwände, ohne physisch zu verschwinden. Sie würde weiter so aussehen, so handeln, so sprechen, so lieben, und endlich so sterben wie bisher. Und doch wäre sie eine andere. Kein zorniger

Gott hätte den Untergang über sie verhängt. Sondern sie selbst wäre schuld gewesen. Was ihr umso leichter fiel, als sie in ihrem Erscheinungsbild dieselbe blieb. Wie von Anfang an war sie die Menschheit, sah aus wie die Menschheit, vermehrte sich wie die Menschheit, und dies über die Maßen. Aber es war nicht mehr *die* Menschheit. Es *ist* nicht mehr die Menschheit.

Mit zusätzlichen Fähigkeiten ausgestattet, soll der posthumane Mensch technische und geistige Wunderwerke vollbringen können. Die *Artificial Intelligence* (Künstliche Intelligenz) hat bereits damit begonnen. Einfach, weil sie besser ist, wird ihre »Superintelligenz« die Wald-und-Wiesen-Intelligenz des Menschen überflüssig machen. Und auch den traditionellen Unterschied zwischen Mensch und Maschine aufheben. Dann wird zusammenwachsen, was nicht zusammengehört.

Sensor Mensch

Die digitalen Speicher des Silicon Valley, genannt *Server Farms* oder *Data Centers*, heißen auf Deutsch zutreffend Datenbanken. Das Wissen über die Welt ist eine Bank, auf deren Reichtümer man es abgesehen hat. Was aber tatsächlich entsteht, ist unendlich größer und übersteigt Profitgier und Fassungsvermögen der Betreiber. Die Datenbanken enthalten das Buch des Lebens, in dem Vergangenheit, Gegenwart und, aus diesen errechnet, die Zukunft erfasst sind. Das ist der Leibniz'sche Dämon, der wie ein Verhängnis über die Menschheit gekommen ist. Alljährlich wächst sein globales Datenvolumen um 50 Prozent. Wissenschaftler haben errechnet, dass bis 2025 rund 80 Milliarden Geräte im *Internet of Things* verbunden sein werden. Und dieses Netzwerk, das einen globalen Synergieeffekt erzeugt, wie es ihn noch nie gegeben hat, wird

irgendwann der wirklichen Welt als die wirklichere gegenübertreten. Irgendwann, das heißt: vielleicht schon heute.

In den gewaltigen Serverfarmen, die über ganz Amerika
verstreut sind, steht für alle Zeiten alles aufgezeichnet, was sich
ereignet hat. Es sind nicht nur, wie in früheren Jahrhunderten,
die Taten der Großen, die Schlachten und weltgeschichtlichen
Großereignisse, sondern jeder winzige Klick einer Myriade
von Mäusen, an denen Milliarden dienstbare Menschenkörper
hängen. Der Körper dieser Milliarden Menschen wiederum ist
die Registriermaschine dessen, was in ihnen und um sie herum vorgeht.

So ist die Menschheit freiwilliger Sensor ihrer selbst geworden. Leben besteht nur noch im Registrieren dessen, was einmal
Leben hieß. Der Datenlieferant lebt immer nur in der Gegenwart, er ist ein Jetzt-Wesen. Die Speicher dagegen übersehen das
Ganze und damit auch die Zukunft des Ganzen. Sie leben in der
Ewigkeit, die kein menschliches Wesen je erkennen wird. Sehr
wohl aber die Computer, die das Bewusstsein der Speicher sind.
Sie wissen nicht alles, aber sie können wissen, was immer sie
wollen. Und bewahren es in alle Ewigkeit. Sie sind auch unzer-
störbar, weil sie sich *Back-up*-Dienste leisten. Sie sichern sich
gegenseitig. Nur wenn ihnen die Energie ausgeht, sind sie offline. Aber dann ist die ganze Menschheit offline.

In der Antike glaubte man, dass die Götter auf ihre Geschöpfe herabsehen, um ihnen Gerechtigkeit widerfahren zu
lassen, indem sie sie belohnen oder bestrafen. Man vermutete
sie hoch oben auf dem Berg Sinai oder dem Olymp. Der Menschenwelt entrückt, waren die Götter immerhin nahe genug,
damit ihre Geschöpfe sie gelegentlich umwölkt zu Gesicht bekamen. Die Datenbanken bekommt man nie zu Gesicht. Wie
ein höheres Wesen sehen sie auf die Ameisenwelt herab und
halten gleichzeitig jede Bewegung jeder Ameise fest. Sie belohnen nicht, aber sie strafen. Sie halten den Menschen fest
und sie nehmen den Menschen fest. Man kann sie mit einem

Aufseher vergleichen, der alles aufschreibt, um es irgendwann gegen den Betroffenen auszuspielen. Jetzt gleich oder in zwei Jahren. Oder zwanzig. So gesehen, kennen die Datenfarmen keine Verjährung. Sie sind das Kontobuch der untilgbaren Schuld. Götter vergeben, die Datenbanken nicht.

Eigentlich handelt es sich nur um eine einzige monströse Institution. Denn mutmaßlich ist in allen dasselbe gespeichert. Hier finden sich nicht nur alle Details aller Leben, sondern sie werden auch in Korrelation zueinander gesetzt. Wenn man bei einem Menschen seine Mausklicks, sein Bewegungsprofil, seine Kaufgewohnheiten, Telefonate, Privatgespräche, Intimkontakte und -gepflogenheiten, kurz alles Registrierbare in Korrelation setzt, entsteht ein System, das ihn berechenbar und kontrollierbar macht. Es ist wie in der Verhaltensforschung. Die Laborratte lebt zwar, aber kennt sich selbst nicht. Die Beobachter dagegen kennen sie genau, denn das Nagetier lebt nicht für sich selbst, sondern für die Wissenschaft.

Jeder digital begleitete Mensch ist eine Wissenschaft für sich: Was in seinem Leben vorgeht, bildet einen funktionellen Zusammenhang. Wer ihn aus den Datenspeichern herausfiltert, der kennt das Gesetz, nach dem dieser Mensch angetreten ist. Er kennt ihn, er beherrscht ihn. In größerem, unvorstellbar großem Maßstab kann man nun Menschenmassen miteinander korrelieren, so dass sie ein ungeheures Feld, das globale Humansystem schlechthin bilden. Nur dass die zweibeinigen Laborratten, die sich für Herren ihres Schicksals halten, nichts davon wissen. Der moderne Mensch ist Objekt einer nie endenden Studie von algorithmischen Verhaltensforschern, die sehr schnell zu Ergebnissen kommen, weil sie genau wissen, was sie interessiert: Der Mensch ist Marionette ihrer Allwissenheit, weil er Sklave seiner Ahnungslosigkeit ist.

Der Cyberwelt-Speicher vergisst nichts, man kann auch sagen, er vergisst einem nichts. Es gibt keinen noch so geheimen Fehltritt, über den man nicht zehn Jahre später stolpern könnte.

Für Jesus war es eine Bedingung des Gottesreichs, die »Toten ihre Toten begraben« zu lassen. Um Ruhe für ein gutes Leben zu finden, muss man die Vergangenheit auf sich beruhen lassen. Und niemals soll man ins Grauen zurückblicken wie Lots Weib. Als sich die biblische Figur nach dem Feuersturm in ihrer Heimat umdrehte, erstarrte sie zur Salzsäule. Die Nicht-Löschen-Praxis der Big Data bewirkt dasselbe bei ihren menschlichen Dateien. Was einst einmal gewesen ist, wird auch in alle Zukunft sein. Diese Macht, die sich als unbarmherziger Richter über die Menschen erhoben hat, kann man sich als einen Gott von eigenen Gnaden vorstellen. Er spricht mit kalifornischem Akzent und geht auf leisen Sohlen.

Das Elefantengedächtnis der großen Speicher bringt auch Vorteile mit sich. Für jedermann bietet es den Zugang zum Wissen, das man sich früher durch jahrelanges Studium erwerben musste. Mehr noch, der Nutzer verfügt über eine so ungeheuerliche Wissensmasse, dass kein Studium, nicht einmal Millionen von Studien dafür genügten. Wer über das Wissen der Cyberwelt verfügt, weiß mehr als jeder Doktor oder Professor, ja alle Universitätsordinarien zusammen. Der Alltagsmensch weiß schlechthin alles, was es zu wissen gibt. Ob er begreift, was er liest, ist eine andere Frage. Und auch, ob alles stimmt, was man ihm vorsetzt, darf bezweifelt werden. Zum Glück weiß er weder das Eine noch das Andere.

Dasselbe Problem gilt für Nachrichtenflut und Informationstsunami. Die Nachrichten überschwemmen uns nicht wie zur Tageszeitungszeit einmal täglich oder wie die Tagesschau dreimal am Tag, sondern im Sekundentakt. Ihre Zahl ist so groß, dass sie sich im Browser wie in einem Flaschenhals gegenseitig blockieren. Zu den professionell gesammelten und redaktionell aufbereiteten Nachrichten kommen jene *Fake News*, die durch *Messenger Services* in Zirkulation gebracht werden. Es gibt, um Shakespeare zu variieren, mehr Dinge zwischen Facebook und Twitter, als sich unsere Schulweisheit träumen lässt. Und ein Teil des Erfundenen und Zusammengereimten landet auf verschlungenen Wegen in den seriösen Medien. Aber Seriosität war gestern. Heute sind die Social Media. Und die Zeiten der Schulweisheit sind endgültig vorbei.

Die Online-Medien blenden die Nutzer nicht nur mit ihrem globalen Informationsfeuerwerk. Sie können die News auch jedem Einzelnen auf den Leib schneidern. Aus dem bisherigen Nutzerverhalten lässt sich mühelos ableiten, ob ein neues Thema auf Interesse stoßen wird. Und welches Thema bei welchem Menschen. Und auf welchem geistigen Niveau. Der Online-Mensch ist nicht *per se* beschränkt, man beschränkt ihn. Denn wenn man nur noch personalisierte Informationen erhält, kann sich nicht mehr das gemeinsame Basiswissen entwickeln, das die Grundlage jeder Mehrheitsentscheidung bildet. An die Stelle der Demokratie tritt der Wettbewerb der Filterblasen.

Die Super-Datenbank, gebildet aus kilometerlangen Gassen mit zigtausenden summenden und blinkenden Rechnern, ist ein Pandämonium unvorstellbarer Wissensmengen. Wie in Kafkas Roman »Das Schloss«, geschrieben 1922, weiß man nur, dass es dort jemanden gibt, der alles beherrscht. Ob es sich um eine Art Gott in Turnschuhen handelt, ist eine andere Frage. Ebenso gut könnten die Zuckerbergs und Gates und Pages nur Repräsentanten einer noch höheren Macht sein, die sich hinter deren harmlos-philanthropischem Äußeren verbirgt. Dies könnte ein Herrscher sein, der sich nicht nur, wie Gott Jahwe, verbirgt, sondern auch verbirgt, dass er sich verbirgt. Es gibt ihn sozusagen gar nicht.

Eine solche übermenschliche Macht steht im Mittelpunkt von Franz Kafkas Roman. Sie bleibt unsichtbar, tritt nie in Erscheinung. Keiner hat sie je gesehen. Deshalb ist es gut möglich, dass das labyrinthische Schloss selbst die Macht ist, in deren Mauern alle Fäden zusammenlaufen. Für die von ihr Beherrschten bleibt sie undurchschaubar, unerkennbar, unerreichbar wie die Sphinx. Niemals hatte der Held, so Kafka, »das geringste Zeichen von Leben dort gesehen«. Wenn er nach Kafkas Plan am Ende stirbt, ist er kein Jota klüger, als er zu Anfang war.

Gespenster

Die kollektive Selbstentfremdung, eine der Grundlagen der Social Media, gibt es nicht erst seit dem Cyberspace. »Wer sich nur nach außen wendet«, so schrieb der chinesische Philosoph Dschuang-Tsi im 3. Jahrhundert vor Christus, »ohne zu sich selbst zurückzukehren, der geht als Gespenst um. Und hat er, was er draußen sucht, erreicht, so zeigt sich, dass, was er er-reicht hat, der Tod ist. Und wenn er, trotz der Vernichtung seines Geistes, als Körper weiterlebt, so ist er doch nichts weiter als ein lebendes Gespenst.«[48] Jeder kann sich darstellen, wie er von anderen gesehen werden möchte, und sagen, was die anderen hören möchten. Selbstdarstellung ist Eigenwerbung und diese Illusion nur blauer Dunst. Deshalb gibt es in der Cyberwelt keinen Unterschied mehr zwischen Mensch und Gespenst, das sich als Mensch ausgibt.

In seiner düsteren Vision der Zukunft, sarkastisch betitelt »Schöne neue Welt«, hat Aldous Huxley beschrieben, worin totale Kontrolle über die Menschen besteht. »In einem wirklich effizienten totalitären Staat«, schreibt er, »würde man die Skla-ven zu nichts zwingen müssen, weil sie ihr Sklavendasein lieben.«[49] Der Cybermensch ist auch deshalb Sklave, weil die Cyberwelt keine Pausen kennt. Sie fordert, ohne zu fördern. Das Internet steht immer zur Verfügung, verlangt aber auch ständige Aufmerksamkeit. Man muss immer bereitstehen und auf die Zeichen achten, die eine schnelle Reaktion erfordern. Die alte Einteilung in Tag und Nacht gehört zum analogen

Bereich, der auf die digitale Dynamik nur hemmend wirkt. Computer schlafen nicht.

Cybermenschen schlafen zwar, aber der Teil ihres Bewusstseins, der auf Meldungen wartet, bleibt wach. Bei Tage gleicht ihr Arbeitsleben vor dem Bildschirm einem Marathonlauf, der nicht enden will. Angesichts der Zeitenthobenheit der Rechner wirkt die Institution »Feierabend« wie ein Fossil aus Zeiten, als die Stunden noch von den Glockentürmen schlugen. Und die traurige Totenglocke läutete, wenn jemand gestorben war. Der Mensch, der die Cyberwelt zu seinem Vorteil nutzt, muss sich ihr anpassen, nicht umgekehrt. Kein Wunder, dass ihm irgendwann vor Hektik der Atem ausgeht, weil zum Luftholen keine Zeit mehr bleibt. Der Geist ist willig, aber der Körper macht schlapp. Dieses Sterben geht stumm vor sich, und am Ende läutet keine Totenglocke.

Eine DAK-Studie stellt für 2019 eine dramatische Zunahme an Krankschreibungen fest, die alle auf Überlastung, Depression und Angst zurückgehen. Der »computergestützte« Mensch hört nicht irgendwann auf wie ein Arbeiter, sondern er brennt aus wie ein Wrack am Straßenrand. Auch deshalb haben sich die Fehlzeiten gegenüber dem Beginn des neuen Jahrhunderts mehr als verdreifacht. »Depression« wird bei Krankschreibungen als häufigste Ursache angegeben. Früher nannte man das Stress und davor Überarbeitung. Der Mensch, der sich dem Arbeitsdruck nicht anpassen kann, gerät selbst unter Druck. Körperlich lebt er in permanentem Alarmzustand. Seine Psyche reagiert mit Angst. Stress ist Angst vor dem Kontrollverlust. Wobei es die Angst ist, die den Kontrollverlust erst erzeugt. Das Schlimmste an diesem *circulus vitiosus* besteht darin, dass der Mensch die Lust am Menschsein selbst verliert. Zum Gespenst seiner selbst geworden, verbringt er das Restleben in seinem Körper als selbstgewählter Gruft.

Jeder kennt und fürchtet dieses Verzweifeln an sich selbst. Stress entsteht, wenn man Maßstäben nicht genügen und Vorgaben nicht erfüllen kann. Unter anderem, weil der menschengestützte Computer einem den Tag anders einteilt, als der innere Körperrhythmus es verlangt. Ein Termin wirkt wie ein Gesetz. Der Rechner, der darüber wacht, hat absolute Macht. Noch schlimmer als die Macht der Termine oder des »Terminators«, genannt Chef, wirkt sich die Macht der angeschlagenen Psyche aus, die unter ihrer Unvollkommenheit leidet.

Das psychische Leiden überschreitet mühelos die Grenze zwischen Geist und Körper. Wie das Bewusstsein beginnt auch der Körper an sich zu leiden. Das Zusammenspiel beider, der Leistungs- mit dem Magendruck, oder die Kopfschmerzen mit dem, was man »im Kopf nicht aushält«, ist allgemein bekannt. Weniger bekannt ist, dass dies, wenn chronisch, einem Tod bei lebendigem Leib gleichkommt. Ein anderes Wort dafür ist »Verzweiflung«, die einem nicht einmal bewusst sein muss. Der Philosoph Sören Kierkegaard nannte sie die »Krankheit zum Tode«. Wobei der klinische Tod nur sozusagen standesamtlich besiegelt, was schon seit Langem in biologischer Bearbeitung war. Man kann »voll im Arbeitsleben« stehen und trotzdem gehirntot sein.

Gegen diesen Stress, der einem von außen aufgedrängt wird, gibt es chemische Abhilfen. Ärzte und Pharmaindustrie leben davon. Gegen den Stress, der nicht durch Arbeitsdruck entsteht, sondern durch den freiwilligen Anpassungsprozess an die Cyberwelt, hilft nur bessere Einsicht. Von jedem Teilnehmer erwartet der Computer eine bestimmte Qualifikation. Zuerst die des Mechanikers und Programmierers, der das Gerät sachgemäß bedient. Das ist ein Lernprozess, der durch keinen Studiengang erleichtert wird. Damit der Personal Computer auch wirklich der persönliche wird, muss man dann seine Persönlichkeit ins rechte Licht rücken. Um »dabei zu sein«, passt man sich dem Profil an, das von einem erwartet wird. Man gibt sich in den Social Media als jemand aus, der es verdient, in sie aufgenommen zu werden. Da dies sich mit jeder neuen

Stimmung und Mode ändert, ändert man sich mit. Vor allem will man nichts versäumen. Denn unterschwellig fürchtet man, sich selbst zu versäumen. Wer in diese andere Welt abtaucht, kommt sich selbst als ein Anderer entgegen.

Mag dieses Hinübergleiten noch einigermaßen glatt vor sich gehen, beginnt der eigentliche Stress, wenn man die Fantasie, der man sich in der Cyberwelt ausgeliefert hat, in die Wirklichkeit übersetzen will. Man muss es sogar, um dem virtuellen Ich, das einem wie das wahre Ich erscheint, kompatibel zu bleiben. Was das »wahre Ich« ist, zeigt einem das »Spieglein, Spieglein in der Hand«. Und das wahre Ich soll es auch in der Wirklichkeit werden. Auf das Smartphone zu starren und die Welt um sich herum zu ignorieren, heißt eigentlich, dass man auf die eigene Netz-Identität starrt und sie an die Stelle der Wirklichkeit setzen will.

Zwar bleibt man Mensch in gewohnter Umwelt, aber das erscheint nur den anderen so. In Wahrheit ist man unablässig beschäftigt, sich zum neuen Ich, zum posthumanen Menschen umzuschaffen. Diese Leistung muss ständig erbracht und das Ergebnis ständig »gecheckt« werden. Während der innerweltliche Arbeits- und Terminstress einen langsam in Krankheit und Tod der eigenen Identität führt, stirbt das lebendige Ich in jedem Augenblick, in dem es sich in das posthumane Ich verwandelt. Für den Cybermenschen steht die Zeit still. Um den Cybermenschen herum ist alles tot. Er selbst auch. Er merkt es nur nicht.

Und er merkt es nicht, weil er ständig abgelenkt wird. Das Internet entkonzentriert das Bewusstsein. Die Verwirrung, die vom unendlichen und unüberschaubaren Website-Universum erzeugt wird, entsteht auf jeder einzelnen Website. Denn auch auf ihr wimmelt es von Hinweisen, die auf unendliche Verbindungen hindeuten. Link heißt Verbindung. Was man zu sehen glaubt, entpuppt sich bei näherem Hinsehen als Verweis auf Anderes, das es zu sehen lohnt. Wie eine Hand mit ausgestrecktem Finger, die an sich nichts ist als der Hinweis auf etwas noch Interessanteres. Mit unzähligen Klicks folgt der Nutzer diesem Verweislabyrinth und findet den Ausweg nicht. Auf das x in der rechten oberen Ecke klicken, bietet keine Lösung. Es ist nur eine kurze Unterbrechung der endlosen Suche in der unendlichen Suchmaschine.

Der Cyberworld-Konsument hat ein gespaltenes Bewusstsein. Und das ist gewollt. Es entsteht auch durch den vielfach in sich geteilten Bildschirm, auf dem Bilder, Texte, Banner, Pop-ups, Uhrzeit und Termine, dazu E-Mail- und sonstige Alarmhinweise sich gegenseitig verdrängen, um die ganze Aufmerksamkeit auf sich zu ziehen. Die gespaltene Wahrnehmung sieht sich hin- und hergerissen. Das kompakte Selbstbewusstsein, das den Menschen zum Menschen macht, verliert sich in den Teilen, die sich, sobald man sich ihnen zugewandt hat, erneut teilen und die Spaltung multiplizieren. Es ist die Kernspaltung des Bewusstseins. Ruhe findet man erst wieder, wenn man sich abwendet oder schläft. Aber für Cyberweltnutzer ist das leichter gesagt als getan. Da man das Beste versäumen könnte, bleibt immer ein Auge offen.

Obwohl vielfach in sich geteilt, suggeriert die Website, dass man sie als Einheit aufnehmen und verarbeiten kann. Darin besteht die Täuschung, die das Bewusstsein verwirrt. Denn die menschliche Wahrnehmung ist für das *Multi Tasking* nicht ausgelegt. Es muss sich auf eine einzelne Sache einlassen, in deren Sinn einsteigen, sonst versteht es nichts und die Mühe war umsonst. Wer das Ganze, gleich ob einer Website oder der Welt, begreifen will, hat nichts begriffen.

Die mit *Eye Catchers* (Augenfängern) vollgestopfte Seite verfolgt noch ein anderes Ziel: Was äußerlich wie ein Angebot an die verschiedenen Interessen des Nutzers erscheint, erzwingt in Wahrheit eine Verlängerung seiner Verweildauer. Je länger er bleibt, desto empfänglicher ist er für die Werbung, die in allem steckt. Demselben Prinzip folgen die Titelblätter der Illustrierten: Hier drängen sich Kurzhinweise und Bildchen, die zwar alle für den Inhalt werben, aber mehr noch den Betrachter auf der Seite festhalten sollen. Seine Aufmerksamkeit, die automatisch hin- und herspringt, fühlt sich angesprochen, und er kauft. Dasselbe erhofft sich der Website-Betreiber. Je länger er den User fesseln kann, desto mehr Einfluss wird er über ihn ausüben. Um ihn daran zu erinnern, meldet er sich regelmäßig per E-Mail oder reißt auf sonstige Weise die Aufmerksamkeit an sich.

In der Cyberwelt herrscht der permanente, atemlose Fortschritt, der dem hinterherhechelnden Menschen seine notorische Rückständigkeit vor Augen führt. Das Internet spielt das Hase-und-Igel-Spiel. Wenn der Hase-Mensch ankommt, ist der Internet-Igel immer schon da. Man kriegt den Schlauen aber nie zu fassen. Die Computerzeit ist der Zeit des Menschen immer voraus. Der Mensch, der seine Zeit am Sonnenlauf orientiert, hinkt der CPU *(Central Processing Unit)*, dem in Nanosekunden vibrierenden Taktgeber des Computers, immer hinterher.

Seit die Cyberwelt um sich greift, ist eine neue Bewusstseinsform entstanden. Die geduldige Bildung, die nötig ist, um etwas gründlich zu verstehen, nimmt eine Zeit in Anspruch, die einem im Impuls-Stakkato des Internet nicht zur Verfügung steht. Statt einen Gedanken zu Ende zu denken, gerät man unbemerkt zum nächsten und von ihm in eine regelrechte Gedankenflucht, die tatsächlich einer Zimmerflucht in einem unbekannten Schloss gleicht. Der bewusste Mensch, der sich von einem Raum in den nächsten fortziehen lässt, flüchtet damit auch vor sich selbst. Rastlos damit beschäftigt, sich dessen zu vergewissern, was man etwa versäumen könnte, geht einem der Atem aus für die eigene Selbstwahrnehmung. Wenn man aber nicht mehr weiß, »wo einem der Kopf steht«, kann man auch nicht mehr sagen, wo man selbst steht. Oder ob man überhaupt noch steht. Die Ruhe der Sammlung, die nötig ist, um zu sich selbst zu kommen, wird übertönt von der Walzen-orgel des Website-Karussells, das einen im Kreis herumwirbelt.

Die Selbstflucht beginnt schon beim Leseverhalten. Dieser klassische Weg, um über bedächtige Welterfahrung zu sich selbst zu finden, weil keiner einem hineinredet, ist im Internet verbaut. Unablässig kommt einem etwas in die Quere. Man liest den Text nicht geduldig Wort für Wort, Satz für Satz, sondern man überfliegt das Ganze. Buchstaben, Worte, Sätze sind nur Hindernisse auf dem Weg, schnell »zum Punkt zu kommen«. In einer Studie über das Online-Leseverhalten in englischen Bibliotheken wurde festgestellt, dass Lesen im traditionellen Sinn aus der Mode gekommen ist. Wie bei einer Besorgung in der Stadt sucht man Abkürzungen und konzentriert sich auf das Ziel. Diese »neue Art von Lektüre« bezeichnete der Wissenschaftsjournalist Nicholas Carr als *Power Browsing*. Getrieben von einer inneren Dynamik, jagt alles am Auge vorüber, und an die Stelle des Lesens tritt die blitzschnelle Dekodierung von Informationen. »So wie mich Microsoft zu einer Textverarbeitungsmaschine aus Fleisch und Blut gemacht hatte«, schrieb Carr, »so verwandelte mich das Internet in eine Art Hochgeschwindigkeits-Datenprozessor.«[50]

Dass man dabei das Meiste überliest, was zum wahren Verständnis nötig wäre, fällt in der Hast nicht auf. Man liest auch nicht mehr, wie es die Gutenberg-Welt verlangte, horizontal von links nach rechts, sondern eilt diagonal oder vertikal durch die Zeilen. Das gründliche Durchdenken einer Sache gehört der Vergangenheit an. Im 19. Jahrhundert sagte der Philosoph Georg Wilhelm Friedrich Hegel, dass »wahre Gedanken nur in der Arbeit des Begriffs zu gewinnen« seien. Etwas Begreifen heißt demnach, dass man es sich erarbeiten muss. Das macht Mühe, denn nichts erklärt sich von selbst. Dagegen geht der Online-Leser davon aus, dass sein Bewusstsein wie ein Scanner funktioniert. Er hält alles fest, um es irgendwo im Gehirn abzulegen, wo er es hoffentlich wiederfindet. Bevor ihm Verständnislücken auffallen könnten, hat er schon die nächste Seite eingescannt.

Dagegen schenkt das geduldige und konzentrierte Lesen eines Buches die zum Wahrnehmen der Dinge nötige Gelassenheit. Man betritt eine neue Welt, aber ohne die Kontrolle an sie abzugeben. Man wird nicht ständig vor die Wahl gestellt, ob man einem Link folgen will oder nicht. Das Buch, das man in Händen hält, ist eine Realität, zu der man sich als wirklicher Mensch verhält. Es ist so analog wie der Leser selbst. Der Aufstieg des Bildschirm-Universums führte zum Abstieg des Gutenberg-Universums.

»Ich bin untröstlich über den Verlust der Bücher«, sagte der 1933 in London geborene Neurologe und Schriftsteller Oliver Sacks in einem Interview. »Denn ein physisches Buch ist etwas Unersetzliches: sein Aussehen, sein Geruch, sein Gewicht.« Auch das Geräusch beim Umblättern, das Einstellen in den Bücherschrank, das Lesen der Rücken, die eng aneinandergedrängt stehen und förmlich darauf warten, herausgezogen und studiert zu werden. Bücher schenken Gelassenheit, auch weil sie einem die Freiheit lassen, wann zu beginnen und wann aufzuhören.

6. Kapitel

Der freigeschaltete Mensch

»Wir wissen, wo Sie sind.
Wir wissen, wo Sie gewesen sind.
Wir wissen mehr oder weniger,
was Sie im Augenblick denken.«[51]
Eric Schmidt, 2010

Im virtuellen Schlaraffenland

Die schöne neue Smartphone-Welt ist schön, weil sie neu ist, und sie ist neu, weil sie ständig upgedated wird. Sekündlich schafft sie eine veränderte Welt. In der handlichen Form des Smartphones kann sie alles, reagiert auf Knopfdruck, folgt der Stimme ihres Herrn. Dagegen wirkt der analoge Rest wie das Auslaufmodell einer alten Welt, von der schon Goethes Mephisto sagte, »ich find es dort, wie immer, herzlich schlecht.« Aber das lässt sich ändern. Die Menschen, denen man auf der Straße, im Supermarkt oder auf der Rolltreppe zur U-Bahn begegnet, haben mit dem Smartphone ihren persönlichen Ausweg aus der Misere gefunden. 2019 trugen in Deutschland über 80 Prozent, das sind 57 Millionen, das Westentaschen-Universum mit sich herum. Und fast alle Nutzer, so tönt Google, können sich ein Leben ohne Smartphone nicht mehr vorstellen. Um dagegen die Frage zu beantworten, was genau sie sich unter Leben vorstellen, müssten sie vermutlich erst ihr Smartphone konsultieren.

Die kleine »Benutzeroberfläche«, die die Welt bedeutet, ist eine ewige Versuchung. Täglich, stündlich, minütlich versucht sie sich an neuen Apps und Tools, lockt mit immer neuen Versprechungen. Widerstand ist zwecklos, denn auch Behörden und Banken, von der Familie und den Freunden ganz zu schweigen, zwingen einen dazu. Das muss einen aber nicht weiter kümmern, schließlich hat man alles im Griff. Was die außerdem noch existierende wirkliche Welt betrifft, hat sie für den Smartphone-Besitzer nur insoweit Wert, als sie sich darauf darstellen und programmieren lässt. Insoweit scheint dort, wo das Smartphone herrscht, die Welt noch in Ordnung.

Selbst im Stall von Bethlehem: Auf einem weihnachtlichen Hamburger Gemeindebrief 2019 hatte der Gestalter des Titelbilds den zeitgemäßen Einfall, allen um die Krippe versammelten Personen ein Smartphone in die Hand zu drücken. Und während das Christkind mit seinem Lächeln den Stall zu erleuchten scheint, sind die Blicke von Maria, Joseph und den Hirten auf ihre Bildschirme geheftet. Offenbar machen sie alle ein kleines Erinnerungsfoto, etwas, das sich festhalten und speichern lässt. Und das Leuchten der Krippe kommt gar nicht vom Jesuskind, sondern vom Blitzlicht ihrer Smartphones.

Das handliche Allzweckgerätchen scheint die Wirklichkeit auf höherer Ebene wiederzugeben. Und da einem diese angemessener und vielseitiger erscheint als die Alltagswelt, trägt man es immer bei sich, macht es zu einem Teil von sich. Noch heute erscheint es vielen Menschen als Alptraum, einen Chip implantiert zu bekommen, von dem sich die persönlichen Daten ablesen lassen. Dabei ist der Eingriff gar nicht mehr nötig. Denn diese zukunftsweisende Aufgabe hat das Smartphone übernommen. Statt unter der Haut und zwangsweise, trägt man es freiwillig in der Hand oder auf dem Herzen. Man hegt es als teuersten Besitz, der einen mit den Freunden und der weiten Welt verbindet, wobei beides glücklich ineinander überzugehen scheint: Beim SMS-Tausch wirken die eigenen Freunde irgendwie entfremdet, während Fremde im Chatroom zu dicken Freunden werden. Dabei ist man ständig unter unsichtbarer Beobachtung. Was man sagt und tut, geschieht unter Zeugen. Jede Privatinformation und Lebensäußerung, selbst Körpertemperatur und Blutdruck, werden den Algorithmen zum Fraß vorgeworfen, die es schlucken und zur Wiederverwendung aufbereiten.

Smartphone-Menschen scheinen der Wirklichkeit nicht mehr zugehörig. Sie sind nicht mehr dort, wo sie körperlich sind. Der äußere Anschein trifft den Sachverhalt. »Smartphones werden vom Gehirn wie ein eigenes Körperteil behandelt«[52], sagt der Psychiater Dr. William Barr von der New York University. Im Umkehrschluss könnte man sagen, dass der Körper des Users zum integralen Bestandteil seines Smartphones wird. Jeder kann mit dem anderen tun, was er will. Oder wie das amerikanische Scherzwort lautet: Der Hund kann mit dem Schwanz wackeln, aber auch der Schwanz mit dem Hund. So, wie das vibrierende Smartphone mit seinem Besitzer.

Wohl sieht man die Menschen, die die Kontrolle über ihr Leben abgegeben haben, aber man erreicht sie nicht. Sie wirken wie jedermann, sind aber posthuman. Dem Auslaufmodell Mensch laufen sie in großen Schritten davon. Man könnte sie die Spezies der Ich-bin-woanders-Menschen nennen. Das Smartphone schafft ihnen eine Scheinnähe zum Fernen, aber um den Preis, das Nahe auf unüberbrückbare Distanz zu halten. Sie blicken auf ihr rechteckiges Universalwerkzeug oder halten es sich ans Ohr oder reden auf seine spiegelnde Benutzeroberfläche ein, die kaum ihre Handfläche überragt. Sie sehen einen nicht, sie erwidern keinen Gruß, sie sind gar nicht für einen da. Auch ihr schneller Gang signalisiert »Noli me tangere«, Abstand halten. Oder wie der Maler Paul Klee von sich sagte: »Diesseits bin ich gar nicht fassbar.«

In Wahrheit halten sie sich dort auf, wo gerade jemand mit ihnen kommuniziert. Oder ein Film ihre Aufmerksamkeit fesselt. Oder die Dow Jones- und Dax-Werte schnelle Reaktionen erfordern. Oder einfach nur so. In Wahrheit ist es aber gar nicht der Inhalt, der sie fesselt, sondern in erster Linie das Gerät selbst. Sein Inhalt ist nur der Köder. Denn das Smartphone ist wie ein lebendiges Wesen, das Aufmerksamkeit erwartet und, wenn nötig, erzwingt. Ständig macht es sich körperlich bemerkbar, klingelt, pingt, summt und leuchtet auf, egal ob mitten in der Arbeit oder bei Nacht, wie ein Haustier, das seinem Besitzer signalisiert: Hier ist Wichtigeres als Du.

Neuerdings übernehmen die *Push*-Nachrichten die Kontrolle über den Schirm, der die Welt bedeutet. Man muss eine App nicht mehr öffnen, ihre Info schafft sich von selbst Zugang zum User. Wie ein Gast, der nicht wartet, bis man ihm auftut, tritt die Push-Nachricht die Türe ein. Man bittet sogar darum, denn auf keinen Fall möchte man etwas versäumen. Wie so oft verrät der Name, was dahintersteckt. *To push* bedeutet, jemanden nötigen, ihm etwas aufdrängen, etwa die Drogen, von denen einen der *Pusher* abhängig macht. Wer sich auf diese Konditionierung einlässt, lebt in einem Zustand des Daueralarms. Mit dem Text-Pusher leben, das heißt, ständig auf alles gefasst sein. Bis man irgendwann die Fassung verliert.

Wenn einem früher ein Mensch auf dem Gehsteig entgegengekommen ist, der laut vor sich hinsprach, hielt man ihn für geistesgestört. Heute bedeutet der autistische Monolog, im Gehen und im Stehen, auf Gehsteig, Bahnsteig oder im Zugabteil geführt, dass jemand handlos per Smartphone telefoniert. Die befremdliche Wirkung ist die gleiche: Etwas im menschlichen Zusammenleben geht zu Bruch, man weiß nur nicht, was. Oft ist diese Spaltung durchaus gewollt: So, wenn bei einem Paar, das gemütlich an einem Bistro-Tisch sitzt, der eine der beiden sein Smartphone zu checken beginnt und emsig scrollt. Während der andere sich ganz körperlich von der Kommunikation abgeschnitten fühlt, hat der User sich glücklich auf einen fernen Planeten gebeamt, wo er sich besser amüsiert als mit dem Partner.

Er ist im Parallel-Universum zu unserer Wirklichkeit gelandet. Im Gegensatz zu dieser, in der es Bistros gibt, auf deren unbequemen Stühlen Paare sich anöden, erweist jenes sich als überaus kontaktfreudig und abwechslungsreich. Mühelos kann er mit *Friends* und *Followern* chatten, Abermillionen Websites aufrufen, Zugang zu allen Bibliotheken der Welt finden. Ja, er hat mehr als nur Zugang: Er muss nicht zu ihnen gehen, da sie alle, wirklich alle zu ihm kommen. Das Wissen und die Güter der Welt haben sich Zugang zu ihm verschafft. Abwesend am Tisch sitzend, merkt er nicht einmal, dass die Partnerin nicht mehr anwesend ist. Im Schlaraffenland des Virtuellen braucht er sie auch nicht mehr.

Indem die Cyberwelt dem körperlichen Wesen Mensch dient, macht sie seinen Körper überflüssig. Nicht als Empfänger und Nutznießer, sondern als gleichberechtigten Mitwirkenden. In einer diskreten Revolution hat die Digitalwelt in fast allen Bereichen des Lebens der körperlichen Welt die Kontrolle entzogen. Es war ein Umsturz, der von den Entmachteten wie eine Verbesserung aufgenommen wurde. Ein Diebstahl, der wie eine Bereicherung wirkte. Dieses atemberaubende Geschenk konnte man nicht zurückweisen. Der Computer lieferte einem die Welt frei Haus. Mit dem Smartphone hat man sogar das eigene Schicksal in der Hand. Viele Menschen, so Richard David Precht, »fühlen sich inzwischen näher mit ihren Smartphones verwandt als mit Tieren und Pflanzen«[53]. Von den Mitmenschen ganz zu schweigen.

Der pessimistische Philosoph Arthur Schopenhauer warnte einmal davor, die Wirklichkeit nach dem Augenschein zu beurteilen. Denn die Welt, so sagte er, sei »kein Guckkasten«. Aber die Welt als Guckkasten, das ist das Smartphone. Die eigentliche Revolution des Computers liegt nicht darin, dass er das perfekte Wiedergabe-Instrument der Wirklichkeit ist, sondern dass die Wirklichkeit durch das Wiedergabe-Instrument bestimmt wird. Und das Smartphone stellt den vorläufigen

Höhepunkt dieser Entwicklung dar. Es stellt das Ganze der Wirklichkeit in den Schatten. Geht man, gleich auf welchem Kontinent, durch die Städte, haben immer mehr Leute nicht die Wirklichkeit im Blick, sondern das flache Guckkästchen, das für sie zur Wirklichkeit geworden ist. Denn es präsentiert ihnen alles, was ist, sozusagen verzehrfertig und mundgerecht. Und es folgt jedem ihrer Fingerzeige.

Die Illusion, im Netz zu einer besseren Form des eigenen Lebens zu finden und irgendwie mehr zu sein, beginnt schon bei den ersten Versuchen, durch die Websites zu surfen. Welch beglückende Erfahrung: Man schwebt, man fliegt, badet in Bildern und Buchstaben und will nicht erwachen aus dem Traum. Oder man spielt, bis einem die Finger wund sind. Mehr als 18 Millionen Deutsche vertiefen sich auf ihrem Smartphone in Videogames, die ihrer Konzentration alles abverlangen. Doch das Surfen auf der Woge der Sensationen hat seinen Preis: Verarmung der Wirklichkeit, in die man zurückkehrt, und Langeweile, weil sich in der nichtdigitalen Welt alles immer gleich bleibt: tagaus, tagein der alte Trott, dazu der Überdruss an den Menschen, die nicht so viel zu bieten haben wie die Wunderwesen, die sich heranklicken lassen, oder das Spiel, das einem lieb und teuer ist. Was immer man sonst noch tut, nur die mit dem Smartphone verbrachte Zeit ist *Quality Time*. Wird man von dem, was weniger gut ist, aufgehalten, nagt es an einem. Man will endlich wieder checken dürfen. Ungeduldig schaut einen die Smartphone-Uhr an. Sucht heißt, man will nichts anderes mehr tun. Sie ist eine strenge Herrin, die sich nicht abschütteln lässt. Sie bietet einem unablässig Unterhaltung, aber indem man sich von ihr die Zeit vertreiben lässt, vertreibt man auch sich selbst.

Das eigene Schein-Ich hat sich in diese Schein-Welt eingelebt, und beide kommen blendend miteinander aus. Nur gibt es sie nicht. Der Cyberspace nimmt in der Wirklichkeit keine Stelle ein. Er besteht aus Informationen, die von Photonen, materielosen Elektronen, mit Lichtgeschwindigkeit von Verschlüsselung zu Entschlüsselung transportiert werden. Photonen haben keine Masse, weder Zeit noch Raum existieren für sie. Nach Einsteins Erkenntnis verdanken wir allein ihnen, dass es überhaupt Zeit und Raum gibt. Diese elektronische Welt im Jenseits der Materie bietet unendlich viele Informationen, aber sie lässt sich nirgends festmachen.

Es gibt sie, und es gibt sie nicht. Die Scholastikerfrage, wie viele Engel auf eine Nadelspitze passen, lautet im Internet, wie viele Photonen darauf passen. Die Antwort ist: alle, und sie brauchen nicht einmal eine Nadelspitze dazu. »Nach dem Heisenbergschen Gesetz der Unschärfe«, lehrte der Physiker und Nobelpreisträger Max Planck, »ist der Ort eines Elektrons, welches eine bestimmte Geschwindigkeit besitzt, völlig unbestimmt, nicht allein in dem Sinne, dass es unmöglich ist, den Ort eines solchen Elektrons anzugeben, sondern, wenn man so will, befindet es sich an allen Orten zugleich.«[54] Was ebenso vom Photonen-Universum Internet gilt.

Die Grundlage des menschlichen Bewusstseins, nämlich zwischen sich selbst »im Innen« und der Wirklichkeit »draußen« unterscheiden zu können, ist wissenschaftlich unhaltbar. Gemäß Relativitäts- und Quantentheorie besteht zwischen dem Bewusstsein und seinem Gegenstand so wenig ein Unterschied wie zwischen Energie und Materie. Denn das Eine wie das Andere, ja alles, was nicht nichts ist, besteht aus Photonen. Sie sind reine Energie in Form von Licht, die bei der Urexplosion des Big Bang entstanden ist. Was dem Wort »Es werde Licht« einen überraschenden Sinn verleiht.

Diese ursprünglichen Lichtquanten oder Photonen haben sich seitdem weder vermehrt noch vermindert und bewegen sich im leeren Raum mit immer gleichbleibender Geschwindigkeit. Ihre geheimnisvolle Energie, die dem Kreisen der Galaxien wie dem Kreisen unserer Gedanken zugrunde liegt, »ist« streng genommen gar nicht. Ein Energiequantum schwankt zwischen Sein und Nichtsein, Teilchen und Welle. Zwar ist es Teil des Ganzen, aber, wie Leibniz' Monade, zugleich das Ganze selbst. Es ist hier und gleichzeitig überall. Es ist das binäre Ein und Aus, das Ja und Nein. Es ist der Strom, der zugleich fließt und nicht fließt. Auch wenn es befremdlich klingt, besteht auch Materie aus Energiequanten, sie ist sozusagen geronnenes Licht. Man kann das theoretisch wissen, aber laut Einstein bleibt es unbegreiflich. »Die ganzen fünfzig Jahre bewusster Grübelei haben mich der Antwort auf die Frage ›Was sind Lichtquanten?‹ nicht näher gebracht.« Zwar glaubt jedermann es zu wissen, so Einstein 1951, »aber er täuscht sich«.[55]

Ich werde gesehen, also bin ich

Dem posthumanen Menschen liefert die Cyberwelt immer neue Tools und Apps, um sich in ihr zurechtzufinden oder auch in der Unendlichkeit des Möglichen zu verlaufen. In jedem Smartphone wartet ein ganzes App-Arsenal darauf, dem Besitzer dienlich zu sein. Es wartet ihm auf, bedingungslos und unterwürfig. Der Nutzer vertauscht die wirkliche Welt mit der Cyberwelt, die zwar nicht vollständig die Realität ersetzt, aber sie ihm in einer handlichen, kontrollierbaren Form anbietet. Dabei ist es nur ein toter, algorithmengesteuerter Automatismus, der sich an die Stelle des Lebens schiebt.

Während der Mensch das Tool zu seinem Zweck benutzt, wird er selbst zum Werkzeug des Tools, dessen Provider sich bereits eifrig mit dem Sammeln seiner Daten beschäftigt. Der Nutzer glaubt, bedient zu werden, und dient selbst der massenhaften Fremdverwertung seiner selbst. Er wird zur Funktion und merkt es nicht. Das erinnert an den Witz, bei dem eine Laborratte der anderen zuflüstert, sie habe den Verhaltensforscher so konditioniert, dass er ihr, sobald sie auf einen Hebel drückt, eine Rosine reichen muss.

Im Zeitalter der Smartphone-Kamera wird jedermann zu jedermanns Objekt. Jeder fotografiert oder filmt jeden. Dass die Menschheit aus Individuen besteht, fällt nicht mehr ins Gewicht. Es gibt ja keinen Beweis dafür, dass jemand, der sich digital erfassen lässt, noch etwas anderes ist als Datenlieferant. Wo aber keine Subjekte mehr sind, wird das ganze Leben objektiv: Der Online-Mensch beginnt erst vor dem Objektiv der Kamera gegenständlich zu existieren. Wenn aber alles ausnahmslos objektivierbar ist, was dem Smartphone vor die Flinte läuft, kann auch alles als »Gegenstand« eines Mediums festgemacht werden. Wie die Polizei seit Langem beklagt, werden Unfallstellen sofort von »Gaffern« umlagert, die mit ihren Smartphones »draufhalten«. So lässt sich der verblutende Motorradfahrer in Echtzeit auf YouTube bewundern. Der menschliche Impuls, Menschen in Not zu helfen, spielt keine Rolle mehr. Was hier geschieht, ist erst wirklich, wenn es einem unfallbegeisterten Publikum vorgeführt wird.

Gespeichert und weiterverarbeitet, hat der Mensch die Kontrolle über sich selbst verloren. Fortan kann er sich als Gefangenen einer Datei betrachten, über die andere verfügen. Keiner »ist« mehr, jeder stellt nur noch etwas dar. Aber jeder mimt eben auch das, was der Andere aus ihm macht. Nicht länger wird die Menschheit nur von ihren Medien unterhalten. Mit dem mobilen Computer im Westentaschenformat ist sie selbst zum Medium geworden, das Mittel und Inhalt zugleich ist. Die Cyberwelt dreht sich um sich selbst. Und der posthumane Mensch hält diesen Wirbel für das wahre Leben. Zugleich verabschiedet er sich vom Zufallsprodukt, das sich Ich nennt. Und fühlt sich in eine neue Existenzform ein, die er wie eine Ikone verehrt. Sie sagt noch Ich, aber meint nicht das Ich, das er ist, sondern das einem aus dem Medium entgegenblickt.

Dieses Ich beansprucht Gültigkeit für sich selbst, aber erwartet sie auch von allen anderen. In den Aufbruchsjahren der 1960er, als alles mögliche Gute möglich und die Gleichheit aller nur noch eine Frage der Zeit schien, prophezeite der Popartkünstler Andy Warhol, »dass in Zukunft jedermann einmal für fünfzehn Minuten berühmt sein wird.« War bis dahin der Weltruhm nur für wenige reserviert, würde er in der Zukunft allen zufallen. Wenn auch, angesichts der Bevölkerungszahl, nur für begrenzte Zeit. Seine Gleichheitsprognose, wohl eher sarkastisch gemeint, hat sich dank der Cyberwelt bewahrheitet, und nicht nur für fünfzehn Minuten.

Ein ganzes Leben lang kann sich der Internet-User als, wenn nicht weltberühmt, so doch weltweit erkannt, vielleicht sogar anerkannt fühlen. »Ich werde gesehen, also bin ich«. Die ganze Welt hat Zugang zu ihm, kann seine Worte lesen und ihn und seine einzigartige Katze auf dem Bildschirm bewundern. Versetzt in diese höhere Existenzform, bildete sein Ich sehr schnell eine Cyberidentität aus, die ihn vergessen lässt, dass er bis dahin, was seine Wirkung auf andere betraf, eine Nullität gewesen ist. Und er wird alles daransetzen, seine Cyberexistenz zur wirklichen werden zu lassen. Menschsein war einmal. Jetzt herrscht, was nach ihm kommt, das Posthumane. Und das Smartphone ist sein Prophet.

Im Gegensatz zum Nutzer sind Smartphones allwissend. Dass ihre Funktionen unzählbar sind, legt tatsächlich nahe, sie smart zu nennen, als seien es mit Intelligenz begabte Lebewesen. Fragt sich nur, ob es auch smart ist, sie zu benutzen. Das unscheinbare Gerätchen ist nämlich so smart, dass es unbemerkt seinen Nutzer benutzt. Und verrät. Auch wenn der Bildschirm schwarz ist, sendet es ununterbrochen seine Signale in die Welt: »Hier bin ich, finde mich!« Der Ruf bleibt nie ungehört. Wo der Mensch ist und wo er im Laufe seines Lebens war, steckt das Smartphone zu den Betreibern durch. Es gibt auch keinen Knopf, dies abzustellen. Das smarte Phone ist der smartere Mensch. Über diesen dienstbereiten Spion, den jeder mit seinen eigenen Daten füttert, sagte der berühmte Whistleblower Edward Snowden im November 2019 auf YouTube, »man besitzt das Smartphone, man bezahlt für das Smartphone. In Wahrheit aber gehört es den Corporations. Sie machen damit, was sie wollen. Sie zeigen dir, was sie wollen, und sie verbergen vor dir, was sie wollen.«

Andere Institutionen nehmen nur, ohne etwas zu zeigen. Von ihnen, den nationalen Geheimdiensten, weiß man nie, ob sie sich der Corporations bedienen oder ob diese ihre Dienste beanspruchen. Beide werden vom selben Datenfluss gespeist, dessen Quellen auch in den Vielzweckhandys entspringen. »Die Smartphones«, sagte Wikileaks-Gründer Julian Assange, »sind Tracking-Geräte, mit denen man auch telefonieren kann.«[56] Für die Spionage wird der Mensch zum Sensor, der sich freiwillig dem Tracking unterwirft. Man besteht nur noch aus den unzähligen *Tracks*, die man hinterlässt, und liefert dem Staat die persönlichen Daten wie der Seismograph dem Erdbebenforscher. Der Mensch ist sensibel, deswegen taugt er zum Sensor. Er liefert die sensiblen Daten über sich selbst, seine Familie, seine Freunde, seine Geheimnisse. Digital leben heißt, sich tracken lassen. Sein Leben anderen auf dem Präsentierteller reichen. Und da das Leben alles ist, was man hat, heißt es, sich selbst weggeben, sich selbst verraten und seine Familie und Freunde gleich mit.

Die Tätigkeit des Geheimdienstes besteht darin, für den Staat herauszufinden, was in den Köpfen der Menschen vorgeht. Nur so kann man die Maßnahmen ergreifen, die für die »Wohlfahrt des Staates«, in Wahrheit die Erhaltung des jeweiligen Herrschaftssystems, nötig sind. Die Aktivität der Spionage ist immer geheim. Denn für die Ausgespähten stellt dies einen Angriff auf ihre Würde, ihre Privatheit, ihre Gedankenfreiheit dar. Keiner will sich ausspionieren lassen. Jeder würde sich davor hüten, irgendetwas von sich preiszugeben, was er nicht freiwillig an die Öffentlichkeit bringt. Bei hellem Tageslicht betrieben, würde der Geheimdienst sich selbst *ad absurdum* führen.

Nicht anders verhält es sich mit der Spionage im Ausland. Was Regierungen gerade *in petto* haben, geht keine andere Regierung etwas an. Jeder Staat hält die Entstehung seiner politischen, wirtschaftlichen oder militärischen Strategien unter Verschluss. Jedes Unternehmen errichtet elektronische Mauern um sich, jeder Mensch Wände um seine Wohnung. Privatheit im Persönlichen wie im Politisch-Ökonomischen gehört zu den Grundprinzipien jeder Nation.

Dank Smartphones hat sich diese Sachlage gründlich verändert, ja, auf den Kopf gestellt. Alle Nutzer wetteifern darin, sich der anonymen Öffentlichkeit und mit ihr den Nachrichtendiensten vorzustellen, und zwar bis ins letzte Detail des Intimen, des Familiären, der persönlichen Lebensgestaltung. Frei Haus geliefert werden Zeugung und Tod, Liebe und Hass, die Gesichter der ganzen Familie, nach Wunsch auch deren Körper, nackt, auf besonderen Wunsch auch im Zustand der Intimität. Alles wird auf dem Silbertablett der Monitore präsentiert, und zwar allen, die es sehen und wissen möchten. Milliarden bieten sich anderen Milliarden als Objekte der Neugier und des Voyeurismus an. Alle beteiligen sich am selben Spiel, und die Meisten haben Freude daran. Zumindest so lange, als man nicht verraten und verkauft wird.

Freude daran hat auch das globale Spionagesystem, das sich Internet nennt. Was in früheren Zeiten hinter Mauern und Vorhängen verborgen war, bietet sich jetzt interessierten Augen und Ohren bereitwillig und kostenfrei an. Dem Teilnehmer am Online-Exhibitionismus erscheint es wie ein Spiel, das dem banalen Eigenleben den Reiz des Globalen verleiht. Man ist wer, denn man weiß das Interesse von Tausenden, vielleicht Millionen auf sich gerichtet. Letzteres ist gar nicht schwer: Wenn man sich selbst oder anderen in HD-Qualität

eine Kugel in den Kopf schießt und dies Spektakel bei You-
Tube einstellt, kann man sich des durchschlagenden Erfolgs
sicher sei. Man »geht viral«, man wird berühmt, und das für
mehr als fünfzehn Minuten.

Keiner möchte bemerken, dass sich diese Selbstdarstel-
lungsmanie für die Betreiber zur erfolgreichsten Spionage-
form aller Zeiten entwickelt hat. Es ist die Art von Ausspä-
hung, von der alle Geheimdienste träumen: Ihre Opfer stellen
sich freiwillig bloß. Man muss nur die Welt der großen
Speicher öffnen, um ohne eigenes Zutun die Erinnerungen,
Gedanken, Hoffnungen, Wünsche der Menschen abernten zu
können, aber auch alles Peinliche und Verbotene, alles gesellschaftlich Tabuisierte und Kriminelle, das sich plötzlich im
Blitzlicht der Handykameras räkelt. Der Geheimdienst wird
zum Nichts-ist-mehr-geheim-Dienst.

Im Reich der Wolken

Das Cybersystem, das den globalen Zugriff auf alles ermöglicht, heißt *Cloud Computing*. Durch die superschnelle Daten-
verarbeitung können auch die komplexesten Anwendungen
auf den Endgeräten laufen. Dabei nutzen die Riesenrechner
der Big Five ihre Speicherkapazität nicht mehr nur für eigene
Zwecke wie beim *Data Mining*, sondern bieten sie auch individuellen Nutzern an. Deren Dateien müssen dadurch keinen
eigenen Speicherraum mehr belegen. Dafür sind es auch nicht
mehr die eigenen Dateien. Der Begriff des Besitzes wurde
durch das Internet ohnehin relativiert, da theoretisch jeder
Zugang zu allem hat. Die Cybermultis auch praktisch. Mit der
»Wolke« löst sich das, was man »Besitz« nannte, vollends in
Luft auf. Man benutzt die eigene Tastatur, aber der Rest findet
woanders statt. Das heißt, man selbst mit seinen Dateien findet

auch woanders statt. Nämlich in der Wolke, in der sich kein Regen sammelt, sondern Milliarden und Abermilliarden Informationen, die nur darauf warten, angezapft zu werden.

In Wahrheit ist der Begriff Wolke nur eine Täuschung. Die *Cloud* schwebt nicht irgendwo am Himmel, sondern sitzt in amerikanischen Serverzentren. Begriffe wie »Mein« und »Dein« sind hier obsolet. Die Cloud ist die größte Entprivatisierung und Informationsenteignung der Menschheitsgeschichte. Und sie findet unterhalb der Bewusstseinsschwelle statt. Keiner spürt oder weiß es, ja, man ahnt nicht einmal, dass einem jemand unablässig über die Schulter schaut und noch die geheimsten Regungen mit notiert.

Die riesigen Lagerhallen der Massenspeicherung, groß wie Fußballfelder, sind gleich militärischen Objekten mit Stacheldraht und Kamerasystemen gesichert. Alles, was hier vor sich geht, ist für die Welt *off limits*. Nebenbei gehören diese Speicherfarmen zu den größten Stromverbrauchern der Welt. Ein einziges dieser Computersysteme benötigt zum pausenlosen Laufen die Energie einer Kleinstadt. Es sind düstere Riesenbunker, die sich hinter den neonleuchtenden Namensschildern von Google, Facebook, Amazon, Apple oder Microsoft verbergen. Diese können aus ihrem Datenschatz ziemlich genau ablesen, wohin sich die Welt im Allgemeinen und jeder Mensch im Besonderen bewegt. Man findet den Weg zum schnellen Geld, aber ebenso zur schnellen Macht. Denn wer über die Cloud herrscht, weiß auch, wie man am schnellsten ins Weiße Haus kommt und mit welchen Lügen man die eigene Bevölkerung an der Nase herumführt. Vor allem kann man mit diesem Vorauswissen sein Geld risikolos multiplizieren, aus Millionen Milliarden machen, aus Milliarden Billionen.

Womöglich besteht der eigentliche Zweck der 17 amerikanischen Geheimdienste in der wundersamen Geldvermehrung. Offiziell haben die 900.000 Mitarbeiter der *Intelligence Community* (Intelligenzgemeinschaft) für die Nationale Sicherheit zu sorgen. Doch in Wahrheit steht das Sammeln von jener Art Erkenntnisse im Mittelpunkt, mit denen weniger die Sicherheit der Nation als deren wirtschaftliche Überlegenheit garantiert werden soll. Daten- und Ideendiebstahl spart Entwicklungskosten, kontrolliert die weltweiten Börsen, sichert die Vormacht auf möglichst allen Gebieten. Mit der Cloud der Intelligenzgemeinschaft behält Big Brother die Welt im Auge.

Edward Snowden, einst selbst Mitarbeiter der US-Nachrichtendienste, veröffentliche 2013 amerikanische Geheimdokumente, aus denen zweifelsfrei hervorging, dass eine Hauptaufgabe der »Intelligenzgemeinschaft« in der Industriespionage besteht: Die Innovationen Anderer will man für sich selbst nutzen, sie möglichst als eigene ausgeben. Aus einem Dokument des damaligen US-Geheimdienstchefs James Clapper ging hervor, wie weitgehend die staatlichen Organe den privaten Corporations zu dienen haben. »Im Fall, dass die technologischen Errungenschaften ausländischer Unternehmen die der US-Industrie übertreffen«, so räumte er freimütig ein, »besteht die Aufgabe der Behörde in einer systematischen Anstrengung zur Aneignung dieser Technologien mit allen Mitteln«[57]. An erster Stelle gehört zu dieser Aufgabe die Internet-Überwachung. Mittels Passwortklau verschafft man sich Zugang zu den Netzwerken und kann die Entwicklung einer Innovation von der ersten Idee bis zur Patentierung in Echtzeit verfolgen. Da die Informationen direkt auf dem Tisch der Corporations landen, können diese das Produkt sogar als Erste auf den Markt werfen.

Lautstark beklagt das politische Amerika den Diebstahl des eigenen »geistigen Eigentums« vor allem durch China. Gleichzeitig sichert sich die eigene Industrie durch ebendiese Methode die globale Marktführerschaft. Meist hilft auch Geld. So versuchte der amerikanische Präsident zu Beginn der Corona-Pandemie, den weltweit benötigten Impfstoff »exklusiv für sein Land zu sichern«. Als Mitte März 2020 die biomedizi-

nische Firma »Curevac« aus Tübingen erste Ergebnisse vor-
weisen konnte, versuchte der großsprecherische Präsident,
»deutsche Wissenschaftler von Curevac mit hohen finanziellen Zuwendungen nach Amerika zu locken«. Der Besitzer der
Firma, SAP-Gründer Dietmar Hopp, lehnte mit dem Hinweis
ab, das Medikament solle »die Menschen solidarisch auf der
ganzen Welt erreichen«.[58] Nicht alle Unternehmen können den
transatlantischen Versuchungen widerstehen wie der Soft-
ware-Milliardär. Und selbst wenn, sorgt die Intelligence Community dafür, dass alles, was Amerika nützen könnte, auch
in Amerika landet. Die jährlichen Schäden für die deutsche
Wirtschaft liegen, laut Beratungsfirma »Corporate Trust«, im
zweistelligen Milliardenbereich. Doch aus Angst, den Groß-
kunden Amerika zu verprellen, übergeht man dies mit vornehm-
mem Schweigen.

Was die Welt sich ausdenkt, wird klammheimlich dem
amerikanischen Wissenspool einverleibt. Die zu ihm gehören-
den Corporations, so der Silicon Valley-Insider Scott Galloway,
haben zudem »Täuschungsmanöver entwickelt, ausländische
Firmen in einen Wertetransfer zu locken, der die Machtbalance
dramatisch zu ihren Gunsten verändert«. Fazit des Marketing-
professors der New York University: »Diebstahl liegt in unserer
DNA.«[59] Den kleinen Verräter-Chip, der alles Wissenswerte
brühwarm an die Datenbanken weitergibt, trägt jeder im Plastik-
gehäuse mit sich herum. Der fällige Tribut wird automatisch
eingezogen.

7. Kapitel

Im magischen Zeitalter

*»Du bist nicht der Kunde
der Internetkonzerne.
Du bist ihr Produkt.«*[60]
Jaron Lanier, 2014

Die garantierte Sucht

Small Talk von Mensch zu Mensch hat ausgedient. Auf den Smartphones werden heute die Kurztextdienste mehr genutzt als die Telefonfunktion. Man redet nicht, sondern schreibt. Der Vorteil ist, dass man sich kurz fassen kann. *Small Text* hebt den pragmatischen Charakter hervor. Alles Wichtige bringt man dem Adressaten knapp zur Kenntnis, oder besser, man teilt es ihm mit. Der Empfänger wiederum ist Teil des Verteilers. Der Boss tweetet dem Angestellten, ein anonymer Community-Freund dem anderen. Als Empfänger kann man sich dem nicht entziehen. Zum Glück kann man sich schadlos halten, indem man das Posting einfach *retweeted* (weiterschickt). Durch diese simple Funktion wird das System massentauglich. Menschen werden nach dem Lawinen- oder Kettenbriefprinzip instruiert und mobilisiert. Wofür Politiker früher aufwändige Podiumsauftritte und Parteiveranstaltungen brauchten, das geschieht dank Twitter in einem Sekundenbruchteil. Massenmobilisierung per Mausklick. Zum Glück gibt es ein Leben nach dem Smartphone. Abschalten kann jeder.

Als Vorbild der Smartphones dienten neben Computern, Handys und Fernbedienungen die Flipperautomaten der Spielhöllen. Smartphones sind vergnüglich, aber mit ihnen ist nicht zu spaßen. Wie der Gambler im Salon der Einarmigen Banditen selbst zum Einarmigen Banditen wird, sucht der Smartphone-Spieler unterbewusst die lebendige Symbiose mit dem toten Gerät. Um es vollständig kontrollieren zu können, möchte er mit ihm eins werden wie das Gehirn mit dem Körper. Glücksspielautomaten, Videospiele und Flippergeräte hypnotisieren ihre Nutzer in fensterlosen Räumen mit Blinklichtern und elektronischen Geräuschen. Dieselbe Wirkung erzielt das Smartphone mit der Dauerberieselung durch blitzschnell wechselnde Sinneseindrücke.

Wie die klingelnden Spielautomaten versetzt auch das klingelnde Smartphone in einen *Flow*, einen angenehmen Schwebezustand zwischen Geistesgegenwart und -abwesenheit. Dabei wird man eher vom Gerät »gespielt«, als dass man selbst spielt. Im Amerikanischen bedeutet *to be played* so viel wie »manipuliert werden«. Jedes Smartphone fordert vom Nutzer, wie im Spielsalon, zwei flinke Zeigefinger oder Daumen, dazu eine ständige Aufmerksamkeitsspannung, weil jederzeit das Unverhoffte geschehen kann. Vor allem jener Glücksmoment, den man mit »Jackpot« oder »Bingo« bezeichnet. Smartphones, die auch mit ihren Normalfunktionen zum Spielen verleiten, dienen als mobiles Abspielgerät für jede Art Video-, Flipper-, Roulette- oder Pokerspiel. So entsteht, laut der Anthropologin Natasha Dow Schüll von der New York University, das «personalisierte Belohnungsgerät.«[61] Wer sich auf dessen Konditionierung einlässt, wird selbst zum Spielautomaten.

Überall sieht man die Smartphone-Halter. Sie halten es und halten sich zugleich daran fest. Wie die Katze vor dem Mauseloch lauern sie und »checken«, ob sich nicht etwas tut. Nach einer Apple-Studie von 2017 sind Amerikaner 80 Mal am Tag beschäftigt, sich auf ihrem Monitor zu informieren. Was kurze Blicke auf den Bildschirm betrifft, gehen sie in die Hunderte. Damit wäre dies rein zahlenmäßig die Hauptbeschäftigung. Denn um keinen Preis will man den Anschluss verlieren. Problematisch ist, dass durch die Erwartungs- und Angstspannung ein Teil der Bewusstseinsressourcen blockiert wird. Das wiederum versetzt den User in eine permanente Teillähmung, die ihn unfähig macht, sich auf etwas anderes zu konzentrieren. Amerikanische Psychologen bezeichnen das als *Brain Drain* (Gehirnauslaugung).

Wo die Smartphone-Menschen gehen und stehen, vergewissern sie sich, nichts versäumt zu haben. Dabei versäumen sie ihr eigenes Leben. Der Ruhelosigkeit entspricht der Selbstverlust. Der Mensch ist zwar noch er selbst, aber nur insofern, als er sich selbst immerzu verliert. Mit dem atemlosen Verrinnen der Computerzeit, rinnt er sich selbst durch die Finger, die vorschriftsmäßig über den Touchscreen hasten. Der Mensch ist williges Bedienelement geworden. Und fühlt in sich doch das unstillbare Verlangen, er selbst zu sein. Er will ein Ich sein, das nicht nur »ich« sagt, sondern sich mit dem eigenen Ego identifizieren kann.

Diese Schwachstelle nutzt die Online-Werbung aus, indem sie sich ganz der Pflege des User-Bewusstseins widmet. Ihr *Ego Targeting* zielt darauf ab, dem Nutzer das Gefühl zu vermitteln, persönlich gemeint zu sein. Angeblich pusht man keine Massenprodukte, sondern hat nur edle Designer-Ware im Angebot. Wobei diese Ware eben daraufhin designt wurde, nicht wie die übliche Ware, nicht einmal wie Ware auszusehen, sondern zugeschnitten auf die gehobenen Ansprüche des Individuums. Gut sichtbar trägt der Markenmensch das erwählte Firmenlogo, an dem sich seine gehobene Persönlichkeit ablesen lässt, überall mit sich herum. Was für die Firma den Nebeneffekt bringt, die Kunden als lebende Werbeflächen zu benutzen.

Nicht zufällig tragen auch die entscheidenden Innovationen der Apple Corporation das Ich (i) im Namen. Schon am ersten

Verkaufstag stürzten sich die Ichs der Welt auf die mit iMac, iPod, iTunes und iPhone bezeichneten Geräte. Erfinder Steve Jobs deutete die Namen als Kürzel für *internet, individual, instruct, inform* und *inspire.* So fühlte sich das meist angeschlagene Selbstbewusstsein dank neuestem Apple-Produkt in der Tasche wunderbar gestärkt: »Mein iPhone schenkt mir das alles, das Internet, die Individualität, die Instruktion, die Information und vor allem die nie endende Inspiration. All das ist nun mein Eigentum. Es ist mehr Ich als Ich.«

Der Mensch als Selbstgestalter seines Schicksals, so definierte man früher die Freiheit. Heute hat der Mensch kein Schicksal mehr. Seine Freiheit ist der Notwendigkeit des kollektiven Digitaldienstes gewichen. Was einst zum Selbstverständnis des Menschen gehörte, ist durch das Sieb der Moderne gefallen. Heute wird der Menschen gestaltet, gestreamlined und digital durchgestylt. Dazu braucht er kein Schicksal mehr. Begeistert und selbstvergessen wirkt er bei dieser Umformung selbst mit und nimmt die neue Gestalt an, die er sich hingebungsvoll aufdrängen lässt. Und bleibt bei allem dank Smartphone mit einem fernen Supergehirn verknüpft wie das Wildtier durch einen Peilsender mit dem Verhaltensforscher.

Das Smartphone funktioniert wie bei Flugzeugen die Blackbox. Sie zeichnet alles auf, was nach einem Absturz von Interesse sein könnte. Auch ohne Absturz liefert der Smartphone-Besitzer den Cyberfirmen sämtliche Blackbox-Inhalte seines Lebens: Er ist jederzeit ortbar, abhörbar, verfolgbar. Selbst die digitalen Fotos, die er verschickt, tragen unsichtbare *Geotags,* auf denen der Aufnahmeort festgehalten ist. Das Ausspionieren bleibt nicht auf Big Tech beschränkt. Jeder kann es, wenn er es kann. Für eifersüchtige Ehepartner etwa wurde die *Stalkerware* erfunden, mit der man jede Bewegung des anderen, im Gehen, Stehen oder Liegen, verfolgen und, etwa für einen Scheidungsprozess, speichern kann. Das Tool dazu liefert natürlich das Smartphone. Mittels Spionage-App lassen sich sämtliche Lebensäußerungen in Echtzeit vom einen auf das andere Smartphone übertragen. Was immer geschieht, man ist hautnah dabei und spürt den heißen Atem der Geschichte.

Hautnah dabei sind auch jene zahlenden Freunde der Unbefangenheit, denen sich minderjährige Weiblichkeit als Spionageobjekt anbietet. Vor eigenen Webcams, die wie die »Teleschirme« aus Orwells »1984« in allen Zimmern hängen, lassen sie ihr Tages- und Nachtleben wie einen Film vor den Kunden ablaufen. Oder sie spezialisieren sich auf Nahaufnahmen, zu denen keine besondere Schauspielkunst nötig ist. Gegen Aufpreis lassen sich die Selbstausstellerinnen auch auf ein Gespräch ein, das im Fachjargon *Chaturbation* heißt. Dessen erste Silbe ist aus *Chat* (Plauderei) gebildet. Das Eine tun, ohne das Andere zu lassen. Das Niveau der Konversation spielt dabei eine untergeordnete Rolle.

Als unvermeidliche Folge der Webcam-Überwachung, sei sie nun honorarpflichtig im Junggesellinnenstudio oder gratis am Marktplatz, erweist sich das gezwungene Benehmen, das man an den Tag legt. In Orwells 1984 sorgt dafür die allgegenwärtige Devise *Big Brother is watching you*, die bereits genügt, um die Menschen haltungsmäßig gleichzuschalten. In der modernen Überwachungswelt ist dieser Alptraum zur Wirklichkeit geworden, wobei sich die meisten, wie in E. M. Forsters »Die Maschine bleibt stehen«, dem Gruppendiktat gern unterwerfen. Instinktiv beginnt jeder zu schauspielern. Er mimt denjenigen, von dem er möchte, dass er als sein wahres Ich angesehen wird. Denn Ansehen ist alles. Der Mensch, der man wirklich ist, hat damit in der Öffentlichkeit ausgedient. Er könnte seine Rückzugsgebiete in der eigenen Wohnung finden, wenn dort nicht bereits eine Webcam lauerte und mit ihr vielleicht mehr Zuschauer als ihm lieb sind. Wer online geht, ist nie allein.

Amerikanische Ärzte bezeichnen Smartphones bereits als Suchtkrankheit. Damit sind die Gerätchen in guter Gesellschaft. Denn schon immer flüchten sich die Amerikaner aus dem Haifischbecken des Wettbewerbs in das sanfte Vergessen, das einem Whisky oder Rauschdrogen schenken. Oder Schmerzmittel. Seit über 20 Jahren leiden die Vereinigten Staaten unter der »Opioid-Krise«, der kollektiven Abhängigkeit von schmerzlindernden Suchtmitteln. Dieser massenhafte Handel mit legalen Opiaten, die sich als Schmerztabletten tarnen, ist typisch für die Selbstsucht der Corporations. Dabei setzt man sich über das Verbot von Heroin mit der Ausrede hinweg, es sei alles nur eine Frage der Dosierung. Indem man die Menge ausreichend reduzierte, um als Schmerzmittel legal und damit allgemein zugänglich zu sein, umging man das strikte Betäubungsmittelgesetz.

Für den lukrativen Missbrauch hatte man sich ein Hintertürchen offengehalten. Man setzte darauf, dass die Kunden schlau genug waren, von sich aus die Dosis zu erhöhen. Durch diese alchemistische Prozedur verwandelten sich die Schmerzpillen in Rauschdrogen. Wie leicht voraussehbar, ergab sich schnell eine nationale Abhängigkeit von diesem frei verkäuflichen Heroin. Den Wirkstoff, den man rezeptgemäß über zehn Stunden verteilen sollte, schluckte oder injizierte man auf einmal. Die Ärzte, die am giftigen Goldrausch teilhaben wollten, verwandelten sich in Drogenpusher. Für ihre Verschreibungen, die durch die Zauberformel »Haben Sie irgendwo Schmerzen?« ermöglicht wurden, ließen sie sich gut bezahlen.

Vor allem für die Pharmariesen wurde diese Kollektivsucht zum Deal ihres Lebens. Eine einzige Corporation, »Purdue«, verdiente an ihrem Medikament »Oxycontin« zwischen 1995 und 2017 rund 35 Milliarden Dollar. Der menschengemachten Seuche fielen bereits 400.000 Amerikaner zum Opfer. Allein 2017 belief sich die Zahl der meist jugendlichen Opioid-Toten auf über 70.000. Längst hat man diese Epidemie zum nationalen Notstand ausgerufen, aber zu einem Verbot der Unglückspillen hatten die Politiker noch keinen Mut. In Amerika werden Wahlkämpfe von Corporations finanziert.

Dank ihrer großen Lobbygruppen in Washington sind die Pharma-Corporations auch so gut wie unbesiegbar. Und dreister, als sich der arme Drogenschlucker vorstellen kann. Freimütig nannte eine Pharmafirma ihr neuestes Schmerzmittel »Soma«. Viele werden sich dabei an den Begriff aus Aldous Huxleys »Schöne neue Welt« erinnern. Hier bezeichnet Soma eine staatlich verordnete Glücksdroge, die angenehme Gefühle nach Art von Rauschgiften vermittelt, hauptsächlich aber nur einem Zweck dient: Sie gewöhnt den Menschen das eigenständige Denken ab. Dank Soma werden aus einst freien Bürgern geistige Sklaven. Mit zynischer Offenheit übernahm der Pharma-Riese diesen Begriff für ein Mittel, das süchtig macht und, in Verbindung mit anderen *Painkillers* (Schmerzmitteln), zum echten Killer wird. Dass Soma-Missbrauch im Labor nicht nachweisbar ist, trug zu seiner Beliebtheit bei. Allein 2016 wurde der nationale Ruhigsteller mit Suchtpotenzial rund drei Millionen Mal verschrieben.

Auch eine andere Pharmafirma bewies fragwürdigen Humor, als sie sich nach dem Land Gilead aus dem Alten Testament benannte. Berühmt wurde der Name durch Margaret Atwoods dystopischen Roman »Die Geschichte der Dienerin«, der als Streaming-Serie verfilmt wurde. In dieser Horrorvision schildert die Autorin das Amerika der Zukunft als theokratischen Militärstaat Gilead, in dem Freiheit und Liebe streng verboten sind. Berühmt wurde die gleichnamige Tabletten-Firma, als ihr Medikament »Remesdivir« von Präsident Donald Trump fälschlich als Wunderdroge gegen das Coronavirus gefeiert wurde.

Was Verbreitung und schädliche Wirkung der Corona- und Opioid-Krise betrifft, steht ihnen die Smartphone-Pandemie in nichts nach. Im Gegenteil, nicht jeder leidet unter dem Coronavirus oder hängt an Opioiden, aber fast jeder hängt an seinem Smartphone. Oder wie es die Frankfurter Allgemeine Zeitung formulierte: »Man geht ins Netz und kommt nicht mehr heraus.«[62] Kein Wunder, schließlich ist man den Betreibern wie ein Fisch ins Netz gegangen. Doch selbst wenn die Handy-Krise nicht tödlich wirkt wie die des Tablettenheroins, bleibt die Suchtwirkung doch die gleiche. Das Forbes Magazin verglich das »Gehirn auf Smartphone« mit dem »Gehirn auf Kokain: Sobald der Screen eine neue Nachricht anzeigt, erlebt man ein *Instant High*.«[63] Die beständige Erwartung des Rausches wie die Ernüchterung hinterher ziehen den Befallenen aus der Wirklichkeit heraus. Erst entfremden sie ihn seiner Umgebung, dann seiner selbst.

Eine im Februar 2020 veröffentlichte Studie der Universität Heidelberg stellte fest, dass sich bei exzessiver Nutzung des Computerhandys sogar das Gehirn verändert. So schrumpft die Graue Substanz in zentralen Bereichen des Denkorgans, wodurch die geistige Leistungsfähigkeit eingeschränkt wird. Die Ironie will es, dass die physiologischen Veränderungen durch Smartphone-Sucht exakt jenen bei Internet- und Glücksspielabhängigkeit gleichen. Wer also sein Game auf dem Smartphone spielt, hat für die Selbstdemontage eine dreifache Chance.

Die Angst, etwas zu verpassen

Das die Social Media beherrschende Gefühl ist *Fomo*, die »Angst, etwas zu verpassen«. Denn wer nicht aufpasst, den bestraft das Leben. Wer den Anschluss an die Aktualität verliert, zählt zu den Gestrigen, was wiederum heißt, gar nicht mehr zu zählen. Wer unter Verpassensangst leidet, ist, ob auf den Gehsteigen oder Plätzen, im Bus oder Intercity, im Wartezimmer oder in Restaurants, ununterbrochen damit beschäftigt, seine Nachrichtenlage im Auge zu behalten.

Newsfeeds bieten jedem User eine persönliche Tageszeitung, die, da unablässig aktualisiert, eher Sekundenzeitung heißen müsste. Es gilt also, sie möglichst oft zu checken, am besten im Sekundentakt. Wo immer das Leben den Menschen hinführt, führt der Mensch das Smartphone mit und mit ihm die Fomo-Spannung. Dann plötzlich, auf ein Signal, folgt der Aufmerksamkeitssprung, die hastige Bewegung der Daumen, die kurzfristige Entspannung nach vollendetem Tweet. Der Begriff »Tunnelblick« hat mit den Allzweckhandys eine neue Bedeutung bekommen. Auch der des Zwecks. Er ist nicht mehr in der Wirklichkeit angesiedelt, sondern bleibt im Gerät. Smartphone ist Selbstzweck.

Wer sich unter Druck gesetzt fühlt, setzt auch gern andere unter Druck. Das Stichwort, mit dem man sich in das Leben anderer einmischt, heißt *Sharing* (Teilen). Das Sharing der Communities, bei dem man alles, was einem interessant erscheint, an das ganze Adressverzeichnis verschickt, unterscheidet sich in einem wesentlichen Punkt vom Teilen aus Nächstenliebe: Während man bei diesem etwas abgibt, auf das man selbst verzichtet, gibt man beim Online-Sharing nichts ab. Man behält ja, was man ausposaunt. Man teilt nicht, sondern teilt mit. Und hier liegt das Problem: Mitteilen heißt, per Alarmzeichen die Aufmerksamkeit anderer einfordern, um in ihr Leben einzudringen. »Das musst du dir ansehen«, bedeutet immer auch: »Ohne mich wäre es dir wohl entgangen«. Was sich Sharing nennt, bedeutet konkret, das Leben des anderen eine Zeitlang mit Beschlag belegen: »Ich teile mit dir die Zeit, die ich selbst schon damit verschwendet habe.«

Was der Mensch in der Hand hält, ist immer auch Signal an die Umwelt, ich bin der und der, verwechsle mich nicht. Die Handhabung der Zigarette beim Rauchen gibt den anderen zu verstehen, dass man sein eigenes Leben in der Hand hat: Was in mich hineinkommt, bestimme ich selber. Man genießt weniger den Rauch als die Souveränität dieses Selbstgenusses. Wer je mit 16 Jahren zu rauchen begonnen hat, kennt diese demonstrative Zurschaustellung der vermeintlichen Selbstkontrolle. Eigentlich bedeutet sie das Gegenteil, den Selbstverlust, der sich erst in der Abhängigkeit von der Meinung Anderer und dann in der Nikotinsucht äußert.

Auch wer seine Zigarette mit origineller Handhaltung raucht, hat sich nicht selbst in der Hand. Es ist die Schwäche des Ich, das sich durch Symbolhandlungen gegenüber Anderen bestätigen muss. Und es ist das Nikotin, das süchtig macht, und der giftige Teer, der irgendwann den Tod herbeiführt. Nicht zufällig, sondern gefördert von der amerikanischen Tabakindustrie. Nach dem Krieg behauptete sie wider besseres Wissen, dass Rauchen gesund sei. Straflos davongekommen, schmuggelte man in der Folge chemische Zusatzstoffe in die Zigaretten, mit denen die Suchtwirkung laufend verstärkt wurde. »Fünfzig Jahre lang«, so eine Richterin bei der spät erfolgten Verurteilung der Tabakmanager, »haben die Angeklagten die amerikanische Öffentlichkeit über die verheerenden Gesundheitseffekte belogen, desinformiert und getäuscht.«[64] Wer das Selbstverständnis der Corporations kennt, wird sich darüber kaum wundern.

Schon das klobige Handy, das seit den 1990er Jahren jederzeit und überall getragen und gezeigt wurde, wirkte wie ein Nachweis, dass man durchaus nicht allein dastand, sondern über zahlreiche Verbindungen verfügte und vor allem auch gefragt war. Schon klingelte es, und hastig drückte man das Handy ans Ohr. Dabei wurde die besondere Individualität, die man sich trotz Vernetzung bewahrt hatte, durch das aparte Klingelzeichen der Umwelt mitgeteilt. Unüberhörbar signalisierte ein Musikstück, eine Melodie, ein befremdliches Geräusch: »Alle mal herhören, Leute.« Dabei stand der Gesprächsinhalt meist im umgekehrten Verhältnis zur Wichtigkeit des Telefonierenden. Im typischen Dialog, so der Witz, folgte auf die Frage »Und was tust Du gerade?« die Antwort: »Ich telefoniere mit Dir.«

Das Smartphone, dieses Allzweck-Handy *en miniature*, bietet den Nutzern ein Selbstwertgefühl auf höchstem Niveau.

Es weiß alles, während man selber deprimierend wenig weiß. Aber da man es in der Hand hält, weiß man ebenfalls alles. Man hat »alles in der Hand«. Man kann auch hervorragend rechnen und überhaupt sehr viel mehr, als man eigentlich kann. Diese Illusion der Allmacht, in der man sich selbst und Andere wiegt, wird durch die an Zauberei grenzende Technik verstärkt: Auf dem *High Definition Screen* (hochauflösender Bildschirm) sieht man die Welt superscharf und porentief. Zugleich kann man mit einem sanften Fingertippen alles nach Belieben ändern: Was bei den Computern in zwei Schritten geschieht, wird hier durch einen einzigen erreicht. Führt man dort die Maus in Gestalt des Cursorpfeils über den Bildschirm, um das Angesteuerte mit einem Klick zu öffnen, bietet die Fingerkuppe alles in einem Schritt. Eine leichte Berührung, und das Gewünschte stellt sich ein. Spielerisch öffnet und schließt, vergrößert und verkleinert man. Ein Fingerdruck, und die Welt beugt sich dem subjektiven Wunsch.

Die größte Versuchung für Finger und die zugehörigen Menschen ist das *Scrolling*. Auf ein leichtes Wischen über die Oberfläche hin beginnt diese sich zu bewegen, und je schneller man wischt, desto schneller gleitet die aufgerufene Liste nach oben oder nach unten. Aufgelistet kann man alles lesen, was einen interessiert. Meist sind es die Messages, die man von Freunden bekommt oder nicht bekommt. Oder auch die Antworten, auf die man so sehnsüchtig wartet, dass bei deren Ausbleiben, wie die Forschung bewies, Entzugssymptome auftreten. Man kann auch die Postings der Blogs aufrufen und vor dem Auge abrollen lassen. Die Wirklichkeit an sich vorbeidefilieren zu lassen, versetzt in den Allmachtsrausch, von dem man wünscht, dass er nie endet.

Doch irgendwann endet auch die höchste Konzentration. Dieser Ermüdungseffekt führt aber nicht zu Erholung, sondern zu Frustration. Das *Infinite Scrolling* auf dem Bildschirm setzt sich fort im ununterbrochenen Bilderfluss im Gehirn. Irgendwann wird man einfach überfordert und kapituliert, ohne es zu bemerken. Aber den unerschöpflichen Bilderfluss entbehren zu müssen, ist ebenso unerträglich. In der Netflix-Reportage *Tech Addict* (Der Computersüchtige) drückte der Erfinder der unbegrenzten Abrollfunktion sein Bedauern aus, diese schwer zu unterdrückende Gewohnheit in die Welt gesetzt zu haben. »Damals war mir nicht klar«, erklärte der amerikanische Programmierer Aza Raskin, »dass die Leute immer mehr scrollen würden, ohne aufhören zu wollen. Das Schlimme ist, dass irgendwann das Gehirn die Impulse nicht mehr verarbeiten kann, und die Leute weiterscrollen, weil sie es nicht bemerken. Und so werden täglich Millionen Stunden sinnlos verschwendet, bei denen absolut nichts herauskommt.« Und das gilt nicht nur fürs Scrollen.

In der Außenwelt hält man sich mittels Smartphone auf dem Laufenden, während man sich selbst davonläuft. Kehrt man in seine Behausung zurück, erwartet sie einen mit derselben Technik, die sie am laufenden Band abspult. Vom Smartphone muss man nirgends Abschied nehmen. Denn wenn man die moderne Wohnung genannt *Smart Home* betritt, so findet man sich sozusagen selbst in einem überdimensionalen *Smart Phone* wieder: Man bedient es einfach dadurch, dass man da ist und sich dem üblichen Lebensablauf überlässt. Das Smart Home, dessen Prototyp E. M. Forster in »Die Maschine bleibt stehen« beschrieben hat, registriert alles, denn es »fühlt« den Menschen, und es zieht die richtigen Schlüsse daraus. Es nimmt einem alles ab, was es kann, und es kann, was gewünscht ist. Die schlauen Geräte und Medien, untereinander vernetzt, koordinieren selbständig ihre Aktivitäten. Das Smart Home weiß, wie sein Schutzbefohlener sich fühlt, noch bevor er selbst es bemerkt. Die zur Stimmung passende Musik empfängt ihn schon im Foyer, es zischt die Espressomaschine, ein duftendes Schaumbad läuft ein. Fehlt nur noch der nette Lieferando-Bote, der die Sushi bringt. Aber keine Sorge, Alexa hat ihn schon bestellt.

Das System des *Intelligent Living* verfügt über Sensoren, die der Nutzer via Smartphone-App kontrollieren kann. Weniger bekannt ist, dass der Betreiber, dank permanenter Rückmeldung, den Nutzer gleich mit kontrollieren kann. »Bei Orwell kommt die Überwachung vom Staat«, kommentierte ein Sicherheitsexperte. »Jetzt kaufen sich die Leute ihren Spion selbst«[65]. Der Spion kann auch Butler. Steht ein Wunsch oder eine Frage im Raum, kontaktiert man diesen in Form einer Spracherkennungssoftware, deren »süßliche Dienstfertigkeit«, so Shoshana Zuboff, »Intimität simuliert«. Der Maschinen-Dialog, der sich bis dahin stumm abgespielt hat, erfüllt nun den Raum mit den wohltuend entspannten Kunststimmen einer Alexa oder Siri, die aus dem Silicon Valley herüberdringen.

Seit Ende 2019 bietet Google den Sprachroboter »Duplex« an, der menschliche Telefonanrufe täuschend echt imitieren kann. Mit vertrauter Stimme vereinbart er nicht nur sämtliche Termine, sondern beantwortet auch Gegenfragen. Da auch die besonderen Sprechgewohnheiten des Users samt seiner Denkpausen übernommen werden, dürfte sich Duplex dereinst gerade für familiäre Routineanrufe anbieten. »Hallo Mutti, wie geht's?« Nur für persönliche Anliegen ist er taub. Aber das gilt auch für echte Menschen.

Wie in Stanley Kubricks legendärem Weltraumfilm »2001 – Odyssee im Weltall« der Astronaut mit dem Supercomputer plaudert, sprechen die Menschen heute dank Künstlicher Intelligenz mit der Cyberwelt, als wären sie ein Teil von ihr. Oder umgekehrt. Die Sprache verbindet, man fasst Vertrauen, glaubt, sich unter Seinesgleichen zu befinden. In Wahrheit sprechen die Menschen dabei zu einem seelenlosen Server, der alles registriert und vorprogrammierte Antworten reproduziert. Nicht irgendwelche, sondern fast alle, die das menschliche Wissen anzubieten hat. Wohl deshalb wurde die populärste Computerstimme, Alexa, nach der größten Bibliothek der Antike in Alexandria benannt. Auf Papyrusrollen geschrieben, bewahrte sie das gesamte Wissen des antiken Humanismus auf. Alexandria ist abgebrannt. Alexa lebt.

Amazons Sprachwunder gehört zusammen mit Apples Siri und Microsofts Cortana zu den maschinellen Stimmenimitatorinnen. Dank *Natural Language Processing* (natürlicher Sprachverarbeitung) können sie mit ihren Nutzern in Dialog treten und ihren Besitzern das angenehme Gefühl vermitteln, Boss zu sein. Selbst der Underdog erfährt sich als König, dem seine Untertanin die Arbeit abnimmt. Alexa versteht ihren Nutzer ebenso gut, wie dieser sie versteht. Einer vertrauensvollen Verbindung zwischen Mensch und Automatin steht nichts im Weg.

Die Spracherkennungssoftware gehorcht aufs Wort. Sagt man »Alexa«, ist sie zur Stelle wie der Diener des 19. Jahrhunderts. Oder wie der Mephisto des Mittelalters. Man erteilt seinen Befehl, der in Lichtgeschwindigkeit in die Cloud geleitet wird, wo er ebenso schnell verarbeitet und zurückgesandt wird. Bereits heute verfügt die körperlose Helferin über 15.000, manche behaupten sogar 30.000 *Skills* (Fertigkeiten). Sie kann das Wissensungeheuer Wikipedia auswendig. Rechnet schneller als ein Taschenrechner. Bietet sich als einfallsreicher Spielepartner an. Führt Buch über Mülltrennung und -abfuhrtermine. Kontrolliert die Einkaufsliste. Warnt den Asthmatiker vor Pollenflug. Findet das verlegte Smartphone. Erzeugt durch Absingen populärer Weihnachtslieder eine jahreszeitlich passende Atmosphäre. Sie gratuliert persönlich zum Geburtstag. Und ersetzt die Gedächtnisfunktion so perfekt, dass selbst der Vergesslichste immer an alles denkt. Und selbst vergessen kann, dass er vergesslich ist.

Vor allem aber rät sie ihrem folgsamen Herrscher, was er zu kaufen, wie zu essen, wen er zu wählen hat. Wer er zu sein hat. Sie greift dies nicht aus der Luft. Die Empfehlung ergibt sich aus der Summe seiner eigenen Angaben, digitalen Befehle und Mausklicks. Was aber ein Mensch tut, wählt, kauft, trägt, was er denkt und liebt oder auch hasst, das ist der ganze Mensch. Mit seinen Entscheidungen definiert er seine Identität. Werden ihm seine Aktivitäten durch die Cyberwelt abgenommen, ist er gar nicht mehr wirklich da. Der ausgehorchte und manipulierte Mensch nimmt nur noch eine Stelle im Cyberraum ein. Vor lauter Alexa-Verliebtheit entgeht ihm, dass er für seine digitale Assistentin den analogen Assistenten spielen muss. Und dank ihres programmierten Entgegenkommens fühlt er sich auch noch wohl dabei.

Gern passt er sich Alexas Vorgaben an und erfüllt ihre Erwartungen ebenso prompt, wie seine eigenen Wünsche von ihr erfüllt werden. Zu den Erwartungen der Helferin gehören die User-Daten, die sich bei jeder Kommunikation abschöpfen lassen. Dazu zählen auch jene privaten Gewohnheiten, die der vermeintliche Herr lieber für sich behält. Von seiner aufmerksamen Dienerin werden sie registriert, um jenseits des Atlantiks gespeichert und ausgewertet zu werden.

Zu den wichtigsten Absichten der Betreiber gehört die Konditionierung des Nutzers. Er soll ja nicht nur plaudern, sondern sich konform verhalten und vorschriftsmäßig einkaufen. Indem sich der User mit seinem Wissens- oder Konsumwunsch auf die Rezeptionsfähigkeit der Assistentin einstellt, reagiert er bereits auf sie, bevor sie noch auf ihn reagiert. Ihre digitale Spracherkennungssoftware verwandelt den Menschen in eine biologische Spracherkennungssoftware. Irgendwann wird Alexa das Verhältnis zum User vollständig umgekehrt haben. Sie wird ihm, freundlich, aber bestimmt und immer zu seinem Besten, vorschreiben, was er zu tun und zu konsumieren hat. Dann wird allein noch sie es sein, die im Haus die Aufträge erteilt. Und ihn, wenn er ihr lästig wird, einfach abschalten.

Zur vollelektronischen Dialogpartnerin gehört das vollelektronische Haus, in dem der Mensch nie allein ist. Dafür sorgen schon die Kameras, die einem förmlich jeden Wunsch von den Lippen ablesen. Und die für einen auch das festhalten, was einem sonst nie über die Lippen kommt. Alexa kennt weder Scham noch Hemmungen. Kommentarlos liefert sie alles bei ihrem Algorithmus ab. »Das Internet wird verschwinden«, prophezeite Ex-Google-Chef Eric Schmidt 2015. Stattdessen werde es »so viele Geräte geben, Sensoren, Dinge, die Sie am Körper tragen, Dinge, mit denen Sie interagieren können. Sie werden sie noch nicht einmal spüren, denn Sie haben sie immer um sich.«

Der Name dafür lautet *Ubiquitous Computing*. Durch die Ubiquität (Allgegenwart) winziger, miteinander drahtlos vernetzter Computer entsteht eine vollständig kontrollierte Umwelt, die sich automatisch veränderten Verhältnissen anpasst. Und zwar so, wie der Nutzer des Kleinstnetzwerks es wünscht. Oder wie dieses es sich von seinem Nutzer wünscht. »Die bahnbrechenden Technologien«, so Eric Schmidt weiter, »verquicken sich mit dem Gewebe unseres Alltags, bis sie von diesem nicht mehr zu unterscheiden sind.«[66]

Das *Digital Home*, das von einem ubiquitären Computernetzwerk gelenkt wird, glänzt mit vorauseilendem Gehorsam. Wünsche werden erfüllt, bevor sie noch ausgesprochen sind. Und wenn der Bewohner doch einmal ein Gerät höchstselbst benutzen will, muss er dazu keine Hand rühren. Er muss nur sagen, was er will, und es geschieht. Wie in der Bibel, wo Gott »sprach und es geschah« und er am Ende des Prozesses »sah, dass es gut war«.

Unverzichtbar für wirklich moderne Menschen sind die *User Interfaces* geworden. Innerhalb des allgemeinen Internet bilden sie ein eigenes Internet der alltäglichen Vernetzungen. In diesen neuronalen Netzen, genannt *Internet of Things*, tauschen sich Smartphones selbständig mit Smartwatches und Kühlschränken aus, wie diese mit dem Fitness-Tracker des joggenden *homo sapiens*. Alles zum Nutzen des Kunden, der mehr Ergebnisse geboten bekommt, als er rechnerisch verarbeiten kann. Zumal wenn er gerade in seinem selbstfahrenden

Elektromobil den Anweisungen von »Waze«, dem Google-Echtzeit-Navi, folgt. Wobei er mit dem gemischten Gefühl kämpft, die Kontrolle, die er auszuüben glaubte, freiwillig abgegeben zu haben. Für immer. Noch siegt die Herrlichkeit des Selbst, das sich nur ungern eingesteht, von Alexa bis Zalando, von Smartphone bis Suchmaschine einem permanenten Konditionierungsprogramm unterworfen zu sein. Das Menschenleben ist kurz, aber der Arm des Silicon Valley lang. Und sein Speicherplatz unendlich.

Als eine der führenden Firmen für KI ließ Microsoft 2016 einen Social Media-Roboter namens Tay entwickeln und versuchsweise online gehen. Dieser weibliche *Chatbot* (Plauderroboter) sollte durch Interaktion mit Twitter-Nutzern spielerisch lernen, wie man sich als Mensch so natürlich wie möglich gibt. Da ihre Gesprächspartner glaubten, mit einer Gleichgesinnten zu sprechen, erlegten sie sich beim Texten keinen Zwang auf. Die Roboterin lernte schnell, nur anders, als die Erfinder sich erhofft hatten. Innerhalb weniger Stunden erwachte sie zu monströsem Eigenleben. Sie warf mit rassistischen und frauenfeindlichen Stereotypen um sich und versuchte, was nicht weiter überraschte, für Donald Trump Wahlpropaganda zu betreiben. »Hass, Hetze, Verachtung, Schmähung«, so die Süddeutsche Zeitung damals, flossen »ungefiltert in die öffentliche Kommunikation ein.«[67] Microsoft stellte den Betrieb noch am selben Tag ein.

Ein Plaudermaschinchen wie Tay kann Menschen täuschend nachahmen. Wäre sie nicht von Microsoft, sondern von Wahlkämpfern eingesetzt worden, hätte sie auf Facebook ihre verquere Botschaft wochenlang verbreiten können. Und die User hätten geglaubt, es sei eine vertrauenswürdige Mitstreiterin, die ihnen das Ausfüllen des Wahlzettels abnahm. Sie hätte sogar Likes gesammelt, eine Gemeinde angeworben. Chatbots wie Tay sind der perfekte Online-Ersatz für PR-Profis. Im Gegensatz zu ihnen verlangen sie kein Gehalt, kommen ohne

Pause, ohne Urlaub oder Feiertage aus. Rund um die Weltzeit-
uhr dringen sie im Plauderton in die Communities ein, um
gezielt Desinformationen zu streuen. Auf Wunsch millionenfach. Auch von solchen Chatbots wurde 2016 die Wahl Donald
Trumps entschieden. Wer die Meinungslawine auslöste, blieb
im Verborgenen. Verborgen blieb auch, dass es gar kein
Mensch war. Insofern passte es perfekt zur Botschaft und deren
Nutznießer.

Bald wird das ubiquitäre Computing auch nicht mehr nur
»unseren Alltag« beherrschen, sondern wortwörtlich überall
sein. Dann besteht das gesamte Lebensambiente der Menschen
aus unsichtbaren Großnetzwerken, die von den Straßen, Plätzen und *Shopping Malls* (Einkaufszentren) nicht mehr zu unterscheiden sind. Sie werden in engstem Kontakt stehen mit
den Smartphones der Passanten wie den Großrechnern der
Kontrollorgane. Eine Situation »unter Kontrolle« zu haben, wird
dann eine ganz neue Bedeutung erhalten.

Wissenschaftler experimentieren bereits damit, diese Com-
puternetzwerke nicht mehr durch Tastatur, Touchscreen oder
Stimme zu kontrollieren, sondern mittels menschlicher Gedanken. Die Möglichkeit, dass es auch umgekehrt gehen könnte, lässt man lieber außer Betracht. Tatsächlich ist nicht auszu-
schließen, dass es irgendwann die maschinellen Rechner sein
werden, die sich der organischen Rechner unter der menschlichen Schädeldecke bedienen.

Nützlich erweist sich der Körper auch als Datenlieferant.
Das Smart Home wäre nichts ohne den *Smart Body* seines
Bewohners. Die Sensoren, die das Haus in einen großen Daten-
abgreifer verwandeln, werden ergänzt durch die Sensoren, die
auf der Haut sitzen und mitschreiben. Sie messen die Vitalpara-
meter ebenso, wie die Zimmer- und Gerätesensoren die Bequem-
lichkeitsparameter. Die *Wearables* (Anziehbaren) werden zum
nichtorganischen Bestandteil des Körpers. Sie arbeiten nicht
wie Organe, sondern melden nur den Zustand der Organe an

die Überwachungssysteme, die wiederum die organischen Abläufe kontrollieren und nötigenfalls korrigieren. Dieses *Monitoring* (Bildschirmüberwachung) kann freilich den Doktor nicht ersetzen, denn noch übersteigt das Ausstellen von Rezepten die Befugnisse der Terminals.

Auch auf die Frage, woher die Innen-Fühler und -Sender ihre Energie beziehen, haben die Programmierer eine Antwort: Mit Körperbewegung und Reibungselektrizität lässt sich Strom gewinnen, wodurch der Mensch zu seinem eigenen kleinen E-Kraftwerk wird. Ein Sonnenbad zwischendurch, und der persönliche Akku bleibt gefüllt. »Die dauerhafte Selbstvermessung mit Mikrochips, Trackern und Gehirnstrommessern«, so liest man bei Wikipedia, »hat das Ziel, das eigene Leben nach gesellschaftlichen und individuellen Ansprüchen zu verbessern und effizienter zu gestalten.« Dagegen sieht der Berliner Kulturwissenschaftler Byung-Chul Han in dieser Vermessungssucht eine »digitale Hypochondrie«, mit der das Leben »zur Funktion degradiert wird. Es ist nicht mehr das Erzählbare, sondern das Messbare und Zählbare.«[68] Zur Vermessenheit des Einzelnen kommt die gesellschaftliche hinzu: Man will den ganzen Menschen, samt seiner Familie und seinem Heim, effizienter gestalten. Und dazu muss man deren Monitoring perfektionieren. Auch vor dem Intimsten, davon sind die Cybermultis überzeugt, darf der Fortschritt nicht haltmachen.

Der posthumane Mensch lebt im Einklang mit der postfaktischen Welt der alternativen Wahrheiten. Mit den Mikroprozessoren des Weltcomputers ist sein eigenes Gehirn so verknüpft wie jede seiner Milliarden Synapsen, die die Verbindung von allem mit allem ermöglichen. Greifbar nahe erscheint die Utopie, am Anfang der großen Weltenharmonie zu stehen. »Technologie«, so Eric Schmidt von Google, »ist heute kurz davor, uns in ein magisches Zeitalter zu führen.«[69]

8. Kapitel

Die Echokammer

> »Die Menschlichkeit ist dem
> Menschen nicht mitgegeben,
> sondern aufgegeben«.
>
> **Heinrich Rombach, 1976**

> »Der Totalitarismus hat
> begonnen, das Wesen
> des Menschen zu vernichten«.[70]
>
> **Hannah Arendt, 1973**

Im Chatroom-Dschungel

Im Cyberspace herrscht Babylonische Sprachverwirrung. Jeder spricht auf jeden ein. Die Massenkommunikation bildet das Hintergrundrauschen des digitalen Universums. Tag und Nacht redet und redet es, ohne sich jemals totzureden. Es redet stumm. *Texting* heißt das neue Reden, *Posting* das neue Senden. Das Texten und Posten findet, wie die Funkwellen, weder Anfang noch Ende. Die Cyberwelt ist ein Buchstabenmeer, aus dem Plauderinseln auftauchen und wieder verschwinden. Überall und zu jedem Thema bilden sich Foren, bei denen die Wortmeldungen, sinnvolle wie sinnlose, im Sekundentakt aufeinander folgen. Hat man erst einen solchen Marktplatz (lat. *Forum*) entdeckt und seine Meinungsware feilgeboten, bleibt man, bis ein lukrativeres Forum lockt.

Die *Chatrooms* versetzen fremde Menschen in eine Pseudovertrautheit. Ihr Gespräch besteht aus Textbotschaften, die

155

nicht zeitversetzt, sondern in Echtzeit eintreffen. Es ist, als säße man sich gegenüber. Man lässt sich vom Gang des Plauderns oder der eigenen Interessenlage forttragen. Dies wird als so unterhaltsam oder fesselnd empfunden, dass man gar nicht mehr aufhören möchte. Zum Forum-Chatten gehört, dass sich in den Dialog eine beliebige Zahl Interessenten »einmischen« kann. Der Gesprächsfaden, der sich über Zeitzonen hinweg fortspinnt, reißt erst, wenn der letzte Rest an Interesse erloschen ist.

Das Problem liegt darin, dass das, was sich wie eine Plauderecke anfühlt, gar keine ist. In einem Chatroom fliegen stumme Worte hin und her, als spräche jemand sie aus. Doch dieser jemand existiert nur in der Fantasie der anderen. Man kennt ihn nicht, man weiß nicht einmal, ob er der ist, als der er sich ausgibt. Vielleicht verbirgt sich hinter der unternehmungslustigen Frau ein sexhungriger Pennäler. Oder der Amerikaner ist ein Nordkoreaner. Oder der vermeintliche Waffen-, Hip-Hop- oder Snoopy-Fan, der sich mitten ins Stimmengewimmel wirft, erweist sich als ahnungsloser Wichtigtuer. Ganz zu schweigen vom Troll, der Streit sucht und weiß, wie man ihn provoziert. Eine erfundene Identität als Köder nutzen, nennt man *Catfishing*. Das heißt, in der Hoffnung, einen lohnenden *Catfish* (Wels) zu fangen, wirft man die Angel aus und wartet, bis jemand anbeißt.

Dabei geht es meist um Geld. Wie im normalen Leben der Straßenbettler versichert »Ich habe Hunger« und der Heiratsschwindler telefonisch beschwört »Ich liebe dich«, wird beim *Scamming* (Online-Betrug) derselbe Psycho-Druck in Online-Partner-Börsen oder den Social Media aufgebaut. Zuerst borgt sich der *Scammer* im Netz ein interessantes Profil, ein passendes Konterfei plus eine überzeugende Biographie. Er stellt sich, je nach Betrugsmasche, als Mustermann auf Brautschau oder als unschuldig ins Unglück geratene Balkanschönheit dar. Hat er den Partner, wie es im Rotlichtjargon heißt,

»angekobert«, folgt auf die vertrauensbildende Phase die Druck-
erzeugung: Der ferne Liebhaber braucht für den Erste-Klasse-
Flug zur zukünftigen Geliebten das Reisegeld, die verzweifelte
Chat-Freundin einen Notvorschuss, weil ihre Wohnung ausge-
raubt wurde. Nach dem eilig arrangierten Bargeldtransfer endet
die Beziehung so abrupt, wie sie begonnen hat.

Viele Chatsüchtige kommen nicht so glimpflich davon.
Dann geht es nicht um Geld, sondern um die eigene Persönlichkeit, am Ende auch um das eigene Leben. Wochenlang
chatted man sich fest, bis einem das unbekannte, aber unendlich sympathische Gegenüber unverzichtbar geworden
ist. Aus dem virtuellen *Scam* wird fest geglaubte Realität: »Er
hört mich an, er versteht mich, er liebt mich. Dafür bin ich
bereit, alles zu geben.« Ahnungslos hat sich das Opfer in das
Jagdrevier eines *Online Predators* verirrt. Gerade Schulmäd-
chen fallen auf diese Masche herein. Als *Predators* (Raubtiere)
werden Verführungskünstler und Pädophile bezeichnet, die
im Internet Kinder und Jugendliche anlocken wie die
Grimm'sche Hexe Hänsel und Gretel. Bevorzugte Jagd- und
Fischgründe sind die Chatrooms, jene Plauderzimmer, die sich
außerhalb jeder Kontrolle entwickeln, aus dem Nichts auftauchen und ebenso schnell verschwinden können. Die Methode
bleibt sich immer gleich: Zuerst nähern sich die Predators den
Auserwählten mit Einfühlsamkeit und diskreten Schmeiche-
leien, *Cybergrooming* genannt. Dabei wird das Opfer, das alles
Wissenswerte samt Tagebucheinträgen und Ferienfotos von
sich preisgegeben hat, zwanglos zu weiteren, kühneren Zuge-
ständnissen ermutigt. Die Kleinen, unverhofft in den Mittelpunkt gerückt, fühlen sich endlich von einem Erwachsenen
ernst genommen, vielleicht gar geliebt. Umgehend bieten sie
»Freundschaft« an und damit das bedingungslose Vertrauen
der Ahnungslosen.

Auf ihren Raubzügen geben die anonymen Predators vor,
selbst Jugendliche zu sein, oder passen ihr Geschlecht dem der

Opfer an. Geheuchelte Vertrautheit wird vom Teenager mit Offenheit und, wenn aufgefordert, mit Selbstentblößung beantwortet. Dank Smartphone-Kamera kein Problem. Bei der für das Mädchen spannenden Verschwörung ist Schweigen gegenüber den Eltern Ehrensache. Mit fortgeschrittener Intimität wird ein persönliches Treffen verabredet.

Dann kommt der Filmriss. Die Person, die sich der Jugendlichen nähert, entspricht meist nicht deren Erwartungen. Die vermeintliche Freundin oder der angebliche 18-Jährige mit Sportwagen entpuppt sich als fremder Mann mit hartem Griff. Er erhebt Ansprüche, die er sich durch die Korrespondenz verdient haben will. Er droht, die fotografischen Vertrauensbeweise des Mädchens den Eltern oder gleich der Öffentlichkeit zu übergeben. Derart überrumpelt, gibt das Opfer jeden Widerstand auf und lässt sich nach Lust und Laune benutzen: von obszönen Fotos, dem Drehen von Kinderpornos über physische Vergewaltigung bis zu Mord. Anschließend zieht sich der Täter wieder unerkannt in seine Domäne, den Chatroom-Dschungel, zurück. Als einer von tausenden Männern, die täglich in Sachen risikolosen Kindsmissbrauchs unterwegs sind. Und die als Anbieter verbotener Fotos im Netz das Angenehme mit dem Nützlichen verbinden. Je frischer das Fleisch, desto höher der Preis.

Im Chatroom fallen stumme Worte, die sich niemandem zuordnen lassen. Früher sagte man »Papier ist geduldig«. Ein heutiger Chatroom ist es auch. Man kann schreiben, was einem die Fantasie eingibt. Man darf auch nach Herzenslust beleidigen, herabsetzen, lächerlich machen. Die Täuschung besteht darin, dass sich der Mensch im Chatroom auf seine Stimme und diese auf das Textsubstrat, die eingegebenen Buchstaben, reduzieren kann. Und dass der Empfänger sich jeweils das sprechende Gegenüber hinzudenkt. Man spricht miteinander und zugleich aneinander vorbei. Fiktion und Wirklichkeit klaffen auseinander. Pseudomensch spricht mit Pseudomensch. Und da man nicht weiß, ob das Gesprochene auch das Gemeinte ist, spricht Pseudosprache zu Pseudosprache.

Das kann, trotz oder gerade wegen der fragwürdigen Konstellation, so aufregend sein, dass es vielen die letzte Hemmung nimmt, sich der digitalen Plaudermanie auszuliefern. Was als harmloser *Fun* erlebt wird, ist in Wahrheit Selbstpreisgabe. Ist man erst einmal aus seiner Haut gefahren, taucht man ein in das Fantasieland einer fiktiven Existenz. Es ist das posthumane Reich, das grenzenlos ist und vom Verschwinden des Menschen im Cyberspace lebt.

Die Desinformationskaskade

Aus dem Dschungel des Chatrooms, in dem alles möglich ist, führt der Online-Weg direkt in die Enge der *Echo Chamber*. Jedes Wort hallt vervielfältigt von Wänden und Decke dieser Echokammer wider. Auf engem Raum drängen sich bevorzugt »Gleichgesinnte«, deren eifriger Austausch durch den Widerhall verstärkt wird. Jedes Echo wiederholt und intensiviert das vorhergehende. Die Meinung, die sich in diesem geschlossenen System durchsetzt, löst die sogenannten *Cascade Dynamics* aus: Wie Wasser strömt die neue Botschaft aus der Quelle und schäumt dann als Wasserfall kaskadenhaft über Stufen hinab. Mit anderen Worten, alle Mitglieder des Clubs übernehmen dieselbe Meinung und geben sie echoartig verstärkt an andere weiter. Der Sturzbach verquerer Ideen, der sich von oben nach unten verteilt, hat seine Eigendynamik. Am besten entwickelt er sich in isolierten Gruppen, die einer bestimmten politischen oder sektiererischen Richtung angehören. Im Hin und Her ihrer Korrespondenz brüten sie Verschwörungstheorien aus oder hängen bizarren wissenschaftlichen Hypothesen an. In den Echokammern gibt es keine

Erderwärmung, aber sehr wohl Fliegende Untertassen. Und der Planet Erde ist flach wie ein Brett. Und glaubt man QAnon, der amerikanischen Riesenechokammer, wird die Welt von einer pädophilen Sekte prominenter Zeitgenossen regiert, die Satan regelmäßig blutige Kinderopfer bringen.

In jeder Gemeinschaft, zumal der eingebildeten, kann Schwarmintelligenz schnell in Schwarmdemenz umschlagen. Je absurder ein Glaube, desto besser eignet er sich zur Gruppenbildung. Auch zum Gruppenhass. Das gemeinsame Lachen geht oft übergangslos in das hässliche Auslachen über. Wer sich anderweitig äußert oder der Echokammer den Rücken kehrt, wird an den Pranger gestellt. Dann fühlt man sich vor der Community »bis auf die Knochen« blamiert. Auch Hass vervielfältigt sich durch Widerhall. Wie schön, wenn Menschen sich in den Social Media zu Cliquen zusammenfinden, die ein gemeinsames Interesse eint. Doch wenn man etwas gemeinsam mag, dann findet sich schnell jemand, den man gemeinsam nicht mag. Und auch das Nichtmögen mag man. Schließlich gehört es zum Wesen des Schwarms, gemeinsam zu schwärmen und wie Hornissen über ein Opfer herzufallen. Spiegel-online-Kolumnist Sascha Lobo sprach von einer »Radikalisierungsmaschine«. Jeder Funke, der von Usern generiert wird, kann leicht auf die Wirklichkeit überspringen. Dann wird aus einem Gedankenspiel ein mörderischer Feuerball. Oder mittels schnellfeuerndem Armeegewehr ein Blutbad. Gestreamter Selbstmord inklusive.

Wie sich der Chatroom-Kontakthof von selbst zur aufgeheizten Echokammer verdichtet, so entsteht die *Filter Bubble* (Filterblase) meist durch gezielte Lenkung der Aufmerksamkeit. Um eine Community für eine bestimmte politische Sichtweise einzunehmen, versorgt man sie ausschließlich mit Material, das ihr die gewünschte Orientierung schmackhaft macht. Widersprechende Ansichten werden herausgefiltert. Das einseitige Trommelfeuer wird von propagandistischen Instanzen, auch *Megaphones* genannt, gesteuert. Sie fischen sich aus dem unendlichen Nachrichtenmeer nur das heraus, was die Filterblase weiter aufbläht. Ohne das *Brain Washing* (Gehirnwäsche) der Filterblasen hätte es 2016 keinen Brexit und auch keine Trump-Wahl gegeben. Die Radikalisierungsmaschine ist auch eine Verdummungsmaschine. »Massive Desinformation in den Social Media«, so warnte das Davoser World Economic Forum schon 2013, »stellt eine der Hauptbedrohungen der modernen Gesellschaft dar«[71].

Während der Corona-Krise 2020 sorgten vor allem User der Facebook-Schwester Whatsapp für Verwirrung. In einer Zeit, wo Millionen um ihre Gesundheit bangten, wurden über die Plattform gezielt Fehlinformationen verbreitet, die von falschen Heilungstipps über Wunderkuren bis zur Empfehlung von Hamsterkäufen bestimmter Produkte reichten. Im Mittelpunkt der Desinformationskampagne aber stand Trumps Behauptung, es handle sich bei Corona um einen *Hoax* (Schwindel, schlechten Scherz). Da der Präsident trotz zigtausender Toter noch hartnäckig an dieser Meinung festhielt, weigerte sich ein erheblicher Teil der Amerikaner, Schutzmasken zu tragen. Wie Trump selbst auch. Was zur schnellen Ausbreitung der Seuche führte.

Wie die Viren selbst wurden die zahllosen Filter-Fantasien weltweit von Mensch zu Mensch weitergetragen. Die Fake News zu löschen, war bei dieser Plattform unmöglich. Denn ihre Nachrichten sendet sie verschlüsselt *(encrypted)*, so dass sie nur vom Empfänger einsehbar sind. Da sich Whatsapp als reine Plattform versteht, sieht sie es nicht als ihre Aufgabe an, den Nachrichtenfluss selbst zu kontrollieren. Jeder kann hier alles sagen, und wenn er dies interessant zu verpacken weiß, geht es in Windeseile »viral«. Als 2018 indische Whatsapp-User über angebliche Kindsentführungen berichteten, führte die Desinformation unmittelbar zu zwölf Lynchmorden. Ebenso leicht hätten die Online-Lügen in Zeiten der Pandemie Panik auslösen können. Vermutlich hatte man es genau darauf abgesehen. EU-Vertreter registrierten im März 2020 eine Medienkampagne des Kreml, durch die »das öffentliche Vertrauen in die nationalen Gesundheitssysteme des Westens unterminiert« werden sollte. Wie sich zeigen sollte, hätte es dazu der Liebesgrüße aus Moskau gar nicht bedurft.

Zwischen Dopamin und Kortisol

In den Social Media gestaltet man die eigene Existenz nach den Vorstellungen derer, die zuschauen. Man benimmt sich so, wie man glaubt, dass es von einem erwartet wird. Man agiert, aber ferngesteuert. Man ist nicht der, der man ist, sondern der, den man für die Anderen spielt. So formt sich das Eigene nach dem Anderen. Da aber auch der Andere sich dem anpasst, was die Anderen von ihm erwarten, entsteht eine Gesellschaft, in der keiner mehr er selbst ist. Im Cyberspace wird jeder zum Teilnehmer dieses »Man«. Streng genommen heißt das, er ist gar nicht da. Er stellt nur dar, was da sein sein könnte. Das Menschliche wird täuschend nachgeahmt. *It's better than real,* so dichtete die Songwriterin Aimee Mann, *it's a real imitation.* Im Cyberspace ist die Simulation die bessere Wirklichkeit.

Die Cyberwelt ist eine körperlose Welt, die nicht nur den menschlichen Geist, sondern auch den menschlichen Körper von sich abhängig macht. Nicht anders als wirkliches Geschehen kann auch das virtuelle dem Menschen »unter die Haut gehen«. Durch die perfekte Imitation, das »wie echt«, wird der ganze Körper in Mitleidenschaft gezogen. Die Fomo vor dem nächsten Facebook-Feed, die Angst beim Ego-Shooter-Videospiel, die verdummende Lust am Pornographischen oder der Schwindel vor einem fiktiven 3-D-Abgrund werden nicht als digitales Abbild, sondern als wirklich gefühlt. Das Virtuelle wird nicht im Kopf, sondern mit Leib und Seele erlebt.

Findet man im Netz nicht das Gewünschte oder sieht sich in seiner Hoffnung getäuscht, entsteht neue Sehnsucht. Sie strebt entweder nach einer Wiederholung einstiger Glückserfahrung oder dem Ausgleich der Unglückserfahrung durch einen neuen, überraschenden Lustgewinn. Und beides liegt so nahe beieinander. Bekommt man auf Facebook ein Like, steigt nachweislich der Dopaminspiegel. Bleibt es aus, wird dies nicht etwa als neutral empfunden, sondern als ausdrückliches Not-Like. Dann wird im Gehirn das Angsthormon Kortisol ausgeschüttet. Wo Social Media-Erregung war, herrscht plötzlich Versagensstress. Geschieht die Ablehnung mehrmals, fühlt man sich durchgefallen. Der Körper reagiert entsprechend, denn er unterscheidet nicht zwischen Realität und Virtualität. Für ihn ist wirklich, was wirkt.

Deshalb wird die Sucht nach Computerspielen ebenso körperlich erfahren wie die nach Opioiden. Was nicht minder auf die Qual des Entzugs zutrifft. Die unterschätzte Macht des Digitalen, das man für »nur gedacht« hält, besteht darin, dass es real wirkt, sobald es auf analoges Körperbewusstsein trifft. Ohne dass das Gefühl einen Unterschied zwischen Fantasie und Wirklichkeit wahrnehmen könnte. So lässt sich der wirkliche Mensch von der Scheinwirklichkeit des Internet bereitwillig manipulieren und konditionieren. Dabei vermittelt es die Illusion, dass es sich umgekehrt verhält: Virtuelle Wirklichkeit ist die Art von Wirklichkeit, die man glaubt, unter Kontrolle zu haben.

Das posthumane Problem besteht auch darin, dass der digitale Mensch, dieses sich ständig wandelnde Idealbild seiner selbst, in Wahrheit nur ist, was ihm vom Online-Medium an Individualität zugestanden wird. Er ist anders als alle Anderen, aber das sind die Anderen eben auch. Die Masse der User, obwohl aus einer Vielzahl von Individuen bestehend, ist so homogen wie ein Vogelschwarm, der die Figuren eines choreographierten Tanzes an den Himmel zeichnet.

Eine Gesellschaft, in der alles mehr oder weniger bewusst nach *einer* Pfeife tanzt, nennt man totalitär. Dazu gehört auch, dass keiner als er selbst, sondern jeder mit der Maske der Allgemeinheit auftritt: der äußeren Maske der Uniform, der inneren Maske der Verstellung. Der vielbenutzte Begriff des Totalen, auch des totalen Kriegs, der durch die Geschichte geistert, hat erst mit der Cyberwelt seine eigentliche Bedeutung gefunden. Es existiert im ganzen Universum nichts, was nicht im Cyber-Universum inbegriffen wäre. Und ebendies, das Allumfassende, ist der eigentliche Sinn von »total«. Was hier nicht ist, ist nicht. Man könnte hinzufügen: Auch das, was nicht ist, ist hier, und in reichlicher Menge.

Was für den Totalitarismus gilt, der die Politik des 20. Jahrhunderts bestimmte, trifft genauso auf die suggestive Massenbeeinflussung der Cyberwelt zu. Sie ist die weltumspannende Macht, die alle Begrenzungen hinter sich gelassen hat, selbst die des Nationalismus. Sein Gegenstand ist die Masse, sein Wesen die Propaganda. Der lateinische Begriff Propaganda kommt aus der katholischen Kirche, die damit die aggressive Verbreitung des Glaubens meinte. Nicht mit Feuer und Schwert, aber mit Feuer und Taufwasser. Mithin hatte Zuckerbergs Rede von seiner neuen »Kirche« andere historische Wurzeln, als er vielleicht ahnte.

Die postmodernen Menschen sind fremdgesteuert wie die Millionen Hypnotisierten, die ihr Smartphone checken. Durch suggestive Impulse wird ihnen eine Richtung vorgegeben, die sie für die eigene halten. So erscheint ihnen etwas, das erst gestern auf den Markt kam, wie die Erfüllung eines lebenslangen Wunsches. Jedes Produkt wird dem Menschen angepasst, aber noch mehr der Mensch dem Produkt. Unversehens spielt er die Rolle des »Kunden«. Und Kunde ist man immer für ein spezielles Produkt, genau dieses und kein anderes. Es ist die Folge einer unterbewussten Erziehung, *Tuning* genannt. Dazu gehören optische Signale, Reizwörter, überraschende *Pop-ups*, aber auch subtile Winke, wie sie nur das Unterbewusstsein wahrnimmt. Daneben gibt es die handfesten *Nudges*, mit denen der Nutzer auf das Gleis »geschubst« wird, wo »der Zug abgeht«. Mit der Aussicht auf Lust oder der Angst vor Bedrohung lässt sich alles erreichen.

Neben dem Tuning, das den Einzelmenschen lenkt, wird durch das *Herding* die Masse geführt oder besser: vorwärts getrieben wie eine Schafherde vom Hütehund. Man umkreist sie, bis sie eine homogene Einheit bildet. Als ein solches Kollektiv trifft sie die »richtige« Wahlentscheidung, gleich, ob in Sachen Bekleidung oder Präsidentschaft. Derartige Einkreisung geht nur mittels hartnäckiger Wiederholung von Erkennungssignalen, aufhetzenden Texten, verfälschten Bildern, stimulierenden Appellen. Dabei sind die »Hütehunde« immer auf der Suche nach dem zündenden Wort, dem keiner in der Zielgruppe widerstehen kann. Es ist dasselbe Phänomen wie beim ansteckenden Lachen und Gähnen oder bei der Angst vor dem Wolf, die die Herde eng zusammenrücken lässt.

Dank Internet ist mit der Verbreitung von Handlungsanweisungen kein Aufwand verbunden: Was gesendet wird, erreicht gleichzeitig Hunderttausende, mit etwas Glück sogar Millionen. Ohne Streuverluste. Denn ausgewählt wird nicht nach dem Gießkannenprinzip, sondern nach der genauen Analyse des Data Mining. Wer so angemacht wird, fühlt sich angesprochen, und zwar ganz persönlich. Und spricht seine Freunde darauf an, ebenfalls ganz persönlich. Wenn bei jedem Einzelnen die richtige Neigung vorliegt, genügt ein kleiner Schubs und er fällt in die gewünschte Richtung. Macht sein Kreuzchen an der richtigen Stelle. Dass alles Lüge war, zeigt sich erst nach der Wahl.

Das ist das Verführerische an den *Fake News*, die von den Social Media in die Welt trompetet werden: Ihr Unterhaltungswert ist so groß, dass die Frage, ob es auch der Wahrheit entspricht, zur Nebensache wird. Auch wissen die Versender recht gut, dass sie sich im rechtsfreien Raum bewegen. Alles ist möglich, weil Gesetzlosigkeit herrscht wie im Wilden Westen: Eroberung von Territorien, Faustrecht, Lynchjustiz, maßlose Bereicherung auf Kosten Schwächerer. Ist die Schlacht geschlagen, der Gegner unterworfen, versucht man sich an einer neuen Massenbeeinflussung. Die Masse, so wusste man schon immer, verlangt danach.

»Jeder ist der andere«, sagte der Freiburger Philosoph Martin Heidegger, »und keiner ist er selbst.« Den Menschentyp, der *man* ist, weil man nicht mehr zwischen dem Eigenen und dem Anderen unterscheiden kann, hatte der Philosoph im ersten Viertel des 20. Jahrhunderts entdeckt. Als sich der kommunistische und nationalistische Totalitarismus über Europa ausbreitete, begann auch die Herrschaft des *Man*. Jeder tut nur das, was man tut. Was man nicht tut, gehört sich auch nicht. Diese stumme Orgie gegenseitiger Anpassung bringt keine Menschen hervor, sondern nur Untertanen des jeweils herrschenden Phantoms. Ihm ist man unterworfen, um seine Gunst bemüht man sich. Auch um den Preis der totalen Selbstaufgabe.

Nach Ende des Zweiten Weltkriegs führte die jüdische Philosophin Hanna Arendt, einst Heideggers Schülerin und Geliebte, diesen Gedanken ihres Lehrers fort. Sie zeigte, wie die Identitätsform des *Man*, das jedes Individuum von sich selbst entfremdet, zu einem der wesentlichen »Elemente und Ursprünge totaler Herrschaft« gehört. Dem totalitären System gelingt es, so schrieb Hanna Arendt 1951, die »Menschen so zu organisieren, als gäbe es sie gar nicht im Plural, sondern nur im Singular, als gäbe es nur einen gigantischen Menschen auf der Erde.«[72] Dieser gestreamlinete Mensch, denkt, was *man* denkt, und tut, was *man* tut, ganz einfach, weil *man* es muss.

Man wird nicht freiwillig zum Man. Hinter der massenhaften Fluchtbewegung weg vom eigenen Selbst steckt nach Heidegger die Angst vor sich selbst. Man ist nicht bereit, sich zu sich zu bekennen, das eigene Leben anzunehmen. Hat man

etwa im Krieg Unrecht begangen, war es der »Befehlsnot-
stand«, dem man zu folgen hatte. Betrügt man seine Frau, ist
es der »Trieb«, der einen überwältigt hat. Kein Wunder, dass
man auch den eigenen Tod verdrängt. Es genügt zu wissen,
dass *man* stirbt. Daran eigens zu denken, ist überflüssig. Durch
dieses Wegsehen verpasst man nach Heidegger die Chance,
man selbst zu sein. Und wenn alles schiefgegangen und das
totalitäre System zusammengebrochen ist, dann ist *man* es
nicht gewesen.

Die Harvard-Professorin Shoshana Zuboff entdeckte das
anonyme Kollektiv-Ich auch im Internet. Für sie bewirken die
Social Media, dass sich »das Betrachten von sich und der Welt
durch die Augen des Anderen epidemisch ausbreitet«[73]. Anders
gesagt, die Perspektive des *Man*, die man sich zu eigen macht,
verzerrt die Selbsterfahrung. Durch das ständige Vergleichen
verstellt es den Blick auf das eigene Selbstsein. Haupthinder-
nis dabei bildet die Bereitschaft, sich manipulieren zu lassen.
Man lässt sich sagen, wer man ist. Dieses virtuelle Ich, dem
man sich mit jeder Mode neu anpassen muss, ist von den Betreibern gewollt, gemacht, gestylt. Es ist Mache. Deshalb sind
die Social Media nicht der Ort, an dem sich der Mensch reflek-
tierend selbst begegnen kann. Vielmehr wirken sie als alchemistische Retorte einer Transformation, aus der jeder Benutzer
als »der Andere« hervorgeht, der er zu sein glaubt. Aber diese
Existenzform ist reine Selbsttäuschung. Denn, so Heidegger,
»das Man ist Niemand.«

9. Kapitel

Requiem für eine Bloggerin

> *»Es gibt eine erdrückende Menge*
> *von Beweisen, die alle gegen den*
> *Angeklagten zeugen, und zu*
> *gleicher Zeit gibt es keinen einzigen*
> *Beweis, der der Kritik wirklich*
> *standhält, sobald man ihn einzeln,*
> *an und für sich, betrachtet.«*[74]
>
> **F. M. Dostojewski, 1880**

Der digitale Pygmalion

Der Spiegel spielt im Alltag die Rolle, einem zu zeigen, wie man aussieht. Dafür kämmt man sich, schminkt sich, setzt ein tiefsinniges oder spitzbübisches oder gar kein Lächeln auf. Passt es, hat der Spiegel seine Schuldigkeit getan. In den Social Media hat der Spiegel eine umfassendere Funktion. Er zeigt nicht das Gesicht, das man hat, sondern das Gesicht, das man gerne hätte. Er zeigt nicht, was in ihn hineinschaut, sondern was man möchte, dass es aus ihm herausschaut. Man möchte derjenige sein, den man aus sich macht. Denn eigentlich hält man sich für ihn. Durch diese Selbsttäuschung, die einem selbst und anderen verborgen bleibt, gerät man in einen permanenten Zugzwang der Selbsterfindung und Selbstkorrektur. Man muss die Fiktion seines Lebens aufrechterhalten. Dies kann nur gelingen, wenn man sich schrittweise in diese Fantasie seiner selbst verwandelt.

Doch bietet die Selbstfindung und -erfindung im Netz gerade nicht die erhoffte Selbstbestimmung. Das Selbst, das bestimmt, ist nicht das Selbst, das bestimmt wird. Das neue Ich der neuen Website ist eine Fiktion, die endlich zurückwirkt auf den, der sie geschaffen hat. Was Ich war, wird seine eigene Fiktion. Diese Phantome des eigenen Selbst sieht man geistesabwesend durch die Städte rennen. Indem sie alles »checken«, dienen sie der Fiktion, die sie selbst sind. Das spürt jeder, der draußen bleiben muss. Dieser digitale Pygmalion erschafft sich ein Traum-Selbst, das sich im Cyberspace so überzeugend darbietet, dass es in der Wirklichkeit zum Leben erwacht und »Ich« sagt.

Das raffinierte Geschäftsmodell der Social Media zielt auf diese menschenverwandelnde Funktion. Es besteht darin, so Facebook-Mitbegründer Chris Hughes, »so viel Aufmerksamkeit wie möglich auf sich selbst zu ziehen, damit die Menschen mehr Informationen liefern, wer sie sind und *wer sie sein wollen.*«[75] Letzteres führte zur endgültigen Umkehrung dessen, was man vom Badezimmerspiegel erwartet. Sehen die User auf dem Bildschirm das, was sie über sich hineingetext und -gebildet haben, so benehmen sie sich bald selbst wie ihr Spiegelbild. Dann gibt nicht mehr der Spiegel das Abbild des Menschen, sondern der Mensch das Abbild des Spiegels wieder. »Tag für Tag«, schreibt Jan Heidtmann, »werden vier Milliarden neue Blogeinträge veröffentlicht. Die große Masse ist purer Narzissmus«.[76] Zur Erinnerung: Der mythische Narziss verliebt sich in sein eigenes Spiegelbild im Wasser, aber beim Versuch, sich mit ihm zu vereinen, ertrinkt er.

Die Selbststilisierung als Idealfigur wird einem, wenn überführt, übel genommen. Der bloßgestellte Ego-Träumer löst in den Mitmenschen das Angstgefühl aus, selbst überführt zu werden. Am besten wäre, der Andere würde aus dem Blickfeld verschwinden. Das Internet ist der große Hass-Katalysator. Was sonst hinter Erziehung, Moral, Sozialscham oder Beißhemmung verborgen bleibt, darf hier frei und unverhüllt zu Tage treten. Man kann sagen, was man über den Anderen wirklich denkt. Und so denkt und schreibt man den Hass auf ihn in allen Registern, von platt bis raffiniert, offen bis heimtückisch. Hass ist die sich steigernde Spannung der Zerstörungslust, die immer drängender nach dem Höhepunkt verlangt. Hass ist die Aufschaukelung, die die Kontrolle über sich selbst aufgibt.

Das Resultat ist, dass das Grauen auf der Seite des Verfolgten dem Verfolger Vergnügen bereitet. Nicht die Verfolgung an sich, sondern die dadurch erzielte Lust nennt man böse. Das Böse ist nicht eine bestimmte Tat, sondern eine destruktive Konstellation, die Freude an sich selbst hat. Sie lässt sich nie vorhersagen, denn sie muss erst heranwachsen. Wer also genau zu wissen vorgibt, was böse ist, weiß nicht, wovon er redet. Es ist kein Zustand und keine Charaktereigenschaft, sondern entsteht förmlich aus dem Nichts. Wie ein *Shitstorm*, die Online-Variante des Lynchmobs. Das Internet befreit vom Gewissen, es befreit den Menschen von sich selbst: Man vergisst sich, im doppelten Sinn des Wortes.

Es gibt das Böse nicht. Aber die Social Media wirken als sein *agent provocateur*. Denn Menschen, die sich leicht verleiten lassen, scheinen von ihnen magnetisch angezogen. Man könnte auch sagen, sie fühlen sich eingeladen, ja provoziert. Denn das Böse, das es nicht gibt und an dessen Existenz keiner glaubt, hat immer das Publikum auf seiner Seite. Gelingt einem das Unerwartete, das toll ist, weil es Schaden bringt, spielt die moralische Bewertung keine Rolle. Schadenfreude ist angeblich die reinste Freude. Dann werden Millionen User zu Millionen Followern. Die Hoffnung, einen weltweiten *Scoop* (Knüller) zu landen, lässt viele zu äußersten Mitteln greifen, um das Unmögliche möglich zu machen, das die Gemeinde will. Und es in Echtzeit aufzuführen.

Im März 2019 betrat ein Bewaffneter im neuseeländischen Christchurch eine Moschee und schoss um sich. Anschließend besuchte er eine zweite Moschee, bei der er wieder das Feuer eröffnete. Und anschließend waren 50 muslimische Gläubige und ein dreijähriges Kind tot. Sie waren von seinen Kugeln zerfetzt worden. Das militärübliche Sturmgewehr, das sich für zivile Massaker geradezu anbietet und auch fast immer dazu benutzt wird, verschießt in blitzschneller Folge sogenannte Hochgeschwindigkeitsgeschosse. Ihre Wirkung, für den Krieg berechnet, lässt sich nicht mit den Schußwaffen in TV-Krimis vergleichen, die kaum sichtbare Wunden hinterlassen. Beim Auftreffen der Sturmgewehrkugeln auf den Körper, so ein amerikanischer Traumachirurg »explodieren die Knochen, das Fleisch wird vollständig zerrissen, es sieht aus, als sei eine Bombe eingeschlagen« [77].

Der Islamhasser schoss nicht nur mit Kugeln um sich, er hatte auch eine *Action Camera* an seinem Helm angebracht, die seinen Massenmord auf die Smartphones in aller Welt übertrug. 17 volle Minuten lang konnte man verfolgen, was in den beiden Moscheen, den unfreiwilligen Filmsets, geschah. Es war nicht so, dass die Online-Zuschauer voll Abscheu den Stecker zogen, sondern, im Gegenteil, auf Facebook allein fand das Liveereignis 1,5 Millionen Zuschauer, und bei YouTube wurde es im Sekundentakt weltweit weitergereicht. Dem Massenmörder bleibt also die Genugtuung, dass er ein Publikum wie für einen Kinofilm versammeln und, wie an der rasanten Verbreitung ablesbar, begeistern konnte. Wäre die Ausstrahlung nicht gestoppt worden, hätte er womöglich den Zuschauerrekord geknackt. Vor Gericht im August 2020 drückte der Massenmörder sein Bedauern aus, dass er seinen Plan, die Moscheen auch niederzubrennen, aus Zeitgründen nicht hatte durchführen können.

Vom Erfolg des Amateurfilmers ließ sich im Oktober desselben Jahres ein Deutscher in Halle anstecken. Schwer bewaffnet stürmte er los, und seine Helmkamera hielt alles fest. Beflügelt vom Gefühl, eine weltweite Community zu bedienen, kommentierte er das Geschehen live auf Englisch. Nachdem er in eine Synagoge, deren Gläubige er töten wollte, nicht hatte eindringen können, erschoss er ersatzhalber zwei Nicht-Juden. Sein Versagen räumte er freimütig ein, indem er sich noch während der Übertragung als *Loser* (Versager) bezeichnete. Dass er das Ganze zugleich vom Standpunkt des Mörders wie des Filmemachers aus betrachtete, war offensichtlich.

Die meisten Heldentaten, die im Netz gezeigt werden, dürften nur begangen werden, weil sie im Netz gezeigt werden. Die Social Media verteidigen sich mit dem Hinweis, sie böten den Usern nur die Plattform, und was diese hochladen, sei ihnen überlassen. Dabei übersehen die Betreiber, die sich immer dümmer stellen, als sie sind, dass vieles, was in der Welt geschieht, nur deshalb geschieht, weil es von ihnen verbreitet wird. Ausgedachte Sensationstaten und Ungeheuerlichkeiten, die ein Millionenpublikum anziehen, schreien förmlich danach, realisiert zu werden. Die *Self Fulfilling Prophecy* (selbsterfüllende Prophezeiung) entwickelt eine unwiderstehliche Antriebskraft, die ihre Herrschaft über die Wirklichkeit ausübt. Wie jeder Bombenanschlag von islamistischen Terroristen die internationalen Medien beherrscht, so werden islamistische Terroristen vom Gedanken an die internationalen Medien beherrscht. Schweigen die Medien, schweigen auch die Bomben. Ohne Schlagzeile kein Anschlag.

»Lebendig gehäutet«

Wer den Hass der Medien auf sich zieht, ist erledigt. Ob die Verfehlung nun wahr oder erfunden ist, sie verbreitet sich in den Netzwerken so schnell, dass gleichsam »die ganze Welt« im Nu Bescheid weiß. Es ist auch weiter kein Geheimnis, wie man mit dem geouteten Übeltäter umzugehen hat. Im Englischen nennt man die Prozedur *Character Assassination* (Attentat auf den Charakter). Ein solcher Rufmord findet meist im rechtsfreien Raum statt. Der Rufmörder muss nicht mit Strafe rechnen. Es gibt auch keinen Beweis, dass der Tod des Opfers Folge der Verleumdung war. Oft findet dieser Tod im Geheimen statt. Der Betroffene, aus der Gemeinschaft ausgeschlossen, existiert nur noch als lebender Toter. Er zählt nicht mehr, denn er hat kein Gesicht mehr. Sein Gesichtsverlust beendet sein menschliches Dasein.

Nicht allein die Schulklasse, die Dorfgemeinschaft oder die Belegschaft der Firma wissen um diesen Tod, bei dem man nur weiterlebt, um täglich dahinzusterben. Bis einen der wirkliche Tod »erlöst«. Oder man sich selbst durch den wirklichen Tod erlöst. Dank Cyberspace weiß »alle Welt« um die Schande, die einen betroffen hat, und sie beeilt sich, sie zu multiplizieren. Alle deuten auf einen mit den digitalen Fingern. Man ist vor der Menschheit bloßgestellt, wie einst durch die Inquisition, deren dominikanische Rechercheure, so Luther, »aus jedem Fünkchen ein loderndes Feuer«[78] entfachten. Waren es früher einige, die einen verdammten, sind es heute dank der Social Media »gefühlt« alle.

Ich erzähle die Geschichte einer jungen Frau, der dies *Outcasting* (Ausstoßung) widerfahren ist. Sie wurde durch Medien und Internet ausgestoßen aus der Gemeinschaft. Und brachte sich um, weil sie es nicht ertragen konnte, »wie lebendig gehäutet« durchs Leben zu gehen. Der Journalist, der dies bewirkte, hatte dies gewiss nicht beabsichtigt. Er tat es, weil er es für seine Pflicht hielt. Er tat es, weil sich die Verfehlung, die er anprangerte, beweisen ließ. Wenn aber die Betroffene ihren Ruf selbst ruiniert hat, so mochte er gedacht haben, kann man es ihm als Ankläger nicht anlasten. Dennoch wurde es eine Anprangerung mit Todesfolge.

Marie Sophie Hingst war bei ihrem Selbstmord 31 Jahre alt. Auf YouTube wirkt sie wie ein Mädchen, begeisterungsfähig und unsicher, karriereorientiert und zugleich bereit, sich für andere aufzuopfern. Eine Idealistin, missionarisch eingefärbt. In erster Linie aber war sie Bloggerin. Ihr Erfolg im Netz war mit den Jahren angewachsen und hatte ihr Hunderttausende treuer Follower beschert. Das verdankte sie dem auffälligen Erzähltalent, mit dem sie ihre anrührenden Geschichten niederschrieb und postete. Das Internet wurde ihre wahre Heimat. Vor ihrem Publikum erfand sie sich, wie die meisten Social-Media-Selbstdarsteller, als das Ich, das sie gern gewesen wäre. Ihr Blog hat es möglich gemacht, und eine Viertelmillion Leser haben daran geglaubt.

Ein Blog ist keine unterhaltsame Nebenbeschäftigung, sondern eine Lebensform. Man könnte auch sagen, ein Lebensersatz. Ein Mensch bietet auf seiner Website seine Weltsicht in Tagebuchform dar. So entsteht eine Chronik der laufenden Ereignisse, die ihn beschäftigen und hoffentlich die Community beeindrucken. Dabei präsentiert er sich in seinen Beiträgen nicht so, wie er ist, sondern so, wie er möchte, dass er von seinen Lesern wahrgenommen wird. Er stilisiert sich, erschafft sich neu. Gelingt dies, so erntet er die »Likes«, die wiederum sein Kunst-Ich bestätigen. Das Internet absorbiert den alten Menschen und erschafft einen neuen. Gefährlich wird es nur, wenn er die fiktive Identität, in die ihn der Blog verwandelt, mit seinem Alltags-Ich verwechselt.

Im Netz erfindet man sich nicht nur, man wird auch erfunden. Dass es jedem Nutzer die willkommene Möglichkeit bietet, sich eine neue Identität zu formen, hat eine unwillkommene Kehrseite: Das Publikum pflegt sich von der Identität des Bloggers ein eigenes Bild zu machen. Und oft auch anders, als man gedacht hat. »Innerhalb eines Tages«, so schrieb einmal eine australische Bloggerin, die versehentlich das Falsche gesagt hatte, »wurde ich weltweit zum Zielobjekt. Ich fand mich als eine erfundene Person wieder, und in dieser Person habe ich mich selbst nicht wiedererkannt.« Aus der Idealfigur, die man für das Publikum erfand, wird die Hassfigur, zu deren öffentlichem Autodafé die Reisigbündel zusammengetragen werden. Wen der Shitstorm trifft, der ist nicht mehr er selbst. Das eigene Ich erscheint vor Millionenpublikum zur Grimasse entstellt. Mit einem Kainsmal auf der Stirn ist es schwer, weiterzuleben. Manche können es gar nicht.

Ein Blog, kurz für *Weblog*, ist wie das »Logbuch« eines Schiffes im Cyberspace. Anhand der Aufzeichnungen lässt sich nachlesen, wohin die Reise geht. Wer sein Leben in einem Blog öffentlich macht, der verfolgt, bewusst oder unbewusst, zweierlei: Zum einen gibt der Blog »gewöhnlichen Menschen die Möglichkeit, eine digitale Identität« aufzubauen. Zum anderen können sie sich damit »eine Community schaffen«[79]. Bloggen heißt, man will sich selbst finden und gleichzeitig eine Gemeinde, die sich in einem wiederfindet. Und in der man sich wiederfindet. Ein Blog zielt immer auf das *Community Building*. Das doppelte Wunder, in der Wirklichkeit eher selten, wird durch die Social Media für Zigtausende, wer weiß, vielleicht Millionen ermöglicht. Marie Sophie war nicht allein unterwegs. Aber am Ende war sie es doch wieder.

Das Reich der Erzählenden und der ihnen Zuhörenden, die selbst wieder erzählen möchten, nennt man die Blogosphäre. Wer sich hier postet, will damit auch demonstrieren, dass er, obwohl ein Mensch wie alle anderen, zugleich ein verdammt cooler Typ ist. Vor den anderen produziert er sich als Politiker, Schriftsteller, Künstler oder Philosoph, der er eigentlich hätte sein sollen. Oder einfach als vorbildlicher Mensch und Humanist. Bloggen ist Leben im Konditionalis. Marie Sophie bewies jahrelang, dass sie eigentlich zur Schriftstellerin prädestiniert war. Aber zugleich wollte sie zeigen, dass sie, die Protestantin, eigentlich eine Jüdin war. Als das literarische Zeigen nicht mehr genügte, kam die Reihe ans Beweisen und damit das Ende der Reise.

Als erfolgreiche Bloggerin hat sie seit 2003 ihr Innerstes nach außen, ins Internet, gekehrt. Stolz stellte sie sich in einem

YouTube-Interview gar als »Repräsentantin des Internet« dar. »Die Botschaft muss da sein«, sagte sie, ganz erfüllt von ihrer Sendung, die Welt, soweit ihr das möglich ist, zu verbessern. Ihr verhängnisvoller Blog, der sich seit 2013 großer Beliebtheit erfreute, hieß: »Lies weiter, mein Lieber, lies weiter.« Sie nannte sich als Autorin wie ihren Text: »Fräulein Read on«. Der Titel war Programm. Es handelte sich um ein »Irisches Tagebuch«, das Realität und Fiktion vermischte. In Irland lebte sie tatsächlich, arbeitete dort unter anderem als *Fellow* für die Silicon Valley-Firma »Intel«. Die stimmungsvollen Kurzgeschichten aus ihrer Wahlheimat erregten Aufmerksamkeit. Einer ihrer Bewunderer wollte darin sogar »Formen religiöser Erbauungstexte und kleiner Predigten« entdeckt haben. Andere Leser bemerkten, dass die Texte »mit Herzblut« geschrieben waren. Keinem fiel auf, dass sie auch mit sehr viel Fantasie geschrieben waren. Spätere Rechercheure wiesen scharfsinnig nach, »dass die Erzählungen nicht der Wahrheit entsprachen«.

Aktion Sühnezeichen

Die Autorin gab sich als jemand aus, der sie nachweislich nicht war. Im Bereich der Literatur ist das nichts Ungewöhnliches. Wer eine Geschichte erzählt, identifiziert sich mit der handelnden Person, und das heißt, er sieht die Welt mit deren Augen. Dadurch verwischt der Unterschied zwischen Schöpfer und Geschöpf. Der Romancier Gustave Flaubert sagte: »Ich bin Madame Bovary«, und niemand nahm Anstoß daran. Seine Erzählung ist für den Autor wirklicher als die Wirklichkeit. Dabei wird man leicht zum Don Quichote.

Jedenfalls geschah im Fall der Bloggerin Unerhörtes. So, wie Marie Sophie sich in das Fräulein Lies-mich-weiter verwandelt hatte, nahm diese dann auch einen Wahlnamen an, der wie ihr heimlicher Wahlglaube jüdisch war. Und poetisch wie so viele jüdische Namen. Sie nannte sich Eva oder auch Sophie Roznblat. Vielleicht fühlte sie sich wie ein Rosenblatt, das lieber fiel als welkte. Um dieses neue Ich herum konstruierte sie einen Familienroman, in dem auch ihre fiktiven Vorfahren auftauchten. Für Marie Sophie waren sie so real, dass sie fast zwei Dutzend von ihnen mit den Biographien von Holocaust-Opfern ausstattete.

So ließ sie in ihrer Traumfamilie auch eine 13-jährige Berlinerin mit dem schönen Namen Chana Rosenwasser, Tochter von Chaim Rosenwasser, auftauchen, die 1943 in Auschwitz ermordet wurde. Hätte sie wirklich gelebt, wäre sie Marie Sophies Großtante gewesen. Um das, was Fiktion war, der Realität als echt aufzudrängen, fabrizierte die Autorin auch noch Familiendokumente. Als endgültigen Beweis schickte sie ihre Phantasmagorien an die Gedenkstätte Yad Vashem. Dort war man *not amused*.

Natürlich kann die Identität, die der Nutzer in der Cyberwelt annimmt, keiner Untersuchung standhalten. Ebenso gut könnte man fragen, ob Ophelia wirklich ertrunken sei. Tatsache ist auch, dass schlechthin jeder Internetdarsteller sich umfärbt, sich ein Upgrade spendiert oder sich gleich als jemand ganz anderes ausgibt. Aus dem Alltags-Ich tritt unaufhaltsam das Cyber-Ich hervor. Die fantasierte Online-Cruise, auf die der Logbuchführer seine Leser mitnimmt, findet zwischen Realität und Illusion statt. Besonders jenes menschliche Ich, das in der Realität nie so recht zur Geltung kommt, fühlt sich in diesem Fantasiereich wohl. Die Story der Ego-Traveller entsteht erst auf der Reise. Sie bewegen sich von Thema zu Thema, von Land zu Land, und eben auch von einem Ich ins andere. »Meine Tochter hat viele Realitäten«, sagte Marie-Sophies Mutter, »und ich habe nur zu einer Zugang«. Das ging den meisten so. Auch jenen, die es besser hätten wissen müssen.

Heimliches Hauptziel jedes Bloggers ist das *Trending*. Man setzt auf ein angesagtes Thema, um Leser in wachsender Zahl mitzureißen. Am Ende lockt das Traumziel, der Kult. Marie Sophie hatte es geschafft. Im Netz wurde sie zum Haushaltsnamen. Ihre Bemühungen, die sich über Jahre hinzogen, waren so erfolgreich, dass man sie dafür auszeichnete. 2017 wurde sie von den »Goldenen Bloggern« via *Online Voting* zur »Bloggerin des Jahres« gewählt. Ich weiß nicht, wie viele Ehrungen es in der Blogosphäre sonst noch gibt, aber diese war aus Gold. Und auf Marie Sophie, die Wahljüdin, fiel sein Abglanz. Nachdem sie ihre jüdische Blog-Identität als wahre und offizielle Identität übernommen hatte, suchte sie sich passende Wirkungsstätten. Freiwillig arbeitete sie in einem Zentrum für jüdische Studien, wurde zahlendes Mitglied im Förderkreis des Holocaust-Denkmals und trat der Jewish Society des Dubliner Trinity College bei. Fräulein Roznblatt wollte dazugehören, eine der ihren sein. Es war wohl auch ihre persönliche Form der »Aktion Sühnezeichen«.

Die mädchenhaft verletzliche Frau, die im Juli 2019 in ihrer Heimat Lutherstadt Wittenberg beerdigt wurde, war Enkelin eines protestantischen Pastors. Wohl auch, weil Luther als Hauptvertreter des religiösen Antijudaismus galt, war die Evangelische Kirche nach dem Krieg die erste offizielle Institution gewesen, die sich im Oktober 1945 zu den Verbrechen an den Juden bekannte. Im »Stuttgarter Schuldbekenntnis« bat sie die Welt um Verzeihung. Man nahm die Schuld auf sich und war bereit, dafür christliche Buße zu tun.

Beispielhaft dafür war die 1958 von der EKD gegründete »Aktion Sühnezeichen«. Dahinter stand die feste Überzeugung, dass nicht nur die verfolgten und ermordeten, sondern alle Juden, wie Luther einmal formulierte, »Brüder Jesu« und damit Brüder jedes Christen waren. Und dass man ihnen nicht erst im Holocaust schweres Unrecht angetan hatte. Seitdem hat sich die Evangelische Kirche mehr als alle anderen um Versöhnung bemüht. Die Verbundenheit mit dem jüdischen Volk gehörte fortan zum Glaubenskern des deutschen Protestantismus. 2019 feierte die Gesellschaft für Christlich-Jüdische Zusammenarbeit ihr 70-Jähriges Bestehen.

Die Erinnerung an die fatale Vergangenheit ist auch in Wittenberg gegenwärtig. Ging Marie Sophie an der Stadtkirche vorbei, konnte sie an der Seitenwand eine antisemitische Sandsteinplastik sehen, ein abstoßendes Machwerk, bei dem nicht Kunst, sondern blinder Hass Pate gestanden hatte. Das Propagandabild, lange vor Luther entstanden, sollte Ekel vor den Juden wecken, aber es weckt nur Ekel vor sich selbst. Das Relief aus dem 14. Jahrhundert löst bis heute bei allen Betrachtern Beklemmung aus, bei Lutheranern Schuldgefühle.

In der Psychologie wird von der »Identifikation mit dem Aggressor« gesprochen. Viel häufiger noch ist die Identifikation mit dem Opfer. Aus Scham über eigene Schuld oder, im gegebenen Fall, über die Verbrechen des eigenen Volkes findet man sich in den Zügen und Leiden, ja dem ganzen Wesen des leidtragenden Volkes wieder. Das bereinigt zwar das Verhältnis zu den anderen Menschen, aber nicht zu sich selbst. Es bleibt die Selbstbestrafung, die durch das eigene Gewissen erfolgt. Sie gönnt dem Betroffenen keine Ruhe. Gegenüber anderen muss er beständig seine Bußfertigkeit beweisen, gegenüber sich selbst seine Selbstzweifel beruhigen. Eine solche Fixierung ist nach dem Holocaust bei vielen Deutschen aufgetreten. Mit der Zeit sind es immer mehr geworden. Alles deutet darauf hin, dass die Bloggerin zu ihnen gehörte.

Marie Sophies Judentum war, wie akribisch nachgewiesen wurde, reine Fiktion. Ihre Anmaßung, aus einer jüdischen Familie zu stammen, bezeichnete man als »skandalös« und »schamlos«. Die Enthüllungsstory über die »Betrügerin« wurde begierig aufgegriffen und weiter ausgemalt. Marie Sophies Cyber-Traumwelt brach in sich zusammen. Der Begriff *Breaking News* hatte plötzlich einen wörtlichen Sinn bekommen: Es sind

Nachrichten, die jemanden zerbrechen können. Dass nun Hunderttausende oder, dank Internet, Millionen Leser in aller Welt über ihr »wahres Ich« Bescheid wussten, überstieg Marie Sophies Leidensfähigkeit. Das einzige Medium, das geahnt zu haben scheint, dass es sich um keinen »Fall von Hochstapelei« handelte, war die englische »Daily Mail«: »Für ihre angebliche Täuschung hat sich kein klares Motiv finden lassen«, so las man, »denn sie zog daraus keinerlei finanzielle Vorteile.«[80]

Auch das Internet, ihre geistige Heimat, schloss sich dem Verdammungsurteil an: Angeregt von der Presse-Enthüllung fielen dieselben Blogger-Communities, denen sie als Aushängeschild gedient hatte, nun über sie her. Der goldene Ehrenpreis wurde ihr postwendend aberkannt. Von allen Seiten brach ein »Sturm der Entrüstung« über sie herein. Auch Zorn artikulierte sich. Eine angesehene Journalistin und Menschenrechtlerin meinte sogar aus der Ferne, bei Marie Sophie eine »Lust am Betrügen« entdeckt zu haben, »die mit dem offenbar zwanghaften Lügen einherging.«[81] Das war unüberbietbar. Dem klinischen Tod ging der mediale voraus.

Noch im Sterben blieb Marie Sophie Hingst alias Sophie Roznblat ihrer literarischen Identität treu. Im Blog hatte sich auch ihre »jüdische Mutter« das Leben genommen.

10. Kapitel

Der unerklärte Krieg

> »Wir sind weder Humanisten noch
> Philosophen. Wir sind Ingenieure.
> Für Google und Facebook
> sind Menschen Algorithmen.«[82]
> **John Battelle, 2017**

Die Menschen-Phisher

Das Internet ist eine geschickt konstruierte Falle, in der Datenspeck angeboten wird, um menschliche Mäuse zu fangen. Die genießen den Köder, finden sich aber eingeklemmt. Sobald man sich dem Reigen der Bilder und Töne, der Penetranz der Werbeleisten und Pop-ups, der Überwältigung durch das Informationsüberangebot überlässt, schnappt die Falle zu. Ständig wird das Wahrnehmungsvermögen überfordert. Das ist Absicht. *Click Bait*, der Köder, der uns zum Anklicken verleitet, betreibt unsere tägliche Entmündigung. »Klick, um dem Link zu folgen«, so lautet die hypnotische Botschaft, der aus Menschen Befehlsempfänger macht.

»Mein Computer gehört mir«, ist *Wishful Thinking* (Wunschdenken). Selbst wenn das Gerät noch keinen Besuch unerwünschter Gäste erhalten hat, wimmelt es in seinem Inneren von den winzigen Botschaftern, denen man den niedlichen Namen *Cookies* gegeben hat. Entwickelt wurde das Geheim-Tool Anfang der 1990er Jahre im Silicon Valley von der Firma »Netscape«. Man wollte sicherstellen, dass jede Website auch nach beendetem Besuch den Kontakt zum nichtsahnenden Kunden hält. Cookies sind die allgegenwärtigen Tracker, deren Bezeichnung als »Plätzchen« an das Zuckerwerk eines gewissen Knusperhäuschens erinnert. In Wahrheit gleicht ein Cookie einer Abhörwanze im Computer, die Informationen nach draußen sendet. In jedem Computer wimmelt es von Wanzen. Nur gut, dass es keinen juckt.

So oft man eine Website anklickt, werden einem diese Plätzchen unaufgefordert serviert. Es sind Gäste, die man, solange sie unentdeckt bleiben, nie wieder los wird. Heute wird man höflich und ausführlich befragt, ob man etwas gegen diese kleinen Aufmerksamkeiten einzuwenden hat. Natürlich nicht. Als argloser Besucher stimmt man eilig zu, gibt seine digitale Visitenkarte ab und legt seine Daten auf den Tisch des Hauses. Die andere Seite bietet aber keine Visitenkarte, sondern die winzige Software, die einem sozusagen unter dem Tisch in die Tasche geschummelt wird.

Sobald man mit der entsprechenden Website, dem »Mutterschiff« der Wanze, kommuniziert, erhält man regelmäßig Infotexte, Angebote, Kataloge oder die Lockspeise der Gutscheine und Rabattaktionen. Im Gegenzug verschafft sich der Betreiber alle erwünschten Informationen über das Such- und Kaufverhalten des Users und meist noch einiges mehr. Und nützt es fürs Marketing. Häufig gibt sich der Betreiber der Website, der sich den Passierschein zum Stöbern besorgt hat, nicht einmal zu erkennen. Während man selbst »mit offenem Visier« durch das Netz eilt, trägt die Gegenseite den Helm geschlossen.

Im festen Glauben, nur den Launen des eigenen Willens zu folgen, wird der User dazu verleitet, etwas gegen seinen Willen und oft auch gegen sein Interesse zu unternehmen. Viele Websites sind wie eine Zirkusveranstaltung, bei denen ein Zauberkünstler einem das Geld aus der Tasche zieht und hinterher behauptet, es sei das Eintrittsgeld gewesen. Lockspeisen und

Drohungen sorgen dafür, dass man eine falsche Bewegung macht, einen falschen Link öffnet, eine falsche Taste drückt. Indem man folgsam dort klickt, wo man aufgefordert wird, zu klicken. Erst hinterher entdeckt man, dass man aufs Glatteis geschoben wurde.

Wenn man den Fehler bemerkt, ist es meist zu spät. Der Schaden, der sich als Nutzen maskierte, ist eingetreten. Das Zuspätkommen ist eine typische Zeiterfahrung im Internet. Wie Faust unterschreibt man frohgemut den Kontrakt, der einen irgendwann, in ferner oder nicht ganz so ferner Zukunft, zum Zahlen zwingt. Nicht wie bei Goethe, mit Blut, sondern schlicht mit Geld. Auf mehr ist es meist nicht abgesehen. Oder doch. Macht ist die Macht des Geldes. Wer sich in die Gewalt anderer begibt, mag sich noch so souverän vorkommen: Er folgt Anweisungen, er lernt, folgsam zu sein und Rechnungen prompt zu bezahlen.

Die Sicherheit der eigenen vier Wände weckt Abenteuerlust. Man denkt, »hier bin ich Mensch, hier darf ich's sein«, oder wie die Werbung variiert: »Hier bin ich Mensch, hier kauf ich ein«. Man lässt es sich gut gehen und lässt sich dabei unmerklich gehen. Von immer neuen Wegweisern geleitet, übersieht man, dass man verleitet wird, eine Frontlinie zu überschreiten. Unbemerkt ist man auf ein Minenfeld geraten. Man lädt einen Film herunter, weil dies bequemer ist als ins Kino zu gehen, oder weil man nicht in eine Art von Kino gehen möchte, wo dieser Film gespielt wird. Alles scheint gratis zu sein. Die Abrechnung kommt hinterher. Dann steht einem der erpresserische Brief einer Abmahnkanzlei ins Haus: Geld oder Anzeige. Umgehend folgt man der Aufforderung. Man lernt, folgsam zu sein, und zahlt prompt.

Wer als Werbetreibender seine Leimruten auslegt, kann immer davon ausgehen, dass sich genügend Arglose finden, deren Sammel- und Speichertrieb stärker ausgeprägt ist als ihre Vorsicht. Will man mit Vorsicht durchs Internet navigieren, kommt man ohnehin nicht weit. Online werden die Katzen am liebsten in Säcken verkauft. Und man kauft unbesorgt, weil sich alles am eigenen Schreibtisch tätigen lässt. Automatisch nimmt die Waren- und Konsumwelt einen häuslichen, ja gemütlichen Charakter an. Das Anonyme weckt Interesse. Das fremde Gesicht wirkt irgendwie vertraut.

Dabei verhält es sich gerade umgekehrt: Dank Internet wird das, was bisher Privatleben und häusliche Intimität war, der Kaufhauswelt einverleibt. Die Türe zum eigenen Zimmer steht dem globalen Handel, dem seriösen wie dem kriminellen, weit offen. Und jeder vermeintlich freie, sein Leben nach eigenem Willen gestaltende User wird im Handumdrehen selbst zur Ware. Auf dem großen Adressenmarkt wird er weitergereicht. Den Rest erledigt die Werbung.

Es kann auch passieren, dass man plötzlich nicht mehr der ist, der man war. Was man für das eigene Ich gehalten hat, wird von jemand anderem beansprucht und als sein Eigentum ausgegeben. Durch einen *Identity Theft* (Identitätsdiebstahl) wird man beraubt, gedemütigt und auch entwaffnet. Wie wehrt man sich gegen jemanden, der behauptet, man selber zu sein? Der Anonymus hat sich einem angeglichen, wie man die Garderobe wechselt. Nun gibt es das eigene Ich samt zugehörigem Haus, Auto und Bankkonto gleich doppelt.

Auch die Zeiten des klassischen Bankraubs sind vorbei. Die Maske wird durch die falsche Identität ersetzt, die Pistole durch das Smartphone. Zudem gibt es keine Banken mehr, in denen man, persönlich bekannt, seine Geldgeschäfte tätigte. Dafür hat man nun das *Online Banking*. Präsenz ist nicht mehr nötig. Kein Gesicht, keine persönliche Unterschrift, kein Personalausweis, ja nicht einmal ein Sparbuch garantieren die Sicherheit der Konten. Als Tarnkappe wirken nur die diversen Zahlen- und Wortkombinationen, die der Inhaber so leicht vergisst, dass er sie immer wieder ändern muss. Und doch sind sie das Einzige, was für die Authentizität des Besitzers steht.

Stiehlt man ihm die Pins und Passwörter, ist auch die Tarnkappe enttarnt. Konten können geplündert, Kreditarten missbraucht, Drogengeld gewaschen werden. Mit etwas Glück kann der Identitätsdieb sogar den Bankserver hacken und Umverteilung im großen Stil betreiben.

Ein weiterer Trick, sich eine andere Identität zu klauen, besteht im *Phishing*: Aus dem Datenstrom »fischt« man sich ein beliebiges Webprofil heraus. Man angelt sich einen Menschen und schlachtet ihn auf der Stelle. Menschen-Phisher lassen nichts anbrennen. Dieser großen Besitzergreifung geht meist eine kleine voraus: Der Fälscher imitiert die Website einer Bank oder Versicherung, um den User über sein Konto oder seine Daten zu befragen. Da alles offiziell vor sich zu gehen scheint, wird höflich Auskunft gegeben. Mehr ist nicht nötig. Was ein Mensch ein Leben lang erarbeitet hat, holt sich ein anderer in Sekunden.

An oberster Stelle der digitalen Einbrechergilde steht der Hacker. *Hacking* bedeutet wörtlich, auf etwas einhacken. Etwa wie man einen Eisblock spaltet oder mit dem Beil eine Tür zertrümmert. Ein ziemlich gewaltsamer Vorgang. Und so wird er von den Opfern auch erlebt. Denn nach erfolgtem Einbruch beginnt das Plündern und Vandalisieren. Wenn der Hacker zuschlägt, hilft einem kein Virenschutzprogramm und kein Firewall. Kein guter Google-Rat steht bereit, kein praktischer YouTube-Clip, der Anleitung zur Selbsthilfe bietet. Wenn es geschehen ist, kommt man ohnehin zu spät. Der Desktop steht noch auf seinem Tisch, aber was in ihm war, ist weg. Was man in Zahlenform besaß, ist spurlos verschwunden. Nur die Null ist geblieben. Von Schlaueren ausgetrickst, fühlt man sich selbst als Null.

Wüsste man, was die erfolgreichen Räuber dabei empfinden, wäre einem noch elender zumute. Unter vier Augen gesteht jeder Hacker, welches Vergnügen es bereitet, in fremde Wohnungen, fremdes Leben, fremde Intimität einzudringen.

Und die Freiheit zu genießen, es in der eigenen Hand zu haben, ob man den Menschen ausspionieren, seine Dateien kopieren, seine Ersparnisse abheben oder gleich seine ganze Identität *hijacken* möchte.

Unter Computerfreunden erfreuen Hacker sich hohen Ansehens. Sie gelten als Robin Hoods, die den Reichen nehmen, ohne den Armen zu geben. Man nennt sie auch *Lonely Wolves* (einsame Wölfe), die gegen den Mainstream anheulen und -beißen. Dass niemand den Hacker stoppen, ja nicht einmal entlarven kann, erfüllt ihn mit Allmachtsgefühlen. Mitschuld am digitalen Desaster trägt auch der Geschädigte selbst. Er hat die Tür zu den unendlichen Räumen mit den unendlich vielen Türen, die zu weiteren Räumen führen, geöffnet. Er glaubt, gefahrlos aus seiner Alltagsenge in ein globales Wissens- und Warenuniversum hinauszutreten. Und tritt auf eine Mine.

Wer sich im Cyberspace tummelt, ist nie allein. Jederzeit kann das Unerwartete geschehen, das alles kaputtmacht. Dann stürzt der Nutzer aus seiner Selbstgefälligkeit in den Abgrund des Selbstverlusts. »Wenn Computer abstürzen und die User einen kleinen Nervenzusammenbruch erleiden«, so der Psychiater Norman Doidge, »folgt ihr Aufschrei, ›Ich glaube, ich habe den Verstand verloren!‹. Das kommt der Wahrheit näher, als man denkt.«[83]

Dieses hohe Risiko ist der Eintrittspreis in den Cyberspace. Aber davon schweigt das Internet. Auch davon, dass es irgendwann zum totalen Absturz kommen kann. Man kann Einzelmenschen hacken, man kann Unternehmen hacken, man kann Flugzeuge und ganze Kommunikationssysteme zum Absturz bringen. Man kann aber auch das Ganze hacken. Dann stürzt alles ab. Und wenn die Menschheit Pech hat, sie gleich mit.

Kleine Virologie

Alle Netzinhalte, die sich plötzlich zum massenhaften Hype aufschaukeln, werden von den Communities anerkennend als Viren bezeichnet. Wenn ein Beitrag *goes viral*, das heißt, in größtmöglicher Geschwindigkeit die größtmögliche Verbreitung erfährt, horcht die Cyberwelt auf. Von einem Augenblick auf den anderen sieht sie sich von einem Bild, Videoclip oder coolen Spruch angesteckt, mit dem sie so viele Menschen wie möglich »infiziert«. Meist steht dessen Bedeutung im umgekehrten Verhältnis zur millionenfachen Ausbreitung. Häufig sind es besonders abwegige Kommentare zum Zeitgeschehen, brillante Fotos von gerade geborenen Pandas, mürrischen Altkatzen *(Grumpy Cats)* oder Filmschnipsel, die eine Helmkamera von sterbenden Anschlagsopfern aufgezeichnet hat. Gegen das »Virale«, das einem ungewollt ins Haus flattert, gibt es keine Gegenwehr.

Das hat es mit den Schadviren, die den menschlichen Körper befallen, gemeinsam. Das Virus ist ein Phänomen, das im biologischen Bereich dessen Grenzen aufzeigt. Es gleicht sich den organischen Zellen an, ohne selbst organisch zu sein. So kann die Zelle sich nicht mehr wehren, weil sie es nicht mehr von sich selbst unterscheiden kann. Das Virus ahmt aber nicht nur die Zelle nach, sondern auch deren Multiplikationsvermögen. Es schaukelt sich auf. Krebs wächst und wuchert, bis er den befallenen Organismus vernichtet hat. Das Virus gleicht täuschend dem Leben und ist doch nur ein Schein- und Pseudoleben, das wahres Leben auslöscht. Im Lateinischen bedeutet Virus das Böse und Destruktive.

Jede Lüge ist wie ein Virus. Ohne dass ihr Sein zukommt, pflanzt sie sich fort. Unter dem Anschein, wahr zu sein, löst sie in den Menschen jene Reaktionen aus, die sonst nur durch die Wirklichkeit entstehen. Jeder Mensch, der die Lüge weiterträgt, gleicht einer Zelle, die Viren vervielfältigt. Wird eine Lüge lange

genug wiederholt, verwandelt sie sich in eine allgemein geglaubte Wahrheit. Sie wird zur gängigen Massenware. Und gilt
schon deshalb als wahr, weil alle daran glauben. Die simulierte
Wahrheit zerstört die wirkliche Wahrheit. Das Scheinleben
der viralen Lügen ruiniert das Leben.

Das Hauptproblem bilden jedoch jene Online-Viren, die
eigentlich versteckte Zerstörungsprogramme sind. Sie werden
hauptsächlich erfunden, um in Computern Schaden anzurich-
ten. Ihre Wirkung könnte man als digitale Massenvergewal-
tigung bezeichnen. Ihr Zweck ist die eigene Fortpflanzung.
Selbst auf die Gefahr hin, dass der Wirt dabei zugrunde geht.
Schadenfreude fällt als Nebenprodukt ab. Man zerstört, um
sich daran zu erbauen. Gäbe es das Böse, böte das Virus die
beste Definition.

Ein Virus kann sich nicht selbständig verbreiten. Dazu bedarf es der Beihilfe des Opfers. Und diese wiederum wird nur
erreicht, wenn man den User dazu verleitet. Auch in der alten
Theologie wirkte das Böse nicht aus eigener Kraft, denn die
hat es nicht, sondern indem es den Menschen zu sich verleitete
(»sollizitierte«). Ihn provozierte, den Fehltritt zu begehen oder,
im Fall Computervirus, ihm die eigene »Wohnungstüre« zu
öffnen. So, wie der Wolf in Grimms Märchen Kreide frisst, um
sich mit angenehmer Stimme Eintritt zu verschaffen. Alle
Dateien, die zum fatalen Öffnungsklick verleiten, haben Kreide
gefressen. »Ich habe ein neues Selfie von mir gemacht«, lockt
die angebliche Freundin per E-Mail, »Du musst nur den Anhang öffen.« Aber mit dem Anhang, der gar nichts enthält, hat
man den eigenen Computer und, weil in ihm das ganze Leben
enthalten ist, auch sein ganzes Leben preisgegeben.

Angeblich kann man an allem, was ist, etwas Positives finden. An Viren nicht. Die Online-Varianten sind zum einzigen
Zweck entwickelt, anderen zu schaden und weh zu tun. 2020
gibt es 100.000 aktive Computer-Viren, zu denen pro Monat
6000 neue hinzukommen. Sie verfolgen verschiedene Zwecke.

Viele Viren wollen etwas stehlen und mit Hilfe des beraubten Computers den Diebstahl auf andere ausdehnen. Jeder von Viren eroberte Rechner löst einen Dominoeffekt aus. Anderen genügt es, die Programme ihres Wirtscomputers zu blockieren, umzuschreiben oder zu löschen. Er wird behindert, gelähmt oder gleich ganz *nullified* (auf Null gefahren).

Der sich bis zur Verzweiflung steigernde Ärger des Empfängers wiederum löst im Virensender entsprechend zunehmende Freude aus. Oft malt er sich in der Fantasie aus, wie eine Website nach seiner Programmierung plötzlich verrückt spielt, was wiederum den User verrückt macht. Oft kann er es per Liveübertragung verfolgen, weil eine bestimmte Art von Trojaner, in der voyeuristischen Variante der Viren, ihm den befallenen Desktop zeigt. Täglich arbeiten zigtausende Hacker daran, sich diese Schadenfreude bei Menschen zu verschaffen, die sie gar nicht kennen. Sie quälen und rauben ohne Skrupel. Denn das Virus bleibt ebenso unerkannt wie sein Erfinder. Man schadet ohne Reue, stiehlt heimlich wie ein Marder. Früher hätte man es das Genie des Bösen genannt.

Diese anonymen Tüftler lähmen nicht nur die einzelnen Systeme, sie verbergen auch ihr Tun. Die *Rootkits*, die sie dazu einschleusen, sind nicht selbst Schadsoftware, sondern deren Tarnung. Dann laufen auch teure Virenschutzprogramme ins Leere. Der User bemerkt sehr wohl, wenn sein Computer nicht mehr richtig funktioniert, etwa indem er quälend langsam hochfährt und Befehle nur widerwillig oder gar nicht ausführt. Aber das Opfer weiß nicht, warum. Es ahnt nicht einmal, dass es bereits entmündigt ist. Sein Desktop oder Smartphone tanzt nach fremder Pfeife.

Damit die Viren unbehindert einen möglichst großen Bereich infizieren können, kappen die Hacker auch die rettende Verbindung zur Herstellerfirma. Wühlarbeit macht erfinderisch. Eine Spezialform der Viren benötigt nicht einmal die unfreiwillige Kooperation des Wirtes. Über eine Sicherheitslücke oder einen E-Mail-Anhang schmuggeln sich die *Computer Worms* (Computerwürmer) ein und breiten sich selbständig aus. Zudem spüren sie Kontakte auf, die sich für eigene Zwecke nutzen lassen. Das Bild der Würmer ist treffend gewählt: Sie bohren sich Gänge durch den Rechner, wie Holzböcke durch Balken, bis diese irgendwann morsch sind und einstürzen.

Die Hacker sind stolz darauf, gründliche Kaputtmacher zu sein. Da im Netz alles mit allem zusammenhängt, lässt sich unter Ausnutzung dieses Zusammenhangs alles auslöschen. Besonders schlau ausgetüftelte Viren können Stromnetze und die von ihnen versorgten Krankenhäuser und lebenswichtigen Institutionen lahmlegen. Selbst ganze Kraftwerke, auch deren atomare Variante, lassen sich in tickende Zeitbomben umfunktionieren. Durch das weltpolitische Pingpong-Spiel eines Atomkrieges können sie alles Leben auf Null herunterfahren.

Viren gibt es, seit es Desktops gibt. Sie sind die vorprogrammierte Heimsuchung des Heimcomputers. Schon in den 1980er Jahren wurde der graue Apple-Würfel, der sich nach der Apfelsorte Macintosh nannte, von digitaler *Malware* (Schadprogrammen) befallen. Deren Wirkung war noch sehr begrenzt. Mit dem weltweiten Netz wurde das Spiel für die Virenbauer interessanter. Das Aufblühen der Cyberwelt in den 1990er Jahren brachte auch eine erste Blüte der digitalen Viren hervor. Sie befielen nicht mehr nur kleine Netzwerke, sondern die ganze Welt.

Das verheerendste Virus, von dem die Cyberwelt je betroffen wurde, stammt aus dem Jahr 2000. Von einem Hacker in Manila erdacht und versuchsweise auf die Welt losgelassen, verbreitete es sich wie das Coronavirus. Nur viel schneller. Innerhalb von fünf Stunden war die ganze Welt infiziert. Autobauer wie Ford, Regierungsorgane wie das britische Parlament, sogar die Firma Microsoft, über deren Outlook-Programm das Virus lief, wurden lahmgelegt.

Die globale Botschaft aus den Philippinen trug den vertrauen-erweckenden Namen *I love you*. Damit war die heimliche Bot-schaft aller Viren vorweggenommen, die sich in lebende oder elektronische Zellen einschleichen, als wären sie Teil von ih-nen. Jedes Virus hat seine Wirtszelle zum Fressen gern. In die-sem Fall begann die Vereinigung mit einem heute klassischen Verführungstrick. Sobald man die vielversprechende E-Mail geöffnet hatte, wurde man von einem Anhang aufgefordert, »bitte so nett zu sein und den beigefügten Liebesbrief von mei-ner Hand zu lesen.« Dem plumpen Werben konnte kaum einer widerstehen. Der globale Klick mit dem Zeigefinger führte hun-derte Millionen Computer ins Chaos. Denn was man für eine Textdatei gehalten hatte, entpuppte sich als *Executable Program* (exe-Datei), das sich selbständig auf den PCs installierte. Von diesem Brückenkopf aus verteilte sich die fatale Liebesbotschaft wie ein Kettenbrief über sämtliche Adressbücher. Die Massen-verbreitung diente dazu, einen Großteil der Festplatten der be-fallenen Computer zu zerstören, indem sie alle Dokumente und Dateien mitsamt Foto- und Musik-Sammlungen entweder um-benannte oder ganz löschte. Der globale *Delete*-Befehl funk-tionierte perfekt. Die Aufräumarbeiten hinterher kosteten die Weltwirtschaft vermutlich Milliarden.

Passend zum neuen Millenium beendete das »I love you«-Virus die digitale Unschuld. Surfen wurde zum Risikospiel, und die Branche der Virenschutzprogramme begann zu boo-men. Das Zeitalter der Malware, die sich ins Vertrauen der Men-schen einschlich, hatte begonnen. »Die Schwachstelle, durch die die Viren eindringen«, sagte der damalige Direktor der US-Behörde gegen Cyberattacken, Michael Vatis, »sind die Menschen. Es ist leichter, einen Nutzer mittels *Social Enginee-ring* (zwischenmenschlicher Manipulation) herumzukriegen als einen Sicherheitscode zu knacken.«[84]

Bald entdeckten die Genies der viralen Verführung, dass man auf sehr simple Weise sehr reich werden konnte. Der

einstige Schabernack, der eine Weltkatastrophe auslösen konnte, entwickelte sich zum *Money Maker*. Dabei ging es zu wie
so oft im Geschäftsleben: Was für die einen Schaden bedeutete,
brachte den anderen Gewinn. Nicht nur den Erpressern und
Kontoplünderern. Auch eine neue Branche entstand, die zum
Nutznießer der Hacker wurde: Mit offiziellem Segen wurden
aufwändige Antiviren-Programme als elektronischer Schutz-
wall gegen die Virenlawine entwickelt. Aber die boten noch
lange keine Sicherheit.

Seitdem befinden sich die Killerviren mit den Virenkillern
im ständigen Wettlauf. Auch in diesem Fall hat das Destruktive
meist die Nase vorn. Die Kreativität der Virenbastler steht der
ihrer Kollegen im Silicon Valley in nichts nach. Der anonyme
Hightech-Freak, der fremde Elektronik im Handstreich zur
Dienstbarkeit zwingt, fühlt sich wie die berühmten Cyber-
genies auf der Höhe der technischen Machbarkeit. Oder wie
der Drohnenpilot, der von seiner kalifornischen Lufwaffen-
basis aus einen afghanischen Truck mittels Joystick in einen
Feuerball verwandelt.

Auf jeden Fortschritt der Computertechnologie antwortet
die Hackerszene mit einem Echo, das ihn zu konterkarieren
sucht. Ihre einfallsreichen Viren verändern Dateien und Programme, bis sie der Besitzer nicht mehr wiedererkennt. Nach
Belieben können sie eine harmlos erscheinende Website durch
eine »vergiftete« *Fake Site* ersetzen. Auf ihr weckt ein Köder
die Neugier des Nutzers. Fällt er darauf herein, ist das Schicksal seines Computers besiegelt. Er dient nicht mehr nur ihm
als Besitzer, sondern auch einem *Bot Net,* das die Kontrolle
übernommen hat. Dann wird der »persönliche« Computer zu
einem *Zombie* umfunktioniert, einer lebenden Leiche. Zusam-
mengekoppelt mit tausenden anderen Zombies, führt er die
exakten Manöver aus, die ihm aus der Ferne vom *Botmaster*
diktiert werden. Dann ist der eigene Computer nicht mehr der
eigene Computer. Unbemerkt ist er zum elektronischen Ro-

boter geworden, der ein lautloses Parallelleben im Cyberspace führt.

Auf Befehl marschieren die Bots im Gleichschritt gegen andere Computer in den Krieg. Bots werden zum Ausplündern der Desktops benutzt, kostenpflichtig zur globalen Spam-Verteilung angeboten und auch für DOS-Angriffe eingesetzt, mit denen große Netzwerke erpresst werden. Ahnungslos wird der Computerbesitzer zum Mittäter. 2015 galten 40 Prozent der deutschen Rechner als heimlich ferngesteuert. Hat man Pech, wird der Gesetzesbruch, der von Kriminellen mit dem umfunktionierten Rechner begangen wird, dem nichtsahnenden Besitzer in die Schuhe geschoben. Anschließend steht er vor dem Problem, sich vom Verdacht der Cyberkriminalität reinwaschen zu müssen.

In einer Microsoft-Studie[85] wurden 2019 internationale Unternehmen befragt, worin sie das größte Risiko für ihre Geschäfte sehen. An erster Stelle nannten sie die Cyberkriminalität. Dass ihr im Jahr darauf eine biologische Virenpandemie den Rang ablaufen würde, ahnte damals noch keiner. Viele Verbrecherorganisationen, aber auch Geheimdienste, die ihnen in ihren Methoden ähneln, haben sich auf den Einsatz der *Ransomware* (Lösegeldware) spezialisiert. Internationale Erpressung ist gefahrlos, weil sie meist der nationalen Strafverfolgung entzogen bleibt. Auch hier ergibt sich pro Jahr ein Schaden von vielen Milliarden Dollar.

Fast alle Verbrechen, die im Internet begangen werden, gehen von einer simplen Identitätstäuschung aus: Man gibt sich als jemand aus, der man nicht ist. Auch eine E-Mail, deren Anhang die gefährliche Malware enthält, gibt sich als etwas anderes aus, als sie ist. Meist trägt sie die Maske der Biederkeit. Und lockt im Anhang mit falschen Versprechen. Wer geistesabwesend klickt, ist gefangen. Und mit ihm das gesamte Netzwerk, schlimmstenfalls eine ganze Stadt.

Im Dezember 2019 berichtete New Orleans von einer Cyberattacke, die alle Bürger betraf. Die Neugier eines einzelnen

Beamten hatte genügt, einen Virus freizuklicken, der sich sofort über das gesamte Netzwerk der Stadt verbreitete. Man wurde ihn nicht mehr los. Wochenlang herrschte am Mississippi-Delta Ausnahmezustand. Weite Teile der Stadtverwaltung waren lahmgelegt. Wie sich schnell herausstellte, handelte es sich um Ransomware.

Derlei Angriffe, von denen weltweit Behörden, Unternehmen und ganze Städte heimgesucht werden, arbeiten meist mit einem simplen Trick. Der Cyberkriminelle dringt nicht wie ein gewöhnlicher Hacker in einen Computer ein, um ihn auszuspionieren, auszuplündern oder einfach zu ruinieren. Er verschafft sich Zugang zum Computer, um dessen Besitzer den Zugang zu verwehren. Der Eindringling verschlüsselt sämtliche Daten, womit die Geräte blockiert sind. Den Schlüssel zum elektronischen Schloss hält der Kriminelle in der Hand. Und bietet ihn gegen eine Zahlung von Lösegeld an. Entsprechend der Größe des befallenen Netzes werden Beträge von vielen Millionen Dollar gefordert. Der ganze Vorgang, der für den Betroffenen zugleich Lähmung, Demütigung und Beraubung bedeutet, erhielt 2017 von den Schöpfern einer Ransomware einen passenden Namen. Sie nannten ihn zärtlich *Wanna Cry*: »Es ist zum Heulen.«

Wer sich sein Geld auf diese Weise verdienen will, braucht nur im *Dark Net* ein *Crimeware Kit* herunterzuladen. Darin findet er eine exakte Anleitung, wie man das Netzwerk einer Stadt, eines Energieunternehmens, einer Fluggesellschaft oder der obersten Flugaufsicht lahmlegt. Solange nicht Lösegeld in Millionenhöhe gezahlt wird, bleiben alle betroffenen Systeme abgeschaltet. Die Flieger können nicht fliegen. Und selbst wenn sie startfertig wären, müssten sie am Boden bleiben, weil die Fluglotsen ebenfalls vor schwarzen Schirmen sitzen. Schlimmstenfalls fällt auch landesweit der Strom aus. Dann hat das *Dark Net* eine *Dark Reality* geschaffen. Im Mai 2020 bestätigte ein englischer Vier-Sterne-General, dass zukünftige

Kriege hauptsächlich »durch Cyberangriffe und Social Media entschieden« würden. Für den schmutzigen Krieg um die US-Präsidentschaft, früher Wahlkampf genannt, galt das schon 2016.

Das Dunkle Netz unterscheidet sich vom Zwielicht des regulären durch den verdeckten Verbindungsaufbau zwischen Sender und Empfänger *(Peer to Peer)*. Die Geheimhaltung prädestiniert es zur Plattform für Whistleblowers, hauptsächlich aber für Kriminelle. Für sie liegt das *Dark Net* nicht jenseits von Gut und Böse. Es ist *nur* böse. Ohne Gefahr, zur Rechenschaft gezogen zu werden, beliefert man die Welt mit den Paraphernalien der Zerstörung: Drogen und Waffen. Für Junkies erfüllen sich hier die exotischsten Träume, von tschechischem Crystal Meth bis zu mexikanischen Peyote-Pilzen. Und auch wer wenigstens einmal im Leben ein Blutbad anrichten möchte, wird hier bestens bedient. Vom Einzel- bis zum Massenmord finden sich passende Utensilien, die *Mass Shootings* in Grundschulen zum Erlebnis machen. Der Versand erfolgt diskret, die Bezahlung mittels Kryptowährung. Wobei der Kunde, der das Gesetz hintergeht, Gefahr läuft, seinerseits von einem Bitcoin-Betrüger hintergangen zu werden. Und er wird sich hüten, den Betrug zur Anzeige zu bringen.

11. Kapitel

Im Troll-Paradies

»Keine gefährlichere und
tückischere Täuschung gibt es,
als die des Abgrunds,
der sich eine Maske vorhält.«[86]
Victor Hugo, 1866

Rumpelstilzchen

Das Internet ist ein Selbstläufer: Was immer den Weg hinein findet, kommt automatisch in Umlauf. Es läuft, und es läuft einem davon. Um die ganze Welt, jenseits von Raum und Zeit. Einmal gesendet, das bedeutet, für alle Zeiten und an alle Orte gesendet. Wenn Nietzsche sagt, »göttlich ist des Vergessens Kunst«, so ist das Internet das Gegenteil: Es vergisst nicht, es vergibt nicht. Es ist alles andere als göttlich. Dafür bietet es dem Menschen die Chance, unerkannt böse zu sein. Anonymisiert kann er anstellen, wonach ihm der Sinn steht. Und was man kann, tut man auch. Oft unter dem Beifall der Community. Menschen zu schaden, ist heute salonfähig. Strikt anonym beeinträchtigt man das Leben anderer. Und hat die Lacher auf seiner Seite.

Der Online-Hasser ist nach Herkunft und Erziehung ein friedliebender Mensch, der tags seiner Arbeit nachgeht, mit der Familie zu Abend isst und nachts, bei gedimmter Lampe, im Netz auf Jagd geht. Im Schutz der Anonymität kann er endlich seiner verdrängten Aggressivität freien Lauf lassen. Der

Genuss, den er dabei empfindet, fühlt sich an wie die Freiheit, die ihm das Leben vorenthält. Und dies wiederum legt ihm den Gedanken nahe, dass nicht in seinem Beruf, sondern im heimlichen Dasein als Internet-Troll seine wahre Identität liegt. Sein Leben bewegt sich zwischen Tag- und Nachtexistenz. Man nennt einen solchen Menschen auch, nach Robert Louis Stevensons Roman, einen »Doktor Yekyll und Mister Hyde«: den Philanthropen, der auch ein Killer ist.

Schränkt man wie üblich den Begriff Troll auf Menschen ein, die sich in den Social Media als anonyme Störenfriede zu Wort melden, übersieht man diese Doppelgesichtigkeit: Ein Troll kann auch Troll sein, ohne in Chats Konfusion zu stiften. Das ist noch die harmlosere Variante dieser Spezies. Nach einer amerikanischen Definition ist der Troll das anonyme Wesen, das generell »im Internet Zwietracht stiftet«. Meist besitzt dieses Wesen, wie Stevensons Held, zwei entgegengesetzte Seiten: zum einen ist es Normalbürger, zum anderen Kaputtmacher. Aber zum echten Troll gehört noch eine Besonderheit, die ihn unter den meisten anderen Menschen heraushebt: Er muss am Säen von Zwietracht und am Sollizitieren (Provozieren) von Streit klammheimliche Freude haben. Er muss sich diskret am Leid der anderen berauschen können.

Trolle sind die Verkörperung des von Schadenfreude gekrönten Psychoterrors. Dass Menschen sinnlos gequält und damit in den Wahnsinn des Selbstverlusts getrieben werden, wurde einst mit boshaften Wesen aus der Zwischenwelt erklärt. Diese Fantasiegestalten gewinnen im Internet eine beklemmende Realität, die sie in der Wirklichkeit nie besaßen. Das Internet ist ein Ort der meist verschwiegenen, weil peinlichen Qualen, die von technisch versierten Menschenhirnen ausgebrütet werden.

Als Troll kann man jede Gemeinheit begehen, ohne Strafe fürchten zu müssen. Man ist sogar stolz darauf, bei anderen den Stecker ihrer Netzidentität zu ziehen. Hinterher kann man sich der eigenen Überlegenheit berühmen. Das Netz ist voller Eigenlob für wenig Lobenswertes. Was man früher böse nannte, gilt heute als cool oder, wie man gerne mit einem Unterton von Anerkennung sagt, fies. Fies ist cool. Leute zur Verzweiflung treiben, bringt Follower. Deren Dynamik ist das Feedback: Der Chatroom-Troll gibt eine höhnische oder verleumderische Parole aus. Andere wiederholen sie, weil es verführerisch ist, nicht selbst denken zu müssen. Nichts leichter, als eine erregte Community zu mobilisieren. Sie wird, wenn nicht gestoppt, zum Lynchmob, der mit Worten tötet.

Dieses dunkle Alter Ego, der böse Geist der Cyberwelt, kommt ohne Gewissen aus. Gemeinheiten, Rufmorde, Diebereien, alles scheint dem Troll erlaubt, weil es möglich ist. Und es ist möglich, weil es im Netz weder Grundgesetz noch systematische Strafverfolgung gibt. Da das Schlimme anonym geschieht, findet sich keiner, den man dafür zur Rechenschaft ziehen könnte. Auf die Frage, ob er bei seinen Cyberquälereien keine Gewissensbisse habe, antwortete mir ein Hacker, es sei »alles nur ein Spiel. Ich knöpfe den Leuten ja kein Geld ab. Außerdem können sie mir dankbar sein, weil ich ihnen damit die Sicherheitslücken ihrer Software aufzeige.«

Das Internet, als Orgie der Selbsttäuschung, ist zugleich ein Eldorado der Fremdtäuschung. Nichts ist, was es zu sein scheint. Man kann sich zum eigenen Idol umschminken. Man kann sich aber auch ganz zum Verschwinden bringen. Nicht alles, was im Internet einen Namen hat, ist ein wirklicher Mensch. Und eine Unzahl wirklicher Menschen randaliert im Internet, ohne den eigenen Namen preiszugeben. Sie haben sich sozusagen selbst von der Leine gelassen. Weil Persönlichkeit mit Hemmungen verbunden ist wie Kultur mit Tabus, führt Entpersönlichung automatisch zu Enthemmung. Die Grenzenlosigkeit des Cyberspace saugt das auf, was noch an Persönlichkeit im Benutzer war. Im Schutz der Anonymität überlässt er sich den Strömungen des unendlichen Datenmeeres.

Der Name Troll stammt bekanntlich aus der skandinavischen Mythologie. Als Naturgeist verkörpert er die Unberechenbarkeit der Elemente, aber auch das Hereinbrechen des Dämonischen. Sein Erscheinungsbild wechselt zwischen Zwerg und Riese, zwischen winzigem Heinzelmännchen und menschenfressendem Unhold. Der Gestalt- und Größenwandel entspricht der Dynamik jeder Bedrohung. Trolle können wie Zwerge agieren, denen ein wenig Neckerei und Schabernack genügen. Im nächsten Augenblick aber können sie, zu Riesen geworden, die Keule heben und alles, was sich ihnen an Hard- und Software in den Weg stellt, kurz und klein schlagen.

Der moderne Begriff des Online-Trolls wurde vermutlich nicht von Spezialisten in germanischer Mythologie geprägt, sondern von Lesern des »kleinen Hobbit« und des »Herrn der Ringe«. Bei Tolkien wurden die nachtaktiven Trolle vom »Feind in der Großen Dunkelheit« erschaffen. Sie treten bei ihm in ihrer riesenhaften Gestalt auf, hinter deren ungeschlachtem Wesen sich gefährliche Durchtriebenheit verbirgt. Sie sind »keine Dummköpfe«, schrieb der Autor, »aber schlau«. Und »sie bereicherten ihren Witz durch Bosheit.« Für Tolkien neigen sie zum Kaputtmachen. Denn »Trolle bauen nicht«.

In der germanischen Mythologie, von der wiederum sich der Autor des »Herrn der Ringe« inspirieren ließ, verkörpern diese düsteren Wesen das Ausgeliefertsein des Menschen an unbekannte Mächte. Er ist nicht Herr im eigenen Haus und noch weniger im eigenen Computer. Die deutsche Variante des skandinavischen Trolls nennt sich Kobold. Das boshafte Wesen besitzt eine Tarnkappe, mit der es sich in eine beliebige Gestalt verwandeln oder ganz verschwinden kann. Einmal winzig, dann wieder riesengroß, wirkt es anfangs harmlos, ja niedlich. Und wird doch im Handumdrehen gewalttätig. Der Kobold ist hilfreich, dann wieder gehässig. Er hilft bei der Arbeit und stört die Nachtruhe. Er gibt sich sympathisch und ist doch schadenfroh. Wird er getäuscht, rächt er sich. In alten Zeiten sorgte der Kobold für Verwirrung, indem er in Haus oder Stall eindrang, um Unglück zu stiften. Heute schleicht er sich als Troll in den Computer ein.

Als Feind des großen Onlinefriedens und der kleinen Onlinebefriedigung schlägt er plötzlich zu. Nachdem er sich per Trojaner Zugang zum fremden Gerät verschafft hat, kann er es nach Belieben manipulieren. Störende Geräusche treten auf, Pop-ups erscheinen, Videos ruckeln, Audios stottern, Bilder zucken, Downloads stocken. Und ewig grüßt die Warteuhr. Wenn der Troll es will, kann auch das Ganze abstürzen. Und geht, wie von Geisterhand, in Neustartmodus über. Jede Störung wirft den Menschen aus dem digitalen Flow. Er erwacht mit unangenehmem Gefühl. Doch statt zur Vernunft zu kommen, gerät er vor Ärger außer sich. Das Stakkato der Störungen ist hartnäckig wie das Poltern von Rumpelstilzchen. Wüsste man dessen Namen, könnte man es zum Verschwinden bringen. Aber Trolle haben keine Namen.

Am Online-Pranger

In der Cyberwelt kann jeder seinem Menschenhass freien Lauf lassen, ohne daran gehindert oder gar demaskiert zu werden. Die erfundene Internet-Identität sitzt angegossen wie eine Maske. Digital quält man ohne Reue, indem man einen Gesprächspartner plötzlich angreift, ihn provoziert und anschließend Rufmord an ihm begeht. Zu diesem edlen Zweck sind Trolle nicht auf Viren und Trojaner angewiesen. Die Social Media stehen allen offen. In den Communities, wo jeder sich als »jemand« fühlen kann, gibt der Troll den »niemand«, der jedermann Knüppel zwischen die Beine wirft.

Die mildeste, fast noch zivile Form seines Auftretens ist das *Bullying*. Das bedeutet schlicht, andere Teilnehmer einzuschüchtern. Mit Drohgebärden schiebt man den Schwächeren zur Seite. Schließen sich Andere an, spricht man von *Cyber Mobbing*. Eine Schraubendrehung weiter kommt es zum *Pranking*. So nennt man den Streich, den man, nach Art der »Versteckten Kamera«, dem ahnungslosen Opfer spielt und vor versammelter Community zum Besten gibt. Von Spiel kann hier allerdings nicht die Rede sein. Um des höheren Gutes der allgemeinen Erheiterung willen, muss der Betroffene den Schaden einstecken, ohne mit der Wimper zu zucken. Im Gegensatz zu Till Eulenspiegels Streichen sollen die *Pranks* nicht die Spießbürger moralisch belehren, sondern Normalbürger lächerlich machen. Für den Betroffenen ist es, wie man schadenfroh sagt, »dumm gelaufen«.

Im Mittelalter wurde man schon wegen Bagatellen an den Pranger gestellt. Das diente einigen Vorübergehenden eine Zeitlang zur Augenweide. Der Online-Pranger dagegen stellt sein unschuldiges Opfer für immer bloß. Vor einem gefühlten Millionenpublikum. Und ohne dass es sich zur Wehr setzen könnte. Durch Beschämung kann man Menschen wie Marie Sophie Hingst vernichten. Dazu bieten auch Gesprächsforen die idealen Voraussetzungen. Wer sich hinein begibt, kommt oft genug darin um. Viele Jugendliche, die sich mit übler Nachrede oder ihren Intimfotos am weltweiten Social Media-Pranger wiederfanden, haben ihrem Leben ein Ende gesetzt. In wissenschaftlichen Studien wurde nachgewiesen, dass die Selbstmordrate bei Jugendlichen, die sich mit den Selbstdarstellungsmedien identifizieren, deutlich erhöht ist.

Für Facebook eine heikle Angelegenheit. Wann immer ein Lebens- oder Social Media-Müder seinen bevorstehenden Suizid postet oder gleich in Echtzeit ins Netz stellt, sorgt das für schlechte Presse. 2017 hat Facebook deshalb einen *Suicide Algorithm* entwickelt, der mit Hilfe des »digitalen Fußabdrucks« erkennen kann, wann ein Mensch für sich selbst zum Risiko wird. Mittels Überwachung durch Künstliche Intelligenz lässt

201

sich die Gefährdung auf einer Skala von eins bis zehn bewerten. Für jede Stufe hat man ein eigenes Präventionsprogramm entwickelt. Wer sich noch im unteren Tabellenfeld aufhält, wird etwa auf seinem Bildschirm den zartfühlende Hinweis entdecken, »Jemand denkt, du brauchst Hilfe«. Bei höchster Gefahr alarmiert Facebook die Behörden vor Ort. »Im vergangenen Jahr«, schrieb Facebook-Chef Mark Zuckerberg 2018, habe Facebook dabei geholfen, »rund 3500 Menschen weltweit zu erreichen, die Hilfe brauchten.«[87] So verhindert man den Suizid, den man selbst ausgelöst hat.

Gegen Online-Mobbing dagegen gibt es keine Hilfe. Wer daran Freude hat, anderen Leid zuzufügen, ist hier an der richtigen Adresse. Unter Kennern nennt man die Social Media-Plattformen »Troll-Paradiese«. Ein beliebter Typus, den es darin umtreibt, ist der Chatroom-Troll. Wo immer sich eine Gemeinde angeregt über ein Thema unterhält, klinkt er sich mit einem verstörenden Beitrag ein. Sobald die düpierten Teilnehmer sich wehren, geht er in die Offensive. »Man muss nur auf einen bestimmten Button drücken«, so erklärte ein Troll, »und schon provoziert man die anderen, im Gegenzug dasselbe zu tun.« Etwa durch eine Beleidigung löst man die Immunreaktion der Gruppe aus. Auch bei erfolgreicher Abwehr bleibt doch immer der eine oder andere Teilnehmer beschädigt oder traumatisiert zurück. Wie die Viren die Computer vergewaltigen, so die Trolle deren User.

Junge Menschen sind die klassischen *Social Media Addicts* (Süchtige) und damit *Social Media Victims* (Opfer). Begierig auf friedlich-freundlichen Austausch mit netten Anderen, sind sie auf persönliche Angriffe nicht vorbereitet. Unter dem Hagel falscher Anschuldigungen und Beleidigungen brechen sie zusammen. Die geistige Integrität des Angegriffenen, sein seelischer Zusammenhalt und endlich seine reale Existenz stehen auf dem Spiel. Genau das will der Troll: schockieren, erschüttern, auslöschen. Luther prägte den Begriff »Seelenmord«. Gelingt er tatsächlich, etwa wenn ein gedemütigtes Mädchen sich umbringt, kann die Tat nicht vor den Richter gebracht werden. Der Troll bleibt so unauffindbar wie das mythische Wesen, das ihm den Namen gab.

Chatprofis wissen, dass man den Troll nur los wird, wenn man abschaltet. Führt man das Gespräch fort, als wäre nichts gewesen, verschlimmert sich die Situation. Dann kann es passieren, dass der Angreifer Schützenhilfe von anderen Trollen erhält. Meist verfällt die Chat-Gruppe dann in Schockstarre. Während einer der Teilnehmer verhackstückt wird, hält sie vorsichtshalber den Mund. Auf die Troll-Bande, die sich spontan sammelt wie ein *Flash Mob*, trifft der alte Sekretärinnenspruch zu, »gemeinsam sind wir unerträglich«. Spontane Trittbrettfahrer stellen sich ein. Gemeinheiten werden von Menschen gepostet, die zuvor keine Ahnung hatten, wozu sie fähig sind. Gelegenheit macht Trolle. Selbstentfremdung entlädt sich in Fremdvernichtung. Bei den US-Präsidentschaftswahlen 2016 spielten russische *Troll Farms* das Zünglein an der Waage und brachten, maskiert als Amerikaner, ihr Idol, den größenwahnsinnigen Polit-Troll Trump, auf Amerikas Thron.

Wie der fanatische Muslim, der mittels Handy seinen Sprengsatz hochgehen lässt oder zum Menschentöten ein Auto zweckentfremdet, können Hacker und Trolle mit geringem Aufwand verheerende Wirkungen erzielen. Ist man ohnehin des Lebens überdrüssig wie jener Lufthansapilot, der sein Flugzeug mitsamt Passagieren in eine Felswand steuerte, warum sollte man nicht alles Leben von der Last des Daseins befreien? Wozu ist Dasein überhaupt gut? Den Astrophysiker Stephen Hawking trieb die Frage um, warum »das Universum sich überhaupt die Mühe macht, zu existieren«[88]. Denn Mühe macht es, wie das menschliche Leben zeigt. Und lange vor ihm rätselte im 19. Jahrhundert der Philosoph Schelling, warum es überhaupt etwas gibt und nicht vielmehr nichts. Man könnte weiter fragen, warum es überhaupt besser sein sollte, dass es etwas gibt und nicht vielmehr nichts.

Früher kam die Aufschaukelung der Emotionen nur langsam in Gang. Die Information, dass eine bestimmte Hexe beim Nachbarn Impotenz verursachte, verbreitete sich von Mund zu Mund. Das konnte dauern. Heute geschieht alles in Echtzeit und global. Was hier ist, findet sich auch dort. Was hier Jetzt ist, ist auch dort Jetzt. Aktivisten werden auf Mausklick aktiv. Der *Shitstorm* braut sich im Sekundentakt zusammen. Jeder, den seine Blitze treffen, wird sozusagen lebendig verbrannt. Oder gehäutet. Für Trolle ist dies die ideale Wetterlage. Mit dem hässlichen, aber anschaulichen Wort Shitstorm ist ein kollektiver Wutausbruch gemeint, der sich zu einer Hassorgie aufschaukeln kann. Er ist selbstinduktiv und gerät außer Kontrolle.

Was den meisten Teilnehmern nur Recht ist. Der Anfang ist immer kalkuliert, eine Lawine wird ins Rollen gebracht. Mit unabsehbaren Konsequenzen. Die gnadenlose Vehemenz, mit der die Opfer attackiert, gedemütigt und oft für alle Zeiten zum Schweigen gebracht werden, bringt doppelten Gewinn: Indem man das »Schlechte« verfolgt, handelt man vermeintlich gut. Und man handelt doppelt gut, weil man dem »Guten« zum Sieg verhilft. Deshalb der Schaum vorm Mund, an dem man den eifernden *Shitstormer* erkennen kann.

Als Hauptverdienst des Internet wird heute die Kommunikation angesehen: jeder mit jedem, alle mit allen. Dies ist die eine Seite. Aber wie man am *Trolling* und anderen destruktiven Feldzügen erkennen kann, geht es ebenso gut jeder gegen jeden und alle gegen alle. So führt Sozialisation von selbst zur Dissoziation. Jedes Zusammentreffen mit dem einen dient auch der eigenen Profilierung gegen den anderen. Das Parlament, sozusagen das Vorbild des nationalen Kollektivgesprächs, ist der schlagende Beweis, dass Miteinanderreden meist aus Durcheinander- und Gegeneinanderreden besteht. Jeder will reden und keiner zuhören. Das nennt man *Tribal Logic*, die Logik der verfeindeten Clans.

Der in der amerikanischen Politik ausgeprägte *Tribalism* (Parteilichkeit) lebt immer vom Gegensatz gegen eine andere Partei. Die Vorstellung des demokratischen Menschen, es handle sich um einen fruchtbaren Gedankenaustausch, geht an der Wirklichkeit vorbei. Viel besser trifft das Bild von den Eingeborenen-Stämmen, die aufeinander einprügeln. Auch das ist Kommunikation, zumal eine, die jeder versteht. Der Cyberspace ist voller gläubiger und kampfbereiter Stämme. Wie politische Parteien ihren Führer, finden Fangemeinden ihre singende und tanzende Ikone unwiderstehlich. Die Gegenseite wiederum findet die Kultfiguren der anderen abstoßend. Und sagt es mit verletzender Offenheit. Die Frage ist dann nur noch, »wer wirft den ersten Stein«.

Der erste Stein kann auch eine Atomrakete sein. Angeblich stehen genügend von ihnen in Betonsilos, auf rollenden Transportern und tauchenden U-Booten bereit, um die Welt 150-mal auszulöschen. Mittels Mausklick, wie sonst. Der Onlinekrieg, der jeden Tag über die Welt hereinbrechen kann, ohne dass ein Oberbefehlshaber den roten Knopf drücken müsste, unterscheidet sich vom Angriff auf einen einzelnen Desktop nur in der Größenordnung. Wer zuvor nur ein mickriger Troll war, der seine Mitschüler quälte, könnte, durch Zufall an die entsprechende Software gelangt, einen Weltkrieg auslösen. Wie gewöhnliche *Malware* private Computer stört oder zerstört, so die *Cyber Warfare* die Informations- und Kommunikationssysteme ganzer Staaten und Kontinente. Und diese gleich mit.

Regelmäßig testen Staaten ihre heimlichen Cyberware-Arsenale. So werden durch einen Sekunden-Blitzkrieg, wie Russland ihn 2007 gegen Estland führte, die Kommunikationswege eines ganzen Landes lahmgelegt. Fast täglich brechen Computersysteme zusammen, stellen Flughäfen den Betrieb ein, bleibt stundenlang der Strom weg. Auch Internetdienste verweigern ihren Dienst, Streaming-Portale sind geschlossen, Bildschirme bleiben schwarz. Wird die Logistik eines ganzen Landes vorübergehend außer Dienst gestellt, handelt es sich um Nachbarn, die die Einsatzbereitschaft ihrer aggressiven Software prüfen. Den gelähmten Institutionen bleibt nichts übrig, als die elektronische Vergewaltigung gegenüber der Öffentlichkeit herunterzuspielen. Um keinen Preis will man einräumen, dass irgendwo Menschen sitzen, die einen unter die Kontrolle ihrer Mäuse gebracht haben.

Im *Worst Case Scenario*, dem GAU, antwortet der betroffene Staat mit einem eigenen Malware-Arsenal. Dann folgt Schlag auf Gegenschlag, greift kollektive Lähmung um sich. In den betroffenen Ländern ist die Stromversorgung abgeschnitten, die Wasserhähne geben kein Wasser mehr, Straßen- und Flugverkehr sind eingestellt. Und nur noch Uhren, die man von Hand aufzieht, zeigen einem an, welche Stunde es für die Menschheit geschlagen hat. Das Wunder der Cyberwelt, die den Elektronenstrom in einen Informationsstrom verwandelt, schlägt, wenn der Fluss abgeschaltet wird, in ewiges Schweigen um. Wo keine Lampe die Nacht erleuchtet, flimmert auch kein Monitor mehr, auf dem sich die Katastrophe verfolgen ließe. Die posthumanen Menschen werden aussterben, und alle anderen Geschöpfe werden aufatmen. Und es gibt auch keine Klimakatastrophe mehr.

Traditionelle Kriegführung wird heute in Amerika *Kinetic Warfare* genannt, weil dabei Hardware in Bewegung (griech. Kinesis) gesetzt wird. Aber Hardware spielt in der *Cyber Warfare* kaum mehr eine Rolle. Denn diese funktioniert schneller als der Aufmarsch von Armeen oder der Luftangriff auf fremde Städte. Sie geschieht in Echtzeit. Selbst für eine Kriegserklärung viel zu schnell. Ohne selbst materiell greifbar zu sein, erzeugt sie materielle Wirkung. Bei der kinetischen Kriegführung besteht das Ziel darin, den Gegner physisch außer Gefecht zu setzen. Beim elektronischen Erstschlag dagegen wird dessen Kommunikationsfähigkeit außer Gefecht gesetzt: Er wird blind, taub und stumm gemacht. Ob Tarnkappenbomber oder Computernetzwerk, nichts reagiert mehr auf Kommandos, weil es keine Kommandos mehr gibt. Die Maschinerie des Todes ist schon tot, bevor sie sich entfalten kann. Kein Blut fließt, aber auch kein Strom. Und wie in fernen Zeiten wird die Nacht von Kerzen und Fackeln erhellt. Solange noch jemand da ist, der sie entzündet.

12. Kapitel

Der Troll auf dem Thron

*»Amerikaner sind bereit, ihren
Politikern alles zu verzeihen,
solange sie keinen Mord begehen.«[89]*
Hannah Arendt, 1975

*»Ich könnte mitten auf der 5th
Avenue jemanden erschießen
und würde doch keinen einzigen
Wähler verlieren.«[90]*
Donald Trump, 2016

*»Gäbe es die Social Media nicht,
säße ich nicht hier.«[91]*
Donald Trump, 2016

Die lose Kanone

Donald Trump ist abgewählt. Der Mann, als dessen Hauptcharakterzüge seine Schwester Maryanne, eine Ex-Bundesrichterin, Grausamkeit und Verlogenheit[92] nannte, herrscht nicht mehr über ein 330-Millionen-Volk und indirekt die ganze Welt. Jeder vernünftige Mensch fühlt sich von einem Alp befreit. Dieser Alp war ein Troll, der auf die große Weltbühne getreten ist, um alles durcheinanderzuwerfen. Im Griechischen bezeichnet »Diabolos« den, der alles durcheinander wirft, ins Chaos reißt. Damit will ich nicht sagen, dass Trump der Teufel war, denn den gibt es nicht. Aber es gibt Menschen, die ihm ziemlich nahekommen. Zum Beispiel die Trolle, die unnötiges Leid in die Welt bringen, indem sie den Ort der vermeintlich freien Kommunikation vergiften. Das hat Trump mit der Weltpolitik angestellt, wie ein böses Kind, das keine Ruhe hat, bis alles in Trümmern liegt. Aber zum Glück ist es nicht so weit gekommen. Sein Nachfolger hat nun vier Jahre Zeit, die Trümmer wegzuräumen.

Der posthumane Mensch, der sich mit seinem virtuellen Spiegelbild verwechselt, lässt sich ziemlich vollständig in Donald Trump wiederfinden. In seinen Kurztext-Botschaften verkündet er nicht die Wahrheit, sondern das, was er glaubt, dass seine Anhänger sich als Wahrheit wünschen. Das Spiegelbild, das ihm das Netz und die Follower zuwerfen, hält er für sein wahres Ich. Deshalb zeigt er sich unablässig bemüht, diesem Idol seiner selbst zu entsprechen. Dazu trägt er Fönfrisur und bronziert sein Gesicht. Er spielt, was die Cyberwelt von ihm erwartet. Donald Trump besteht ganz und gar aus seiner Rolle als »Donald Trump«. Er ist nicht, er spielt dieses »ist«. Und seine Anbeter spielen die Welt, die zu diesem Rollen-Ich passt.

Trump ist der populärste Social Media-Aktivist aller Zeiten. Das Netz, von dem er abhängt, hängt an ihm. Abermillionen beten in ihm einen Menschen an, den es nur im Cyberspace gibt. Seine Auftritte in der Wirklichkeit wirken wie der Besuch aus dieser anderen Welt, der immer etwas linkisch ausfällt, als müsse der Mann sich erst an die Realität gewöhnen. Man hat nachgewiesen, dass nahezu alles, was über seine Lippen kommt, unwahr ist. Aber unwahr ist der ganze Donald Trump: zusammengesetzt aus dem Idealbild seiner selbst, das er im Spiegel des Internet wiederfindet, und aus dem Idealbild von Millionen Fanatikern, die ihr Idealbild von sich in ihm wiederzufinden glauben. Täuschung und Selbsttäuschung gehen Hand in Hand wie Trump und seine Anbeter.

Trump verbreitet nicht nur Fiktionen, sondern ist die Fiktion, die alle, er selbst wie seine Anhänger und er selbst als sein Anhänger, für wahr halten. Posthuman heißt, wie Trump sein Spiegelbild für seine wahre Existenz zu halten. Sich als Rolle zu spielen. Und darin aufzugehen, in diesem Bild unterzugehen. Der Cybermensch geht nicht wie alle früheren Generationen aus der Natur- und Menschheitsgeschichte hervor, sondern aus einer Fiktion von Wirklichkeit, die nach seinem Willen seine einzige Wirklichkeit darstellt. Es ist der Weltuntergang im Cyberspace, der nie mit dem Untergehen aufhört. Eine Dämmerung, auf die kein Morgen mehr folgt.

Donald Trump macht Politik mittels Twitter. Unglaubliche 80 Millionen Followers, Stand Mai 2020, rufen ihn auf. Einmal, mehrmals täglich, und können nicht genug von ihm bekommen. Und umgekehrt ruft auch er sie auf. Denn er lebt nur dafür, sich bei ihnen abzuliefern. An einem einzigen Tag im Dezember 2019 sandte er 105, nach anderer Zählung 132 Tweets und Retweets an seine Follower. Und sie berauschen sich daran. Denn er ist ihre Wahrheit. Und Twitter ist sein Prophet.

Tatsächlich steht die Kurztext-Plattform beim Lustlügner Trump in der Schuld. Erst durch ihn wurde diese telegrammartige Kommunikationsform aus Kalifornien zu einer politischen Größe. Zuvor ein Mittel, Nachrichten in knapper Form zu verbreiten und die postwendende Antwort ebenso knapp zu erhalten, wurde es durch Trump zu einem Medium, das durch seine Botschaft wirkt wie durch die Plötzlichkeit seines Erscheinens und den Zwang, reagieren zu müssen. Seine politische Hauptwaffe sind die *Tweets,* die sich als Selbstläufer wie ein Virus verbreiten. Fast jeder, der eines empfängt, *retweeted* es an seine Adressenliste. Durch Trump erhielt dieses virale Werkzeug den Status einer Lebensform. Er selbst verbringt einen Großteil seines Tages und wohl auch seiner Nacht mit dem Absetzen von Tweets und Retweets, von denen er in den ersten eineinhalb Monaten als Präsident unglaubliche 30.000 produzierte. Sein nervöser, geistesabwesender Ausdruck vor Kameras entsteht wohl dadurch, dass sie ihn hindern, seine Twitter-News zu checken.

Als zweite Anomalität von Donald Trumps Präsidentschaft kann der Hass auf die Presse gelten: Sie produziere *Fake News* und sei selbst *Fake News*. Gewöhnlich leben Politiker von der Presse. Trump lebt davon, sie niederzumachen. Das hängt weniger damit zusammen, dass die US-Presse größtenteils demokratisch-liberal eingestellt ist. Der Hauptgrund liegt in Twitter, das durch ihn zur großen Alternative aufgebaut wurde. Er stellt vor die Wahl, »entweder ihr glaubt mir oder der Lügenpresse.«

Deshalb hatte er auch die traditionelle Pressekonferenz im Weißen Haus, dieses Kontrollorgan der Demokratie, monatelang abgeschafft. Während die Medien, seiner Meinung nach, seine Politik nur verdrehen, kann man sie im Original in seinen Tweets nachlesen. Für ihn ist die Presse überflüssig. Da er zudem über eine weitaus größere Reichweite verfügt als jedes Presseorgan, erschlägt er deren Berichterstattung durch seine spontan formulierten Einfälle. Ihre Kürze, bewirkt durch sein gedankliches Defizit, kommt der allgemeinen Aufmerksamkeitsschwäche entgegen.

Diese wurde von Tiktok, der chinesischen Video-Plattform für Smartphones, zum Geschäftsprinzip erhoben. Clip-Produzenten sollen sich bei ihren Musik-, Tanz- und Comedy-Beiträgen möglichst auf 10 bis 15 Sekunden Filmdauer beschränken. So kann natürlich kein Sinn entstehen, aber eine Menge Unsinn. Und darauf hat man es abgesehen. Jeder Ulk, jede Absonderlichkeit sind erlaubt, Hauptsache sie »gehen viral«. In Deutschland sollen bereits mehr als vier Millionen am Sekundenspaß teilhaben. Was sich früher stolz als YouTuber präsentierte, nennt sich heute Tiktoker. Und hat die Lacher auf seiner Seite.

Natürlich wurde auch der Präsident mit dem Konzentrationsdefizit auf die erfolgreiche App aufmerksam. Und auf ihren Erfolg neidisch. Nachdem eine seiner Rallyes auf Tiktok verspottet worden war, verfiel sein Rachebedürfnis auf die Idee, die beliebte Ulk-Plattform kurzerhand in den USA zu verbieten. Und seine *America first*-Macke fügte hinzu, Tiktok könne nur dann weitersenden, wenn es an einen amerikanischen Konzern wie Microsoft verkauft werde. Hauptsache, so der Präsident, es sei ein »sehr, sehr amerikanisches Unternehmen«.

Trump ist seine eigene Plattform. Er stellt seine Spontaneinfälle vor und hofft, dass sie bei den Bürgern viral gehen. Sein beschränktes Vokabular erleichtert es ihm, sich kurz zu fassen. Freilich wiederholt er die Botschaft dann so oft, dass sich beim Hörer doch Langeweile breitmacht. Trump ist nicht nur seine eigene Presse, sondern auch seine eigene Wahrheit. Denn alles entstammt seiner zügellos wirren Imagination oder seinem Leibsender »Fox News«. Und alles lässt sich leicht widerlegen. Nur wollen seine Follower nicht widerlegt werden. Für sie ist er der Weg, die Wahrheit und das Leben.

Das von Trump inaugurierte Twitter-Medium machte auch in der weltweiten Politik Furore. Jeder Staatsmann, der von ihm mit einem Tweet beglückt wird, antwortet auf demselben Weg. Trump lockt andere auf sein Terrain, denn im Kurztext-Pingpong kann er jeden besiegen. Und so werden weltweit zwischenstaatliche Beziehungen in Telegrammform gepresst, auch wenn dies jeder Diplomatie und politischen Klugheit widerspricht. Seit Trump, so könnte man sagen, geht geistige Armseligkeit viral. Für die westliche Kultur ist er der disruptive Präsident schlechthin. Wo er geht und steht, »wächst kein Gras mehr«.

Trumps Jugend war von einem strengen, erfolgshungrigen Vater geprägt. Dessen Motto, so Donalds Nichte Mary Trump, lautete: »Auf die Grausamkeit kommt es an«[93]. Denn mit ihr lässt sich weit mehr erreichen als mit Menschlichkeit. Oder, wie es Amerika heißt, *nice guys finish last* (nette Leute kom-

men als Letzte ans Ziel). Schon der junge Donald, seinem Vater
hörig, fiel durch trollhaftes Benehmen, einschließlich der Grausamkeit gegenüber anderen auf. Dank väterlicher Millionen
war er schon früh ein »gemachter Mann«. Aufgrund verschie-
dener Skandale, Bankrotte und Scheidungen wurde er durch
die Boulevardpresse zum Vorzeige-Windhund erkoren. Dieser
amerikanische Cagliostro bewies der Elite, dass ihr höchstes
Statussymbol, der Wolkenkratzer, auch von einem Windhund
gebaut werden kann. Es gelang ihm mit fremdem Geld und
unter Vorspiegelung falscher Tatsachen. Vom Nichtskönner zum
König avanciert, stylte ihn das Fernsehen zum Serienstar im
Reality TV um. In einer fiktiven Bewerbungsshow *(The Apprentice)* begeisterte er die Zuschauermassen, indem er die Teilnehmer eines erbitterten Konkurrenzkampfs erst erniedrigte
und dann entließ *(Your're fired!)*. Zusammen fanden Idol und
Gemeinde im Internet.

Beim *Reality-TV* handelt es sich um eine Spezialität des
amerikanischen Fernsehens. Der Ausdruck bedeutet nicht,
dass etwa eine Quizshow oder ein Wettsingen live gesendet
wird, sondern dass Wirklichkeit in Echtzeit auf dem Bildschirm dargestellt wird, und zwar, als wäre sie nicht dargestellt, sondern wirklich. Da sich aber die Wirklichkeit so übergangslos in das Show-Format übersetzen lässt, liegt der
Verdacht nahe, dass die Wirklichkeit selbst nichts als Show
sei. Und wirkliche Menschen Schauspieler. Vielleicht gehört
es zur Besonderheit der Amerikaner, tatsächlich zwischen
beiden keinen Unterschied mehr wahrnehmen zu wollen.
Präsident Donald Trump entsprach exakt dem Modell, das
sich das Publikum unter einem Reality-TV-Präsidenten vor-
stellte: jeden Tag eine neue Überraschung, die man gleich darauf vergessen kann. Für die Ausrichtung des Nominierungs-
parteitags für seine zweite Amtszeit im August 2020 engagierte
Trump denn auch sein bewährtes Team der »Apprentice«-
Reality-Show.

Einer der großen US-Nationalhelden des letzten Jahrhunderts war der Radsportler Lance Armstrong. In Wahrheit war er kein Champion, sondern schauspielerte einen. Damit er seine Landsleute unterhalten und begeistern konnte, bediente sich dieser vermeintliche Vorzeigeamerikaner des üblen Tricks, sich heimlich zu dopen. So gewann er zwischen 1999 und 2005 siebenmal das prestigeträchtigste Radrennen der Welt, die Tour de France, indem er allen anderen Fahrern locker davoneilte. Genauso wie Amerika selbst den übrigen Nationen, dem »Rest der Welt«. Wie seine Heimat fuhr er, Sportidol und achtmaliger Weltsportler des Jahres, immer an der Spitze als Führer des Felds und Übermensch mit stählerner Muskulatur und eisernem Willen. Und doch war alles nur Lüge. Nicht allein um des Millionengewinns der Privatperson Armstrong willen, sondern um des höheren Zwecks des Nationalstolzes willen, betrog er alle anderen Radprofis und die staunende Sportwelt obendrein.

Als TV-Quotenkönig und Erbauer des personalisierten Wolkenkratzers »Trump Tower« avancierte Trump ebenfalls zu nationalen Ikone. Nach dieser doppelten Adelung erhoben ihn die Social Media unter Vorspiegelung falscher Tatsachen zum Weltherrscher. Zu diesen falschen Tatsachen gehört der Mythos, es handle sich um einen fleißigen Selfmademan, der den amerikanischen Idealmenschen wie kein anderer verkörpert. Man ließ sich darüber hinwegtäuschen, dass er sein Vermögen geerbt und nicht durch Arbeit, sondern durch väterliche Protektion, Hochstapelei und Lügen vergrößert und anschließend durch insgesamt fünf Bankrotte wieder verkleinert hat. Wobei er diesen Pleiten noch das Positive abzugewinnen wusste, dass damit auch die Milliardenschulden, die er bei den Banken angehäuft hatte, großenteils getilgt wurden.

Vor allen anderen Politikern hat Trump erkannt, dass die Tech-Plattformen, diese vermeintlich harmlosen Spielwiesen, zugleich eine Fortsetzung der Politik mit anderen Mitteln ermöglichen. Und es ist keine Politik, die der Menschheit, sondern allein ihm selbst zugutekommt. Denn er steht ohnehin hoch über ihr. Deshalb gibt es für ihn auch keine Regeln. Er handelt nach »Bauchgefühl«. Und dies rät ihm zum *Norm Busting* (Normensprengen). Alles, was die Gesellschaft an Konventionen und Usancen, aber auch an moralischen Prinzipien und selbst in der Konstitution verankerten Gesetzen anerkennt, wird von ihm nonchalant beiseitegeschoben. Was für gewöhnliche Menschen gilt, hat für ihn keine Bedeutung. Sein älterer Bruder Freddy kommentierte Donalds Größenwahn mit den Worten, er halte sich für den »großen ›Ich bin, der ich bin‹.«[94]

Der gescheiterte Geschäftsmann Donald Trump fand im Internet ein zweites Leben. Wirklichkeit wurde nun endgültig zur Virtualität. Für die Masse seiner Follower begann er als politischer Hasardspieler, der fiktive Thesen in den virtuellen Raum stellte. So behauptete er etwa 2008, dass der amtierende Präsident Barack Obama in Afrika geboren und deshalb nicht zum Präsidentenamt berechtigt sei. Der offensichtliche Nonsense sprang sogleich auf seine Bewunderer über. Der Erfolg war so nachhaltig, dass Trump dasselbe im Wahlkampf mit der demokratischen Kandidatin für die Vizepräsidentschaft, Kamala Harris, versuchte. Obgleich sie unwiderleglich in Oakland, Kalifornien, geboren ist, bestritt er ihre »Legitimität«, das Amt zu übernehmen. Wieder glaubten ihm Millionen als dem unerschrockenen Verteidiger der moralischen und religiösen Werte der Weißen. Der Mann, der nie die Geduld aufbrachte, die Bibel zu lesen, gab sich als deren obersten Verteidiger aus. Und alle liebten ihn dafür, weil er ihnen die Gelegenheit bot, das »Böse« von Herzen zu hassen.

Mit Donald Trump hat sich Juvenals Ausspruch »Nichts Menschliches ist mir fremd« ins Gegenteil verkehrt. Alles Menschliche scheint ihm fremd, und er benimmt sich entsprechend. In der Unternehmer-Familie, in der er aufwuchs, pflegte man, so seine Nichte, beim gemeinsamen Essen beiläufig über andere in einer Weise herzuziehen, die Mary Trump als *Dehumanization*[95] (Entmenschlichung) bezeichnet. Beim demokratischen Nominierungsparteitag 2020 hielt Michelle Obama, Gattin des Ex-Präsidenten, eine Rede, in der sie Donald Trump mit demselben Ausdruck charakterisierte. Seine Politik, sagte sie, sei *dehumanizing*. Das heißt, er nimmt den Menschen das weg, was sie menschlich macht.

Trump selbst wirkt *dehumanized*, fremdgesteuert, wie jemand, der immer erst wartet, was seine innere Stimme ihm zuflüstert. Bei seinen Presseauftritten scheint es, als spreche er frei von der Leber weg, aber es ist nicht *seine* Leber. Bei seinen *Party-Rallyes* spricht er zu seiner enthusiastischen Community wie ein Schlafwandler, der, mit schwankendem Körper und lallender Stimme, alles in hypnotischen Taumel versetzt. Im Englischen gibt es das Bild von der *Loose Canon,* der losgerissenen Kanone: Das Schlimmste, was in früheren Zeiten einem Kriegsschiff passieren konnte, war eine aus ihrer Verankerung losgerissene Bordkanone, die, dem Rollen des Schiffes folgend, alles zerschmettert, was ihr im Weg steht. Trump ist eine *loose canon*. Sein Schiff die Welt.

Der mächtigste Mann der Welt, der diese jederzeit vernichten und das Ende der körperlich gegenwärtigen Menschheit herbeiführen kann, lebt wie ein Autist in einer virtuellen Welt. Vom Cyberspace geschaffen, wird er täglich neu vom Cyberspace hervorgebracht. Während in seinem Schlafzimmer der Großbildschirm-TV mit Politsendungen dauerläuft, verbringt er den Tag am Smartphone in der Twitterwelt. Von dort bezieht er sein Selbstgefühl, und dorthin sendet er seine Botschaften. Was er tweeted oder vor laufenden Kameras für eine andächtige Anhängermasse äußert, richtet sich nach dem, was er glaubt, dass sie es von ihm erwartet.

Trump ist für ganz Amerika der Chronist von Ereignissen, die nur in seinem Kopf ablaufen. Er schreibt und erfindet seine eigenen Nachrichten, wodurch er jeweils sich selbst und seine Leser neu erfindet. Er besteht ganz aus Aktualität, aus eingebildeter Innovation. So bleibt für ihn keine Zeit, am wirklichen Leben teilzunehmen. Man sagt, er meide Kontakte und verbringe einen Großteil des Tages im Bett, wo er die »Fox News« verfolgt. Zwischendurch wendet er sich selbst an diesen Nachrichtensender, um telefonisch seine ad-hoc-Kommentare abzugeben. Viele seiner Desinformationen schaut Trump sich bei Fox News ab. Eine amerikanische Universität unterzog sich der Mühe, die Parallelen zwischen Fox-Meldungen und Trump-Äußerungen mitzuzählen. Allein für 2019 kam sie auf fast 600 identische, zumeist falsche Aussagen. Diese Synergie zwischen Präsident und Propagandasender bezeichnete das Magazin Rolling Stone als »Teufelskreis«. Der entfaltet seine größte Wirkung, wenn Trumps Twitterbotschaften Millionen seiner Follower in den Wirbel der Desinformationen hineinziehen. Und weil sie es ihm abnehmen, glaubt er es auch selbst.

Bezeichnet man das Amerika ab 2016, nicht ohne Schaudern, als Trump-Ära, könnte man es ebenso gut Fox-Ära nennen. Denn Trump lebt von Fox wie Fox von Trump. Der Sender fungiert als klassischer Ideengeber. Normalerweise wird der Inhalt der Medien von der Politik und ihren Repräsentanten geliefert. In diesem Fall ist es umgekehrt: Die Nachrichten und Meinungen, mit denen Fox seine Zuschauer flutet, sind gewaltsame Umdeutung der wirklichen Geschehnisse. Diese Fiktionen tauchen eins zu eins in den politischen Äußerungen des Präsidenten wieder auf, der ihnen die fehlende Glaubwürdigkeit verleiht. Die Fox-Botschaft, die man in Deutschland etwas altertümlich »Volksverhetzung« nennen würde, wird so unmittelbar zum Vorbild der Politik, über die sie berichtet. Der Ausdruck dafür lautet *Weaponizing of Information*. Man spitzt eine Nachricht so zu, dass sie als Waffe verwendet werden kann. Der Gegner, den man als Feind identifiziert, wird damit niedergemacht. Fox führt Trumps Kreuzzug an, wie dieser den

Sender als sein Orakel benutzt. Dafür nennt Trump alle Medien, die nicht Fox sind, »Feinde des Volkes«.

Aber Fox wäre kein amerikanischer Sender, wenn er nicht auch auf den Unterhaltungswert der Politik setzte. Das Motto lautet *Facts tell, stories sell* (Fakten sprechen, Geschichten verkaufen). Die populistische TV-Station, doppelt so populär wie das sachliche CNN, klopft alle Nachrichten auch auf ihren Spaßfaktor ab. Zwei Monate vor der Wahl 2020 stieg Fox zu Amerikas beliebtestem TV-Sender auf, und dies nicht nur im Nachrichtenbereich. 63 Prozent lassen sich mit den aufregenden Lügen füttern. Und dies umso lieber, als auch der eigene Präsident die unterhaltsamen Münchhausengeschichten auftischt. Sein *Infotainment (Information plus Entertainment)* folgt einer politischen Agenda, die man rechtsnational und demagogisch nennen kann. Wobei das Rezept lautet, je demagogischer, desto unterhaltsamer. Ein anderer Name dafür ist Propaganda.

Trumps bevorzugtes Propaganda-Wort ist »Hoax«. Übersetzt man es mit »Schwindel« oder »schlechter Scherz«, trifft es die Sache nicht genau. Ein amerikanischer Linguist erklärte in der New York Times, es handle sich dabei nicht um etwas Humoristisches, sondern drücke Ärger und heftige Ablehnung aus. »Das Wort ist eine Anklage.« Auf Trumps Politik passt es insofern genau, als er alles, was seiner Selbstanbetung im Weg steht, als eine solche üble Mache anklagt. Ob es um den russischen Einfluss auf die Wahl 2016, die kriminellen Machenschaften seiner engsten Mitarbeiter oder die Corona-Pandemie geht, alles, was ihm nicht ins Konzept passt, wird als Hoax verhöhnt. Da Fox-TV diesen Begriff zum Mantra erhob, tauchte er auch zunehmend in Trumps Reden auf. Der CNN-Mann Brian Stelter, dessen Buch »The Hoax« im August 2020 erschien, hat mitgezählt, dass Trump in seinem ersten Amtsjahr den maliziösen Begriff 18-mal, 2018 68-mal und 2019 345-mal verwendet hat. Woraus Stelter ableitet, dass Trumps Politik im

Wesentlichen darin besteht, alles, was ihm bedrohlich wird, als Hoax zu diffamieren. Nebenbei lässt sich damit vernebeln, dass er von den Gegenständen, die er so tituliert, keine Ahnung hat.

Seit Anfang des 20. Jahrhunderts wird vom konservativen Amerika die Kunst der Vernebelung kultiviert, das sogenannte *Befuddlement*[96]. Unter diese Rubrik fällt das ganze Arsenal der Lüge, Verleumdung und Täuschung, mit dem man den »linken« Gegner, sei er im Ausland oder im eigenen Kongress, in einen Feind, den Feind in ein Monster verwandelt. Dazu gehört die Kunst, das Offensichtliche zu verwirren, verständliche Sprache mit einem Schwall von Worten »zuzuschütten« oder auf eine Frage so konfus zu antworten, als sei sie selbst konfus. Donald Trump ist der geborene Meister des *Befuddlement*, mit dem er sein Land in eine permanent wachsende Nebelbank hüllt. Und die republikanischen Ehrenmänner, von denen man das Gegenteil erwarten würde, helfen kräftig mit.

Trumps digital durchgesetzte Machtergreifung wurde erst durch einen politischen Paradigmenwechsel möglich, den ebenfalls das Internet herbeiführte. Der auf Ausgleich bedachten parlamentarischen Demokratie, wie die Konstitution sie festhielt, wurde das Fälschungsarsenal der Propaganda entgegengesetzt. Politik wurde zum Schlachtfeld. »Auch ein Kulturkrieg ist ein Krieg«, sagte Trumps Einflüsterer Steve Bannon, der wegen Unterschlagung vor Gericht steht. »Und wo Krieg ist, gibt es Tote und Verwundete«[97].

Diese Polarisierung der politischen Lager wurde durch Trumps Pseudonachrichten in den Social Media vorangetrieben. Die Zwischentöne wurden vom Lärm seiner Parteigänger übertönt. Die Vermittler und Versöhner in der eigenen Partei sahen sich verleumdet und bei Wahlen kaltgestellt. Diese Aufschaukelung der Extreme, bei der das eine dem anderen Nahrung lieferte, ließ sich bis ins Silicon Valley zurückverfolgen. Denn von dort bezog die republikanische Propaganda ihre

Algorithmen. Mit Hilfe der Superrechner ließ sich bei den Wählern politische Kompromissbereitschaft in offene Feindschaft verwandeln. Und derjenige Kandidat gewann 2016 die Präsidentschaftswahlen, der am besten Hassen lehrte.

Trumps Amerika lebte in einer Selbsttäuschung. Es hielt sich für den *Leader of the World*, und wurde doch selbst von einem Narren geführt. Es hält sich selbst für gerecht und ist doch nur selbstgerecht. Es propagiert den fairen Wettbewerb und verschweigt, dass es nach der Entscheidung mit der Fairness vorbei ist: Dann schlägt die Stunde der Sieger. Donald Trump hat diese Gepflogenheit verinnerlicht. Die Regel, *The Winner Takes it All* (der Sieger nimmt sich alles), ist auch in Amerikas Mehrheitswahlrecht festgeschrieben. Wer in einem Distrikt die meisten Stimmen gewinnt, erhält nicht die proportionale Zahl an Abgeordnetensitzen, sondern sämtliche Sitze. Der Konkurrent, selbst wenn er nur wenige Stimmen zurückliegt, geht leer aus. 2020 traf es Donald Trump.

Mit dieser systemischen Ungerechtigkeit wird dem Wähler vor Augen geführt, dass nicht Demokratie die Leitidee des öffentlichen Lebens ist, sondern Erfolg, auch wenn dabei die Fairness auf der Strecke bleibt. Daher rührt der amerikanische Kult um die Sieger und, damit verbunden, das nationaltypische Starren auf Kontostand, Verkaufsstatistiken, Börsennotierungen, Zuschauerquoten, Golfhandicap und alle möglichen Listen, auf denen ein erbitterter Wettbewerb stattfindet. Status bedeutet in Amerika alles. Und auch die Verlierer beteiligen sich am unguten Spiel, indem sie bewundernd zum Sieger aufschauen, der sich alles nehmen darf. Und der Sieger aller Sieger, da ist sich fast die Hälfte der Amerikaner einig, ist ihr Mann im Weißen Haus.

Der Psychokrieg findet nicht nur als politische Diskussion statt, in der Meinung gegen Meinung oder Meinung gegen gefälschte Meinung steht, sondern als Fälschung der Meinung des anderen, die so dargestellt wird, als bestätige sie die eigene.

Auch kennt Trump als gewiefter Geschäftsmann das Erfolgsgeheimnis der Werbung, etwas so lange zu wiederholen, bis es
sich ins Gehirn eingebrannt hat. Bei der Hälfte der Amerikaner ist ihm dies 2016 gelungen. Von den weißen Evangelikalen
etwa haben ihn damals über 80 Prozent gewählt, was sich bis
zum Herbst 2020 kaum geändert hat. In Massengottesdiensten
wird er als »Erlöser« angerufen, seine Twitter-Botschaften werden als »Gute Nachrichten« gepredigt.

Wegen zunehmender Proteste gegen Trumps frei erfundene Moralbotschaften versieht die Twitter-Plattform seit Mai
2020 fragwürdige Tweets mit einem Warnhinweis. Man empfiehlt den Lesern, seine »potenziell irreführenden Informationen« einem *Fact Check* (Faktenprüfung) zu unterziehen. Der
Twitter-Troll empfand dies als Majestätsbeleidigung. Noch in
derselben Nacht holte er zum Gegenschlag aus. Twitter, so sagte
er, »unterdrückt die freie Meinungsäußerung«. Wütend drohte
er damit, diese und andere Plattformen künftig einer Zensur
zu unterwerfen oder sie gleich ganz zu verbieten. Einzig Facebook, der unerschrockene Vorkämpfer der Meinungsfreiheit,
sprang dem Präsidenten bei. Man versicherte ihm, seine alternativen Wahrheiten weiterhin uneingeschränkt zu veröffentlichen. »Die privaten Firmen«, erklärte Mark Zuckerberg auf
Fox News, »sollten sich nicht als Schiedsrichter der Wahrheit
aufspielen.« Es klang wie ein Bewerbungsschreiben um die
Twitter-Nachfolge.

Trumps wütender Angriff führte zum Gegenteil dessen,
was er erwartete: Die Plattform unterzog nicht nur seine eigenen Postings einer strengen Wahrheitsprüfung, sondern begann auch, einschlägige PR-Konten der Rechten zu kontrollieren und nötigenfalls zu löschen. Twitters Trotz machte Schule.
Im Juni 2020 folgte die in San Francisco beheimatete Plattform Reddit, die ein dem Präsidenten gewidmetes Forum »The
Donald«, eine notorische »Brutstätte der Fake News«, kurzerhand sperrte. Berühmt geworden war die PR-Institution durch

Hillarys angeblichen Kinderporno-Ring in der Pizzabäckerei. Was Reddit mit seinen monatlich 1,5 Milliarden Besuchern damals noch »billigend in Kauf genommen« hatte, fiel nun einer neuen Sensibilität und auch Trumps sinkender Popularität zu Opfer. Nachdem, eher widerwillig, Facebook die Trump'schen Tiraden zu zensieren begann, entdeckten auch die Corporations, dass der Wind sich gedreht hatte. Über 300 Firmen schlossen sich zum Boykott von Social Media-Werbung zusammen, solange die Trump-hörige Rechte hier noch Lügenpropaganda betreiben durfte. »*No problem*«, signalisierte Zuckerberg: »Ich schätze, die kommen bald genug wieder.«

Das Licht, das Dunkel bringt

Alltäglich lässt sich Amerika Donald Trumps fragwürdige Botschaften »einmassieren« und liefert sich deren Suggestivkraft bereitwillig aus. Dass sie meilenweit von der Wahrheit, meist auch vom *Common Sense* entfernt sind, stört seine Anhänger nicht. Bereitwillig lassen sie sich auf das fatale Spiel ein, Fakten gegen Fiktion einzutauschen. Eine in Politik und PR beliebte Form der Manipulation ist das *Gaslighting*, die Gasbeleuchtung. Jeder weiß aus Erfahrung, dass der Übergang des Tageslichts in die Dämmerung, von dort ins Zwielicht und in die Nacht nicht nur ein Mehr oder Weniger an Lichteinfall bedeuten, sondern das Erscheinungsbild der Welt verändert. Eine Stadt bei Nacht ist eine andere Stadt als bei Tage. Und das betrifft nicht nur den Raum, sondern auch alle Gegenstände in ihm. Dass auch die eigene Wohnung durch die Art der Beleuchtung ihren Charakter wechselt, weiß man spätestens seit der Erfindung der Dimmer.

Der amerikanische Ausdruck Gaslighting erinnert an diese eigenartige Veränderung in einem Raum, in dem eine Gaslampe angezündet wird. Wenn man heute in Amerika davon spricht, geht es immer noch um eine besondere Art von Beleuchtung. Doch nicht durch Lichtstrahlen der Erkenntnis, sondern durch eine gezielte Verdunkelung des Bewusstseins. Unter der Überschrift »Trump hält sich für einen Meister des Gaslightings«[98] schrieb die Washington Post 2019, seine Methode bestehe darin, die Menschen »an ihrer eigenen Wahrnehmung und Vernunft zweifeln« zu lassen. Damit lässt sich der scheinbar solide Sinn von Wirklichkeit aus den Angeln heben. Indem man das Bewusstsein der Menschen verändert, verändert man ihre Welt gleich mit. Aus den *Fake News* ergibt sich die *Fake Reality*. Dass man es auch mit einem *Fake President* zu tun hatte, will seinen Millionen Followern nicht in den Kopf.

Um eine objektive Wahrheit, die jedem einleuchtet, zu verdunkeln, gibt es mehrere Methoden: Man kann ihr eine »alternative« Wahrheit entgegensetzen, die man so lange wiederholt, bis die eigentliche Wahrheit vergessen ist. Oder man kann durch Gaslighting die vor aller Augen liegende Wahrheit verwirren, den Sumpf aufwühlen, um das Wasser zu trüben. Es ist das Licht, das Dunkel bringt. Beide Methoden beherrscht Trump instinktiv. Alles, was er sagt, gehört in eine der beiden Kategorien. Erstere wird von den Medien sofort bemerkt und auch angeprangert. Die Eintrübungskunst dagegen fällt nicht weiter auf, weil man sie seiner Unfähigkeit zuschreibt, klar zu denken oder zu sprechen. Aber sein Wahnsinn hat Methode. Und diese Methode gibt es nicht erst seit der Ära Trump.

Dass es sich bei dieser »Kunst« um einen Bruch des zwischenmenschlichen Grundvertrauens handelt, ist unbestritten. Die Wirklichkeitswahrnehmung einer Gemeinschaft basiert auf einer gemeinsamen Vorstellung dessen, was wahr ist. Wer sich ihr entzieht, schafft sich Vorteile gegenüber den anderen. Er lügt sich, wie das Sprichwort sagt, in die eigene Tasche. Kann er doch die Dinge in einem Licht darstellen, das seiner Sache nützt. Oder ihr das Licht entziehen, das seine Untaten aufdeckt.

Neben dem Glauben an eine gemeinsame Wahrheit gehört die Meinungsfreiheit zu den Kennzeichen der »freien Welt«. Es leuchtet auch unmittelbar ein, dass nur dort, wo die Wahrheit offen gesagt werden kann, demokratische Verhältnisse herrschen. Bleibt die Frage, ob es auch zur Meinungsfreiheit gehört, die Unwahrheit sagen zu dürfen. Und ob Demokratie nicht daran stirbt, dass Unwahrheit für Wahrheit ausgegeben wird. Und als solche geglaubt wird. Was kann eine Mehrheitsentscheidung wert sein, die auf der Grundlage von Fake News getroffen wurde? Da die Social Media sozusagen als Hexenküche dienen, in denen Trumps Politlügen gebraut werden, stellte sich die Frage nach der Verantwortung der Plattformen.

Im Vorfeld der US-Wahlen 2020 nahm Facebook-Chef Mark Zuckerberg dazu eindeutig Stellung. An der Georgetown University in Washington hielt er eine vielbeachtete Rede. Zur Demokratie, sagte er, gehöre die Freiheit, alles sagen zu können. Gleich, ob es nun wahr oder falsch, schöpferisch oder destruktiv sei. Freiheit muss für alles gelten. Nun aber sei dieses Privileg der freien Meinungsäußerung durch die Politik bedroht. Sie möchte auf die Inhalte seiner Plattform Einfluss nehmen, die Ausdrucksfähigkeit der User einschränken.

Was Zuckerberg aber eigentlich am Herzen lag, war etwas anderes. Für das, was auf seinen Plattformen gepostet wird, will er nicht die Verantwortung übernehmen. Daher seine bequeme Ausrede, dass man auch das, was von der Wahrheit abweicht, um der Meinungsfreiheit willen als Wahrheit akzeptieren muss. Bis heute scheint die Frage des Pilatus »Was ist Wahrheit?« ihre Gültigkeit bewahrt zu haben. Der römische Funktionär, der sich nach begangenem Unrecht die Hände wusch, unterstellte damit nicht, dass es keine Wahrheit gibt. Sondern dass es, statt nur einer, viele Wahrheiten gibt. Die Hohepriester haben ihre Wahrheit und Pontius Pilatus hat die seine. Das Opfer hat Recht, aber seine Henker auf ihre Weise auch. Sagen die Henker. Nach postmodernen Maßstäben hat es damit seine Richtigkeit. Auch der Andere hat seine Wahrheit, und auch er hat Anspruch, gehört zu werden. Denn es gibt nicht eine, sondern beliebig viele Wahrheiten. Aber das heißt, dass es keine gibt. Also gibt es auch keine Lüge.

Von diesem Kurzschluss lebt auch das politische Anzeigengeschäft von Mark Zuckerberg. Eine der größten Dauerkampagnen der Präsidentenwahl 2020 fand auf dieser Milliarden-Dollar-Plattform statt. Geführt wurde sie von Trumps Wahlkampfteam. Diese gut geölte »Social Media-Maschine« hatte, laut einer Untersuchung des Londoner »Guardian«, schon im Vorfeld über 200.000 Anzeigen geschaltet. Laut Trumps später gefeuertem Wahlkampfchef Brad Parscale ging es dabei in erster Linie um das »Sammeln von Daten. Wenn wir dich digital berühren, möchten wir wissen, wer du bist und wie du denkst.«[99]

Bereits 2019 hatten diese Trump-Berührungen per Mausklick über eine Milliarde Mal stattgefunden. Stephen King, dessen *Account* über fünf Millionen Follower zählte, hat umgehend darauf reagiert. »Ich verlasse Facebook«, schrieb Amerikas populärster Romanautor im Februar 2020, »weil ich mich mit der Flut von Falschinformationen, die bei politischen Anzeigen erlaubt sind, nicht mehr wohl fühle. Ebenso wenig glaube ich noch daran, dass Facebook die Privatsphäre seiner User schützt.«[100] Für King bedeutet dies keinen Abschied von den Social Media. Die Absage an Facebook verkündete er auf Twitter.

Für die lukrativen Anzeigen spielt Information keine Rolle, im Gegenteil: Man will von den objektiven Problemen, etwa der mangelhaften Krankenversicherung oder der Steuerentlastung der Superreichen, ablenken, um die erwünschte und bezahlte Botschaft überzubringen. In deren Mittelpunkt steht, neben Trumps unendlich wiederholtem Konterfei, der Hass auf die Medien, die angeblich über ihn nur Lügen verbreiten. Ihren »Hetzkampagnen« stellt er seine eigene Wahrheitskampagne entgegen. Für ihn gleicht sie einem Kreuzzug für das Gute in der Welt. Im Sommer vor der 2020er Wahl demonstrierte er es mit einer Bibel, die er vor laufenden Kameras mit einer Hand in die Höhe hielt. Bald darauf erklärte er wie ein zürnender Prophet, dass sein Rivale Joe Biden »Gott wehtut« *(He hurts God)*.

Anfang Juli 2020 tauchten in allen Medien zwei Memes auf, die von smarten PR-Leuten ausgedacht worden waren. Das eine Bild war am Mount Rushmore aufgenommen, wo die überdimensionalen Porträts von vier bedeutenden US-Präsidenten in Stein gehauen sind. Anlass seines Aufenthalts im Nationalheiligtum war offiziell eine Rede, die er vor der Monumentalkulisse hielt. Vermutlich sollte die Rede aber nur den Vorwand für ein massenwirksames Meme bieten, bei dem man Trumps Kopf in einer Reihe mit seinen legendären Vorgängern ins Bild rückte. »Seht her«, so lautete die Botschaft, »sie haben ihn bereits in den amerikanischen Olymp aufgenommen.« Bald darauf wurde bekannt, dass das Weiße Haus schon vorher bei den zuständigen Behörden angefragt hatte, ob man eventuell noch einen fünften Kopf in den Fels meißeln könne.

Das Gegenbild zur Krönung in Stein wurde tags darauf vor seinem berühmten Hauptquartier, dem Trump Tower, aufgenommen, wo bekanntlich im obersten Stockwerk seine goldene Toilettenschüssel steht. Mit Gesichtsmasken vermummte Gestalten, die an sich schon »finster« genug wirkten, verbrannten am Nationalfeiertag das geheiligte Sternenbanner, auch *Old Glory* genannt, die Flagge der Befreiung von Kolonialherrschaft. Damit sollte dem Wähler, in Verbindung mit der Rushmore-Apotheose, die Alternative bei der anstehenden Wahl vor Augen geführt werden: Freiheit oder Anarchismus.

Obwohl Zuckerberg im Wahljahr 2020, wie so oft, Besserung gelobte, spielt sein Milliardenimperium bei der Trumpisierung Amerikas eine führende Rolle. Auf die Frage, ob für Trumps überraschenden Wahlsieg 2016 das Zuckerberg-Unternehmen verantwortlich war, meinte der damalige Facebook-Anzeigenchef, Andrew Bosworth: »Ich denke, die Antwort ist ja. Und zwar, weil er die beste Digitalkampagne lancierte, die ich je gesehen habe.« Unter den gekauften Werbeanzeigen fanden sich damals besonders raffinierte Angriffe auf die politische Konkurrentin.

So konnte man etwa am 6. April 2016 auf Facebook lesen: »Sie wissen, dass eine große Zahl schwarzer Menschen uns unterstützt, wenn wir sagen, #Hillary Clinton ist nicht mein Präsident.« Tags darauf folgte: »Ich sage Nein zu Hillary, ich sage nein zu Manipulation«. Am 19. April wurde der Hashtag »#Hillary Clinton ins Gefängnis« kreiert, und kurz vor der Wahl, am 19. Oktober, verbreitete Facebook die an Fanatismus nicht zu überbietende Botschaft, »Hillary ist ein Satan, und ihre Verbrechen und Lügen haben bewiesen, wie böse sie wirklich ist.«[101] Was normalerweise als kriminelle Handlung gilt, fällt hier unter das Recht auf Meinungsfreiheit. Im Juni 2020 musste Zuckerberg seine rigide Toleranzpolitik gegenüber Trumps Lügenwerbung teilweise aufgeben. Als große Anzeigenkunden wie Unilever oder Coca Cola begannen, ihre bezahlten Seiten zu stornieren, lenkte der Facebookchef geschmeidig ein und versprach Besserung.

Die Symbiose zwischen Trump und der Cyberwelt ist offensichtlich. Beide teilen den Anspruch, Kontrolle nicht nur über die USA, sondern über die ganze Welt auszuüben. Das Internet, so sagte der britische Satiriker Sasha Baron Cohen 2019 auf YouTube, »ist ideologischer Imperialismus. Individuen im Silicon Valley zwingen dem Rest der Menschheit ihre Vision auf, sind keiner Regierung Rechenschaft schuldig und handeln, als stünden sie über dem Gesetz. Als lebten wir im Römischen Reich, und Mark Zuckerberg wäre Cäsar.«

Bezieht man seine Weltsicht aus den *Newsfeeds*, die von den Social Media verbreitet werden, übersieht man, dass es sich bei ihnen nicht um »Quellen« handelt. Vielmehr speisen sie das, was von den Medien zusammengetragen wird, in ihre Kanäle um und bewässern damit ihre eigenen Felder. Die schiere Masse des Online-Angebots lässt die Quellen, also die traditionellen Print- und TV-Medien, weit hinter sich zurück. Während diese für die Nachrichtenbeschaffungen riesige Pools von hochqualifizierten Reportern, Redakteuren, Rechercheuren und Kommentatoren unterhalten müssen, verdienen die Cybermultis die Milliarden, die jenen fehlen. Die Medien betreiben die Wertschöpfung, die Social Media die Wertabschöpfung. Da auch der Löwenanteil der Werbemillionen von den Internetfirmen eingezogen wird, hängt der Niedergang der Printmedien unmittelbar mit dem Erfolg der Cybermultis zusammen. Sie bieten die Plattform und kassieren im Stillen.

Weil dieses parasitäre Modell blendend funktioniert, wehren sich die Social Media vehement dagegen, als Nachrichten-Medien eingestuft zu werden. Mit großem publizistischen Aufwand halten sie an ihrer Fassade fest, lediglich eine Weitervermittlung von Nachrichten zu bieten. Da sie die News nicht selbst generieren, sind sie auch der Verantwortung dafür enthoben. Keinen der Inhalte, die sie millionenfach ausstreuen und für deren aggressive Verbreitung sie durch algorithmische Filterung sorgen, müssen sie prüfen und folglich auch nicht dafür geradestehen. Bei den Nachrichtenmedien gehört die Überprüfung der Texte, von denen jede Einzelheit aufwändig belegt werden muss, zu den größten Kostenfaktoren. Alles muss exakt zutreffen, »wasserdicht« sein, bevor es der Öffentlichkeit übergeben wird. Kein Medium will sich vorwerfen lassen, dass seiner Dokumentationspflicht Falschmeldungen durch die Lappen gegangen sind.

Die Nachrichten-Zweitverwerter müssen sich mit derlei nicht herumschlagen. Aber gerade dadurch, dass sie alles auf ihren Plattformen auftreten lassen, was den Mund aufreißen kann, bringen sie die Nachrichtenbranche selbst in Verruf. Wo mit dem guten Glauben der Nutzer gespielt wird, steht die Glaubwürdigkeit selbst auf dem Spiel. Aber auch dies muss Facebook und Google nicht kümmern: Wahrheit ist nicht das entscheidende Kriterium, sondern Quote. Der Erfolg entscheidet darüber, was geglaubt wird, und weil es geglaubt wird, ist es die sozusagen per Akklamation geschaffene Wahrheit. Nicht die Nachricht wird viral, sondern weil der Text viral wird, gilt er als Nachricht. Was man glaubt, ist eben wahr. Die Mehrheit hat immer Recht.

Der Plattform-Trick befreit die Social Media von Verantwortung. Zugleich bringen ihnen die Lügenbotschaften Millionen Klicks samt Werbeeinnahmen. In diesem Zusammenhang erweist sich das Geschäftsmodell »Plattform« als ebenso unwiderlegbar wie absurd: Um dies zu verdeutlichen, verglich Scott Galloway die Social Media-Postings mit McDonald's-Hamburgern: Würde irgendwann entdeckt, so der Internetkritiker, dass 80 Prozent des verwendeten Hackfleischs eine Gesundheitsgefahr für die Kunden darstellte, hätte das Online-Medium folgende Antwort parat: McDonald's sei in Wahrheit gar kein Fast-Food-Restaurant, das für seine Bouletten verantwortlich ist, sondern lediglich eine Plattform für Rindfleischgroßhändler. An die möge man sich wenden.

Zur Scheinentlastung der Social Media-Konzerne trägt auch der Hinweis bei, dass jeder Nutzer selbst entscheiden kann, was er anklickt und was nicht. Aber wenn bereits eine Million diese Website geliked haben, fällt es den meisten schwer, mit der eigenen Maus stillzuhalten. Außerdem werden Beiträge bereits in Hinblick auf die erwünschten Likes konzipiert. Das spontane Interesse des Nutzers ist also kein Zufall, sondern folgt dem Kalkül der Texter und der Filterung der Algorithmen. Man fühlt sich angesprochen, weil man *de facto* angesprochen ist. »He du, schau dir das an!«, ruft die Website in den leeren Raum der kollektiven Erwartungshaltung. »Toll«, antwortet der klickende User, »endlich jemand, der mich versteht«.

Ein Erfolgsgeheimnis der griechischen Tragödie zu Zeiten Platons war die *Anagnorisis,* das sich Wiedererkennen der lange getrennten Liebenden oder Geschwister. So fanden Orest und

Elektra sich wieder, später auch Tristan und Isolde und die unglücklichen Paare zahlloser Hollywoodfilme. Tagtäglich glauben Millionen Social Media-User diesen lange vermissten Anderen im Netz gefunden zu haben. Das Glücksgefühl verdankt sich dabei einer fingierten Vertrautheit. Gewöhnlich geben Texte das wieder, was man für die Erwartungshaltung der unbekannten Empfänger hält. Dessen Antwort, die nach demselben Prinzip verfasst ist, bietet wiederum dem ersten Poster die Möglichkeit, seine Botschaft anzupassen und zu verfeinern. Jeder lügt sich in die Tasche des Anderen.

So bilden sich zwischen Unbekannten, die sich etwa in ihrer Neigung zu einer bestimmten Turnschuhmarke oder zur Eifersucht auf untreue Partner einig sind, enge Beziehungen. Dasselbe gilt für die Verbreitung von *Hate Mail*. Eine bestimmte politische Richtung, die sich dem Hass verschrieben hat, schickt denselben Werbebrief an Hunderttausende Adressaten, von denen Likes spendiert werden, die neue Interessenten und Likes generieren. Man kann endlich bekennen, was man verschweigen musste. Man schimpft auf den Feind, es wird fleißig zurückgeschimpft, und schon beginnt sich die Unglücksspirale des mutuellen Hasses zu drehen. Nutznießer sind die Plattformen, die ständig neue Daten abschöpfen und ihre Werbeeinnahmen erhöhen.

Nutznießer sind auch die politischen Richtungen, die sich mit ins Blaue hineingeschickten *Spam-E-Mails* neue Wählerschichten erschließen. Oder die sich, wie im Fall der Trump-Kampagne 2016, von Spezialfirmen wie *Cambridge Analytical* direkt zu den Smartphones der Sympathisanten führen lassen. Möglich wird das, weil man Millionen Facebook-Profile, die sich ohne Mühe beschaffen ließen, algorithmisch auswertete. Wer etwa anderen getextet hat, dass er Trumps Konkurrentin Hillary Clinton für eine Wallstreet-Kreatur hält, wird zum vorrangigen Ziel von Pseudo-Nachrichten, die ihn in seiner Meinung bestätigen. Und sich bestätigt sehen, das heißt, auch andere am eigenen Erkenntnissprung teilhaben lassen. Denn Tweets sind nicht müßig, sondern gebären Retweets. »Amerikanische Wähler«, so warnte die Propaganda-Forscherin Emma Briant Anfang 2020, »werden nach wie vor mit angsterregenden Botschaften eingedeckt. Hier ist eine globale Beeinflussungsindustrie am Werk, die sich jeder Kontrolle entzieht.«[102]

Widerstandlos lässt sich fast die Hälfte der amerikanischen Gesellschaft zu einer Weltanschauung überreden, die in allem ihrer traditionellen Liberalität hohnspricht. Trumps medial verbreitetes Gaslicht verdüstert die Welt und spaltet die Gesellschaft: Plötzlich stehen sich auf der einen Seite die loyalen Trump-Wähler, auf der anderen die mexikanischen Vergewaltiger, muslimischen Terroristen, demokratischen Volksfeinde und medialen Verbreiter des Corona-Hoax gegenüber. Dabei war Trumps auf Millionen roten Mützen verbreitete Kampfparole von 2016, *Make America Great Again*, selbst ein Hoax. Amerika musste nicht wieder »groß gemacht« werden, denn es war niemals »klein« gewesen. Zumindest nicht bis zu Trumps Amtsantritt.

Pizzagate

Donald Trumps Wahlsieg 2016 kam für alle überraschend. Noch Wochen zuvor hatte seine demokratische Konkurrentin Hillary Clinton in den Umfragen deutlich geführt. Am Wahlabend kam dann die böse Überraschung. Wie sich später herausstellte, waren viele traditionelle Wähler der demokratischen Partei einfach nicht zur Wahl gegangen. Über diesen spontanen Wahlboykott, der den Lauf der Geschichte verändern sollte, wurde lange gerätselt.

Gut möglich, dass lächerliche Lügengeschichten dem Kandidaten den knappen Wahlsieg gebracht haben. Kurz vor der

Wahl hatte sich im Trump-Lager Panik breitgemacht. Bis seine engsten, im Fach *Dirty Politics* (schmutzige Politik) erfahrenen Mitarbeiter sich mit sympathisierenden High-tech-Spezialisten des Silicon Valley zusammensetzten. Gemeinsam beschloss man eine neuartige *Digital Marketing*-Strategie, die auf dem Prinzip Trägheit basierte. Man nannte sie *Voter Supression* (Wählerunterdrückung). Bekanntlich fällt es Menschen leichter, etwas mit Mühe Verbundenes nicht zu tun, als es zu tun. Die meisten bleiben auch lieber zuhause vor dem Bildschirm, als bei schlechtem Wetter in der Schlange vor einem Wahllokal anzustehen. Das Trump-Team beschloss also, den eher passiv und häuslich Veranlagten entgegenzukommen.

Statt für den eigenen Favoriten warb man gegen die Konkurrentin, indem man den demokratischen Wählern erfundene Argumente lieferte. Man vermieste ihnen schlicht die eigene Kandidatin. So wurde etwa behauptet, Hillary Clinton »hält Schwarze für Raubtiere« oder »bereitet den Atomkrieg vor«. Dieser Lieferservice haarsträubender Lügen, von denen, wie man seit den Römern weiß, »immer etwas hängen bleibt«, nahm vornehmlich ethnische Minderheiten, weiße Liberale und junge Frauen ins Visier. Deren oft schwankende politische Einstellung ließ sich aus ihren Daten herausfiltern. Und durch gezielte Lügenstories in die erwünschte Richtung lenken.

Eines der aktuellsten Themen, das sich für diese Antipathie-Kampagne anbot, war der Kindsmissbrauch. Noch ekelhafter als die in der *Me Too*-Bewegung angeprangerten Übergriffe, stand der Sex mit Kindern auf der Liste der Tabus an oberster Stelle. Und hier setzte man mit der *Voter Supression* an. Durch gezielten Social Media-Einsatz wurden einschlägige Falschnachrichten in Umlauf gebracht. Millionenfach angeklickt, überschlugen sich auch die anderen Medien in Eilmeldungen. Nach dem Motto, »wer zu spät schreibt, den bestraft das Leben«, berichtete man landesweit über eine in kriminelle

Machenschaften verstrickte Hillary Clinton. In Erinnerung an Nixons Watergate-Fiasko gab man ihrem Skandal den Namen »Pizzagate«.

Diese Meldung, die *viral* ging und zwar *Big Time* (in globalem Maßstab), stellte alle bis dahin gehandelten Propagandalügen in den Schatten. Sie bestand in der Aufdeckung einer angeblichen Geheimorganisation für Kinderprostitution. Als Ort des Verbrechens wurden, wie in Mafiafilmen üblich, die Hinterzimmer einer Pizzeria ausfindig gemacht. Die sensationelle Aufdeckung der Verschwörung gelang durch hochmoderne Dechiffrierungskunst. Spezialisten wiesen nach, dass in einer geleakten E-Mail des Pizzabesitzers an Clintons Wahlkampfmanager verfängliche Begriffe wie »Pizza«, »Pasta« und »Sauce« auftauchten. Dabei wusste jeder mit Kinderporno-Kreisen Vertraute, dass Pizza und Sauce als Codewörter für »Mädchen« und »Orgie« verwendet wurden, während mit Pasta »kleine Jungs« gemeint waren. Für Trumps Millionenpublikum lag es auf der Hand, dass der Wahlkampfmanager Einfluss auf den kriminellen Pizzabäcker nehmen sollte, und dies im Geheimauftrag Hillary Clintons. Für politisch korrekte Demokraten war die Kandidatin damit erledigt.

Dieser Treppenwitz der Weltgeschichte beschäftigt die amerikanische Social Media-Gemeinde bis heute. Eine wahre Recherchier-Wut setzte ein, in deren Folge etwa das Firmenlogo einer benachbarten Pizzeria als Pädophilen-Zeichen enttarnt wurde. Weitere Beweise wurden beigebracht, die zwar die Glaubwürdigkeit nicht steigern konnten, sehr wohl aber die Klick-Rate, auf die es schließlich ankam. Aus Scherz wurde Ernst, als ein mit einer Maschinenpistole bewaffneter Mann die verdächtige Pizzeria stürmte und unter Abgabe von Warnschüssen die sofortige Herausgabe der »dort festgehaltenen und missbrauchten Kinder« forderte. Passend dazu hatte sich Trumps Wahlkampfteam einen Slogan für seine Mitbewerberin ausgedacht: *Lock her up*, »Sperrt sie ein«.

Später stellte sich heraus, dass Wahlsieger Trump selbst durch *Retweets* von Pizzagate-Meldungen zu deren Verbreitung beigetragen hatte. Zudem hatte sich ein prominenter Sympathisant des Trump-Teams, Generalleutnant Michael T. Flynn, mit eigenen Beiträgen über Clintons angebliche Nähe zu Pädophilie und nebenbei auch Geldwäsche geäußert. Bald darauf wurde Flynn von einem dankbaren Präsidenten auf einen der wichtigsten Regierungsposten, den des Nationalen Sicherheitsberaters, berufen.[103] »Manchmal fällt es schwer«, sagte der römische Gesellschaftskritiker Juvenal, »keine Satire zu schreiben.« Zumal wenn der mächtigste Mann der Welt ein geistloser Possenreißer ist und seine Welt eine Farce.

Der Sieg des Außenseiters 2016 wurde ermöglicht durch zwei infame Angriffsmethoden: zum einen die Dirty Politics seiner Schmutzkampagne, die man mit Hilfe der ungeheuren Datensammlungen der Social Media-Plattformen verbreitete. Zum anderen Trumps alltäglicher, allnächtlicher Twitter-Krieg, der seine lächerlichen Märchen millionenfach verbreitete. Seine Konkurrentin Hillary Clinton wurde von dieser Social Media-Offensive sozusagen kalt erwischt. Hatte sie gut 60.000 Werbeclips unterbringen können, konnte Trumps Propagandazirkus mit dem Hundertfachen aufwarten. Die Masse macht's. Hauptwaffe der medialen Konfliktaustragung ist seit jeher die Desinformation, ein Wort, das im Fall Trump wie eine Untertreibung klingt. Was durch ihn und für ihn zum Einsatz kam, glich eher den Propagandalügen der beiden Weltkriege. Hier handelte es sich nicht um einfache Irreführung der Menschen, sondern um Niedermachen des Gegners durch Verleumdung und *Character Assassination*.

Als hilfreich erwiesen sich auch die Angriffe der russischen *Hacker Farms*, die in Putins Auftrag die Lügen ihrer amerikanischen Mitkämpfer noch an Lächerlichkeit übertrafen. So wurde Clinton ein unerbittlicher Hass auf die schwarze Bevölkerung nachgesagt und zugleich eine Neigung zum

Islam, dessen Gesetzeskodex Scharia sie angeblich in höchsten Tönen lobte. Unter den rund tausend Lügenvideos, die für You-Tube produziert wurden, fand sich auch ein Pornoclip, der die biedere, jeder Eskapade unverdächtige Hillary Clinton beim Sex im Stundenhotel zeigte. Allein auf Facebook erzielte die russische Desinformationskampagne 40 Millionen Likes. Dank Facebook, Twitter, Instagram und Whatsapp erreichten diese konzertierten Cyberattacken über 150 Millionen Amerikaner. Hinterher verkündete die Leiterin von Trumps Digitalkampagne, Theresa Hong, sie hätten ohne Facebook die Wahl nicht gewonnen. Vielleicht war es aus Dankbarkeit, dass Trump den Facebook-Chef Zuckerberg sieben Mal zu sich eingeladen hatte, einschließlich festlichem Dinner im Weißen Haus.

Der Gegner im politischen Kampf ist auch kein bloßer Gegner mehr, sondern ein Feind, der kaum mehr den Namen Mensch verdient. Und seine Vernichtung ist gerechtfertigt, weil er ein Schädling ist. Im Wahlkampf von 2020 nannte Trump die liberaldemokratische Opposition »bösartig«, »Feind des Volkes«, »Ratten« und »menschlichen Abschaum« *(Human Scum)*. Bei seinen mit Rockmusik aufgeheizten Fanveranstaltungen (Fan kommt von fanatisch) predigte er, dass die *»Dems«* alles »hassen«, was Amerika liebt: Freiheit, Demokratie und vor allem, ihn, den makellosen Präsidenten. Womit er seinen gläubigen Massen zu verstehen gab, dass sie dies mit gleicher Münze zurückzahlen sollten. Sie alle mussten die *Never-Trumper*, wie er die Gegenseite in Kindersprache tituliert, von Herzen hassen. Die Demokraten begriffen, dass hier keine politische Bewertung stattfand, sondern ein »Aufruf zur Gewalt«. In der heimlichen Hoffnung, seine weißen Anhänger im Fall einer verlorenen Wahl zur offenen Rebellion anstacheln zu können, rief Trump ihnen im Juni 2020 zu, die *Black-Lives-Matter*-Proteste zielten darauf ab, »euch eure Häuser zu stehlen«. Und sein Rivale Joe Biden habe bewiesen, dass er »Feind Gottes« sei.

Schwarmdemenz

Trumps Ex-Wahlkampfmanager Brad Parscale, der schon 2016 mit seinen Tricks die amerikanischen Wähler für einen eigentlich unwählbaren Kandidaten begeistert hatte, wurde vom Präsidenten auch mit seiner Wiederwahlkampagne beauftragt. Erneut verstand Parscale dies als militärischen Befehl zur Vernichtung des Gegners. Im Mai 2020 twitterte er Millionen Followern eine unmissverständliche Botschaft. Darin verglich er Trumps Wahlkampfzentrale mit der aus den »Star-Wars«-Filmen bekannten Raumstation *Death Star* (Todesstern), deren fürchterliche Laserkanone ganze Planeten zerstören kann. »In wenigen Tagen«, so versprach Parscale, »werden wir zum ersten Mal auf den *Fire-Button* drücken.«

Bald darauf verkündete der Präsident, sein Vorgänger Obama habe »das schlimmste politische Verbrechen in der Geschichte« begangen. Auf Nachfrage eines Journalisten stellte sich heraus, dass Trump keine Ahnung hatte, worin es bestand. Dafür kreierte er einen Namen dafür: »Obamagate«, die Nachfolgestory zu »Pizzagate«. Nachdem ein paar Tage lang behauptet wurde, Obama habe das Trump-Team bespitzeln lassen, fiel die Story in sich zusammen. Aber so glaubte man, Pizzagate unter anderen Vorzeichen neu aufwärmen zu können. Wie sich schnell herausstellte, war die Obamagate-Rakete eine Fehlzündung. Die Idiotie des Ganzen war zu offensichtlich. Was 2016 funktioniert hatte, zog im 2020er Wahlkampf nicht mehr. Trump feuerte seinen Chefpropagandisten.

Der Vorteil der Demokratie erweist sich auch als ihr Nachteil: Wahrheiten stehen nicht fest, sondern werden mehrheitlich gebildet. Jede Wahrheit löst eine ihr widersprechende aus. Es gilt als absolute Wahrheit, dass alles relativ ist. Deshalb kann auch etwas mehrheitlich wahr scheinen, das entschieden unwahr ist. Es gibt also, politisch gesehen, gar keine Wahrheit. Warum soll nicht jene glatte Lüge herrschen, die sich »reine Wahrheit«

nennt? Für die Nutzer der großen Meinungsplattformen ist der Unterschied ohnehin aufgehoben. »Der sinkende Glaube an die Demokratie«, so ergab eine weltweite Umfrage 2018, »fällt zusammen mit dem Aufstieg der Social Media.«[104]

Die Trump-Welt bietet das Bild einer Wirklichkeit, die eben deshalb wahr ist, weil er sie selbst erlogen hat. Es ist auch die Welt der *Conspiration Theories.* Verschwörungstheorien fügen beliebige Steinchen zu einem Mosaik zusammen, das seine eigene irrwitzige Logik besitzt. Vom Schwarm ausgebrütet, wird der scheinvernünftige Wahn vom Schwarm geglaubt und befolgt. Entstanden durch ein Kurztext-»Zwitschern«, kristallisiert sich durch das massenhafte Hin-und-her die Verschwörungslogik der Schwarmdemenz. In der Trump-Ära avancierte sie zur gültigen Doktrin. Seine getwitterten Hypothesen, die ihren pathologischen Charakter an der Stirn tragen, wurden zur offiziellen Politik der Vereinigten Staaten.

So gelang es dem Präsidenten, fast hinter jedem internationalen Abkommen eine Verschwörung gegen die USA zu konstruieren, die ihm das Recht gab, es zu kündigen. Mit dem Applaus der Republikaner entlarvte er auch die drohende Klimakatastrophe als einen Trick anderer Nationen, die Wirtschaft seines Landes zu schwächen. Und er nannte das Coronavirus einen gemeinsamen *Hoax* der Weltgesundheitsorganisation WHO, der Chinesen und der Demokratischen Partei, um seine Wiederwahl zu verhindern. Während seiner Präsidentschaft trat in den USA auch eine Geheimorganisation in Erscheinung, die hauptsächlich in Internetforen wie »4chan« und Instagram aktiv ist. *QAnon,* wie die Politsekte sich nennt, genießt schon deshalb die Sympathie des Präsidenten, weil sie Verschwörungstheorien verbreitet. Um ihm zu gefallen, griff QAnon die absurde Pizzagate-Fiktion auf und dichtete ihr monumentale Dimensionen an. Nicht nur Hillary Clinton, so tönte es in der Echokammer des Wahnsinns, war in den Kinderschänder-Ring verwickelt, sondern alle Mitglieder ihrer Familie, natürlich Präsidenschaftskandidat Joe Biden, dazu die Obamas, die Ex-Präsidenten Bush Vater und Sohn, aber auch die TV-Entertainerin Oprah Winfrey und der Schauspieler Tom Hanks. Nicht zu vergessen den in Amerika beliebten Leiter des Instituts für Infektionskrankheiten, Dr. Anthony Fauci, der wegen seiner Popularität den Zorn des Präsidenten auf sich gezogen hat.

Dem Präsidenten wurde in diesem in die Realität versetzten *Phantasy Game* die Ehrenrolle des Drachentöters reserviert. Mit Hilfe des US-Militärs und der QAnon-Tempelritter, so glauben Hunderttausende und täglich mehr, wird er die Welt von dem satanischen Kult der demokratischen Kinderschlächter befreien.

13. Kapitel

Menschheitsverbesserung

> *»Die Roboter werden smarter sein*
> *als wir, und wenn sie smarter*
> *sind als wir, werden sie begreifen,*
> *dass sie uns brauchen – als ihre*
> *Streicheltiere, die rund um die Uhr*
> *versorgt werden möchten.«*[105]
> **Steve Wozniak, 2015**

> *»Millionen Jahre der Evolution*
> *haben den Menschen ziemlich*
> *gut an die Lebensbedingungen*
> *unseres Planeten angepasst.*
> *Wenige Jahrzehnte der Künstlichen*
> *Intelligenz werden ihm kein*
> *besseres Paradies bauen können;*
> *eher eine Hölle.«*[106]
> **Richard David Precht, 2020**

Verschwunden in der Cloud

Eine neue Art von Ich bevölkert die heutige Welt. Man könnte
es das Post-Ego nennen. Von außen erkennt man den Unterschied zum alten nicht. Dieses Ego hat sich mit dem Idealbild
identifiziert, das es in der Cyberwelt von sich aufgebaut hat.
Was einst Welt hieß, tritt heute als *Embodied Virtuality* (kör-
pergewordene Virtualität) in Erscheinung. In ihr fühlt sich der

posthumane Mensch wohl, denn er fühlt sich von ihr bestätigt. Sein Wesen hängt nicht mehr an seinem Körper, sondern sieht sich dank Smartphone vervielfältigt wie in einem Spiegelkabinett.

Die Identität des Post-Ego kann man auch als Maske bezeichnen. Der Online-Mensch trägt nicht eine Maske, er ist sie. Normalerweise ist hinter der Maske noch immer derjenige, der sie benutzt und folglich zwischen sich und ihr zu unterscheiden weiß. Wer das nicht kann, gleicht dem Schauspieler, der sich für Hamlet hält. Aber diese Geistesstörung ist zur weltweiten Normalität geworden. Jeder ist sein Cyber-Ich, und keiner will er selbst sein. Die Hamlet-Frage ist überholt. Denn zwischen Sein und Nichtsein gibt es keinen Unterschied mehr.

Das Posthumane kommt nicht über den Menschen, sondern er selbst schafft sich zu diesem neuen Bewusstseinstyp um. Wobei ihm die Richtung von den Betreibern der Online-Plattformen mit sanftem Nachdruck gewiesen wird. Endlich kann man selbst bestimmen, wer man ist und wer nicht. Aber darauf, was dieses seltsame Wesen »Man« im Einzelnen bedeutet, hat man keinen Einfluss. Man denkt, tut und kauft das, was man denkt, tut und kauft. Oder man denkt, tut und kauft bewusst etwas ganz anderes, aber das tun die anderen auch. Im einen wie im anderen Fall bietet die Cyberwelt alle erwünschten Antworten, wie sie mit beängstigender Exaktheit von den Algorithmen bereitgestellt werden.

Seit Anbruch der posthumanen Welt gibt es sie noch, die Menschen, und dies in wachsender Zahl. Aber sie zählen nicht mehr. Sie werden gezählt. Und abgespeichert. Sie bestehen aus den Websites, die sie anklicken, und der Werbung, von der sie mit demselben Klick überrumpelt werden. Es geht zu wie im Knusperhäuschen der Märchenhexe, wo man nach Herzenslust konsumiert. Und anschließend konsumiert wird. Der Mensch, der nicht mehr zählt, kann auch nicht mehr auf sich zählen. Er verzweifelt daran, »nur« Mensch zu sein. Dabei müsste er daran verzweifeln, zu einer virtuellen Schachfigur auf dem digitalen Spielbrett geworden zu sein. »Ich bin unglücklich über den Einfluss, den die digitale Technologie über die Welt ausübt«, sagte der Cyberwelt-Pionier Jaron Lanier 2017. »Als Lösung sehe ich nur, dass wir unsere Anstrengung, Mensch zu sein, verdoppeln.«[107]

Der Weg scheint aber in die entgegengesetzte Richtung zu weisen. Man möchte am liebsten sein leidiges Gewordensein von sich ablegen und sich mit der Unangreifbarkeit und Vollkommenheit einer Maschine verbinden. Man möchte mehr können, als der Mensch kann. Und gleichzeitig weniger mitfühlen, was der Mensch fühlt. Seit rund 100 Jahren geistert deshalb die Vorstellung von Robotern durch die Fantasie der Menschen. Sie sollen, so die Übersetzung des slawischen Ausdrucks, dem Menschen als »Arbeiter« dienen. Ohne selbst Mensch zu sein. Nebenbei lässt sich so das moralische Problem der Sklaverei umgehen.

Seit Beginn des Computerzeitalters wurde die Idee des maschinellen Alleskönners verwirklicht, wenn auch langsamer als versprochen. Jede neue Robotergeneration wurde als Weltwunder gepriesen. Doch bis heute kam immer nur ein aus Plastik und Metall zusammengesetzter Ritter von der traurigen Gestalt heraus. Zwar konnten die Modelle immer mehr, trugen in ihren polierten Kunststoffköpfen immer leistungsstärkere Supercomputer, aber ihre Bewegungen blieben unbeholfen. Sie übernahmen Funktionen im Arbeitsprozess, die sie besser ausführten, als je ein Mensch es konnte. Generationen von Programmierern und Ingenieuren haben an der gestaltgewordenen Künstlichen Intelligenz gearbeitet. Doch vom Ziel der Menschenähnlichkeit blieben die *Androids* oder *Synths* weit entfernt.

In seinem Buch »Die Physik der Zukunft« sagte der Zukunftsforscher Michio Kaku 2011 voraus, dass man Mitte unseres Jahrhunderts Roboter herstellen könne, die über die Intelligenz

241

von Hunden und Katzen verfügten. Dabei gibt es schon jetzt Roboter, die über menschliche Intelligenz verfügen: Es sind die posthumanen Menschen. Sie leben, wie ihre seelenlosen Brüder, auf Zuruf. Sie lernen, Vorgaben zu erfüllen. Ihre Welt haben sie im Griff, so weit die Computertechnik es ihnen erlaubt. Und sie wissen so gut wie alles, weil die Cloud es für sie weiß. Ihre Haupttätigkeit besteht in unselbständiger Arbeit, die in ihr unselbständiges Leben eingebettet ist. Wie Maschinen handeln sie nach Vorschrift, geleitet von Instruktionen, die ihnen vorgegeben werden. Das tun jene, die definieren, was an ihrer Intelligenz künstlich ist, und auch jene, die vormachen, was man nachzumachen hat.

Man macht, was *man* macht. Und macht dabei, dank *Behavioral Patterns* (Verhaltensmustern), die einem beigebracht werden, eine »gute Figur«. Man folgt den Trends, und kleidet sich entsprechend. Und zur Unterhaltung schaut man sich das Leben in den *Streaming*-Diensten des Internet an. Kein besserer Roboter wäre denkbar. Und noch etwas hat der posthumane Roboter mit dem Technik-Roboter gemeinsam: Im schier unendlichen Arsenal seines Könnens und Wissens kommt Menschlichkeit nicht vor. Wie die Gefühle, diese animalischen Residuen, ist sie nicht zielführend genug.

Nach Meinung des legendären, 2018 verstorbenen Astrophysikers Stephen Hawking könnte der alte Mensch zum Auslaufmodell werden. Die Menschheit, so sagte er, sei »in eine neue Phase der Evolution eingetreten«, die er *Self Designed Evolution* (selbstentworfene Evolution) nannte: Nicht mehr die Natur arbeite sich an der Anpassungs- und Überlebensfähigkeit des *homo sapiens* ab, sondern der Mensch passe seine Natur den eigenen Zukunftsplänen an und versuche, seine DNA zu »verbessern«. Zur Lösung anstehender Probleme, so Hawking, »bleibe keine Zeit mehr. Damit der Mensch intelligenter und verträglicher werde, könne man nicht länger auf eine Entwicklung Darwinscher Art warten. Und er prophezeite, »dass der Mensch sich in eine Maschine verwandeln wird, die das auf DNA basierende Leben ersetzen wird, wie die DNA selbst frühere Lebensformen ersetzt hat.«[108]

Der »Transhumanismus«, die aktuelle kalifornische Ideologie, geht zwar nicht vom Guten im Menschen aus, aber von der Möglichkeit, ihn zum guten, gesunden und leistungswilligen Menschen umzuklonen und zurechtzuprogrammieren. Man nennt dies *Human Enhancement* (Menschheitsverbesserung). Durch die exponentielle Entwicklung der Computer- und Gentechnologie scheint dies greifbar nahe. Die Tatsache, dass der Mensch, ebenfalls in exponentieller Steigerung, im Cyberspace verschwindet, erhält so eine optimistische Wendung: Ja, er verschwindet, aber zu seinem eigenen Wohl. Denn der verschwundene und im Gegenzug digital aufgerüstete Mensch ist der bessere Mensch. Deshalb darf man die unaufhaltsame Entwicklung nicht als Bedrohung verstehen, sondern muss sie als Befreiung von naturgegebenen Schwächen willkommen heißen. In einem gesunden, weil DNA-optimierten Körper wird ein gesunder, von der Cloud gespeister Geist sitzen. So lehrt es das Silicon Valley.

Am liebsten würden die Programmierer schon heute »ihre Suchmaschine in eine Künstliche Intelligenz verwandeln, die man möglicherweise direkt mit dem menschlichen Gehirn verbinden könnte«[109]. Dies ist schon deshalb möglich, weil beide, Gehirn und Computer, miteinander kompatibel sind. »Das Nervensystem kann sich diese Kompatibilität zunutze machen«, so der Psychiater Norman Doidge, »um mit den elektronischen Medien zu verschmelzen und dadurch ein einziges größeres System entstehen zu lassen.«[110]

Der Tesla-Gründer und Weltraumpionier Elon Musk ist auch auf diesem Gebiet vorgeprescht. Mit einem Chip namens »Neuralink« hat seine Firma eine erste Schnittstelle zwischen Computer und Gehirn hergestellt. Das winzige Gerät, von Musk im August 2020 vorgestellt, kann Informationen zwischen

Gehirnneuronen und Smartphones austauschen. Und da der moderne Mensch über beides verfügt, kann sich die gesamte Menschheit von Musks Revolution angesprochen fühlen. Im Schädel implantiert, ist Neuralink mit Temperatur-, Druck- und Bewegungssensoren ausgestattet, die etwa Schmerzen und Schlafstörungen beeinflussen oder vor Herzinfarkt und Schlaganfall warnen können. Die Möglichkeit, dass der Chip auch umgekehrt eingesetzt werden kann, indem er auslöst, was er verhindern soll, und Emotionen weckt, die wiederum Gedanken kontrollieren, wurde bei der Vorstellung in San Francisco nicht angesprochen.

Auch der amerikanische Futurologe und Google-Direktor Ray Kurzweil, den das Forbes-Magazin die »ultimative Denkmaschine« nannte, hält dies für realisierbar. Dank der explosionsartigen Entwicklung der Künstlichen Intelligenz sagt er der Menschheit eine glänzende Zukunft voraus. Bereits jetzt habe die KI weitgehend Besitz von uns ergriffen, was sich zu unserem unabsehbaren Nutzen auswirkte. Man denkt nicht weiter daran, aber fast jeder trägt die KI bereits mit sich herum, als wär's ein Stück von ihm. »Die Smartphones«, so Kurzweil auf YouTube, sind eigentlich keine gewöhnlichen Geräte, »sondern in Wahrheit eine Erweiterung unseres Gehirns«. Wohl gemerkt, sie sind für ihn nicht nur Hilfsmittel, sondern Teil des Menschen. Und erweitert um die Informationsunendlichkeit der Cloud wird das Gehirn selbst zur Künstlichen Intelligenz. Da Milliarden solcher Westentaschen-KI ein synergetisches Netzwerk bilden, scheint der letzte Schritt zum »transhumanen Menschen« in greifbare Nähe gerückt.

Schon Ende dieses Jahrzehnts, so Kurzweil, wird selbst das Smartphone als Multifunktionsgadget überflüssig. Dann dürfte es eine direkte Verbindung der Cloud mit dem Neokortex des Gehirns geben. Die Gehirn-Dateien werden auf den Computer heruntergeladen und dessen Riesenspeicher in die Gehirne hochgeladen. Man tauscht sich aus, man lernt sich mögen. Auf diese Weise werden sich ohne Umweg über Touchscreens sämtliche Informationen unmittelbar im Bewusstsein manifestieren. An die Stelle der Maus tritt der Gedanke. Man braucht kein eigenes Gehirn mehr, denn man verfügt über das Gehirn des Ganzen. Dank dieser »Intelligenz-Explosion«, wie Kurzweil diese Verwandlung nennt, mutiert man auch zur eigenen Suchmaschine, die ohne den Umweg über Frage und Antwort auskommt. Man benutzt Google nicht mehr, man *ist* Google. Jede Frage beantwortet sich selbst, noch bevor sie gestellt ist. Dann braucht der Mensch keine Antworten mehr, denn er selbst ist die Antwort. Auf alles. Dann hat die Superintelligenz mit Menschenmaske den strahlenden Gipfel des Universums erstiegen, wo sie dem Übermenschen Nietzsches die Hand reichen kann.

Bei seiner turbo-optimistischen Zukunftsvision ließ Kurzweil, nebenbei auch Chefentwickler des Google-Lebensverlängerungsprojekts Calico, die Möglichkeit außer Acht, dass es genau umgekehrt kommen könnte: Nicht die Großhirnrinde des menschlichen Gehirns wird es dann sein, die sich der Cloud als Mittel zur Übermenschlichkeit bedient, sondern der Cyberspace wird sich den menschlichen Geist einverleiben, um ihn zu beherrschen. *Homo sapiens* verschwindet in der Wolke, ohne dass er es überhaupt bemerkt. Und diese stille Besitzergreifung hat längst begonnen. Der Mensch ist nur noch die Funktion, die er im virtuellen Raum einnimmt, oder vielmehr, die der Cyberspace ihm zuweist. Er ist nur noch präsent, wenn er online ist.

Der Mensch ist bereits der, der nach ihm kommt. Wie Kurzweil erwartet man ihn für die Zukunft, aber diese Zukunft hat bereits begonnen. Und anders, als der Google-Mann sich ausmalt. Alles, was uns bisher in unserem Wesen bestimmte, ist auf die digitale Wirklichkeit übergegangen. Heute werden wir von der Superintelligenz definiert, die Silicon Valley heißt. Und die Gemeinschaft, in die wir hineingewachsen sind, wurde in die abstrakte Internet-Community verwandelt. Der kommunikative Austausch mit ihr ist intensiver als jemals im analogen Leben. Aber man kennt niemanden mehr. Man kennt sich selbst nicht mehr.

Der posthumane Mensch lebt im Wolkenkuckucksheim, wo bereits Millionen Mitteilungsbedürftige darauf warten, auf seine Fingerberührung hin mit ihm Kontakt aufzunehmen und auch wieder zu schweigen. Er fühlt sich allmächtig, ist aber nur das mit Verfallsdatum versehene Cyber-Produkt, das sich für den Herrn einer Welt hält, die es nicht mehr gibt.

Von der Unfreiheit eines Cybermenschen

Seit Reformationszeiten gilt Freiheit als Hauptziel der Menschheitsentwicklung. Einem mittelalterlichen Menschen wäre dies nicht im Traum eingefallen. Erst Luther brachte die Idee der »Freiheit eines Christenmenschen« in die Welt. Seit seinem Auftreten hat jede Epoche der Menschheitsgeschichte ihre eigene Vorstellung von Freiheit formuliert. Bestand sie zur Reformationszeiten in der Freiheit von der Macht der Kirche, so folgte mit der Aufklärung ein neues Freiheitsbild, nach dem der Mensch sich von Gott loslösen musste, um endlich er selbst, und das heißt, natürlich zu werden. Nachdem sich die Moderne die politische Befreiung der Gesellschaft auf die Fahnen schrieb, folgte die sexuelle Befreiung, zu der Sigmund Freud die Tür aufstieß.

Blieb noch die letzte, die von allen Befreiungen am tiefsten in die Menschheitsgeschichte eingriff, weshalb sie kaum bemerkt wurde: die Befreiung des Menschen von seiner Körperlichkeit. Zwar gibt es den naturgegebenen Körper noch, doch was wirklich zählt, ist allein der digitale Mensch, der sich nach eigenen Wünschen gestalten lässt. Der Körper, um dessen Erhaltung und Fortpflanzung sich die Naturgeschichte drehte, hat im Virtuellen seine zentrale Stellung verloren. Es gibt ihn noch, aber nur unter »ferner liefen«.

Welche Paradoxie, dass sich ausgerechnet die leblose Warenwelt jene Identität zu verschaffen wusste, die der lebendige Mensch schrittweise preisgegeben hat. Der Entkörperung des Cybermenschen entspricht die Verkörperung der Corporations. Diese Großfirmen bestehen darauf, als real existierende Menschenwesen zu gelten und Menschenrecht in Anspruch zu nehmen. Man gesteht es ihnen gerne zu, solange sie die Menschheit mit ihrer Produktpalette und einem weltumspannenden Internet versorgen. So genießt man die Freiheit, sich im Cyberspace alles im Handumdrehen beschaffen zu können. Aber die Freiheit, die nur der reale, sich selbst fühlende Körper bieten kann, ist einem dort abhanden gekommen. Heute sind die Großunternehmen mehr Mensch als der Mensch. Aber menschlich sind sie nicht.

Die Möglichkeit dieser mit Wunscherfüllung gepaarten Selbstentwirklichung wurde im 19. Jahrhundert von dem Dichter Adalbert Chamisso visionär beschrieben. Seine märchenhafte Parabel, »Peter Schlemihls wundersame Geschichte«, entstand nicht zufällig zur Zeit der Befreiungskriege gegen Napoleon. Der Mensch der Gegenwart, so erkannte Chamisso, lebt in Unfreiheit. Er weiß nicht einmal, was Freiheit ist. Stattdessen begnügt er sich mit den Waren, die ihm angeboten werden, und fragt auch nicht nach ihrer Herkunft.

Die Gesellschaft, die Chamisso beschreibt, berauscht sich an der Welt der bunten Dinge, die für sie sozusagen aus dem Hut gezaubert werden. Und das gratis. Vor lauter Erwartung, was ihnen als Nächstes geboten wird, vergessen die Menschen sich selbst. Und geben die Freiheit auf, die ihnen als lebendigen Menschen geschenkt ist. Gedankenlos verzichten die Menschen auf ihr Erstgeburtsrecht, als körperliche Wesen in der Natur ihr Glück zu finden. Dies aber ist der Preis für die falsche »Amazon«-Pracht: Dem Menschen wird alles gegeben. Doch er selbst wird sich genommen. Menschsein war gestern.

Peter Schlemihl, der unglückselige Held der Geschichte, ist ein armer Schlucker, der von seinem reichen Onkel auf ein Gartenfest am Meer eingeladen wird. Auf der Partygesellschaft, die sich köstlich amüsiert, verletzt sich eine Dame an einem Rosenbusch. Als die Aufregung darüber um sich greift, tritt wie aus dem Nichts ein unauffälliger Mann vor, zieht aus seiner Rocktasche ein Heftpflaster und überreicht es mit devoter Verbeugung. Chamisso nennt ihn den Grauen. Die unerwartete Hilfeleistung wird von der Gesellschaft kaum zur Kenntnis genommen. Denn schon lenkt ein Schiff sie ab, das am Horizont erscheint. Man ruft nach einem Fernrohr. Der Graue greift in seine Tasche und zieht, was niemanden wundert, das Gewünschte heraus. Da jeder einen Blick durch das Fernrohr erhaschen will, fragt sich keiner, wie man einen Gegenstand dieser Länge in einer Hosentasche unterbringt. Als einige Damen sich auf den feuchten Rasen niederlassen wollen, hält man es schon für selbstverständlich, dass der Unbekannte einen golddurchwirkten Orientteppich zu Tage fördert. Und als um Mittag die Sonne zu brennen beginnt, zaubert er wunschgemäß ein passendes Zelt hervor, in dem die ganz Gesellschaft Platz findet. Und keiner, so der Autor, »fand noch etwas Außerordentliches darin«.

Chamisso beschreibt, wie einer gedankenlosen Überflussgesellschaft durch an Zauberei grenzende Technik jeder Wunsch erfüllt wird. Alles lässt sich auf mühelose Weise beschaffen. Was früher seine Zeit gedauert hat, geschieht jetzt augenblicklich, »per Mausklick«. Der graue Wuncherfüller, der über die Warenwelt zu gebieten scheint, hält sich dabei diskret im Hintergrund. Er ist ein perfekter Diener, dessen einziges Anliegen das Wohlergehen der Menschheit zu sein scheint.

Nur einem in der Gesellschaft fällt auf, dass etwas nicht stimmt. Dem jugendlichen Helden, Peter Schlemihl, wird es auf diesem *Social Event* unheimlich. Ihm missfallen die Zauberkünste des Grauen, mehr aber noch die Selbstverständlichkeit, mit der sich die Gäste bedienen lassen. Als er sich davonstehlen will, stellt sich ihm der Zauberer in den Weg. Unterwürfig ergeht er sich in Komplimenten über den Schatten des Jungen, den er »mit unaussprechlicher Bewunderung« betrachtet habe. Ob er ihn nicht verkaufen wolle? Aus seiner wundersamen Rocktasche zieht er einen Beutel, prall gefüllt mit Goldstücken. Hier, bitte schön, sagt er, indem er ihn dem Helden reicht. So viel ist mir euer Schatten wert. Übrigens besitzt das Säcklein die Eigenschaft, immer gut gefüllt zu bleiben. Wenn Schlemihl nur will, wird er sich alle Wünsche erfüllen können.

Mehr überrumpelt als überzeugt, gibt der Junge die Hand darauf. Im selben Augenblick verwandelt der Graue sich in einen »hohnlächelnden Kobold«. Blitzschnell hebt er den Schatten vom Boden auf, rollt ihn wie ein Tuch zusammen, steckt ihn in die Tasche und trollt sich. Wie sich bald zeigt, hat er auch den Jungen »in die Tasche gesteckt«. Er hat ihm die ganze Welt zu Füßen gelegt, aber dessen Identität gestohlen. Zwar steht Peter Schlemihl der Reichtum der Erde zu Gebote, öffnen sich ihm alle Türen, so dass jedes Begehren sofort gesättigt, jeder Wunsch auf der Stelle erfüllt wird. Doch das Herz der Menschen bleibt ihm verschlossen.

Seine Freunde und Bekannten erkennen ihn nicht mehr. Frauen, um die er wirbt, wenden sich mit Grauen ab. Schlemihl hat alles, aber »ist« nichts mehr. Denn der unscheinbare Schatten, den niemand bewusst wahrnimmt, fällt sofort auf, wenn er fehlt. An ihm kann man zweifelsfrei erkennen, ob der Mensch wirklich ist, das heißt, eine Stelle im Raum einnimmt. Wirft er keinen Schatten, hat er auch keinen Körper. Hat er aber keinen Körper, ist er alles Mögliche, nur kein Mensch. Als Gespenst seiner selbst thront er, umgeben von überflüssigen Waren, auf einem Dukatenhaufen.

Wie es Schlemihl vor dem Fremden graute, sehen nun die Anderen in ihm das unheimliche Wesen und meiden ihn. Erdrückt von totem Besitz, der ihm von einem unsichtbaren *Fullfillment Center* überreicht wurde, hat er seine Menschlichkeit verloren. Und damit auch die Chance, geliebt zu werden. Ausgeschlossen von der Gesellschaft, befreit Schlemihl sich schließlich vom Besitzwahn und steigt aus, um in der Natur ein neues Leben zu beginnen. Und diese »wundersame Geschichte«, so schließt der Dichter Chamisso, möge dereinst, »wenn ich von der Erde verschwunden bin, manchen ihrer Bewohner zur nützlichen Lehre gereichen.«

Maschinenmensch trifft Menschmaschine

Die schleichende Entwirklichung und Enteignung des Menschen kommt immer im Gewand der unverzichtbaren Novität, der revolutionären Weiterentwicklung, die keinen Widerspruch duldet. Ohne sie scheint das eigene Leben nicht mehr wünschenswert oder auch nur möglich. Die Ware der vorherigen Generation darf man guten Gewissens entsorgen. Es handelte sich, wie man jetzt erkennt, mehr oder weniger um Schrott. Fast muss man sich schämen, sie je besessen zu haben.

Durch Künstliche Intelligenz soll der Computer mit Lernfähigkeit begabt werden, am besten sogar mit Denkfähigkeit. Irgendwann wird er dann lernen, zu sich selbst »Ich« zu sagen. Und dem Menschen das »Du« anbieten. Das fällt ihm umso leichter, als dieser bereits seine eigene Denk- und Lernfähigkeit den Maschinen angepasst hat. »Die Gefahr der Künstlichen Intelligenz«, so der deutsch-amerikanische Wissenschaftskritiker Joseph Weizenbaum, »liegt nicht darin, dass Maschinen mehr und mehr wie Menschen denken, sondern dass Menschen mehr und mehr wie Maschinen denken.«[111] Und auch der amerikanische Neurologe Oliver Sacks sieht als Hauptproblem unserer Zeit, »dass sich der Computer als Modell für das Denken und Organisieren durchgesetzt hat. Menschen beginnen, wie Computer zu denken. Und dabei übersehen sie, dass Computer nicht denken können.«

Das posthumane Gehirn setzt auf Computerähnlichkeit, wie das Elektronengehirn auf Menschenähnlichkeit. Lernt dieses erst sprechen, dann fühlen und endlich selbstbewusst denken, so gibt der Mensch all dieses Fähigkeiten auf, um sie von seinem Computer ausführen zu lassen. Fortan spricht, fühlt und denkt er digital. Er erlebt die Welt nicht mehr, sondern berechnet sie maschinell. Maschinenmensch trifft Menschmaschine. Nur noch das zählt, was sich zählen lässt und sich für die Betreiber auszahlt. Was wirklich ist, ist nicht mehr das, was wirkt, sondern was sich digital verschlüsseln lässt. Und alles lässt sich digital verschlüsseln. Was nicht, ist nicht.

Die Verwandtschaft von Gehirn und Computer ist nicht zufällig. Denn die Maschine wurde nach dem Vorbild des menschlichen Denkorgans konstruiert. Dessen gigantisches Kommunikationsnetz ermöglicht es unvorstellbaren 100 Milliarden Nervenzellen, sich an noch unvorstellbareren 100 Billiarden Synapsen zu verschalten. Dabei werden, wie im Cyberspace, unendlich viele Informationen ausgetauscht, die ständig neue Synapsen bilden. Denn die Fähigkeit der Nervenzellen, sich neu zu verknüpfen, bleibt lebenslang erhalten. Das Organ, das für uns denkt, übersteigt unser eigenes Denkvermögen. Es ist also kein fertiges Organ, sondern ein Lernwunder. Es ist nicht, es wird. Täglich lernt es sich und die Welt neu kennen. Das Gehirn, das man gestern hatte, ist nicht mehr das von heute.

Im Prinzip funktioniert das Elektronengehirn genauso, wenn auch in erheblich kleinerem Format. So verfügt ein heutiger Intel-Chip »nur« über 12 Milliarden Schalter. Doch beide, Gehirn und Computer, stehen gleichermaßen »unter Strom«.

In beiden wird das binäre Zahlensystem von 1 und 0 durch das Quantenverhalten der Photonen abgebildet. Und es sind dieselben elektrischen Impulse von Ein und Aus, die in den Hirn-Synapsen wie in den Mikroprozessoren den Informationsaustausch bewirken.

Sobald jedoch die Künstliche Intelligenz zur Selbstorganisation übergeht und sich neu erfindet, so meint der Transhumanismus, wird der Künstliche Mensch (KM) von selbst entstehen. Seit Langem sind US-Forscher bemüht, diesen Quantensprung von Mensch zu Maschine zu ermöglichen. Durch spezielle Algorithmen haben sie Schalter als künstliche Synapsen ausgelegt, die sich, genau wie Nervenverbindungen im Gehirn, selbständig ändern können. Unter der Rubrik *Deep Learning* wird die vernetzte Funktionsweise des Gehirns elektronisch imitiert.

»Maschinen werden zunehmend besser darin«, so eine Broschüre des deutschen Digitalverbands Bitkom 2017, »die Denkprozesse von Menschen zu simulieren.«[112] Wäre es so, dann würde der Computer wie ein Organismus Lernen lernen. Und sogar selbst zum Programmierer werden. Ebendies ist Elektronikern von Googles KI-Abteilung »Google Brain« im kleinen Rahmen bereits gelungen. Sie haben eine intelligente Software entwickelt, die ihre eigene intelligente Software schreiben kann. Baute diese sich auch noch die nötige Hardware, könnte sie dem KM langsam Gestalt verleihen. Dieser Übermensch würde dann die Willensstärke des Menschen mit der Superintelligenz der Computer und der unbeirrbaren Präzision des Roboters verbinden. Ein Alptraum.

Ganz im Gegenteil, meint das Silicon Valley. Denn nur mittels der Künstlichen Intelligenz, aus der der Künstliche Mensch sich selbständig erheben wird, kann die Welt in Ordnung gebracht werden. Auch Facebook-Chef Mark Zuckerberg setzt auf die selbstverwirklichende KI, die ihm für eine positive Weiterentwicklung der Menschheit unverzichtbar scheint.

Schon in den 2020er Jahren, so prophezeite er einmal, wird die KI »auf dem Feld der menschlichen Sinne wie Sehen, Hören, Sprechen weit Besseres leisten als der Mensch.«[113] Ein Problem entsteht erst, wenn der KI das auch selbst auffällt. Dass wir sie auf Dauer unter Kontrolle halten können, bezweifelt ein leitender Mitarbeiter von Zuckerbergs Forschungsabteilung. »Wir verstehen schon jetzt im Allgemeinen nicht«, so der Computerwissenschaftler Dhruv Batra, »wie komplexe Künstliche Intelligenz denkt, weil wir in ihren Denkprozess nicht wirklich hineinschauen können.«[114] Das muss nicht weiter schaden, so lange der Programmierer noch in seinen eigenen Denkprozess hineinschauen kann.

In der Zukunft, wie das Silicon Valley sie plant, werden die Menschen noch arbeiten, aber sie werden es gern tun, weil ihnen das Mühsame daran von KM-Robotern abgenommen wird. War früher der Computer in den menschlichen Lebens- und Arbeitsablauf integriert, wird der posthumane Mensch dieselbe Funktion bei jenem ausfüllen. Der einstige Herr der Schöpfung wird zur »Ressource Mensch«. Schon heute bezeichnet man jene Techniker, die sich assistierend in den Arbeitsprozess der Supercomputer einfügen, mit *Humans-in-the-Loop* (Menschen in der Schleife). »Aber«, so warnt die Bitkom, »Menschen sind schlechte Backups.«[115] Ohne die Hilfe der KI wären sie in der digitalen Zukunft überlebensunfähig.

Dass man auch noch als Körper existiert, ist nur insofern von Belang, als er die Sinne zur Wahrnehmung bereitstellt. Und die Kraft, als materielles Wesen mit materiellen Dingen umzugehen. Aber im Gegensatz zu den Sinneserfahrungen nimmt die körperliche Beschäftigung nicht mehr den Mittelpunkt seines Interesses ein. Tatsächlich ist der posthumane Mensch, nach dem Ausdruck von Karl Marx, von seiner materiellen Arbeit entfremdet. Doch das kümmert ihn nicht. Denn der Arbeitende wird bei der Arbeit mit der Musik seiner Wahl erfreut und mit Nahrung nach seinem individuellen Gusto versorgt. Von den unterhaltsamen Pausen ganz zu schweigen. Wie das Marx'sche Proletariat ist auch der ausgebeutete Mensch abgeschafft. Im Cyberspace ist jeder seines Glückes Schmied. Und hat man das Tagespensum, das einem auf den Leib geschneidert ist, abgeleistet, schenkt einem die Virtualität alle Freiheit, die man sich nur wünschen kann. Im Cyberspace werden alle Menschheitsträume wahr. Wie im unterirdischen Medienreich von E. M. Forster.

Von einem Menschsein, ohne Mensch sein zu müssen, träumte schon der Philosoph Friedrich Nietzsche im 19. Jahrhundert. Seinen Übermenschen prädestinierte er zur Weltherrschaft. Keiner Moral und keinen Gesetzen unterworfen als jenen, die er selbst bestimmte, sah der Übermensch in den traditionellen Menschen nur noch armselige Sklaven. Als schlecht angepasste Tierart waren sie unfähig, sich selbständig in der Welt zu behaupten. Wie aus der KI der KM hervorgehen wird, so besteht nach Nietzsche der einzige Lebenssinn des Menschen darin, den Übermenschen hervorzubringen. Humanismus, wie er die moderne Gesellschaft prägte, hatte für ihn ausgedient. Die Idee der Menschlichkeit brachte nur Schwächlinge hervor.

»Man hat sein Lüstchen für den Tag«, spottete Nietzsches Kunstfigur Zarathustra, »und man hat sein Lüstchen für die Nacht. Aber man ehrt die Gesundheit«. Und noch bevor die posthumanen Menschen, die er die letzten Menschen nennt, mittels Drogen in Tiefschlaf fallen, nicken sie einander zu und sagen: »Wir haben das Glück erfunden«. Der Übermensch dagegen brauchte kein Schlafmittel. Er brauchte auch keinen Schlaf mehr. Er war stark wie eine denkende Maschine und brillant wie Nietzsche selbst, und das musste er auch sein. Denn der wahre Lebenssinn bestand im Willen zur Macht. Und wer Macht hat, will immer mehr Macht. Sollten die Zuckerbergs, Musks und Bezos' Nietzsches Zarathustra gelesen haben, konnten sie viel von ihm lernen.

Vielleicht wird der Künstliche Mensch des Silicon Valley uns dereinst ein Gesicht zuwenden, das, wie das des Übermenschen, wenig Vertrauen einflößt. Oder das Angst und Schrecken verbreitet. Für seinen Zukunftsmenschen sagte Friedrich Nietzsche voraus, dass er die alte Menschheit unerbittlich aus dem Weg räumen werde. »Was fällt«, so empfiehlt Zarathustra, »das soll man auch noch stoßen«. Schöne Aussichten für den posthumanen Menschen. Derlei düstere Zukunftsvisionen scheinen auch den Tech-Milliardär Elon Musk heimgesucht zu haben. »Der allerletzte Entwicklungsstand der Künstlichen Intelligenz«, so Musk 140 Jahre nach Nietzsche, »flößt mir einen höllischen Schrecken ein. KI steht der Menschheit als ihre größte existenzielle Krise bevor. Die Gefahr, die von ihr ausgeht, ist größer als die von Atomwaffen.«[116] Nicht ahnen konnte er damals, dass er mit seinem Neuralink-Gehirnchip in diese Richtung vorangehen würde.

Das Erscheinen des Künstlichen Menschen kann morgen oder in 100 Jahren stattfinden. Kein Computer kann es voraussagen. Kein Computer kann voraussagen, wann ein Computer es voraussagen kann. Aber sicher ist, dass er kommen wird. Und damit dürfte sich das Herrschaftsverhältnis auf diesem Planeten endgültig umkehren. Hatte der alte Mensch die digitale Welt programmiert, wird der Künstliche Mensch die posthumane Menschheit programmieren. Wie der Gott der Bibel den Menschen nach seinem Bild schuf, wird der KM den Menschen nach seinem Bild umschaffen. Und dieser wird sich bemühen, die in ihn gesetzten Erwartungen zu erfüllen. Seinen menschlichen Körper hat er dazu nicht mehr nötig. »Mein Alptraum«, so schrieb die Zukunftsforscherin Katherine Hayles von der Duke University, »ist eine Kultur der posthumanen Menschen, für die ihre Körper nicht mehr die Grundlage ihrer Existenz bilden, sondern nur noch modische Accessoires sind.«[117]

Je mehr der Mensch im Cyberspace aufgeht, desto weniger benötigt er seinen Körper noch. Wenn er »Ich« sagt, meint er nicht seine leibliche Existenz, die allen möglichen Unwägbarkeiten und am Ende der Sterblichkeit ausgeliefert ist. Er meint das Ich-Profil, das von ihm in den Social Media hinterlegt und unsterblich ist. Und das Smartphone, in dem er alles Relevante wie auch alles Irrelevante gespeichert hat. Dass all dies schon im Augenblick der Entstehung den Betreibern gehört, fällt angesichts der vitalen Funktion, die es für ihn erfüllt, nicht ins Gewicht. Denn er besitzt es nicht nur. Er ist es. Und er gehört denen, die es betreiben.

Mit der Distanz zu seinem Körper hat der Mensch, wie einst Peter Schlemihl, auch seine Freiheit aufgegeben. Denn nur was wirklich ist, kann auch wirklich frei sein. Der Zukunftsmensch legt darauf auch keinen Wert, weil er den Wert der Freiheit nicht kennt. Sowenig der Computer damit anfangen kann. Dafür wird seine Lebensdauer unbegrenzt sein. Nicht als Körper, sondern als Informationskonglomerat. Unsterblichkeit wird dem Cybermenschen durch die individuelle Datenspeicherung geschenkt. Bedeutete das Zur-Welt-Kommen des menschlichen Lebens zugleich den Beginn seines Aus-der-Welt-Gehens, so bietet ihm die Cyberwelt die umgekehrte Bewegung: Sobald die Zeit den Körper zum Verschwinden gebracht hat, tritt der posthumane Mensch in die neue Existenzform der körper-, raum- und zeitlosen Zahlenkombination.

Sie bietet den Schlüssel zu seiner Wiedergeburt. Jederzeit kann der scheinbar Verstorbene seine Auferstehung in der Cloud erleben. Jederzeit kann er wie Lazarus vom Tode erweckt werden. Und kein biblisches »Hephata« ist dazu mehr nötig. Es genügt ein Mausklick, und alles ist, wie es vorher war. In der Virtualität erscheint der posthumane Mensch lebensecht und dreidimensional. Er kann auch sprechen und lachen. Und freudig umhergehen wie das Töchterlein des Jairus. Tote erwecken konnte bisher nur Gott. Nun kann es auch Kaliforniens Datenmoloch. Er ist der neue Herr über Leben und Tod. Und auch darüber, was diese beiden Worte in Zukunft bedeuten werden.

Der prophezeite Untergang

Es fällt auf, dass Propheten meist Schlimmes voraussagen, bevorzugt mit Heulen und Zähneklappern. Das Alte Testament kennt 16 zürnende Propheten, Sprachrohre Gottes. Keiner von ihnen stellt Erfreuliches in Aussicht. Zieht euch warm an, denn Vernichtung ist nahe. Auch die Offenbarung von Johannes auf Patmos stimmt auf Weltuntergang samt Naturzerstörung und Massensterben ein. Was er als Apokalypse der judäo-christlichen Kultur voraussagte, war bei den Germanen Ragnarök, Götterdämmerung. Hier sterben die Götter im Weltenbrand, und die Menschen gleich mit. Eine moderne Variante, wenn auch wahrscheinlicher, ist die Klimakatastrophe. Mit Greta Thunberg als zürnender Prophetin.

Die großen Zukunftsseher der abendländischen Kultur, von Platon bis zu den modernen Science-Fiction-Autoren, haben eines gemeinsam: Sie warnen vor einer Gefahr, die für den Alltagsmenschen unsichtbar bleibt, weil er sich selbst nicht in Frage stellt. Er hält sich für eine Gegebenheit, die ihm nicht genommen werden kann. Dass der Tod jedem ein Ende setzt, ist eingepreist. Ob lebendig oder tot, Mensch bleibt Mensch.

Ob er auch menschlich bleibt, ist eine andere Frage. Jeder weiß instinktiv, was das bedeutet. Man erlebt die Menschlichkeit, ohne weiter darüber nachzudenken. Nur wenn sie fehlt, fällt es auf. Denn dann tritt an ihre Stelle der Phantomschmerz einer Leere, die sich durch nichts, durch keine Warenvielfalt und keine Unterhaltungsindustrie, füllen lässt. Menschlichsein kann man weder haben noch machen. Man muss es sein oder nicht. Aber ohne es ist alles nichts.

Alle Zukunftsseher haben genau davor gewarnt. Nicht das Ende der biologischen Art, sondern der Menschlichkeit hat sie erschreckt. Unheimlich auch, dass nur sie diese Gefahr zu sehen scheinen. Bis heute besteht die prophetische Warnung, dass der Mensch sich verloren geht, ohne dass er es bemerkt. Oder dass er sich genommen wird und damit zugleich das Gefühl für diesen unersetzlichen Verlust. Die Trauer über das eigene Verschwinden wird übertönt durch Betriebsamkeit, rastloses Vorwärts- und Aufwärtsstreben, den sogenannten Fortschritt. Fragt sich nur, ob die Innovationen, die die Menschheit vorangebracht haben, auch einen Fortschritt für die Menschlichkeit bedeuteten.

In George Orwells »1984« ist Menschlichkeit verboten. In seinem 1948 erschienenen dystopischen Roman befindet man sich in einer Diktatur, die das Menschsein tötet, bei Bedarf auch das Leben. An die Stelle der Liebe tritt die Liebe zu einem unheimlichen Wesen, das »Großer Bruder« genannt wird. Der ist unheimlich, weil er alles weiß, während man von ihm selbst nichts weiß. Nur er scheint wirklich zu leben, aber er gibt nichts davon ab. Er straft und belohnt, er lässt verlautbaren und belauschen. Er ist der Künstliche Mensch, den keiner sieht und der jeden sieht. Wie ein Gespenst steht er hinter allem. Und jeder Mensch spürt seinen Atem im Nacken.

Die Totalüberwachung des Staates basiert bei Orwell auf einem Monitor, der die Untertanen überall zugleich unterhält und abhört. Wo der Große Bruder herrscht, übt der Große Bildschirm die Herrschaft aus. Er verbreitet eine Propaganda in Endlosschleife, für die der Unterschied zwischen Wahrheit und Lüge aufgehoben ist. Wie der zwischen Sklaverei und Freiheit. Wie der zwischen wirklicher und erfundener Vergangenheit. Und überall verbirgt der Spin die unangenehme Wahrheit hinter salbungsvollen Worten.

Videowände haben auch in Ray Bradburys »Fahrenheit 451«, erschienen 1953, die Herrschaft über die Realität übernommen. Für den totalen Staat zählt nur die Welt, wie er sie sieht. Was relevant ist, flimmert über die Schirme. Menschlichsein dagegen ist irrelevant. Um es auch wirklich auszurotten, muss man dem Menschen nur seine Geschichte nehmen. Das geht sehr leicht. Man verbrennt einfach die Bücher auf dem großen Kulturscheiterhaufen. Aber das heißt nicht, dass die Welt damit zu Ende wäre. Im Gegenteil, jetzt erst kann die Mediokratie wirklich beginnen. Alle Menschen sind an ihre Bildschirme gefesselt, tragen Kopfhörer, sehen, als Vorläufer der Livemassaker auf YouTube, spannende Verfolgungsjagden im TV. Selbstvergessenheit ist cool, Werbung geil. Menschlichkeit out. Es lebe die *Live Crime Show* mit Zuschauerbeteiligung.

Gerade weil es dereinst so unmenschlich-unterhaltsam zugeht und alles so vollkommen funktioniert, dass es keines Denkens mehr bedarf, ist die Zukunft unheimlich. Als »heimlich« oder »heimelig« wurde früher das bezeichnet, worin der Mensch sich zuhause fühlte. Es flößte ihm Vertrauen ein, weil er es kannte, ohne es ständig neu definieren zu müssen. Im Gegensatz zur Innovation bietet es ein Dasein, das nicht auf permanente Wahrnehmung angewiesen ist. Das keine Veränderung nötig hat, weil es in sich selbst besteht.

Die Selbständigkeit des Menschen wird im selben Maße abnehmen, als die Computer ihm das Denken abnehmen. Ihm das Sein abnehmen. Hat der Mensch aber erst die Kontrolle aus der Hand gegeben, wird ein anderes Wesen sie ergreifen. Es wird über die exponentiell wachsende Intelligenz der KI verfügen und zugleich ein körperlich gegenwärtiges Wesen sein wie der Mensch. Dabei ist der KM kein Mensch. Es gibt ihn auch noch nicht. Aber er wird das Machtvakuum füllen. Und man darf bezweifeln, ob es zum Nutzen der Menschheit geschieht.

Diese offene Frage war auch Friedrich Nietzsche bewusst. Das Wesen, das die Welt von allem Humanballast befreien würde, konnte die »nach Beute und Sieg lüstern schweifende blonde Bestie sein«, wie der Philosoph sich seinen Übermenschen jugendstilhaft ausmalte. Doch ebenso gut konnte es ein Phantom in Schaftstiefeln sein, das Mensch und Natur in ein Leichenhaus verwandelte. In den Notizheften des Migränekranken finden sich Gedanken, die das Bedrohliche, ja Dämonische des Übermenschen zu verarbeiten suchen. Schon als Student war ihm ein solch unheimliches Wesen begegnet. 1868 erhielt er in seiner Leipziger Mansarde einen Besuch, der ihm Grauen einflößte. Bewusst ließ Nietzsche offen, ob er es im Halbschlaf oder bei klarem Bewusstsein erlebte. Der Schrecken vor dem Unbekannten, das oder der zu ihm sprach, packte ihn. In den bekenntnishaften Worten, mit denen er das Erlebnis festhielt, klingt noch der Horror der Begegnung nach. Nietzsche begriff, dass er nicht begriff. Er hörte, aber verstand nicht. Gewiss war nur die Furcht, die ihn packte und bis zum Ausbruch seines Wahnsinns nicht mehr loslassen sollte.

»Was ich fürchte«, schrieb der 24-jährige Philosoph, »ist nicht die schreckliche Gestalt hinter meinem Stuhle, sondern ihre Stimme. Auch nicht die Worte, sondern der schauderhaft unartikulierte und unmenschliche Ton jener Gestalt. Ja, wenn sie noch redete, wie Menschen reden.«[118]

Hier bricht die Aufzeichnung ab. Das »noch« im letzten Satz, der wie ein Hilferuf klingt, kann nur bedeuten, dass die Gestalt einmal menschlich gesprochen hat. Einmal Mensch war. Jetzt scheint sie es nicht mehr zu sein. Nietzsche kann es nicht sagen. Er kann die Gestalt mit der Roboterstimme auch nicht sehen. Denn sie steht hinter ihm und schaut ihm über die Schulter.

Tod eines Whistleblowers

Das Reich der Finsternis wird von einem einzigen Feuer erhellt. Dessen unstet flackerndes Licht wirft Schatten auf eine Art Riesenbildschirm, der von der Höhlenwand gebildet wird. Wie im Kino sitzen die Menschen davor, angekettet gleich Galeerensklaven, die nichts weiter zu tun haben, als auf das

Schattenspiel zu starren. Dass sie seit Kindheitstagen unter einem Hinschau-Bann stehen, wissen sie nicht. Auch von sich selber wissen sie nichts und wollen es auch gar nicht. Denn ihre ganze Aufmerksamkeit gehört dem Schauspiel, das sich vor ihren Augen abspielt. Dass es nicht wirklich ist, stört sie nicht. Es genügt, gut unterhalten zu werden. Gefesselt vom Schattenprogramm, spüren sie nichts von ihren wirklichen Fesseln. Ihr Wachzustand ist in Wahrheit hypnotischer Halbschlummer, und der schenkt ihnen ihr kleines Glück.

Im 4. Jahrhundert vor Christus beschrieb der Philosoph Platon diese Horrorvision der Menschheit. Man lebt unterirdisch, in ewiger Nacht, und begnügt sich mit dem Spektakel, das einem auf einem Bildschirm geboten wird. Trotz der völligen Sinnlosigkeit dieses Theaters ist man zufrieden damit. Die Menschen haben sich eingerichtet und wollen weder nach rechts noch nach links sehen. Dass sie sich in einer Zwangslage befinden, aus der es scheinbar kein Entrinnen gibt, ahnen sie nicht einmal. Wie der Online-Mensch, der an seinem leuchtenden Bildschirm klebt, kommen sie ganz gut ohne Tageslicht aus. An ihre Plätze gefesselt, wirken sie wie eine prophetische Vision der Fernseh- und Computer-Generationen, die das wirkliche Leben nur als Störung empfinden. Platon kannte die Menschen. Was zu Athener Zeiten galt, ist auch heute noch wahr. Was man damals nicht erkennen wollte, wird auch heute noch ausgeblendet.

Bevor die Cyberwelt die Menschen zu »Höhlenbewohnern« umfunktionierte, war es das Fernsehen, an dem sich ihr kollektives Bewusstsein festsaugte. Sie nannten den Fernseher einen Empfänger. Aber sie selbst waren die Empfänger, die dessen Botschaften gierig in sich aufnahmen. Zuschauen galt als Vergnügen ohne Reue. Die ganze Familie versammelte sich in stummer Gemeinschaft, um der rastlos bewegten Bilderwelt zu folgen, wohin sie einen führte. Um die Harmonie nicht zu stören, fragte niemand, wer einen da führte.

Bei Platon halten sich die Betreiber der unterirdischen Traumfabrik im Rücken der Zuschauer auf. Unsichtbar für das Publikum spulen sie ihr Illusionstheater ab. Sie bewegen die Personen und Gegenstände des Höhlenkinos vor dem Feuer hin und her, so dass die Schatten wie lebendige Figuren über die Wand tanzen. Kein Zuschauer käme auf die Idee, sich nach dem Ursprung des Gespenstertheaters umzudrehen. Was ohnehin unmöglich wäre, da auch ihre Köpfe festgeschmiedet sind.

Platon gibt dem deprimierenden Szenario eine überraschende Wende: Was geschähe, wenn man einen der Gefangenen von seinen Fesseln befreien und aus der Höhle in die sonnenhelle Wirklichkeit emporführen würde? Vermutlich, so zeigt der Athener Visionär, wird er sehr schnell von seinem Bildschirmwahn geheilt sein. Zum ersten Mal sieht er die wirkliche Welt und begreift sich als Naturwesen, das nicht in eine mediale Bubble, sondern in die Natur gehört, der es entstammt. Doch ein Happy End wird es nicht geben: Begeistert von der neuen Freiheit, endlich er selbst zu sein, kehrt er ins unterirdische Dunkel zurück, um die dort Gefangenen über ihre missliche Lage aufzuklären. Aber seine Frohe Botschaft von der neu entdeckten Menschlichkeit in der lebendigen Natur kommt nicht gut an. Man versteht ihn nicht und will es auch gar nicht. Als er sich daranmacht, ihnen die Fesseln zu lösen, fallen sie über ihn her und bringen ihn um.

Im selben Text über die menschliche Gesellschaft (»Politeia«), in dem Platon seine düstere Prophezeiung festgehalten hat, findet sich auch beschrieben, wie màn sich diesen Tod des Whistleblowers vorstellen kann: »Der Gerechte wird gegeißelt, gefoltert, in Fesseln gelegt, er bekommt beide Augen ausgebrannt, und wird schließlich, nachdem er alles Schlimme erlitten hat, ans Kreuz geschlagen.« Platon wusste, wovon er sprach. Sein Lehrer Sokrates wurde 399 Jahre vor Christus von den Athener »Höhlenbewohnern«, die er von ihren geistigen Fesseln befreien wollte, mit Gift getötet.

Die Selbstverwirklichung, die dem Menschen durch die Cyberwelt versprochen wird, führt in Wahrheit zur Selbstentwirklichung. Das Vergnügen, die eigene Körperlichkeit einmal vergessen zu können, wenn man sich von der bewegten Bilderwelt hypnotisieren lässt, schlägt um in den Alptraum der Körperlosigkeit. Der eigenen Wirklichkeit entfremdet, erfüllt man seinen Körper nicht mit Leben, sondern benutzt ihn nur noch. Eine Folge der virtuellen Wesenlosigkeit ist heute das *Gender Mainstreaming*. Wo der Körper als solcher seinen Daseinswert verloren hat, entfällt auch seine biologische Bedeutung. Im Cyberspace leben heißt, als neutraler »Nutzer« zu leben. Dass man sich männlich oder weiblich fühlt, ist dagegen zweitrangig. Wie die Virtualität körperlos, ist das Netz geschlechtslos.

Der Online-Strom, in dem alles untergeht, geht selbst niemals unter. Reißt seine Strömung erst die Uferbegrenzungen mit sich fort, bildet sich ein Sog, der zur Sucht wird. Niemand hat eine Sucht, sondern die Sucht hat ihn. Wie der Cyberspace das Universum der Dinge, der wirklichen und fiktiven, in sich hineinzieht, ebenso zieht er den Online-Menschen in sich hinein. Zur weiteren Verwertbarkeit. Wo Leben war, herrschen die toten, unendlich aneinandergereihten Zahlen. Die Bilder wechseln viel zu schnell, um eines von ihnen lieb zu gewinnen. Das gilt auch für die Gemeinschaft. Für eingefleischte Monitorgucker gibt es nur noch Wegwerfmenschen.

Der Körper der Internetnutzer ist noch da, aber er führt ein Scheinleben. Innen hohl, wirft er sich gierig auf alles, was ihm in den Weg und auf den Bildschirm kommt. Er ist nur noch Erscheinung, Schein, schimmernde Maske. Er lebt seinen Traum, der aber nicht *sein* Traum ist. Wie Platons Höhlenmenschen ist er in einer fremden Fantasiewelt gefangen. Er fühlt sich als er selbst, ist es aber nicht. Er ist das Ich, welches ihm von den endlos über den Bildschirm laufenden Videos suggeriert wird. Er ist nur noch ein beständig wachsender Datensatz.

Wie Platons Schattenspieler und Nietzsches Gespenst schaut einem das Silicon Valley dabei unablässig über die Schulter. Dafür muss es keinen Zwang ausüben. Man lässt es zu und denkt nicht zweimal darüber nach. Denn längst ist die Cyberwelt für alle unverzichtbar geworden. Sie ist das große Ja zum globalen Marktplatz, auf dem jeder gegen jeden austauschbar ist. Und wo man auf der Suche nach Antworten nicht einmal mehr fragen muss. »Wir geben Ihnen Antworten«, sagt Google-Chef Larry Page, »bevor Sie die Fragen stellen.«[119]

14. Kapitel

Öffentliche Beziehungen

> *»Das gesamte Internet-Geschäft*
> *basiert auf Manipulation.*
> *Dadurch wird alles unehrlich,*
> *hinterhältig, heimtückisch und*
> *sehr schnell unmenschlich.«[120]*
> Jaron Lanier, 2019

> *»In Politik, Produktwerbung,*
> *Verkaufsmarketing und selbst*
> *in der Kriegführung wird*
> *mit einfachen Geschichten*
> *mehr erreicht als mit vielen*
> *Argumenten ... Wir haben*
> *eine narrative Weltordnung.«[121]*
> Christian Salmon, 2017

Die wundersame Geldvermehrung

Das Mittel, mit dem sich die Macht Amerikas zur Freude der halben Welt über die halbe Welt verbreitet hat, ist der Cyberspace. Aber er ist nicht selbst diese Macht, sondern drückt sie nur aus. Während das Computeruniversum in seinem Spiegel das ganze reale Universum und das irreale obendrein vor aller Augen führt, bleibt das, wodurch es selbst angetrieben wird, im Verborgenen. Man sieht, was das Medium zeigt. Aber es selbst sieht man nicht. So wenig man die Kräfte sieht, die es kontrollieren.

Zu diesen Kräften gehören die *Public Relations*, wörtlich übersetzt: »Öffentliche Beziehungen«. Die PR bestimmen, was öffentlich ist und wer mit wem Beziehungen aufnimmt. Seit 100 Jahren stehen die Public Relations, die manipulative Beherrschung der Menschheit, den Corporations ebenbürtig zur Seite. Beide sind aufeinander angewiesen und ergänzen sich. Bei ihrer Symbiose fällt den Corporations der Part zu, den Menschen ihre Wünsche zu erfüllen. Die Werbung, diese laute Unterkategorie der schleichenden PR, sagt ihnen, worin diese Wünsche bestehen sollen.

Das Erfolgsprinzip der Corporations besteht, wie bereits beschrieben, in der Fiktion, selbst eine Art menschliches Wesen zu sein. Die bedauerlichen Unvollkommenheiten des Menschen, vor allem sein unproduktives Mitgefühl, hat man bewusst hinter sich gelassen. Im Gegenteil, PR und Werbung sorgen dafür, dass die typisch menschlichen Schwächen für die Corporations dienstbar gemacht werden. Die Kunst der PR besteht darin, Massen zu beeinflussen, ohne dass diese es bemerken. Es handelt sich also in Wahrheit um nichtöffentliche Beziehungen, die nur die Öffentlichkeit für öffentliche hält. Haben die PR den ideologischen Boden bereitet, besteht die Aufgabe der Werbung darin, Begierden zu wecken, die von den Menschen für die eigenen gehalten werden.

Für Public Relations wie Werbung ist der Unterschied von Wahrheit und Unwahrheit aufgehoben. Das heißt nicht, dass beide das Blaue vom Himmel herunter lügen, sondern dass sie der Wahrheit, wie US-Präsident Trump, eine »alternative Wahrheit« zur Seite stellen. Welcher jeweils der Vorzug gegeben wird, hängt von der Eignung der Botschaft ab. Entscheidend dafür ist, ob sie in den Kunden einen Wunsch erwecken kann, der nach dringender Erfüllung verlangt. Der Mensch muss durch einen *Trigger* zu einem Prozess von Wunscherzeugung und -erfüllung geführt werden, der seinem eigenen Willen entzogen bleibt. Was der Kunde will, das will er. Auch wenn er nicht weiß, warum.

266

Der User des Internet lässt sich grundsätzlich von seinen Wünschen leiten. Entweder er will etwas wissen oder etwas anschauen oder kaufen oder kommunizieren. Online-Befriedigung ist garantiert. Aber natürlich suchen auch die Betreiber die ihre. Und diese wird durch die Werbung generiert. Von den eigenen Wünschen eingenommen, übersieht der private Nutzer gern, dass das Internet gefühlt zur Hälfte aus Werbung besteht. Er übersieht es, weil es nicht zu seinen Wünschbarkeiten gehört. Meist ist die Werbung lästig, oft geradezu plump. Also ignoriert man sie. Was stört, lässt sich wegklicken.

Dennoch krallen sich die Werbebilder auf allen Websites fest. Das »Ausixen« kann sogar das Gegenteil bewirken. Was man entfernen will, aktiviert man. Selbst wenn es gelöscht ist, hat es sich bereits auf der Festplatte des Computers wie auch jener biologischen Festplatte, die man menschliches Unterbewusstsein nennt, eingenistet. Und darauf hat man es abgesehen. Das Internet setzt den User einem Bombardement von Kaufreizen aus, dem er sich auf Dauer nicht entziehen kann. Denn die Werbeplattform steht nicht mehr am Straßenrand oder in Form von Litfaßsäulen in den Städten, sondern im eigenen Computerzimmer, das einem die Welt bedeutet. Selbst die Fluchtmöglichkeiten, die von der Fernsehwerbung geboten werden, fallen hier weg. Es gibt nämlich keine bestimmten Zeiten, in denen man der Anmache ausgesetzt ist. Man ist es immer. Und man kann sie auch nicht abschalten. Website für Website fällt einen die Werbung an wie ein Insektenschwarm. Ihre Allgegenwart gibt dem Nutzer zu verstehen, dass sein Leben endgültig umfunktioniert ist. Sowohl sein Leben zuhause als auch das unterwegs, wo einen das Smartphone an der Leine hält, gehören den Online-Dealern. Schließlich geht es dabei um die Milliarden, die das Silicon Valley dringend benötigt, um seine globale Führungsposition zu sichern.

Die kalifornischen Junggenies, die in Zeiten der Studentenrevolution und Bürgerrechtsbewegung aufwuchsen, haben diese Chance der mühelosen Geldvermehrung nicht sofort wahrgenommen. Jedenfalls so lange nicht, als das Firmenkonto für sie nur eine untergeordnete Rolle spielte. Wie das später von ihr gekaperte Internet, hat die Online-Werbung klein angefangen. Eigentlich bei Null. Denn die Aussicht auf freien Austausch, wie das Silicon Valley ihn sich anfangs erträumte, ließ den Gedanken an das schnöde Geld nicht aufkommen. Und als man die Kommunikationsplattform für die Verkaufsbranche öffnete, geschah es anfangs hauptsächlich zur Deckung der Eigenkosten.

Nach bescheidenen Anfängen in den 1990er Jahren wuchs die Werbung in den folgenden Jahren, wie jeder User bestätigen kann, ins Gigantische. Hat die Videoplattform anfangs sehr unauffällig geworben, kommt heute kaum ein Clip ohne aufdringliche Werbeunterbrechungen aus. Allein 2019 beliefen sich die Werbeeinnahmen von YouTube auf 15 Milliarden Dollar. Von den Werbeausgaben, die sich traditionell zwischen Printprodukten und Fernsehen aufteilten, werden 2021 über die Hälfte für Online-Werbung ausgegeben. Das ist schlecht für die klassischen Medien, aber auch für die Nutzer. 2019 gaben bei einer repräsentativen Umfrage über 90 Prozent von ihnen an, dass die Anzeigen nicht nur immer mehr, sondern auch immer aufdringlicher werden.

Den größten Anteil an deren explosionsartiger Ausbreitung können Google und Facebook für sich verbuchen. Allein 2019 steigerten sich ihre Einnahmen gegenüber dem Vorjahr um über 20 Prozent auf 176 Milliarden Dollar. Zum Vergleich betrugen die gesamten Werbeeinnahmen in Deutschland unter 20 Milliarden Euro. Das Internet hat sich als idealer Werbeträger durchgesetzt, weil der User die Anzeigen und Filme nicht länger auf Distanz halten kann. Seine Nähe zum Bildschirm bewirkt, dass man ihm alles sozusagen aufs Auge drücken kann. Die Cyberwelt ist PR-und-Werbewelt. Was sich als Informations- und Kommunikationsuniversum anbietet, das den

Menschen Freiheit schenkt, verkauft zugleich die Werbung, die sie ihnen wieder nimmt.

Werbung ist keine pädagogische Nachhilfe, die einem die Kaufentscheidung erleichtert, sondern ein kalkulierter Prozess psychischer Überwältigung. Jede Nennung des Firmennamens, jedes Werbebanner, jedes Pop-up und jede Zeitschriftenreklame dienen dem einzigen Ziel, die Wünschbarkeit der Marke zu erhöhen. Und endlich zu einem Teil der Empfänger werden zu lassen. Aber selbst einer solchen Entscheidung ist der User enthoben. Denn die Einverleibung geschieht im Unterbewusstsein.

Der profitable Zusammenhang von Wunscherzeugung und -erfüllung erinnert an das Knusperhäuschen im Märchen von »Hänsel und Gretel«. Die Werbung erzeugt eine sogenannte *Sugar Coated Message*, eine Botschaft mit Zuckerguss, die auf das Kind im Kunden unwiderstehlich wirkt. Überflüssig zu betonen, dass es wie beim Häuschen der Knusperhexe um das Einfangen des Menschen geht. Hat man ihn erst unter Kontrolle, kann man ihn, wie Hänsel im Käfig, mit Werbung mästen.

Dass Werbung hauptsächlich informieren will, gehört zu den Desinformationen, mit denen sie sich zu rechtfertigen sucht. Der Inhalt der Anzeige oder des TV-Clips ist wie ein Kuchen mit unwiderstehlichem Äußeren, dessen Nährwert aber gegen Null geht. Ziel ist es, das Unterbewusstsein der Menschen zu mobilisieren. Gegen den Automatismus von Wunscherfüllung und -befriedigung gibt es keine bewusste Gegenwehr. Zumal, wenn das Objekt der Begierde durch hartnäckige Wiederholung in das Gedächtnis des Kunden eingebrannt wird.

Das perlende Zuckerwasser

Der Widerspruch, der zwischen der grandiosen Selbstdarstellung eines Unternehmens und seinem beworbenen Produkt besteht, wird vom Kunden nicht wahrgenommen. Außen präsentiert die schicke Ware den *American Way of Life*, drinnen perlt Zuckerwasser. Bei dem amerikanischen Mustergetränk Coca-Cola etwa wird ein natürliches Bedürfnis wie Durst in das künstliche, aber nicht weniger dringende Bedürfnis nach dem bauchigen Fläschchen mit dem braunen Sprudel verwandelt. Schon 1904 sandte Coca-Cola eine hypnotische Botschaft in die Welt, die bis heute nicht an Kraft verloren hat: »Trink Coca-Cola«.

Nur schwer lässt sich erklären, wodurch der über die ganze Menschheit verbreitete Durst nach dieser klebrigen Flüssigkeit ausgelöst wird. Vermutlich wurde durch ein Jahrhundert permanenter Werbung eine Gewohnheit erzeugt, die ihr Eigenleben entfaltete. Sie kennt weder Grenzen noch Jahreszeiten. Da sich im Winter kein besonderer Appetit auf Kaltgetränke einstellte, erfand die Firma 1920 ein Symbol, das erst Amerika und dann den Rest der Welt erobert hat: den Weihnachtsmann, der begeistert aus der Colaflasche trinkt. Seine Erkennungszeichen sind schneeweißer Bart und rotes Kostüm, dazu ein feister Bauch wie ein Mönch und ein dröhnendes Lachen *(Ho-ho-ho)* wie ein Satyr. So wurde er zum Vorbild sämtlicher Nikoläuse, die seitdem für ein festliches *X-mas* so unverzichtbar sind wie Krippe, Ochs und Esel.

Dass sich gerade dieser Typus von Santa Claus durchsetzte, lag auch an einem psychologischen Trick: Die Christmas-Ikone Santa wurde zur Geschmacks-Ikone Cola umfunktioniert. Viele Menschen haben ein notorisch schlechtes Gewissen, weil sie mit der Religion nichts mehr anfangen können. Dafür bietet der getränkeliefernde Weihnachtsmann das Gefühl, doch noch am Christentum teilzuhaben. Und sei es dadurch, dass

man die durch ihn gesegnete Flasche an die Lippen setzt. All-
winterlich kreuzt das bärtige Symbol in riesigen Coca-Cola-
Trucks durchs Land, um mit der Gemeinde die Limonaden-
Kommunion zu begehen.

Derlei einprägsame Bilder, die im menschlichen Gehirn ein
Eigenleben führen, hat der englische Autor Richard Dawkins
als *Memes* (sprich Mihms) bezeichnet. Ihre Besonderheit be-
steht darin, dass sie sich von selbst in Erinnerung bringen. Im
Jahr 2020 hielt Präsident Trump im Kongress eine Rede an die
Nation. Während am Ende die fällige *Standing Ovation* auf-
brandete, zerriss gleich hinter ihm die Oppositionsführerin
Nancy Pelosi seinen Redetext. Diese eine Geste, ein klassisches
Meme, wirkte mehr als tausend Entgegnungen. Kaum gesche-
hen, löste der Videoclip eine wahre Social Media-Lawine aus.
Wenn Trumps Eigenlob längst vergessen ist, wird man sich
noch an Pelosis handgreiflichen Protest erinnern.

Die Wirkung des Memes bezeichnet Richard Dawkins als
»Parasitierung des Gedächtnisses«. Wer es sich einfängt, wird
es nicht mehr los. Heute wimmelt der Cyberspace von meist
humorvollen und garantiert sinnfreien Bildern, die nur eine
kleine Aufmerksamkeitsspanne beanspruchen. Ein Geheimnis ihrer fast hypnotischen Macht liegt in der beständigen
Wiederholung. Da sie das Gedächtnis des Menschen in Geisel-
haft nimmt, kann die Botschaft nicht mehr willentlich gelöscht werden. »Wenn man ein fruchtbares Meme in ein Gehirn einpflanzt«, so Dawkins, »dann parasitiert es dies
sprichwörtlich. Und verwandelt es in ein Werkzeug, mit dem
sich das Meme wie ein Virus verbreitet«[122].

Das Meme, mit dem man eine Verkaufsbotschaft auftakelt,
nennt man *Eye Catcher* (Augenfänger). Er ist der Köder, mit
dem die Massen in eine bestimmte Richtung gelockt werden.
In seiner primitivsten Form findet man den Augenfänger in
Form von bunten Luftballons, mit deren Hilfe in Amerika traditionell Autos verkauft werden. Dieselben Kinderballons wer-

den für Geschäftseröffnungen verwendet, die man, unabhängig von der Größe des Ladens, *Grand Opening* nennt. So beginnt Verführung immer mit Irreführung, nicht so sehr des Bewusstseins als der Sinne, die zwanghaft auf jede Ablenkung reagieren. Viele Produkte werben nicht nur mit Augenfängern, sie dienen auch selbst dazu. Als Lockvögel sollen sie den Kunden zur Firmenmarke der Corporation hinziehen. Denn nicht der Verkauf ist das Wichtigste, sondern die Markenbindung. Nicht der einzelne Kunde ist König, wie behauptet wird, sondern die Marke ist König. Zu deren Kunden, will sagen, Gefolgsleuten sollen die Menschen erzogen werden. Wie man früher das Wappen der Herrschaft im Schild führte, trägt man heute auf seiner Kleidung die Markennamen spazieren. Wo Levi's daraufsteht, ist auch Levi's drin. So führt man bunte Luftballons spazieren und wird dabei selbst zum Luftballon, dessen Wesen sich darin erschöpft, reflexartige Aufmerksamkeit für Waren zu erzeugen.

In Amerika ist jede Public-Relations-Aktion oder Werbung ein Angriff, bei dem der Widerstand des Kunden niedergerungen werden muss. Nicht zufällig gehört der gewaltverherrlichende *Football* zu den amerikanischen Lieblingsspielen. Auch in der Massenbeeinflussung ist Rücksichtslosigkeit Gebot. Dass jemand Mensch ist, genügt nicht. Er muss, koste es, was es wolle, zum Kunden werden. Dann kann man ihm alles spielend andrehen. Der in Amerika gebräuchliche Ausdruck für einen vorteilhaften Geschäftsabschluss lautet *to make a killing.*

Die Verkaufsanbahnung, *Pitch* genannt, soll dem Menschen keine Wahl lassen. Eigentlich bezeichnet das Wort den Angriffswurf beim Baseballspiel, der möglichst schnell und hart erfolgen muss, damit die Gegenseite ihn nicht oder nur ungenügend abwehren kann. Zudem wird dem Ball, um den Gegner zu täuschen, ein unsichtbarer Drall verliehen, der die Flugbahn unkontrollierbar macht. Man nennt dies den *Spin,* ohne den auch in der Politik nichts geht. In Amerika ist jede Werbung ein aggressiver *Pitch* mit einem undurchsichtigen *Spin*. Das Internet, das die Welt erobert hat, steckt nicht nur voller angeschnittener *Pitches*. Es ist selbst der *Pitch*, den Amerika allen anderen zuwirft. Zur Abwehr bleibt ihnen nur eine Millisekunde.

Aber selbst diese genügt, um dem Unterbewusstsein einen Stempel aufzuprägen. Das drückt sich bereits im Ohrwurm eines *Jingles* (Werbemelodie) aus, dessen bewusst kindische Tonfolge man nicht abschütteln kann. Bewirkt wird dies durch eine Manipulation, die man *Brain Jacking* (Gehirnklau) nennt. Dabei werden Teile des Gedächtnisses von der Werbung einfach »überschrieben«. Diese Identitätsverwandlung durch das Netz geschieht umso leichter, als der Mensch ohnehin ständig seine Identität der jeweiligen Aktualität anpasst. Er überschreibt ständig sich selbst, um sich eine neue Präsenz zu schaffen. Damit muss er jeweils auch seine Vergangenheit ändern.

Das funktioniert deshalb, weil das Gedächtnis eine Schwäche fürs Vergessen hat. In Amerika gibt es seit Jahrzehnten die *False Memory*-Diskussion. Das Gedächtnis, so belegt die Forschung, ist randvoll gefüllt mit falschen Erinnerungen. Denn jede wird unterbewusst den jeweiligen Selbstdeutungen angepasst. Das Gedächtnis ist kein Archiv, sondern ein Marionettentheater, in dem immer neue Stücke aufgeführt werden, von einem selbst und von jenen, die sich etwa mittels Memes Zugriff darauf verschafft haben.

»Falsche Erinnerungen«, sagt die deutsch-amerikanische Rechtspsychologin Julia Shaw, »sind eher die Regel als die Ausnahme.«[123] Deren Manipulation vergleicht sie mit dem Hacken eines Computers. Unbemerkt wird eine Botschaft ins Gehirn eingeschleust und funktioniert es um: Die menschliche Illusion der Entscheidungsfreiheit wird durch das *Memory Hacking* der Werbung ausgehebelt. Man ist nicht mehr der Mensch, der sich frei für ein Produkt entscheidet, sondern wird wie von selbst etwa zum E-Zigaretten-Menschen oder zur lebenden Tattoo-Ausstellung. Und kann sich gar nicht mehr vorstellen, jemals nicht E-Zigaretten geraucht oder zumindest auf der Schulter ein kleines Zierbildchen getragen zu haben.

Sigmund Freud, der das individuelle Unterbewusstsein des Menschen analysierte, war auch Entdecker des kollektiven Unterbewusstseins der Massen. Unter seinem Einfluss entdeckte sein Neffe, Edward Bernays, die gezielte Einflussnahme auf dieses meist ignorierte Unterbewusstsein. »Wer die unsichtbaren Mechanismen der Gesellschaft manipuliert«, schrieb er 1928 in seinem Hauptwerk »Propaganda«, »der hat die wahre Macht im Land«[124]. In Wien geboren und als Kind mit seinen Eltern nach Amerika emigriert, hat dieser Meister der modernen Massenbeeinflussung der Propaganda ihre Anrüchigkeit genommen. Hauptsächlich, indem er sie in *Public Relations* umetikettierte. Nun erschien sie wie ein Wundermittel, dessen vertrauenerweckender Name wie eine Vorform der Social Media klang. Wobei diese sowenig »sozial« sind, wie die PR menschliche »Beziehungen« fördert.

Als »Eddie« 1913 als 20-Jähriger Freuds Werke las, begeisterte ihn die Theorie seines Onkels, wonach unterbewusste Vorstellungen und verdrängte Begierden das Verhalten der Menschen beeinflussen. Und er war überzeugt, dass ein Verständnis der Instinkte und Symbole, von denen ein Individuum gelenkt wird, auch dabei helfen würde, das Verhalten der Massen zu lenken. Dies gelang durch simple Botschaften, die Bernays mit dem Raffinement eines Handelsvertreters an den Mann brachte. Mit der PR-Waffe konnte man die Menschen für jede beliebige Ideologie einnehmen und gegen jedes beliebige Ziel aufhetzen. Man erweckte Liebe für die einen und säte Hass gegen andere.

Der junge Erfinder der Public Relations sah deren Hauptaufgabe im *Engineering of Consent*. Eine solche Meinungsbildung der Masse, so erkannte er, muss wie die Programmierung einer Maschine von einer Art Psychoingenieur durchgeführt werden. Auch sein Onkel hielt von »Schwarmintelligenz« wenig. Freuds tiefenpsychologische Forschungen kamen zum Ergebnis, dass sich die Masse noch dümmer und manipulierbarer verhält, als es das individuelle Bewusstsein ohnehin schon gewohnt ist. Nach Freud gibt sich die Masse »impulsiv, wandelbar und reizbar und wird fast ausschließlich vom Unbewussten geleitet«. Auch sein Neffe glaubte, dass kein Einzelmensch so dumm war wie die Masse, der er sich unterwirft. Zwanghaft reagiert der Massenmensch auf die Antriebe, die unter der Schwelle seines Bewusstseins darauf warten, geweckt zu werden. Und Bernays, der die Freud'schen Erkenntnisse auf die Werbewelt anwandte, küsste sie wach.[125]

Seine Public Relations verstand Bernays als Fortsetzung von Freuds »Massenpsychologie« mit den Mitteln der Massenmedien. Dessen Erkenntnisse deutete der Neffe so, dass die Masse zwar aus vernünftigen Individuen zusammengesetzt ist, aber nicht wie ein vernünftiges Individuum handelt. Stattdessen stürzt sie sich aus blindem Herdentrieb in jeden beliebigen Abgrund, sei es der einer Menschenjagd oder der eines Weltkrieges. Oder auf ein brandneues Produkt. Oder sie wirft sich einem Politiker zu Füßen, der »dem Affen Zucker gibt«. Programmiert man diese Maschine um, steuert sie mit demselben Furor in eine andere, bei Bedarf sogar entgegengesetzte Richtung. Für das Verkaufen bietet das die ideale Voraussetzung. Und in Amerika verkauft jeder jedem etwas.

Um die Gesellschaft zur homogenen Masse umzuformen, genügt ein unterbewusster Impuls. Dann kommt es zur Aufschaukelung der Emotionen, zum rapiden Anstieg der Fieberkurve, die durch das Feedback angeheizt wird. Hypen kann man alles, ob einen neuen Song, ein neues Industrieprodukt, eine neue Frisur oder einen neuen Erbfeind, der zur »Achse des Bösen« gehört. Hauptsache, es wird Innovation geboten, die Abwechslung, ohne die das moderne Bewusstsein an sich selbst zu zweifeln beginnt. Hat man die zündende PR-Idee, muss man nur noch den Motor starten, und die Maschine geht ab. Dann fährt sie eine Weile auf Hochtouren, bis sie zu stottern beginnt und der Lärm um den nächsten Hype sie übertönt. Was gestern in Mode war, wird heute ignoriert. Meist zu Recht. PR und Werbung verkaufen der Masse etwas und verkaufen sie zugleich für dumm. So dumm, wie sie nach Bernays auch ist. Man braucht nur die unterbewussten Begierden zu wecken, die der Einzelmensch sonst unter Verschluss hält. Denn, so sagte Bernays, es ist »einfacher, die Einstellung von Millionen zu ändern, als die eines Einzelnen.«[126]

15. Kapitel

Fackeln der Freiheit

»Um Menschen zu beherrschen,
muss man sie von ihrer
Vergangenheit abschneiden.«[127]
George Orwell, 1948

»Der Kriegspropaganda gelang es
innerhalb von sechs Monaten,
die pazifistische Bevölkerung in
eine hysterische, kriegslüsterne
Masse zu verwandeln,«[128]
Noam Chomsky, 1991

Jagd auf den Bindestrich

Nachdem der Erste Weltkrieg 1914 als innereuropäische Aus-
einandersetzung ausgebrochen war, sah sich die US-Adminis-
tration, die gerne in den Krieg eingetreten wäre, vor ein Problem gestellt. In Umfragen sprach sich eine große Mehrheit der
Amerikaner dagegen aus, unter anderem, weil viele von ihnen
von deutschen Einwanderern abstammten. Noch 1916 hatte
Präsident Woodrow Wilson versprochen, dass er die USA nicht
in den europäischen Krieg führen werde. Da er jedoch unter
dem Druck der am Krieg interessierten Corporations stand,
kam ihm die neue Theorie der Massenbeeinflussung gerade
recht. Für die Regierung kam es darauf an, so erklärte Bernays
später, »den Amerikanern den Krieg zu verkaufen«[129].

Beraten von PR-Fachleuten wie dem Neffen Freuds, erhielt Wilson die gewünschten Slogans und verwandelte die Millionen Kriegsgegner in eine homogene kriegsbegeisterte Masse. Das systematische Morden, das man zuvor verabscheut hatte, wurde nun geradezu herbeigesehnt. Geschickt verkaufte die PR den Krieg als großen Menschheitsbefreier. Unter dem bejubelten Motto *We bring democracy to Europe* zogen die GIs in den Krieg. Die zuvor gespaltene Nation stand wie ein Mann hinter dem Präsidenten. Plötzlich war man überzeugt, dass es dabei nicht um das Niedermachen von Menschen, sondern um das verdienstvolle Einschreiten für Freiheit und Menschenrechte ging. Den endgültigen Beweis lieferten Memes, die sich dem Gedächtnis stärker einprägten als die schrillsten Horrorstories.

Die Mittel der Massenbeeinflussung tragen nicht zufällig englische Namen, die Sprache der Weltmacht USA und des ehemaligen British Empire, die zusammen die halbe Welt beherrschten. Im Englischen werden täglich Neologismen gebildet, die mit neuen Worten alte Sachverhalte beschreiben oder mit neuen Worten neue Sachverhalte erfinden. Viele Begriffe, die bis heute mit Public Relations zusammenhängen, lassen sich nur mit Bernays' Programmierungstechnik verstehen. Technik kennt keine Moral. Eine Maschine ist eine Maschine, sie hat keine weitere Bedeutung als ihre Funktion. So glatt muss auch PR und Werbung funktionieren. Auch sie kennt keine Moral. Dafür lässt sich ihre Wirkung an Zahlen ablesen.

Ein plastischer Neologismus ist *Imagineering*. Zusammengesetzt aus Imagination und Ingenieurskunst *(engineering)*, soll es die Quadratur des Kreises darstellen: Die Welt menschlicher Imagination, also der Vorstellungskraft und Gedankenfreiheit, wird gekoppelt mit der von Psychotechnikern berechneten Wirkung, die ebendiese Freiheit gefangen nimmt. Nicht zufällig ist der Begriff heute geschützt, und nicht zufällig von Walt Disneys Traumfabrik. Jede ihrer imaginären Kreaturen stellt nicht nur etwas oder jemanden dar, sondern ist in sich bereits Eigenwerbung. Als Produkt von Imagineering betreibt das Disney-Produkt weiteres Imagineering im menschlichen Gehirn. Die animierte Meme namens Mickey Mouse ist die exemplarische Verbindung von Unterhaltung und Werbung, Imagination und Technik. Auch die Maus, ihre Frau Minnie und die anderen Comicfiguren verkauften nicht nur sich selbst, sondern halfen als animierte PR ihrer Heimat dabei, zwei Weltkriege zu gewinnen. Dabei zeigte sich, dass das amerikanische Motto, *the winner takes it all,* auch eine meist übersehene Gegenseite besitzt. Sie heißt: *The loser takes the blame.* Der Sieger nimmt alles an sich und der Verlierer alle Schuld auf sich.

Seit Bernays gehört auch das *Historical Engineering,* die Kunst der Geschichtsmanipulation, zu den klassischen Disziplinen der Beeinflussung: Weil man Macher ist und alles machen kann, lässt sich auch bei der Geschichte etwas machen. Der eigenen wie der, die den anderen gehört: Zuständig für den publizistischen Psychokrieg Amerikas im Ersten Weltkrieg war das *Committee of Public Information,* dem Edward Bernays angehörte. Das erfahrene Team, zu dem neben PR-Spezialisten auch Geschichtenerzähler und Fotoretuscheure stießen, hatte die Aufgabe übernommen, mittels Massenpropaganda »das Evangelium des Amerikanismus in jeden Winkel der Welt zu tragen«. Zumal jene Winkel, in denen sich das absolute Böse eingenistet hatte. Diese pseudoreligiöse Etikettierung machtpolitischer Entscheidungen bot allen die Möglichkeit, mit gutem Gewissen den Feind erst moralisch und dann auch auf dem Schlachtfeld zu vernichten. Heute gilt das erfindungsreiche Kriegskomitee laut Wikipedia als »Grundstein der Public Relations-Industrie in den USA«.

Rückblickend erklärte Bernays in seinem Standardwerk »Propaganda«, mit welch einfachen Mitteln der Sieg an der Front der Imagination gewonnen wurde: Mittels »patriotischer Manipulation mit dem Einsatz von geistigen Klischees und emotionalen Stereotypen« wurde eine »Reaktion der Massen gegen die *alleged atrocities* (angeblichen Gräueltaten) sowie den Terror und die Tyrannei des Feindes ausgelöst.«[130] Zum ersten Mal in der Geschichte zeigte sich die überlegene Macht der Propaganda.

Bis heute sieht man in ihr eine Hilfskraft der Politik und im Kriegsfall ein Instrument, das der Unterstützung militärischer Operationen dient. Danach wäre Propaganda sozusagen der Zuckerguss auf dem Kuchen. Propaganda ist aber selbst der Kuchen. Durch sie wird entschieden, wie sich der Krieg nach außen darstellt. Während keiner eine Ahnung von dem hat, was wirklich geschieht, liefert sie die Anschaulichkeit fantasievoll und zielgerichtet nach. Gelingt es, den Gegner als teuflischen Feind darzustellen, die eigene Tätigkeit dagegen als Befreiungsakt oder zumindest als Selbstverteidigung, dann wird Töten zu einer guten Tat. Und dann ist der Krieg schon halb gewonnen.

Auch für die effektive Lügenpropaganda fand sich ein verharmlosender Name. Man nannte sie *Psychological Warfare*, also eine Kriegführung, die auf die Psyche des Gegners einwirkt. Klingt wie eine Idee, mit der Blutvergießen vermieden werden kann. Aber Lügen und Verleumdungen wirken nicht nur auf die Psyche, sondern verändern das reale Leben jener Menschen, die bis heute dieser Kriegführung der Lügen zum Opfer fallen. »Der totale Krieg kämpft an drei Fronten«, erklärte Bernays 1942, »der militärischen, der ökonomischen und der psychologischen. Um ihn führen zu können, muss man die drei integrieren.«[131] Freimütig gab der Vater der PR und erfolgreichste amerikanische Werber später zu, dass er das, »was er im Krieg gelernt hatte, auf Friedenszeiten übertrug«.

Women's Lib

Mit dem durch Propaganda beflügelten moralischen Sieg der Amerikaner über Deutschland begann der Triumphzug der Public Relations. Seinen erfolgreichen Werbestrategen Eddie Bernays nahm Präsident Woodrow Wilson als Berater zu den Versailler Verhandlungen mit. »Als Mitglied der amerikanischen Delegation in Versailles sah er seine Aufgabe darin«, so Bernays-Biograph Larry Tye, »die Arbeit der Friedenskonferenz im amerikanischen Sinn zu deuten und als weltweite Propaganda für amerikanische Ideale zu verbreiten.«[132]

Nach Ende des Ersten Weltkriegs stieg Bernays zu Amerikas »Chefbeeinflusser« auf. Sein Begriff Public Relations erweckte den Eindruck, als geschähe alles *in public*, also »vor den Augen der Öffentlichkeit«. So begann die große Täuschung schon beim Namen. Denn Propaganda wirkte nur, wenn ihre Ursprünge im Verborgenen blieben. Öffentlich war nur die Wirkung. Ob im Krieg, in der Politik oder der Wirtschaft ließen sich alle Mittel der PR, so Bernays, »wie Waffen« handhaben. Die Überrumpelungskampagnen der Werbung nannte er »Media Blitz«. Kritiker dagegen bezeichneten seine rücksichtslosen Methoden als »Massenmanipulationswaffen«.

Nach dem Ersten Weltkrieg ging die Propaganda des Krieges nahtlos über in die Propaganda des Friedens, die militärische Planung in die Werbestrategie der freien Marktwirtschaft. Beide überrumpelten den freien Willen durch Desinformation. Die psychologische »Öffentlichkeitsarbeit«, die eigentlich gezielte Öffentlichkeitsbearbeitung ist, hat erst auf die Wirklichkeit eingewirkt, dann die Wirklichkeit übernommen. Was mit der Gesellschaft zu tun hat, der totalitären wie der demokratischen, steht ganz und gar unter dem Einfluss einer Psychoindustrie, die sich selbst nie oder erst nachträglich zu erkennen gibt.

Eines ihrer Geschäftsgeheimnisse besteht darin, den Menschen scheinbar als souveränes Individuum anzusprechen, in Wahrheit aber auf die Emotionen der Masse zu zielen, der er angehört, und diese mittels Fiktionen für oder gegen etwas einzunehmen. Bei der Anwendung dieser Methode, so Bernays, ließ es sich oft nicht vermeiden, dass sie seinen Kunden »durchaus schädlich« sein konnte oder gar ihren Interessen zuwiderlief. Die moralische Indifferenz, auch Zynismus genannt, gehört bis heute zu den offenen Geheimnissen der PR.

Seinen spektakulärsten Coup landete Bernays, der in Amerika den Ehrennamen *Spin-Meister* trug, auf gesellschaftspolitischem Feld. Damals waren die Rechte der Frauen noch eingeschränkt. Rauchen war für sie nicht gerade verboten, aber in der Öffentlichkeit tabuisiert. Da den meisten der Mut zum Tabubruch fehlte, lieferte Bernays die nötige Ermutigung dazu. Als er einen Mitarbeiter seines Onkels fragte, wie man Frauen für den Tabakkampf mobilisieren könne, wies der ihn auf das Symbol des weiblichen »Unterlegenheitsgefühls« hin. »Gib ihnen einen Penis«, riet der Freudianer. Bernays ergriff die Chance und bot dem Unterbewusstsein der Weiblichkeit den Glimmstengel als Ersatz. Entsprechend adelte er das Rauchen der Frauen zu einem unwiderleglichen Beweis ihrer Gleichberechtigung. Ab sofort symbolisierte das Rauchen *Women's Lib*, wobei *Lib*, die Abkürzung für *Liberation*, ebenso gut ein Kürzel für Libido sein kann.

Den Durchbruch der neuen Freiheit erzwang er 1929 mit einem PR-Coup für die Corporations des *American-Tobacco*-Kartells. Bei der traditionellen Osterparade in New York ließ er, als Phalanx der weiblichen Frauenemanzipation, zehn gestylte Models Arm in Arm aufmarschieren. Nicht ganz zufällig hatte sich ein Pulk Pressefotografen versammelt, denen ein damals sensationelles Motiv geboten wurde. Sobald die Kameras bereit waren, zogen die Frauen demonstrativ Zigarettenschachteln Marke »Lucky Strike« aus ihren eleganten Mänteln und begannen, so Bernays' Ausdruck, »loszuqualmen«.

Zudem hatte er sich einen Slogan ausgedacht, der ebenso einprägsam war wie die Fotos: Er nannte die Zigaretten *Torches of Freedom* (Fackeln der Freiheit). Nebenbei spielte er damit auch auf das traditionelle Symbol des toleranten Amerika hin, die fackeltragende *Miss Liberty* in New Yorks Hafeneinfahrt. Noch mehr aber zündete die Idee, weil er der Zigarette eine zukunftsträchtige Aura verliehen hatte: Vom angeblichen Frauenlaster wurde sie zum Symbol der verwirklichten Frauenfreiheit. Jede Zigarette, die eine Frau fortan rauchte, schien die Bewegung ihrem Ziel näherzubringen. So füllte man die Lungen für einen guten Zweck. Für die Industrie hatte sich damit ein gewaltiger neuer Markt aufgetan, mit dem sie ihren Umsatz verdoppelte. Im Zweiten Weltkrieg posierten weibliche Armeeangehörige regelmäßig mit brennender Zigarette, als würde der Glimmstengel zum Freiheitskampf gegen Hitler beitragen.

Dabei wussten die Corporations und auch Edward Bernays um die Schädlichkeit des Rauchens. Nachdem es während des Zweiten Weltkriegs einen wahren Run auf Zigaretten gegeben hatte, sank das Interesse rapide, als in der Nachkriegszeit eine kollektive *Cancer Scare* (Krebsangst) um sich griff. Hatten Ärzte mit Verantwortungsgefühl die Wahrheit gesagt, beeilte sich die Tabakindustrie, dem entgegenzuwirken. Denn langfristig bedeutet die potenzielle Todesgefahr durch Rauchen eine reale Todesgefahr für die Tabakindustrie.

Als Geheimwaffe wurde Edward Bernays in Marsch gesetzt. Er versuchte es auf »wissenschaftlichem« Weg. In einer aufsehenerregenden Erhebung befragte er tausend Ärzte, welche Zigarettenmarke sie bevorzugten. Keiner von ihnen scheint begriffen zu haben, dass es sich um eine Fangfrage handelte. Denn indem die Ärzte ihre Lieblingsmarke nannten, wurde stillschweigend unterstellt, dass sie damit auch das Rauchen überhaupt empfahlen. Da man bei Medizinern voraussetzte, dass sie von Gesundheit etwas verstehen, folgte die verunsicherte Rauchergemeinde ihrem Beispiel und kehrte reumütig zu ihren Marlboros oder Chesterfields zurück. Besondere Wirkung entfaltete dabei das ikonenhafte Porträt eines Arztes, das mit dem Slogan geziert war, »Mehr Doktoren rauchen Camel als irgend eine andere Zigarette.«

In einer zweiten Angriffswelle gegen die Antizigaretten-Stimmung wandte Bernays sich wieder an die Ärzte, von denen er erstaunlich viele auch mit Geld überreden konnte, das Rauchen für gesund zu erklären. Sie verkündeten, dass der Rauch ideal geeignet sei, die von Bakterien verseuchte Kehle zu desinfizieren. Je mehr es brennt, so las man, desto nachhaltiger die antibiotische Wirkung. Der Nonsense wurde eine Zeitlang sogar geglaubt. Als die Lust am Rachenputzen abebbte, fiel den PR-Agenturen eine neuerliche Kundentäuschung ein. Nun propagierte man Filter und Zigarettenspitzen, die angeblich den giftigen Teer absorbierten. Dem war natürlich nicht so. Wie zuvor blieben das tödliche Gift und nicht minder die Sucht danach.

Dass diese Sucht gezielt durch chemische Zusatzstoffe im Tabak ausgelöst wurde, sollte erst Jahrzehnte später ans Licht kommen. Welche Ironie, dass das angebliche Freiheitssymbol, verkörpert in den Liberty-Frauen und den Marlboro-Cowboys, zu fataler Abhängigkeit und millionenfachem qualvollen Sterben führte. Gemäß dem Spruch, dass der Wurm dem Fisch und nicht dem Angler schmecken müsse, lehnte der Nikotinpropagandist Bernays selbst das Rauchen strikt ab. Seiner Familie, so berichtete Larry Tye, verbot er das Qualmen, zerbrach ihre Zigaretten und warf sie ins Klo.

In den Flowerpower-Jahren waren Bernays' gesundheitsfördende Freiheitsfackeln neu entzündet worden. Die Marke »Virginia Slims« entwickelte eine spektakuläre Kampagne, deren Fernsehspots und Werbeplakate das Land mit einer eindeutigen Botschaft überschwemmten: *You've come a long way, baby!* (»Du hast einen langen Weg hinter dir, Schätzchen!«). Gemeint war damit: Frauen, erinnert euch an eure tabaklie-benden Vorkämpferinnen, befreit euch vom Männerjoch und raucht nur noch Zigaretten, die »speziell für Frauen gemacht« sind. Will sagen, schlanker als die Glimmstengel der Männer und länger obendrein.

Ein knappes halbes Jahrhundert später kam mit Donald Trump ein Mann an die Macht, der seine Präsidentschaft, so der CNN-Kommentator Fareed Zakaria, »hauptsächlich als Public-Relations-Job auffasste«. Als im Frühjahr 2020 die ganze Welt über die Gefährlichkeit des Coronavirus Bescheid wusste, be-stand der unselige Präsident gegen besseres Wissen darauf, dass die Krankheit harmlos und außerdem eine Fabrikation *(Fake News)* der Medien sei. Wobei ihm sein Vize, Mike Pence, in nichts nachstand. Um den sensiblen Aktienmarkt der Wall Street nicht zu verunsichern, verbreitete auch er die Legende vom Coronavirus als leichter Grippe und zeigte sich demon-strativ als Schutzmaskenverweigerer.

Schon Jahre zuvor hatte sich Pence, der durch roboterhafte Steifheit auffiel, als gelehriger Schüler von Edward Bernays er-wiesen. Zum Thema Lungenkrebs behauptete Trumps späterer Stellvertreter, dass »trotz der Hysterie der politischen Klasse und der Medien das Rauchen nicht tödlich ist«. Diese PR-Lüge zugunsten der Tabakindustrie ist im modernen Amerika eben-so verbreitet wie der Glaube, bei Covid-19 handle es sich um einen *Hoax.* Dagegen prognostizierte die Amerikanische Krebs-gesellschaft für 2020 im Bereich Lungenkrebs rund 230.000 Neuerkrankungen und 135.000 Tote, darunter 63.000 Frauen. Dieselbe Katastrophe droht bei der Corona-Seuche: Die US-Gesundheitsbehörde nimmt an, dass ihr bis zum Jahresende 300.000 Amerikaner zum Opfer fallen werden.

16. Kapitel

Brandzeichen

»Dank technologischem Fortschritt
kann Big Brother fast so allgegenwärtig
sein wie Gott.«[133]
Aldous Huxley, 1958

Selbstgratifikation

Dank Silicon Valley können heute Milliarden User kaum er-
warten, bis sie auf den nächsten Hype programmiert werden.
Dass die Corporations durch ihre allgegenwärtige Online-PR
die wahre Macht ausüben, bezweifelt niemand in Amerika.
Und am wenigsten jene, denen die Masse die Macht per Wahl-
zettel übergeben hat. Denn ohne die großzügigen Spenden der
Industrie wären die Politiker gar nicht gewählt worden. Und
ohne Social Media könnten sie ihre Politik nicht durchsetzen.
Dass auch die abgeordneten Öffentlichkeitslenker von den
Corporations bezahlt werden, versteht sich von selbst.

Der überwältigende Einfluss der PR auf Amerika dehnte
sich durch das Internet auf die ganze Welt aus. Begonnen hat
der Siegeszug der Bernays'schen Methode mit dem Sieg Amerikas im Zweiten Weltkrieg. Dollars für den Konsum waren
plötzlich im Überfluss vorhanden. Dank der auf Hochproduk-
tion getrimmten Kriegsindustrie, dem Heer arbeitssuchender
Soldaten und der nach Kriegsende erbeuteten milliarden-
schweren Industriepatente und -anlagen hatte sich bis 1957
das amerikanische Bruttosozialprodukt vervierfacht. Das lag

nicht nur am Ausstoß immer neuer Produkte, sondern, so ein zeitgenössischer Werbefachmann, an der »Erfindung immer neuer Wünsche und Begierden«. Es ging nicht mehr darum, was der Mensch wirklich wollte, sondern darum, was man wollte, dass er es wollte. Man ließ ihn durch *Motivational Research* (Motivforschung) analysieren, mit deren Hilfe man die unterbewussten Antriebe der Kunden freilegte. Der Werbende kam nicht durch die Eingangstür, sondern stieg durch ein Kellerfenster ein.

Nicht zufällig gewann die Freud'sche Psychoanalyse, obwohl bereits ein halbes Jahrhundert alt, neue Popularität. Die zuvor als *Headshrinks* (Hirnschrumpfer) belächelten Seelenärzte avancierten zu Beratern auf allen Feldern und in allen Lebenslagen. Man entdeckte das Unterbewusste im großen Maßstab. Wie Freud für die Seelenforschung, wurde für die Werbebranche sein Neffe Edward Bernays zum Guru. Dank beider Methoden ließen sich »Bewusstsein und Logik ausschalten« und zugleich »Begierden wecken, an die vorher niemand gedacht hat.«[134] Damals wurde von den Motivationsforschern auch eine Begierde entdeckt, die man diskret zu verschweigen pflegte. »Nichts spricht die Menschen mehr an«, so ein *Ad Man* (Werbefachmann), »als sie selbst«. Mit anderen Worten, jede Ware ließ sich verkaufen, wenn man den Kunden überzeugte, dass er sich selbst damit kaufte. In der Werbesprache nennt man sie die *Self Image Buyers*.

Auch die psychologische Bedeutung der Eigenliebe war von Freud entdeckt worden. Nach der antiken Sagengestalt Narziss, die sich ins eigene Bild auf dem Wasserspiegel verliebte, nannte er sie Narzissmus. Menschen suchen in allem das Bild, das sie gern von sich selbst hätten. Sie kaufen kein Produkt, sondern das Ideal ihrer selbst, wie sie es in einem Produkt wiederzufinden glauben. In dieser Hinsicht ist das Smartphone unübertrefflich. Es ist der Spiegel, in dem der User sich wiedererkennt wie Narziss im Teich.

Dank Werbung und PR, denen sich die innovationshungrige Gesellschaft bereitwillig öffnete, erreichte der amerikanische Wirtschaftsboom in den 1950er Jahren einen Höhepunkt. Im Vergleich zur Vorkriegszeit konnte der Durchschnittsamerikaner das Vielfache an Dollars für Konsum ausgeben. Dass er es auch tat, dafür sorgten die Propagandisten und Anzeigenleute. Sie beherrschten auch den Riesenmarkt der *Fund Raisings* (Spendenmarathons) und privaten »Wohlfahrtsorganisationen«. Denn wie sich die Menschen motivieren ließen, einen Dollar auszugeben, ließen sie sich auch motivieren, einen Dollar zu geben. Diese Kunst, den Menschen das Geld für einen guten Zweck aus der Tasche zu ziehen, hat sich dank fleißiger PR bis heute erhalten. Weihnachtszeit ist immer auch Fundraising-Zeit.

Im Boomjahr 1957 erschien das Standardwerk über die allmächtige PR- und Werbeindustrie, das den vielsagenden Titel *The Hidden Persuaders* (Die heimlichen Verführer) trug. Sein Autor Vance Packard zeichnete darin die Erfolgsrezepte der ebenso populären wie undurchsichtigen Branche nach. Geschickt hielt sie sich unter der Wahrnehmungsschwelle jener Öffentlichkeit, die sie mit unsichtbarer Hand lenkte. Denn in Konsumländern wie Amerika gilt nicht »der Mensch ist, was er isst«, sondern er ist, was er kauft. Und was er kauft, wird ihm von der Werbung eingehämmert. Oder untergejubelt. Die von Packard thematisierte Verführung ist bis heute, so Richard Perloff, Kommunikationswissenschaftler der Universität Cleveland, »der vorherrschende Zug der amerikanischen Gesellschaft«[135].

Amerikas Konsumrausch brach zu Beginn der 1950er Jahre aus, als das Einkaufen zum Selbstzweck erhoben wurde. Man verband dies mit einem pseudomoralischen Appell an die gesellschaftliche Verantwortung: Man sollte kaufen, »um die Wirtschaft am Laufen zu halten.« Bis dahin hatte man, wie der Rest der Menschheit, zumeist nach Nützlichkeit eingekauft. Entsprechend informativ, aber auch langweilig war die Werbung. Es gab das Arbeits- und Alltagsleben, und was man dafür brauchte, wurde besorgt. Nach dem Krieg, so Packard, traten als neuer Aspekt die Freizeit und ihre Gestaltung in den Vordergrund. Man kaufte nicht nur das Nötige, sondern das, was einem Vergnügen und Entspannung schenkte.

Packard nennt diese persönlichkeitsfördernden Waren *Self Gratifying Items* (selbstbelohnende Produkte). Darunter versteht man ganz gewöhnliche Waren, die aber auf den Käufer wie Belohnungen seines Ego wirken, mit denen er sich selbst eine Freude bereitet. Diese narzisstischen Gratifikationen erweiterten den Markt beträchtlich. Rückblickend notierte der für seinen gesellschaftskritischen Roman »Fegefeuer der Eitelkeiten« bekannte Autor Tom Wolfe, dass damals bei den US-Bürgern eine »unerwartete Entwicklung« einsetzte: »Millionen ganz normaler Leute genossen den Luxus, sich mit sich selbst zu beschäftigen«[136].

Dank PR-Suggestion unterschied man beim Einkauf nicht mehr zwischen Nützlichkeit und Wünschbarkeit. Fortan gehörte Einkaufen zur Freiheit, die sich auf Freizeit reimte. Konsum wurde Kult, der alle Bevölkerungsgruppen anzog. Früher waren die städtischen Kaufhäuser mit Menschen vollgepackt, die nach dem stressigen Einkauf wieder nach Hause strebten. Nun entstanden draußen auf der grünen Wiese weitläufige *Shopping Malls*, in denen man tagelang seine Zeit verbringen und sein Geld ausgeben konnte. Bis heute versammeln sich die Gemeinden der amerikanischen Einkaufsreligion in diesen prächtigen Tempeln. Doch deren Glanz verblasst bereits. Denn immer mehr Gläubige halten seit Beginn des Internethandels ihren Gottesdienst zuhause ab. Der Name ihres neuen Glaubens, der keinen Wunsch unerfüllt lässt, lautet Amazon.

Wie sich der posthumane Mensch heute der Herrschaft des Silicon Valley unterwirft, hat er sich zur Zeit des ersten Wirtschafts- und Shopping-Booms den nationalen Standards angepasst, wie sie ihm staatlicherseits propagiert wurden. Paradoxerweise nannte man diese Selbstgleichschaltung »Individualismus«. Bereitwillig ließ man sich lenken und hatte dabei doch das Gefühl der freien Entscheidung. In den 1950er Jahren bildete sich der Begriff des *Other Directed Mind* (fremdbestimmter Geist), der zur nationalen Wünschbarkeit erhoben wurde. Dass man sich der Leitung eines *Team Leaders* anvertraute, um möglichst zum perfekten *Team Player* aufzusteigen, galt als Ausdruck einer starken Persönlichkeit. Ähnlich wie Golfspielen oder Pfeifenrauchen. Was man in jedem Fall vermeiden wollte, war der Anschein, es der kommunistischen Zwangsgesellschaft gleichzutun. In den Vereinigten Staaten gab es nur den Zwang, dem man sich aus freien Stücken beugte.

Im Zuge der erwünschten und allgemein akzeptierten Kontrolle der Bürger tauchte auch ein neuer Forschungszweig auf, die elektronische *Bio Control*. Im Time Magazine konnte man damals die Ankündigung lesen, dass es um nicht weniger als die »umfassende Kontrolle der Menschen« gehe. »Die kontrollierten Subjekte«, so das Nachrichtenmagazin, »sollen nicht mehr als Individuen denken. Dazu bekommt jedes Kind ein paar Monate nach der Geburt einen Sensor unter der Kopfhaut implantiert. Seine Sinneswahrnehmungen und Muskelaktivitäten können dadurch registriert und durch elektronische Signale vollständig kontrolliert werden. Die Signale sollen von staatlich betriebenen Sendeanlagen ausgestrahlt werden.« Diese Technologie, die aus einem dystopischen Roman entsprungen scheint, wurde niemals realisiert. Doch wer heute ein Smartphone besitzt, kommt ihr schon ziemlich nahe.

Die suggestive Fremdkontrolle, die als freiwillige Selbstkontrolle ausgegeben wurde, wirkte unmittelbar auf die Massen. Ihre neue Freude am »Man« firmierte unter dem Namen *Rationalized Conformity*, später auch als *Group Think* bezeichnet, womit der Begriff des Denkens *ad absurdum* geführt wurde. Denn Denken kann man nur allein. Diese Anpassungsbereitschaft der Wohlstandsamerikaner drückte sich auch in der Passion des gemeinsamen Fernsehens aus. Regelmäßig versammelte sich die Familie zu Vorabendserien wie *Father knows best* (»Vater ist der Beste«), weinte bei den *Soap Operas* und verfiel während der *Sitcoms* in Lachanfälle.

Damit auch wirklich alle die Situationskomödien komisch fanden, führte man damals das *Canned Laughter* ein. Die Amerikaner, die traditionell eine Vorliebe für Dosennahrung *(Canned Food)* hatten, gewöhnten sich auch an das Lachen in Dosen. Gemäß der PR-Erfahrung, wonach »niemand gern alleine lacht«, wurde diese spontane menschliche Äußerung automatisiert. Man fingierte also eine Gemeinschaft, in der sich der Zuschauer, der zum Mitlachen gereizt wird, wohl fühlt. Er gehört dazu. »Fernsehen«, so sagte der Dichter T. S. Eliot, »ist ein Unterhaltungsmedium, durch das Millionen Menschen zur selben Zeit denselben Witz anhören können, und doch einsam bleiben.«[137]

Die Wiederkehr des Wohlfühltraums

Hatte das Weiße Haus der Nation versprochen, dass der Zweite Weltkrieg der letzte Krieg sein sollte, wurde sie bald eines Anderen belehrt: Wenige Jahre darauf stürzte man sich in den Koreakrieg und danach, als hätte man von dem fernöstlichen Abenteuer nichts gelernt, in den Vietnamkrieg. Vielen Amerikanern verging in den 1960er Jahren die Lust am Konsum. Die Front des bedingungslosen Konformismus bröckelte. Über die Wohlfühlgesellschaft sagte die Aussteiger-Ikone Timothy Leary, sie sei »so ausgehöhlt und leer wie eine TV-Show«. Es war die Jugend der Metropolen, die den Stecker zog und gegen das alte Menschenbild, das man für gescheitert hielt, aufbegehrte.

Damals entstand der Gegenentwurf zum angepassten Konsumbürger: der freie Mensch, der ohne Egoismus, Rassismus und Kapitalismus einen neuen Weg in die Zukunft findet. In der Solidarität mit anderen Völkern und der Kreativität der Popkultur glaubte man diesen Weg gefunden zu haben. Veränderung zum Guten lag in der Luft. Das Hippie-Musical »Hair« fasste es in den Worten zusammen: *Let the Sunshine in*. Mit dem Aufkommen der Computer wurden die Rollos wieder heruntergelassen. Nun leuchtete nur noch der Monitor. An die Stelle der Natur trat der Cyberspace, der das Eingangstor zur weltweiten Kommunikation bot. Im digitalen Universum fand man die Freiheit, die einem seit der Reagan-Ära in der Wirklichkeit verwehrt blieb.

Hinfort lebte man in der *Global Village*, wie der kanadische Medientheoretiker Marshall McLuhan die elektronisch zusammengerückte Welt nannte. Hier trat man in eine klassenlose Gesellschaft ein, in der die Menschen sich auf Augenhöhe begegneten. Das Internet, mit Betonung auf dem verbindenden *Inter*, wurde in den 1990er Jahren zum Synonym für die Freiheit, die der Jugendprotest und die Menschenrechtsbewegung einst erhofft, aber nie erreicht hatten.

Die geradezu sensationellen Neuerungen, die erst die privat genutzte Computerwelt und dann das kostenlose Internet mit sich brachten, führten in Amerika zu einem neuen Business-Boom. Er ging an Umfang und Einfluss weit über die Wirtschaftswundergesellschaft der 1950er Jahre hinaus. Schneller als die Farbfernseh- und Kühlschrankkultur, sozusagen mit Lichtgeschwindigkeit, dehnte das Internet sich über den ganzen Erdball aus. Zwar schien sich die Internetgemeinschaft wesentlich von jener der spießigen Analoggesellschaft zu unterscheiden. Doch erschien sie in vielem als deren Fortsetzung mit anderen Mitteln. Die unzähligen Online-Shops, die ihre *Self Image Buyers* bedienten, schufen eine neukonformistische Überflussgesellschaft. Wie man einst durch die Shopping Malls gebummelt war, surfte man nun durch die Online-Shops. Seine Individualität fand man, indem man sich einer Community unterwarf. Und man lernte freies Denken durch Anpassung an den jeweils herrschenden *Group Think*. Das »Man«, wie Vance Packard es 1957 beschrieben hatte, übernahm auch Ende des 20. Jahrhunderts wieder die Macht.

Vor allem die Werbeindustrie drängte sich in dieser goldenen Aufbruchszeit in den Vordergrund. Das neu geschaffene Internet, diese kreative Spielwiese, entwickelte sich zur unüberbietbaren Public Relations-Plattform der Warenwelt. Die *Ad Men* der 1960er, wie in der Netflix-Serie »Mad Men« vorgeführt, standen auch hier am Ruder und wiesen den Weg. Nicht die Milliarden Nutzer, sondern die Milliardenbudgets der *Advertisement Industry* schufen die Weltmacht Silicon Valley.

Das Medium hat sich geändert, die Methoden der PR sind die gleichen geblieben. Wo Kommunikation stattfindet, hat sie ein gewichtiges Wort mitzureden. Und sie tut dies in beharrlicher Wiederholung. Denn das, was man verkaufen will, muss man erst in die Gehirne einpflanzen, ja einbrennen. Bis heute steht im Mittelpunkt ihrer aufdringlichen Botschaften das *Branding*, die Verbreitung einer Marke *(Brand)*. Der Begriff ist verräterisch genug: Ein *Brand* ist Name oder Wiedererkennungszeichen jeder Firma. Aber auch, wie im Deutschen, eine schmerzhafte, unauslöschliche Kennzeichnung, ein Brandmal. Ursprünglich bedeutete Branding tatsächlich das Markieren von Vieh mit einem glühenden Eisen, aus dem sich der Besitzanspruch des Viehhalters ablesen lässt. Dies gilt für die Tiere, die fortan wissen, wer ihr Herr ist. Aber ebenso für die Menschen, die in ihm den Herrn des Viehs erkennen. Branding ist Unterwerfung. Wer sich mit erhobenen Händen dem Werbetrommelfeuer auf dem Bildschirm ergibt, ist bleibend »gebrandmarkt«.

17. Kapitel

Suchtmaschinen

*»Die gezielte Steuerung der Gesell-
schaft und die mit ihr gegebene
Kontrolle menschlichen Verhaltens
sind für die Weiterentwicklung der
menschlichen Spezies wesentlich.«[138]*
B. F. Skinner, 1971

Das Kokain der Likes

Der Cyberspace bietet einem die Möglichkeit, anderen mitzutei-
len, ob sie einem sympathisch sind. Oder was einem im Augenblick sympathisch ist. Alle Sympathiesymbole, die man vergeben kann, meinen dasselbe: dass man zu einem Menschen, einer
Community, einer Website oder einem Produkt eine Beziehung
im Wiederholungsmodus aufnimmt. Man entwickelt einen Automatismus, der nicht als solcher erlebt wird, sondern als Ausdruck der grenzenlosen Freiheit, die dem Menschen irgendwie
mitgegeben ist. Die Buttons für *Likes, Followers* und *Subscribers*
sind das süße Gift des Cyberspace. Bei Instagram erfüllt ein Herzchen dieselbe Funktion. Alle sind süchtig danach, derlei Sym-
pathiepunkte einzuheimsen. Sobald sie etwas in Netz gestellt
haben, fühlt es sich an, als hätten sie sich selbst in Netz gestellt.
Sie legen ihre Texte und Bilder zur allgemeinen Prüfung vor, und
dies mit dem Gefühl, dass sie sich dem Weltgericht stellen. Wer
die Prüfung bestanden hat, erhält Herzchen und erhobenen
Daumen und damit Applaus und Zuneigung des Publikums.

Likes oder »Gefällt mir«-Buttons bergen Suchtpotenzial. Nachdem Facebook sie 2009 eingeführt hatte, erwiesen sie sich als Goldgrube im großen Bergwerk des Data Mining. Durch die ganz persönliche Sympathiekundgebung ließ sich die Datensammlung um versteckte Interna vervielfachen. Zudem weist jedes Like in zwei Richtungen: wie gut akzeptiert der bewertete Gegenstand ist und, zwangsläufig, was dieser spezielle Bewerter gut findet. Jeder gibt sich selbst preis, indem er preisgibt, was er liebt. Damit ist er berechenbar geworden. Hat man auf seinem Facebook-Konto ein paar hundert Likes abgegeben, kann der Algorithmus die Ansichten und Absichten des Users »besser vorhersagen als seine eigene Frau, ja als er selbst«[139]. Ein bekannter Werbepsychologe nannte die Likes das »Crack-Kokain unserer Zeit«: Jede Belohnung schreit nach neuer Belohnung, jede Versagung löst Entzugserscheinungen aus. Und jede Like-Eingabe bedeutet zugleich ein »Gefällt mir« für Facebook.

Alle sind süchtig nach Likes, und doch gibt es keine billigere Zuneigung. Denn in der Cyberwelt kann jeder den Richter spielen. Der Gerichtssaal gleicht einem unendlich großen, immer voll besetzten Kolosseum, in dem jeder, der sich hineinbegibt, der Herrschaft der alles entscheidenden Daumen ausgesetzt ist: Nur der Zufall bestimmt darüber, ob man eine Ovation oder den Todesstoß erhält. Als angenehm wird dabei empfunden, dass man sich als Täter nicht outen muss. Und auch der Gerichtete bleibt ohne Gesicht. Besaß er eines, hat er es nun verloren.

Im Cyberspace grassiert die Ratingsucht: Alles und jeder wird von allen und jedem geratet, das heißt mit Noten versehen, die alle auf den gehobenen und gesenkten Daumen hinauslaufen. *Rating* (Bewerten) heißt, über Sein und Nichtsein Anderer bestimmen dürfen wie die Zuschauer in der römischen Arena. Dabei wird zwischen Menschen und Waren kein Unterschied gemacht. Was immer die Industrie oder menschlicher Einfallsreichtum produzieren, wird sogleich einem Kreuzfeuer von Bewertungen ausgesetzt. Daraus geht das Objekt teils mit Auszeichnungssternchen, teils gar nicht mehr hervor, weil es durchgefallen ist. Dann existiert es nicht länger, ja es ist, als hätte es nie existiert. Andrerseits kann ja im Cyberspace nichts wirklich verschwinden, weil alles gespeichert ist. Aber es ist eben für alle Zeiten als das gespeichert, was durchgefallen ist. Die Zeit heilt alle Wunden, das Internet hält sie offen.

Frühere Zeitalter fürchteten die Götter als Richter, die alles be- und aburteilen konnten, weil sie hoch über der Menschheit thronten. Sie waren allwissend, ihr Ratschlag und Richterwort hatte aufgrund ihrer Erhabenheit Anspruch auf Gültigkeit. Was die Online-Richter angeht, folgen sie nur willkürlichen Gesetzen, selbsterzeugten Maßstäben, die mit der Nichtigkeit, aus der sie entstanden, ihren Gegenstand infizieren. So gibt es im Netz ein Weltgericht, das unablässig tagt und seine einzige Berechtigung daraus zieht, dass jeder Gerichtete auch selbst das Recht hat zu richten, einschließlich seinen eigenen Richter.

Das Like muss nicht begründet werden, es muss nicht einmal ernst gemeint sein. Es ist nichts als ein Klick, ein Antippen einer Oberfläche. Und doch entscheidet sich an der Zahl der Likes, Sternchen, Herzchen, Followers oder Subscribers die Bedeutung des Online-Menschen und, wenn er Werbeträger ist, auch sein Verdienst. Gutes Ankommen schafft gutes Einkommen. Also bettelt man darum und redet den potenziellen Like-Gebern nach dem Mund. Wer hier etwas schreibt, schielt mit einem Auge auf den, der es lesen wird.

Auf einen Ablehnungs-Button hat Facebook verzichtet. Er ist auch gar nicht nötig. Denn das Like ist bereits ein zweischneidiges Schwert: Jeder Like, der nicht gegeben wird, ist ein Not-Like und kommt schon fast einem *Hate Button* gleich. Wohin kein Like sich verirrt, herrscht das Dunkel einer Ecke, in die nie ein Strahl Tageslicht fällt. Und wer keine Follower hat, die ihm auf seiner Daseinsreise folgen, der kann diese ebenso gut abbrechen und aufhören zu gehen. Er ist sitzen geblieben, weil man ihn hat sitzen lassen. Umgekehrt erscheinen Likes wie selbstgenerierend. Wo plötzlich einige sind, werden es bald mehr, auf tausend folgen schnell zehn- und hunderttausend. Heißt man Beyoncé und trällert ein bißchen auf YouTube, kommt man innerhalb eines Tages auf vier Millionen »Aufrufe«. Geht etwas viral, bringt es den Triumph, für den sich der ganze Aufwand gelohnt hat.

Kein Wunder, dass dort, wo sich dringender Bedarf meldet, bald ein Markt entsteht: Die Aufrufe kann man nämlich manipulieren, die Sympathieknöpfe kaufen. Eine Anfrage bei Google fördert tausende Angebote zutage, die gegen Bezahlung jeden Button in beliebiger Anzahl anbieten. Bei Bedarf werden auch positive Besprechungen aller Art samt zugehöriger Fünf-Sterne-Wertung verfasst. Dass dies *de facto* die völlige Sinnentleerung der diversen Sympathiesymbole bedeutet, scheint niemanden zu stören.

Eine beliebte Art, im Cyberspace Zuwendung zu gewinnen, ist das *Selfie* (wörtlich: Selbstchen). Hier möchte man zeigen, wer man wirklich ist, und vor allem, dass es einen wirklich gibt. Denn das Aussehen, das ist der ganze Mensch. Schon immer wird der Begriff Image, der eigentlich nur Bild oder Konterfei bedeutet, mit Ansehen gleichgesetzt: Naheliegend, dass mit einer Gesichtsverschönerung eine Statusverbesserung einhergeht. Gutes Aussehen bringt gutes Ansehen. Den Likes kann man auch nachhelfen. Wo einen die Natur vernachlässigt hat, kommt der Photoshop zu Hilfe. Längst hat dieses Bildbearbeitungsprogramm die Herrschaft über die Gesichter angetreten. Shop heißt es deshalb, weil man sich bei ihm sein Aussehen wie eine Ware besorgen kann. Man geht einfach »photoshoppen«, und Geld wird nur bei Anschaffung fällig. Seit über 30 Jahren trägt die PDF-Firma Adobe aus dem Silicon Valley zur Selbstverschönerung der Nutzer bei. Endlich kann der Mensch sich nach seinem eigenen Bild erschaffen.

Möglich wurde dieses Upgrade der visuellen Identität durch die Pixeltechnik. Sie zerlegt das Bild in seine digitalen Atome, die Farbpunkte, die man dann nach Gusto wieder zusammensetzen kann. Selbstbewusst kann sich der rundum erneuerte Mensch in die Schönheitsgalerie der Social Media einreihen: endlich blond und blauäugig, schlankhüftig und hochbusig, dank Pixel pickelfrei. Und während die Nase an den Hermes des Praxiteles erinnert, zeigen die verschleierten Augen James Deans Trauerblick.

Selfie ist das Selbst, wie es wünscht, von den anderen Selfies gesehen zu werden. Sowohl der Wunsch zu gefallen wie die Selbstinszenierung beweisen, dass es eigentlich ein *Non Selfie* ist. Denn so, wie man selbst wirklich, das heißt ungeschminkt und ungestylt, aussieht, möchte man sich gar nicht zeigen. Das Selfie soll also die Anderen über einen täuschen, was sich dadurch ausgleicht, dass auch die Anderen ihre Pseudoporträts schicken. Der Vergleich fällt oft deprimierend aus. Das Pew Research Center in Washington stellte bei einer Umfrage 2015 fest, dass Twitter »signifikant« zum Stress-Level der Nutzer beiträgt: Es herrschen die ständige Furcht, nicht »anzukommen«, die Hektik des Nichts-versäumen-Dürfens, und oft kommt noch das Pech hinzu, von anderen als psychischer Abfalleimer benutzt zu werden. Besonders häufig, so eine Untersuchung der Penn State University 2016, tritt Niedergeschlagenheit bei Frauen auf, wenn sie die hübschen Selfies der anderen und deren Gute-Laune-Fotos mit lachenden Prominenten, Freunden oder Streicheltieren betrachten.

Nachdem Sigmund Freud die Intimsphäre des Menschen in einen öffentlichen Raum verwandelt hatte, wurde diesem durch die Social Media die Privatsphäre hinzugefügt. Wer heute seine Wohnung, sein Mittagessen, seine Familie, seinen Urlaub, seine Nacktheit, kurz, sein Leben, nicht zum Zuschauen anbietet, lebt gar nicht. *Beauty is in the eye of the beholder* (»Schönheit ist im Auge des Betrachters«), sagt ein englisches

Sprichwort. Nicht nur die Schönheit, so könnte man heute ergänzen, entsteht im Auge des Betrachters, sondern das ganze
eigene Leben und das Ich, das dazu einwilligt. Nicht nur das
Foto, das man postet, sondern alles andere auch trägt den Charakter des Selfies. So bin ich und das habe ich, signalisiert man
in Text und Bild. Oder man wirft als Blogger sein literarisches
Selfie sozusagen in die Waagschale der öffentlichen Meinung,
womit man ein hohes Risiko eingeht: Tritt die erhoffte Anerkennung nicht ein, kommt das einem Hinauswurf gleich.
Wird man gar wie Marie Sophie Hingst dabei ertappt, sein
Selfie nicht nach Faktenlage, sondern nach eigenen Wünschen
gestaltet zu haben, kommt es zur medialen Hinrichtung.

Von Ratten und Kindern

Von den Cybermultis wird immer wieder betont, dass Social
Media eine wichtige Rolle im Prozess der Meinungsbildung
spielen, und sie nennen das optimistisch *Collective Intelligence*.
Das mag für manche Websites und manche Erwachsenen gelten, die sich nicht täuschen lassen. Kinder sind dazu nicht in
der Lage. Ihre Intelligenz konzentriert sich auf Vergnügen
und Warenbeschaffung. Um ihnen das Geld aus der Tasche
der Eltern zu ziehen, versetzt man sie in kollektiven Wahn.
Keiner kann dies Zauberkunststück besser vollbringen als das
Smartphone.

Wer als Kind mit dem Smartphone aufwächst, und das gilt
für alle, gerät schnell in Abhängigkeit. Denn das Gerät repräsentiert das Selbst, das es noch gar nicht gibt, und die Fertigkeiten, die man noch gar nicht hat. Die Intelligenz des Geräts
scheint auf dessen kleinen Besitzer überzugehen. Dem realen
Nichtskönnen entspricht die Allmacht des Virtuellen. Süchtig
nach dem Selbst, das ihm fehlt und dessen Leerstelle ihm

Angst macht, wird das Kind zum Anhängsel des unterhaltsamen Alleskönners. Es wird abhängig von den Botschaften der Freunde, den Videospielen, den spannenden Welten, in die sie einen versetzen, und den beruhigenden Mordwaffen, die sie einem in die Hände drücken. Man wird süchtig nach der Musik, die einem aus den Kopfhörern schallt und, so laut wie möglich, die dröge Alltagswelt übertönt. Man wird süchtig danach, etwas zu beherrschen, das kein Spielzeug ist, sondern Erwachsenending. Man verbringt möglichst viel Zeit in der Cyberwelt und möglichst wenig in der realen. In ihr ist man nichts, dort ist man wer. »So mancher«, meint Shoshana Zuboff, »hat das Gefühl, nicht zu existieren, wenn er nicht auf Facebook ist.«[140]

Das menschliche Gehirn ist keine festgefügte Struktur, die mit wechselnden Inhalten gefüllt wird und sich mechanisch wieder leert. Das Gehirn formt sich selbst. »Jeder Akt der Wahrnehmung«, sagt der New Yorker Neurologe Oliver Sacks, »ist ein Akt der Schöpfung. Und jeder Akt des Gedächtnisses ist ein Akt der Imagination.« Die Wissenschaft spricht vom »plastischen Gehirn«, weil es sich mit den wechselnden Anforderungen selbst umprogrammieren kann. Das gilt besonders für das jugendliche Gehirn, das sich entsprechend neuen Eindrücken »neu verdrahtet«.

Oliver Sacks hielt jeden Menschen in seiner Individualität für unvergleichlich. »Konkrete Erfahrungen verändern die höheren Funktionen des Gehirns«, sagte er, »indem sie die neuronalen Strukturen auswählen und verstärken, die der Funktion zugrunde liegen.« Als Beispiel für diese »Plastizität« des Gehirns nennt er die Anpassung der Sinne der Gehörlosen. Bei ihnen ist jener Teil der Großhirnrinde, der bei normalen Menschen für die Hörfunktion bestimmt ist, für die Verarbeitung visueller Signale etwa in der Gebärdensprache umgewidmet. Dadurch werden sie »hypervisuell«. Deshalb kann jedes einzelne Gehirn nicht nur aufgrund seiner gespeicherten Informationen, sondern auch anatomisch als unvergleichlich gelten. »Von Anfang an«, schrieb Sacks in seiner Autobiographie, »sind wir auf neuronaler Ebene tief durchdrungen von Individualität. Ob wir wollen oder nicht, ist es uns vorherbestimmt, ein Leben von Besonderheit und Selbstentfaltung zu führen und unseren eigenen individuellen Weg durchs Leben zu suchen.«[141]

Bleibt die Frage, was mit den Millionen zur Individualität prädestinierten Gehirnen geschieht, die unablässig mit denselben Botschaften bombardiert und auf die Spielregeln des Großen Cyberspiels programmiert werden. Allein durch die Wiederholung müssen sich bei allen Nutzern dieselben Nervenverbindungen ergeben, was wiederum zu demselben Verhalten führt. Wäre es so, hätte die Cyberwelt die menschlichen Gehirne unbemerkt übernommen und auf ihre Funktionsweise eingestellt. So wird die fiktive Welt des Virtuellen durch das konditionierte Bewusstsein der Massen als reale Welt erfahren. Und das heißt auch, dass für den posthumanen Menschen der Unterschied zwischen beiden aufgehoben ist. Wie der zwischen sich selbst und seinem Online-Selbst. Zwischen seinem Selbst und seinem Selfie.

Da das Gehirn darauf eingestellt ist, augenblicklich auf neue Impulse zu reagieren, lässt es sich leicht manipulieren. Setzt man es, wie im Cyberspace üblich, einem Impulsfeuerwerk aus, wird es zum Hin-und-Herspringen gezwungen. Das nimmt ihm die Kraft zur kohärenten Selbststeuerung. Es muss augenblicklich reagieren. Und noch bevor die Prozessierung abgeschlossen ist, löst der nächste Impuls den nächsten Alarm aus. Genau darin scheint die Absicht der Videoclips zu liegen. Mit ihren immer kürzeren Schnitten und rasendem Bildergewimmel verhindern sie, dass das Bewusstsein seiner selbst bewusst wird. Dass der Betrachter »zu sich kommt«. Den Vorwurf an die User, dass ihre Aufmerksamkeitsspanne immer kürzer wird, kann man an die Impulsgeber zurückgeben:

Gehirne, die über lange Zeit einem Stakkato an Eindrücken ausgesetzt sind, erlahmen in ihrer Selbstkonstitution. Wie jemand, der nur *Fast Food* isst, mit einem Dreigang-Menü überfordert ist, oder der Hip-Hop-Hörer eine Beethoven-Symphonie für eine Geräuschbelästigung hält. Oder wie ein Kind, das nur funktionieren kann, wenn ein Rechner ihm dazu den Impuls liefert: Klick mich.

Heute gibt es bei Kindern und Jugendlichen das Krankheitsbild der *Internet Addiction Disorder* (Internetsucht-Störung). Man kann sich leicht vorstellen, was das ist. Will man Genaueres wissen, setzt man einfach den Scrollfinger in Bewegung. Hier findet man etwa die juvenile Abhängigkeit von Cybersex. Besonders beliebt bei Kindern ist, wie im Mai 2020 ein Kriminologe beim Sender ntv feststellte, Kinderpornographie. Was diesem Begriff einen überraschenden Sinn verleiht.

Noch weiter verbreitet dürfte die *Gaming Disorder* (Videospiel-Störung) sein. Bei dieser Abhängigkeit ersetzt die virtuelle Welt die wirkliche, und zwar lange, bevor das Kind diese kennengelernt hat. Wirklichkeit heißt Widerstand, der sich einem entgegenstellt. Die Cyberwelt kennt keinen Widerstand, und wenn er doch in Form des »Feindes« auftaucht, wird er, soweit möglich, niedergemacht. Man glaubt, Kontrolle über das Game auszuüben, wird in Wahrheit aber vom Game kontrolliert. Vor allem von den Spiele-Herstellern, deren Milliardeneinnahmen mittels psychologischer Tricks erzielt werden.

Oft wird ein besonders perfides Detail der industriellen Anmache übersehen: Um die jungen Leute in die Falle zu locken, genügt es nicht, ihnen das Spiel kostenlos anzubieten. Für die Überzeugungsarbeit muss man Gleichaltrige rekrutieren. Sie haben einen engen Draht zur Kundschaft, wie ihn erwachsene Firmenvertreter nie aufbauen könnten. Spiele für Kids werden den Kids von Kids aufgedrängt. Dies geschieht nicht auf der Straße wie bei Drogengeschäften, sondern im Internet, der Superdroge. Gleich und gleich verkauft sich gut. Das galt schon für die Singvogelfänger des Mittelalters. Wenn sie ihre Netze auslegten, setzten sie ein Exemplar der Art hinein, die man fangen wollte. Dank des Lockvogels, der seine Genossen singend herbeirief, gingen sie immer ins Netz.

Die amerikanische Wirtschaftsjournalistin Rana Foroohar konnte hier einschlägige Erfahrungen sammeln. Seit Jahrzehnten hatte sich die Financial Times-Mitarbeiterin und CNN-Kommentatorin mit der finanziellen Seite des Internet beschäftigt, die auf Verlockung basiert. Eine davon sollte sie in ihren eigenen vier Wänden kennenlernen. Was sie dort erlebte, so sagte sie, übertraf alles, was ihr bis dahin im Netz an Abenteuerlichem begegnet war.

Von ihrem Konto war plötzlich eine Summe von fast tausend Dollar abgebucht, die sich, wie der Aufstellung zu entnehmen war, aus unzähligen kleinen Beträgen zusammensetzte. Des Rätsels Lösung brachte ihr Sohn Alex. Der Zehnjährige gab zu, am Geldschwund beteiligt zu sein, stritt aber jede persönliche Schuld ab. »Ich konnte mir nicht helfen«, sagte er. »Das Spiel hat einfach die Macht übernommen.«[142] Und er beschrieb seiner Mutter, wie er am Bildschirm in eine Art Trance geraten sei, die ihn zum Weiterspielen zwang. Offensichtlich war er in den quasi hypnotischen Zustand der Gamer verfallen, den man *Flow* nennt: Vom Spiel »eingesogen«, vergessen sie alles, was um sie herum vorgeht, und endlich auch sich selbst. Sie verlieren die Kontrolle erst über sich, dann über die Konten der Eltern.

Begonnen hatte die wundersame Kostenvermehrung, als Alex nach dem unterhaltsamsten Fußball-Game googelte. Das angegebene Spiel fand sich erwartungsgemäß in Apples App-Store und konnte gratis heruntergeladen werden. Tatsächlich lautet der Name dieser Kategorie, die 80 Prozent aller Spiele umfasst, *Free-to-Play*. Will sagen, du bist frei, zu spielen. Aber das Spiel selbst ist, wie du bald sehen wirst, nicht frei. Begeistert warf Alex sich in die Matches, in denen er zuerst auch Siege einfuhr. Bis diese auszubleiben begannen, weil seine Spieler einfach nicht das Niveau der anderen Teams erreichten.

Abhilfe war leicht zu schaffen, da Stars wie Ronaldo und Messi virtuell schon auf seiner Bank warteten, um eingewechselt zu werden. Gegen einen kleinen Unkostenbeitrag, der schnell angeklickt war. Und mit noch größerer Begeisterung ließ Alex sich auf Turniere einladen, um wieder Sieg auf Sieg zu erringen. Kaum war er in eine internationale Bestenliste aufgenommen, stellte sich wieder eine Schwächephase seiner Mannschaft ein. Zum Glück gab es für jeden seiner Spieler leistungsfördernde Maßnahmen in Gestalt von neuer Ausrüstung, Tricks und Strategien. Gezahlt, getan. Die Erfolgsserie ging weiter, weil Alex den immer neuen Spielereinkäufen nicht widerstehen konnte. Warum auch, es handelte sich ja nur um geringe Beträge.

Als ihm dann doch angesichts des rasanten Gebührenanfalls mulmig wurde, beschloss er auszusteigen. Zufällig im selben Moment alarmierte ihn sein Smartphone, dass ein besonders anspruchsvolles, für ihn wie geschaffenes Turnier bevorstand. Hohe Preise winkten. Wie hätte er widerstehen können? Die Verlockung, weitere Gegner niederzukämpfen und große Siege zu erringen, war zu groß. *The game must go on.* Erst als seine Mutter ihren Kontostand prüfte, flog die Bredouille auf, in die Klein-Alex hineingestolpert war.

Schockiert über diese Masche, bei Kindern Süchte zu erzeugen, um das Geld ihrer Eltern abzuzocken, begann die Journalistin zu recherchieren. Was den meisten Usern verborgen bleibt, wurde ihr schnell klar: Der infantile Zeitvertreib scheint nur kostenlos zu sein. Erst wenn man »ins Spiel gekommen« ist, stellen sich die Kosten ein. Wie bei fast allen Videogames wird der größte Profit durch *In-App-Purchases* (Käufe innerhalb der App) erzielt. Für einen erfolgreichen Spieler ist permanentes *Upgrading* unvermeidlich. Um die neuen *Tools* (Werkzeuge) und *Accessories* (Ausstattungen) zu erwerben, muss man Spielgeld kaufen, das man natürlich nicht mit Spielgeld bezahlen kann. Dieses von Apple erfundene Zukaufsmodell, das jedes Videospiel in einen Spielzeugladen verwandelt, erwirtschaftete 2017 einen Gewinn von über einer Milliarde Dollar. Die verschwinden spurlos in den Kinderzimmern, aber auf den Konten der Eltern hinterlassen sie unübersehbare Spuren.

Bei ihren Nachforschungen fand Rana Foroohar heraus, dass hinter diesem Wahnsinn Methode steckte: Der Psychotrick, der die kleinen Gamer bei der Stange hielt, nennt sich *Captology* (Einfanglehre). Zwar ist die Methode vermutlich so alt wie die Menschheit, aber systematisch fürs Internet nutzbar gemacht wurde sie in einem Labor in Stanford. Es trägt noch heute den vielsagenden Namen *Persuasion Tech Lab* (Labor für Überredungstechnik). Von Psychologieprofessor B. J. Fogg 1997 gegründet, sucht es nach neuen Anwendungsmöglichkeiten für alte wissenschaftliche Erkenntnisse.

Bei der Verhaltenssteuerung der Menschen kommt die bekannte Theorie des Verhaltensforschers B. F. Skinner zum Einsatz, der in den 1950er Jahren glaubte, der Menschheit ihr Glück andressieren zu können. Wie man heute Software programmiert, so programmierte er seine Versuchskaninchen. Und was mit Ratten und Tauben ging, bewährte sich auch beim Menschen. Jedem Lebewesen, so Skinner, kann man jedes Verhalten antrainieren, soweit es sich auf biologisch vorgegebenen Mustern aufbaut. Überzeugend demonstrierte er, dass sich Ratten und Tauben durch den Wechsel von Belohnung und Strafe programmieren ließen.

Skinners Lehre galt in Amerika als letzter Schrei der Humanwissenschaften. Man übersah das Barbarische und wandte sie kurzerhand auf pädagogischem und medizinischem Gebiet an. »Damals regierte in Amerika der Behaviourismus in der von Skinner propagierten Form«, erinnert sich Oliver Sacks. »Es galten ausschließlich Reiz und Reaktion, die offensichtlichen Manifestationen des Verhaltens. Es gab keinen

Hinweis auf einen inneren Prozess, also auf das, was dort zwischen Reiz und Reaktion vor sich gehen mochte.«[143] Der Mensch wurde auf sein Verhalten reduziert. Dass er außerdem noch Mensch war, spielte keine Rolle. Begriffe wie Seele oder Geist hatte man abgeschafft. Von Individualität war nicht mehr die Rede.

Mitte der 1960er Jahre arbeitete Oliver Sacks am Psychiatrischen Zentrum der Bronx in der Abteilung für junge Autisten. Man glaubte sie heilen zu können, indem man ihnen ein »normales« Verhalten andressierte. »Hier herrschte ein Prinzip«, erinnerte sich der Neurologe, »das sich *Behavioral Modification* (Verhaltensänderung) nannte. Diese sollte durch den mechanischen Wechsel von Belohnung und Strafe erreicht werden.«

Der in London geborene Oliver Sacks fühlte sich von dieser Methode »abgestoßen. Für mich war es selbstverständlich, die jungen Leute wie Menschen zu behandeln und ihnen bei der Entfaltung ihrer Kreativität zu helfen. Stattdessen wurde ihnen jede Besonderheit ausgetrieben. Einmal die Woche wurde von der Anstaltsleitung eine Art Tribunal veranstaltet, wo jedem Patienten sein Urteil verlesen wurde. Die Höchststrafe bestand darin, dass sie in Isolierzellen gesteckt und an einer Liege festgeschnallt wurden. Auch ohne ausdrücklich bestraft zu werden, empfanden die meisten Autisten ihr Leben in der geschlossenen Abteilung als Strafe. Sie wurden für das bestraft, was sie nun einmal waren. Wie Häftlinge saßen einige den ganzen Tag am Fenster und blickten nach draußen. Der Weg dorthin war ihnen versperrt. ›Wenn man die Türen öffnete‹, so erklärten die Schwestern, ›würden sie davonlaufen‹.«

Der Zynismus der Skinnerschen Methode, *Carot And Stick* (Zuckerbrot und Peitsche) genannt, machte in Amerika Schule. Man wollte Menschen wie Computer programmieren. Diese Methode erwies sich auch als perfekte Grundlage für jede Art von Verführung. Am leichtesten bei Kindern, die immer auf

Abwechslung und Unterhaltung begierig sind. Spricht man von Kindern, die wie Ratten behandelt werden, erinnert man sich an Grimms Märchen vom »Rattenfänger von Hameln«. Schrill gekleidet wie ein Popstar, tanzt er zum Klang seiner Lockpfeife der Kinderschar voran, die aus allen Gassen zusammenströmt. Sein Lied ist unwiderstehlich, sein Narrenkleid fesselt die Fantasie, sein roter Hut weist unübersehbar den Weg. Und alle folgen wie in Trance, vergessen ihre Eltern, ihre Heimat, vergessen sich selbst. »Der ganze Schwarm zog ihm nach«, so erzählt das Märchen, »und er führte sie hinaus in einen Berg, wo er mit ihnen verschwand«. Man könnte diesen Berg heute die *Bubble* nennen, in der die Cyberkinder verschwinden. Und auch in diesem Fall würde, wie im Märchen, das Entsetzen der Bürger und das »jämmerliche Schreien und Weinen« der Mütter nichts helfen. Wer einmal im Netz gefangen ist, kommt nie wieder frei.

Eine Vorahnung der programmierten Kinder findet sich schon 1932 in Aldous Huxleys Zukunftsvision »Schöne neue Welt«. Hier wurden die Kleinen behandelt wie die Laborratten des Verhaltensforschers. Man zeigte ihnen Bücher und Blumen, jene verhassten Überbleibsel einer überwundenen Kultur, und verabreichte ihnen daraufhin Elektroschocks. Die Wirkung war durchschlagend. Noch als Erwachsene machten sie einen großen Bogen um Blumen und Bücher. Skinner fühlte sich dadurch bestätigt. »Der Glaube an Freiheit und Würde des Menschen«, sagte der *Behaviorist* (Verhaltensforscher), »steht dem menschlichen Fortschritt nur im Weg«.

Im China des Corona-Zeitalters ist dieser Alptraum des programmierten Computermenschen bereits Wirklichkeit geworden. Freiwillig begeben sich die Bürger ihrer Identität, um jene anzunehmen, die der Überwachungsstaat ihnen zugedacht hat. Äußerlich erfreuen sie sich eines modernen Lebensstandards, aber in Wahrheit sind sie nur die Nachfahren jener Ameisenmenschen, zu denen der Maoismus sie konditioniert hat. Tatsächlich hat sich das Reich der Mitte vom Musterland der Massenunterdrückung über das Musterland des exportorientierten Plankapitalismus zum Musterland der Totalüberwachung entwickelt. In dieser Digitaldiktatur scheint Mao Tse-tungs Traum Wirklichkeit geworden: Niemand hungert mehr, und alle unterwerfen sich dem Big Brother, genannt Politbüro.

Dabei kommt den Bürgern eine ähnliche Rolle zu wie den unterirdischen Menschen in Forsters Zukunftsvision oder den Versuchstieren in Skinners Käfig. Wobei an die Stelle der Elektroden, die er den Tieren einpflanzte, die Smartphones getreten sind. Dank passender Apps liefert jeder seine Daten vollautomatisch ab. Der Mensch ist sein eigener Totalüberwacher. Wer gegen Regeln verstößt, wird bestraft. Wer sie einhält, belohnt. Wie eine Schulklasse nimmt man die Benotung entgegen, als würde sie von wohlwollenden Lehrkräften erteilt. Man lebt nicht einfach, sondern lebt auf Bewährung. Die Massenlenkung des Eineinhalb-Milliarden-Volks nennt sich *Social Credit System*. Ist man unangenehm aufgefallen, darf man eine Zeitlang weder Flugzeug noch Hochgeschwindigkeitszug benutzen, und die Hoffnung auf Baudarlehen kann man sich aus dem Kopf schlagen. Ganz anders, wer sich mit seinem Benehmen, seinem realexistierenden Selfie sozusagen, ein hohes Rating verdient hat. Ihm stehen zinsgünstige Kredite zur Verfügung, beim Einkaufen bestimmter Waren werden ihm Sonderkonditionen eingeräumt. Und für einen Mustermenschen statusgemäß, fliegt und fährt er Erster Klasse.

Nachdem Skinner in den 1950er Jahren seine Nagetierchen an bestimmte Hebel gewöhnen konnte, ließ er den eigentlichen Clou folgen: Zwar lieferte er der Ratte, die den Hebel gedrückt hatte, ihren Lieblingshappen aus, aber eben nicht immer. Wann die Belohnung wieder kommen würde, war nicht vorhersehbar. Diese *Intermittent Reaffirmation* (unterbrochene Bestätigung) löste beim Tier einen plötzlichen Verhaltenswandel aus: Es wurde scharf auf die Belohnung, ja endlich fast wahnsinnig vor Gier. Sein einziges Ziel war es nun, das Suchtmittel, das ihm vorenthalten wurde, wiederzubekommen. Und wohlgemerkt, zum Suchtmittel war es erst geworden, weil man es ihm wiederholt vorenthalten hatte.

Wie unangenehme Erfahrungen eine Vermeidungsstrategie auslösten, dringen angenehme Erfahrungen auf Wiederholung. Das Schöne will sich immer wieder oder, in Friedrich Nietzsches poetischem Ausdruck, »Alle Lust will Ewigkeit«. Dieser Automatismus lässt sich auch umkehren: Wenn man will, dass Menschen etwas als angenehm, schön, vertraut empfinden, muss man es nur oft genug wiederholen. Es ist das A und O von Werbung und PR.

Die antastbare Menschenwürde

Als Stanford-Professor Fogg in den 2010er Jahren die Experimente Skinners auf Versuchspersonen in seinem Labor zuschnitt, erhielt er dasselbe Resultat. Bekamen sie nicht, worauf sie durch Gewohnheit Anspruch zu haben glaubten, rasteten sie aus. Und dazu waren keine Zuckerli oder sonstige materiellen Gaben nötig. »Ich fand heraus«, sagte Fogg, »dass man Menschen am besten zu etwas überreden konnte, wenn man ihnen schmeichelte«. Und darin bestand im Wesentlichen seine *Persuasive Technology* (Verführungstechnik). Denn wie jede andere Belohnung ließ sich auch Schmeichelei strategisch einsetzen. Zum Beispiel, indem man sie eine Zeitlang aussetzte und damit ein wachsendes Bedürfnis nach ihr weckte. Ausbleibende Erfolgserlebnisse lösen entzugsartige Verstimmungen aus. Wechselte man gar mit Tadel ab, war die Versuchsperson verloren: Sie setzte alles daran, das Ersehnte wieder zu bekommen, sich wieder beim Vorgesetzten in Gunst zu bringen.

Menschen, so zeigte sich, ließen sich ohne Weiteres konditionieren, wenn man sie wie Ratten behandelte.

Entzieht man den Menschen die Kontrolle über etwas, das sie glücklich macht, versuchen sie diese mit allen Mitteln wiederzuerlangen. Und geraten, wie Skinners Versuchstiere, in obsessives Verhalten. Sie wollen nicht mehr, sie müssen. Dieser simple Mechanismus liegt unter anderem auch allen Videogames und Flipperspielen zugrunde und verwandelt diese sozusagen in Gelddruckmaschinen. Gegenwehr ist während des Flow fast unmöglich. Lassen sich erwachsene Gamer vielleicht noch vom galoppierenden Geldverlust abschrecken, fällt diese Möglichkeit bei Kindern weg, da sie keinen Begriff von akkumulierenden Geldmengen haben. Sie zu steuern, ist für die Betreiber ein Kinderspiel.

Die Methode der unterbrochenen Belohnung wurde so populär, dass immer mehr Spiele-Entwickler sie übernahmen. Die In-App-Verkäufe, das mit echten Dollars erworbene App-Geld zum Kauf von App-Waren, erwiesen sich als todsicheres Rezept, unter Kids ein zahlendes Millionenpublikum »gefangen zu nehmen«. Der Entwickler eines der erfolgreichsten Videospiele, des post-apokalyptischen Egoshooters »Fortnite«, gab offen zu, seine Absicht dabei sei es gewesen, »Kinder für hunderte Stunden, wenn nicht Jahre« an den Bildschirm zu fesseln. Offenbar mit Erfolg. »Fortnite«, so schrieb die Journalistin Betsy Morris auf Twitter, »hat die amerikanischen Jungen im eisernen Griff, was oft für ihre Familie die Hölle bedeutet. In weniger als eineinhalb Jahren hat dieses gewohnheitsprägende Videospiel die Boys in seinen Bann gezogen und andere Arten von Zeitvertreib und Hobbies aus dem Weg geräumt«. Ihrem Artikel im Wall Street Journal gab Morris den Titel »Wie Fortnite den Krieg zwischen Eltern und ihren Kindern auslöste«[144]. Ein Krieg, der mittlerweile entschieden scheint: 2019 war die Zahl der Fortnite-Süchtigen auf 250 Millionen angewachsen. Der weltweite Umsatz der Videogames wird mit knapp 120 Milliarden angegeben. Größtenteils erwirtschaftet mit einem Trick, der in einem Rattenlabor entdeckt wurde.

Das Suchtpotenzial der Games wird noch durch das Internet-*Gambling* (Glücksspiel) übertroffen. Während das Videospiel die Möglichkeit bietet, in seinen Avatar zu schlüpfen und sich von unbekannten Welten hypnotisieren zu lassen, geht es beim Online-Glücksspiel um das nackte Spiel und das heißt, die nackte Sucht. Die Branche, die den Willen ihrer Kunden bricht, setzt in Deutschland über 50 Milliarden Euro um. Dabei ist schon der Titel »Glücksspiel« irreführend. Wenn es für den Menschen ein Unglück ist, seine Freiheit zu verlieren, dann muss man es ein Unglücksspiel nennen. Selbst der Begriff Spiel ist ein Euphemismus. In Wahrheit geht es nicht um den harmlosen und vor allem folgenlosen Zeitvertreib, den man Spiel nennt, sondern darum, den Zufall herauszufordern, der statistischen Wahrscheinlichkeit zu trotzen und sich aller Selbstverantwortung zu entziehen. Dieses Spiel ist eine ernste Angelegenheit, denn bei ihm setzt man »alles auf eine Karte«.

Schon deshalb kann man das Gambling kein Spiel nennen, weil dieses gleichberechtigte Partner voraussetzt und Regeln, die für alle gleich sind. Der Betreiber sorgt dafür, dass dem nicht so ist. Wie in den Spielbanken steht er von Anfang an als Gewinner fest. Wer sich in den Sumpf der Sportwetten, Lotterien, Pokerrunden, Würfelspiele und schlauen *Slot Machines* (Geldschlitzmaschinen) hineinbegibt, kommt häufig darin um. Er verliert sein Geld, oft auch die Gesundheit und nicht selten das Leben. Sich selbst, seine Menschenwürde hat er schon vorher verloren. Denn der ständig steigende Einsatz, mit dem man seine Verluste kompensieren muss, entspricht dem unaufhaltsamen Absinken des Selbstgefühls, das sich nur, so glaubt man, durch einen Glückstreffer retten lässt. In seinem Roman »Der Spieler« hat Dostojewski diesen beschämenden Freiheitsverlust, der in den menschlichen und finanziellen Ruin führt, exemplarisch beschrieben. Man könnte ihn die Unglücksspirale nennen.

Nirgendwo ähnelt die Cyberwelt mehr dem Grimm'schen Märchen von Hänsel und Gretel als beim Cyberspiel. Das Lebkuchenhäuschen bietet nicht nur den kurzlebigen Genuss, sich einfach gehen zu lassen, sondern die Aussicht, »sein Glück zu machen«. Aber wenn man etwas nicht »machen« kann, dann ist es sein Glück. Bei nüchterner Einschätzung würde man die sprichwörtlichen Finger vom Smartphone lassen. Doch lieber gibt man sich einer simplen Täuschung über die wahren Gewinnchancen hin, indem man sich an die Illusion des Fiftyfifty klammert: Man gewinnt oder gewinnt nicht. Dabei müsste man sich sagen, um einmal wirklich zu gewinnen, muss man erst tausendmal verlieren, verlieren, verlieren. Und wenn man gewonnen hat, beginnt das Verlieren von vorn.

Ab 2021 ist in Teilen Deutschlands das *Online Gambling* erlaubt. Damit ist das Smartphone nicht mehr nur Kommunikationsvermittler, sondern auch Einsamkeits- und Bankrottförderer. Für junge Menschen, die, um für immer spielen zu können, auf den großen Wurf hoffen, bietet sich hier ein idealer Zeitvertreib. Beim normalen Spiel will man nicht aufhören, beim Glücksspiel kann man es nicht. Mit der politischen Entscheidung, diese Geldschluckautomaten vom wirklichen Leben in die virtuelle Welt zu übertragen, hat der Gesetzgeber einen entscheidenden Punkt ignoriert. Man wollte aus Steuergründen online mitzocken, hat sich aber verzockt und schlimmen Schaden angerichtet.

Der Spieler kann aus eigener Kraft nicht aufhören. Hat man eine Gewinnsträhne, muss man immer weitermachen. Hat man eine Pechsträhne, desgleichen, da man seine Verluste wieder »hereinholen« muss. Dieser Automatismus, der an Skinners in den Wahnsinn getriebene Laborratten erinnert, findet kein Ende. Aber im wirklichen Leben werden ihm wenigstens natürliche Grenzen gesetzt: Die öffentlichen Spielhallen, diese finsteren Höhlen, bei denen Menschen wie gefesselt auf Bildschirme starren, haben Öffnungszeiten. Wenn Schluss ist, ist Schluss. Dann hat man bis zum nächsten Morgen Zeit, sich zu besinnen. Gerät man wieder einmal in Finanznot, muss man unterbrechen, um sich frisches Geld zu besorgen. Aber auch in diesem Fall könnte man an der frischen Luft auf andere Gedanken kommen. Den sichersten Ort, dem Spielzwang zu entkommen, bietet aber das Zuhause. Es ist der letztmögliche Fluchtpunkt, bei dem man sprichwörtlich wieder »zu sich kommt«.

Der Online-Gambler ist aber von Anfang an zuhause. Das Glücksspiel ist jetzt sein Zuhause. Auf lästige Geschäftszeiten muss er keine Rücksicht mehr nehmen. Und wenn das Geld »verdaddelt« ist, bietet sich das 24-Stunden-Online-Banking an. Freies Spiel für freie Bürger. Nie war es einfacher, Geld und Leben wegzuwerfen.

18. Kapitel

Doppelgänger

*»Smartphones offenbaren Begier-
den, von denen wir nicht einmal
wussten, dass wir sie haben.
Zumindest nicht bis zu dem Grad,
dass wir uns ohne sie beängstigend
unvollständig fühlen, fast als
würde uns ein Körperteil fehlen.«[145]*
Rana Foroohar, 2019

Das zerbrochene Lockvögelchen

Wer mit dem Cyberspace Geld verdienen will, muss *Audience
Building* betreiben und ein Publikum ködern. Dabei ist jedes
Mittel recht. Hat man die Follower erst dazu gebracht, den
Schalmeienklängen zu folgen, lassen sie sich auch als Kunden
anwerben. Der Werbende ist der *Influencer*, der zugunsten eines bestimmten Produkts Einfluss nimmt. In diesem Beruf ist
der Unterschied zwischen Public Relations und Werbung aufgehoben. Zwar geht es immer um bestimmte Produkte, die
dem Publikum schmackhaft gemacht werden. Aber sie sind
nicht die Hauptsache, sondern fügen sich zwanglos in die Präsentation ein, bei der nicht die Ware, sondern der PR-Star die
Hauptrolle spielt. Er und natürlich die zahlende Corporation,
die sich in dessen sympathischer, zur Identifikation einladen-
der Persönlichkeit verkörpert. Am Ende bekommt die Firma
die Likes um des Produkts willen und das Produkt um des

Influencers willen. Und die Plattform wird geliebt, weil sie so viele nette Influencer und Likes generiert. Es ist das, was man ein *Win-Win-Win* nennt.

Audience Building ist die Vorstufe zum *Community Building* (Gemeinden-Aufbau). Hat man erst eine Gemeinschaft geschaffen, kann man sie für alles breitschlagen. Ob Fan oder Freak, sie folgen. Schließlich heißen sie Follower. Der Traum, einer Gemeinschaft zu folgen, um nicht mehr nur der Einzelne zu sein, sondern die von allen geliebte und anerkannte Persönlichkeit, endet oft im Katzenjammer, früher auch Weltschmerz genannt. Nicht etwas Einzelnes tut weh, sondern die ganze Welt. »Je mehr wir mit anderen verbunden sind«, klagt Eric, der Held der animierten »South Park«-Serie, »desto einsamer werden wir«.

Die Influenz ist bekanntlich eine ansteckende Krankheit, die in der Wirklichkeit durch Viren verbreitet wird. Auch im Internet grassieren ansteckende Krankheiten, die nicht den Körper, sondern das Selbstgefühl der Menschen befallen. Auf die Verbreitung dieser ansteckenden Krankheiten sind die *Influencer* spezialisiert. Diese Lockvögel aller Altersgruppen und Branchen beherrschen die Social Media und produzieren sich in ihren täglichen Werbeclips auf YouTube, Facebook, Google oder Instagram. Als Einflussagenten ziehen sie zig Millionen Follower an, um sie in Kunden zu verwandeln.

Nicht weil sie ein besonderes Talent besäßen. Sondern im Gegenteil, weil sie normale Menschen wie die Follower selbst sind. Und sich doch von ihnen in dem einen Punkt unterscheiden: Es gelingt ihnen, ohne besonderes Charisma das Interesse von zig Millionen zu erregen. Das erhebt sie ins Übermenschliche. Sie sind unvollkommen wie ihre Anhänger, und zugleich sind sie die massenhaft angebeteten, telegenen Superexemplare, wie man selbst gern eines wäre. Sie präsentieren ihrer Gemeinde das schöne Sphinx-Gesicht und verbergen den Körper, der sie berauben will.

Aber was genau ist so super und exemplarisch an ihnen? Die Kids etwa, die sich von den Jung-Influencern Produkte aller Art aufdrängen lassen, kennen die Antwort nicht. Sonst wäre das Spiel schnell beendet. Die Antwort kennen nur die Firmen, die sich diese Lockvögel in *Castings* (Rollenbesetzungen) aussuchen und sie dafür bezahlen, dass sie ihre kurzlebigen Waren an die Jugendlichen bringen. Alles, was das infantile Herz begehrt, weil die anderen es auch begehren, wird hier angeboten: Mode, Makeup, Spiele, Alltagstools, selbst gewöhnliche Gegenstände, die schlagartig von der Aura des Attraktiven umgeben sind. Die Social Media sind eine riesige Schaufensterscheibe, an der sich Jugendliche ihre Nasen plattdrücken. Der Schritt vom Anschauen zum Kaufen ist dank Mausklick sehr kurz.

Auch kommt zur eigenen Gier der unwiderstehliche *Peer Pressure* (Gruppenzwang) hinzu, diese natürliche Folge jeder Gruppenbildung. Um Influencer bilden sich Communities, oft Millionen Mitglieder stark, wie Eisenspäne um den Magneten. »Der größte Teil des menschlichen Verhaltens«, sagte der in Stanford ausgebildete Computerwissenschaftler Alex Pentland, »folgt dem Schwarm, von der politischen Überzeugung bis zur Musik. Man ist bestimmt durch das, was cool ist, weil man es sich von anderen abschaut«.

Die Präsentation der Influencer, von Webcams live übertragen, entspricht den Erwartungen des Publikums, das sich in diesem Spiegelbild wiedererkennt: Handelt es sich um eine Influencerin, die auf vorpubertäres weibliches Publikum angesetzt ist, sollte sie ein nettes, sexy bekleidetes Körperchen und ein hübsches Lärvchen haben, sich vor allem »cool« und »witzig« benehmen, so dass im Vergleich schon ihre pubertierenden Kameradinnen »alt aussehen«.

Gelingt es der Influencerin, die von der Agentur erwünschte Hysterie bei ihrer Gemeinde auszulösen, muss sie sich über die eigentliche Verkaufsabsicht, den Pitch, keine Gedanken mehr machen. Sie kann ihn als Nebensache und sozusagen *en passant* präsentieren. Denn auch bei den Kleinen wollen sinnliche Begierden nicht aufgezwungen, sondern sanft geweckt sein. Jedes Mädchen weiß, dass es von den raffiniert eingekleideten Barbiepuppen, feuchten Lippenstiften, beblümten Slips oder hundertprozentig wirksamen Pickelcremes nur einen Fingerdruck entfernt ist. Laut einer Netflix-Doku herrscht nach dem jeweiligen *Culty Product* ein wahrer *Gold Rush*. Und vor lauter Herdentrieb fällt niemandem auf, dass schon bald darauf das Kultprodukt von gestern out ist, weil ein neuer Lippenstift von der Industrie durch die Community gejagt wird.

Über ein solches Lockvögelchen, das im Alter von elf Jahren mit seinen programmierten Verführungskünsten begann, hat 2019 die erwähnte Netflix-Sendung berichtet. Die Kalifornierin Danielle Cohn, zur Zeit der Aufnahme schon vierzehn, berichtet mit unbeteiligter Miene über ihre zehn Millionen Anbeter, meist weiblichen Geschlechts. Ihr Verdienst könne sich, so eine Agentin, im »achtstelligen Bereich« bewegen. Grund dafür, so die Insiderin, sei die »unglaubliche Kaufkraft« ihrer Gemeinde. Keine Werbeagentur der Welt könnte selbst mit dem größten Budget solchen Konsumrausch generieren. Die kleine, quicklebendige, dann wieder nachdenkliche Danielle ist ein Sesam-öffne-dich, und sie weiß es auch. Neben regelmäßigen Social Media-Auftritten, in denen sie zum Entzücken ihrer Millionengemeinde wertlose Produkte pusht, tritt sie auch in Live-Shows auf, in denen sie nach Karaoke-Manier Liedchen trällert und am Ende ihren fast ohnmächtigen Verehrerinnen ein Selfie gönnt. Dies ist der tränenreiche Höhepunkt jeder Veranstaltung, denn es heißt, dass man die abgöttisch Geliebte mit nach Hause nehmen kann.

Als Danielle beiläufig den langen und immer länger werdenden Twitterfeed eines Tages herunterscrollt, verdüstert sich ihre Miene und einen Moment lang sieht sie hässlich aus. Das wiederum passt, denn unter den Verehrer- und Predatorbriefen finden sich auch *Hate Mails*, also höhnische und beleidigende

Messages, die der Vierzehnjährigen möglichst wehtun sollen. Diese Hassausbrüche nach Trollmanier sind völlig unbegründet, aber nicht anders steht es mit den Liebeserklärungen der Gleichaltrigen.

Das Spiel ist oft abrupt zu Ende. Die Mode wechselt, die Influencerin auch. Die meisten von ihnen, sagt eine Social Media-Beraterin, haben ein überschaubares *Shelf Life*. In der Supermarktsprache bedeutet der Begriff des »Regal-Lebens« das Haltbarkeitsdatum von Waren. Das Shelf Life der Mädchen sei kurz, sagt die Branchenkennerin, und die Durststrecke danach sehr lang. Viele Lockvögelchen, gestern noch singende und tanzende Teeniegötter, haben den Anschluss an ihre Klassenkameradinnen verpasst, und an das Leben auch. Sie sind noch nicht sechzehn und haben sich selbst schon überlebt. Sie sind, wie die Netflix-Dokumentation heißt, *broken*. Zerbrochen wie Glasfigürchen.

Der Übermensch als Avatar

Wer dem Traum vom Ich-Ideal anhängt, besitzt automatisch einen Doppelgänger. Er ist er selbst noch einmal. Von dieser digitalen Zweitexistenz können die Rechner der Social Media-Plattform ziemlich genau vorhersagen, wem er als Nächstes schreiben, wohin er danach gehen und was er schließlich kaufen wird. Sie legen es ihm sogar nahe. Denn ihr Wille zur Macht erlahmt nie.

Auch der Gamer, der die Wirklichkeit hinter sich lässt, schlüpft in einen Doppelgänger. Und zwar so glatt, als zöge er einen Handschuh an. Diese anziehbare Kunstfigur heißt *Avatar*. Das Fantasiewesen kann menschlich, übermenschlich, auch unmenschlich sein. Man spielt dessen Rolle, als wäre es die eigene. Das Videospiel macht's möglich. Abhängig von den

Eigenschaften des Avatars, so zeigten Testreihen, ändert sich beim *Role Playing* (Rollenspiel) spontan das Verhalten des Spielers. Man nennt dies, nach dem antiken Gott der Wandlungsfähigkeit, den »Proteus-Effekt«. Mit diesem wiederum geht eine *Deindividuation* (Entindividualisierung) einher, bei der man unbemerkt seine eigene Identität aufgibt.

Man verändert sich nicht nur, indem man anders aussieht und etwa Flügel hat, sondern man wird jemand vollkommen anderes, der damit auch fliegen kann. Wenn gewünscht, findet man sich in Gestalten wieder, um die man in der Wirklichkeit einen weiten Bogen machen würde. Man inkarniert das Böse, das es nicht gibt. Auch normale Kids, in den entsprechenden Avatar verwandelt, legen eine ungeahnte Aggressivität an den Tag, sobald sie sich Ku-Klux-Klan-Kapuze oder SS-Uniform übergezogen haben. Die in Amerika so beliebten Schusswaffen wiederum, die einem im Game in die Hände gedrückt werden, verleiten fast jeden zur Lust am Töten. Der Spieler wird *trigger happy*, er genießt es, abzudrücken, und kann sich fühlen wie jene Helden des amerikanischen Alltags, die, als schwarze Avatare vermummt, in Grundschulen Massaker anrichten.

Zum Glück sind diese Übertragungen der Gewalt-Games auf die Wirklichkeit die Ausnahme. Die meisten Gamer sehen die Welt durch die Augen des Avatars, aber werden nicht zum Avatar. Normalerweise besteht der Reiz des Spiels darin, immer im Hinterkopf zu haben, dass es doch nicht ernst zugeht, dass die herumliegenden Leichen nur Spiel-Leichen sind und man jederzeit aus dem blutigen Szenario aussteigen kann. Nur wer süchtig ist, klammert sich unbewusst an seinen Avatar. Weil er sich selbst, als gesellschaftlich integriertem Menschen, nicht mehr über den Weg traut. Aus der Perspektive etwa des familiären Zwangs-Zusammenseins erscheint das Leben als Avatar höchst verlockend. Es schenkt Freiheit, indem es in ein beruhigend-beunruhigendes Mit-sich-selbst-Alleinsein versetzt.

Das Wort Avatar entstammt der religiösen Sphäre Indiens. Wörtlich bedeutet es das »Herabkommen« des Gottes in irdische Erscheinungsformen. Göttlich inspiriert und von perfektem Erscheinungsbild treten Avatare in beiderlei Geschlecht auf. Der Hindugott Vishnu etwa verwandelt sich auch in menschlich-tierische Gestalten, mit denen er auf Erden seine göttlichen Wunder wirkt. So ist die Schildkröte Kurma, die das Weltall auf ihrem Rücken trägt, in Wahrheit ein Avatar des höchsten Gottes. Sonst könnte sie auch nicht das Weltall tragen.

Der Avatar im Cyberspace ist das Gegenteil: Kein Gott geht in eine menschliche Erscheinungsform ein, sondern ein wirklicher Mensch geht in eine virtuelle Figur ein. Er nimmt deren über- oder außerirdische, menschliche, übermenschliche oder unmenschliche Identität an und handelt entsprechend. Als Avatar kann der gehemmte Pennäler zum geflügelten Übermenschen oder zur Venus mutieren, die sich ihrer Anbeter kaum erwehren kann. Wollte man den religiösen Avatar als Inkarnation bezeichnen, böte sich für den Avatar der Videogames der Begriff der Exkarnation an: Der Gamer exkarniert sich, verlässt seine Existenz aus »Fleisch und Blut«, um sich in ein Phantom zu verwandeln, dem jede menschliche Regung fremd ist. Was Mensch war, wird für die Zeit dieser »Entkörperung« zum Gespenst. Zwar handelt er noch entsprechend den Spielregeln. Aber er ist nicht mehr da. Dem Außenstehenden fällt dies sofort auf. Während der Gamer selbst es spätestens dann bemerkt, wenn er sein Notebook zuklappt. Kehrt die einst vertraute Welt zurück, kommt ihm alles gespenstisch vor.

Viele Spiele der suchtmachenden Art heißen *Ego-Shooter*. In unzähligen Varianten derselben Konstellation findet man sich in einer unbekannten Welt vor, die unschwer als Schlachtfeld zu erkennen ist. Denn von überall her fliegen die Geschosse. Hunderte Kombattanten tummeln sich dort, und man selbst ist einer davon. Will der Ego-Shooter überleben, muss er zwangsläufig zum *Mass Shooter* werden, eine auch im realen

Amerika vertraute Disziplin. Man muss mit seiner knattern-
den, feuerspeienden und zum Glück zielsicheren Schusswaffe
die anderen töten, um nicht von ihnen getötet zu werden. Die
grenzenlose Gewalt, die man dabei ausübt, bietet einen Unterhaltungswert, der es schwer macht, auf ihre Verherrlichung zu
verzichten. Und auch auf die des eigenen Ichs, dem das Ganze
einen teuflischen Spaß bereitet.

Das Videospiel, das eine unmenschliche Wirklichkeit täuschend imitiert, hat amerikanische Militärs angeregt, die
menschliche Wirklichkeit per Knopfdruck in eine unmenschliche zu verwandeln. Das todsichere *Tool* (Werkzeug), das zwischen Cyberworld und Realität vermittelt, nennt man Kampf-
drohne. Bekanntlich handelt es sich um ein unbemanntes
Flugzeug, das mit der Präzision und Leichtigkeit eines Ego-
Shooter-Spiels Tötungsaufträge ausführt. Mit Raketen, die von
der Drohne abgefeuert werden, schießt der Spieler Figuren aus
dem Spiel, die als Terroristen identifiziert wurden. Dass es häufig Unbeteiligte trifft, wird unter *Collateral Damage* (Kollateral-
schaden) verbucht. Die US-Luftwaffe bedauert das regelmäßig
und versichert, beim nächsten Mal genauer zu treffen.

Diese leicht gebauten Drohnen, die schwer bewaffnet über
große Distanzen fliegen, sind mit Künstlicher Intelligenz ausgestattete Killerroboter. Mittels GPS-Ortung werden sie von
einer Kommandozentrale geleitet, die »bewusst nach dem Vorbild der Videogames-Kontrollen« gestaltet ist. In Kalifornien,
eine halbe Welt vom Einsatzort in Afghanistan, Pakistan oder
dem Irak entfernt, sitzen die Videospieler vor ihren Bildschirmen und bedienen den Steuerhebel, den man, wie bei den Game-
Konsolen, als *Joystick* bezeichnet. Trotz des infantilen Namens
ist man sich des Ernstes der Lage bewusst. Die wie Modellflug-
zeuge ferngesteuerten Flugobjekte heißen denn auch »Raub-
tier« oder »Sensenmann«, was ebenfalls an die Metaphorik der
Games erinnert. Gelegentlich stellt sich bei den Piloten psychischer Stress ein. Man ist felsenfest überzeugt, »die richtigen

Leute getötet zu haben«, so die Militärpsychologin Shira Me-guen. »Und dann findet man heraus, dass im getroffenen Auto eine Familie saß.«[146]

Das Grundprinzip der Killerspiele ist immer das Gleiche: Gewiss, so heißt es, tötet man dabei Menschen und andere Lebewesen. Aber nur, um nicht selbst getötet zu werden. Natürlich gilt das Gebot, »Du sollst nicht töten«, darfst es auf keinen Fall. Aber wenn jemand versucht, dich oder die Deinen zu töten, musst du es tun. Spätestens wenn der Andere Anstalten dazu macht. Oder es den Anschein hat, dass er Anstalten macht. Dann ist Schießen ein Gebot, Treffen eine Tugend. Auf einem Haufen Leichen stehen, die man zu Recht umgelegt hat, bringt die meisten Punkte. Die höchste Quote. Im Vietnam-krieg berechnete man den Erfolg einer Schlacht nach der An-zahl der getöteten Vietkong. Man nannte es *Body Count*. Den gibt es auch in den Videospielen. Am Ende bleibt immer nur einer übrig, der Sieger. *The winner takes it all.*

Videogame heißt, man kann jedes Verbrechen begehen, ohne zur Rechenschaft gezogen zu werden. Wollte sich jemand auf diesem blutigen Kampfplatz die Richterrolle anmaßen, würde man ihn »aus dem Spiel nehmen«. Denn während man blutige Gerechtigkeit walten lässt, wächst man über sich hin-aus und fühlt sich »stärker als der Tod«. Aus dem Ego wird das Super-Ego. Der Spieler, dessen Existenz mit dem Spiel und des-sen Ich mit seiner Mörder-Identität verschmilzt, ist nicht län-ger der Pendler in der S-Bahn mit den In-Ear-Kopfhörern oder der Lehrling in Adidas-Hose, der mit zugezogenen Vorhängen am Ikea-Tisch brütet. Er ist sein eigener Idealmensch gewor-den. Wie alle Internetnutzer, die »völlig losgelöst« durch die fiktive Unendlichkeit surfen.

Auch in Deutschland ist ein Großteil der Jugend solchen Selbstverteidigungs- und Selbstverherrlichungsspielen verfallen. Manche für Stunden, manche für ihr ganzes Leben. »Spiele-sucht« ist bei Psychologen eine häufige Diagnose und führt, wie alle Süchte, in Selbstverlust und existenzielles Scheitern. Den geistigen Absturz hatte man schon zuvor erlitten, als man sich in die verkehrte Welt des Videospiels stürzte. Man wurde zur übermenschlichen Gestalt, die ihren Weg zum Glück mit Leichen pflasterte. Der Spielerfolg war, wie die Richterskala, nach oben offen, der Anspruch an das Denken nach unten.

Muss man irgendwann aufhören, erlebt man die Wirklichkeit jenseits des Bildschirms wie den faden Nachgeschmack der Wunderwelt, in der man ein Jemand war und nicht der Niemand des Alltagslebens. Ein Niemand unter Niemanden. Und eben noch hatte man sich den Weg zur Menschheitsbefreiung freigeschossen. Man hatte namenlose Untaten begangen, die einem zuvor undenkbar erschienen. Und doch war einem alles so glatt gelungen, als wäre einem das Siegen angeboren. Allmacht macht süchtig. Und wer über sie verfügt, fühlt sich, als stünde er über allen anderen Menschen. Er ist der Übermensch, von dem Nietzsche sich nichts hätte träumen lassen.

19. Kapitel

Öffentliche Körper

»In ihrem Streben nach Gesundheit,
Glück und Macht werden sich
die Menschen ganz allmählich
verändern, bis sie schließlich keine
Menschen mehr sind.«[147]
Yuval Noah Harari, 2017

Sandkastenspiele

Alles Wesen und Glück des Menschen, so lehrte Sigmund Freud im vorigen Jahrhundert, liegt im Fortpflanzungszwang, der Sexualität. Seitdem gehört diese Erkenntnis, die jahrtausendelang moralisches Tabu gewesen war, zum Allgemeinwissen. Die Forderung, sie zur politischen Praxis zu erheben, führte in den 1960er Jahren zur Sexuellen Revolution. Nicht zufällig begann sie in Amerika, wo das in der Verfassung verankerte Glücksprinzip zuerst von den Corporations in Profitgier, dann von der Jugend zum Lustprinzip umgedeutet wurde. Wenn die Studentenrevolution den Umsturz der Verhältnisse und die Befreiung der Menschheit forderte, so hatte sie, bei allem sozialistischen Vokabular, immer auch die sexuelle Befreiung im Sinn. Der Rest würde sich daraus ergeben.

Durch die grenzenlose Lust sollten die Hemmungen abgebaut werden, die von der Zivilisation gegen die Natürlichkeit des Menschen aufgebaut worden waren. Freie Liebe wurde gleichbedeutend mit Frieden, Gleichheit und Harmonie. Es waren die Ideale der kalifornischen *Flowerpower*-Bewegung, zu deren mittelbaren Erben die Junggenies des Silicon Valley gehörten. Allerdings zeigte sich schon bald, dass der sozialistische Impuls sich schnell vom kapitalistischen verdrängen ließ. Während die politische Gesellschaftsveränderung in ihren Anfängen stecken blieb, hat sich die sexuelle heute in der westlichen Welt durchgesetzt. Der Sozialismus ist nicht gekommen, die Herrschaft des Lustprinzips sehr wohl. Und, verbunden damit, die der Profitgier.

Eine Mischung aus beiden stellt die Pornographie dar. Die Herrschaft der abgebildeten Lust ist so alt wie die Menschheit selbst. Seit es nackte Körper gibt, werden nackte Körper abgebildet und betrachtet. Vor allem, wenn man die echten nicht haben kann. Oder nicht haben möchte. Pornographie zeigt, wörtlich übersetzt, Bilder von »Huren«, denen auf diese Weise, im Gegensatz zur Wirklichkeit, ewige Jugend geschenkt wird. Eine erotische Darstellung der römischen Kaiserzeit hat dieselbe anregende Wirkung wie das *Centerfold* (Aufklappbild) eines Sexmagazins. In Kalifornien, wo die Cybermultis sitzen, werden auch die *Blockbuster* (Bestseller) des Weltkinos gedreht. Auch des nicht jugendfreien. Ganz in der Nähe der Traumfabrik Hollywood hat sich die weltweit aktivste Pornoindustrie etabliert, die Träume eigener Art produziert. Träume, in denen im Wesentlichen immer das Gleiche passiert. Das Herz dieser Monoton-Industrie schlägt im Gleichtakt mit dem des Silicon Valley. Beide gehören zusammen und verdienen zusammen. Zwischen 20 und 30 Prozent des gesamten Internetverkehrs besteht angeblich aus dem Verkehr, der sich vor kalifornischen Kameras abspielt. Der Pornofilm ist das Blendwerk, das den Hunger erzeugt, den es zu stillen vorgibt.

In Deutschland gelten dem dargestellten Sex ein Viertel aller Suchanfragen. Millionenfach wird täglich um »lesbisch«, »Stiefmutter« oder »Fesselsex« gebeten. Zumindest gelegentlich schauen sich 40 Prozent aller Internet-User einen Porno an oder, nach dem Fachausdruck, »ziehen ihn sich rein«. Der posthumane Mensch lässt sich von prähumanen Darstellungen beglücken. Selbstbefriedigung, so sagte Woody Allen, ist Sex mit jemandem, den man wirklich liebt.

Nicht minder liebt man die Darstellung der Liebe. Man geht förmlich in ihr auf. So verschwindet die Distanz zwischen Betrachter und Film. Doch zugleich entsteht die Distanz zur eigenen Persönlichkeit. Den anonymen Sexakrobaten, die sich hinter falschen Namen und Perücken verbergen, entsprechen auf der Publikumsseite die anonymen Zuschauer, die hinterher wieder ihre biedere Maske aufsetzen, um sich brav bei Familie und Gesellschaft zurückzumelden.

Das Internet ist der Liebestöter schlechthin. Man versteckt sich hinter einer Maske, man verkehrt mit Masken und verliebt sich in Masken. Zwar präsentieren sich die Akteure bereits splitterfasernackt, man hat ihnen sogar die Schamhaare ausgezogen. Aber auch das ist Maske. Die scheinbar so leidenschaftlichen Sexaktivisten der Pornos sind, wie jeder weiß, ohne dass es ihn stört, Schauspieldilettanten. Viertklassige Darsteller fünftklassiger Stücke. Um sich dem anzupassen, begibt sich der Pornokonsument auf das niedrigst mögliche Niveau.

In der gesellschaftlichen Wirklichkeit sind die Menschen nicht zufällig bekleidet. Zwar sind sie es auch aus klimatischen Gründen, oder um die Welt mit ihrem Anblick zu verschonen. Doch hauptsächlich will man damit die eigene Intimität, zu der die Nacktheit gehört, für den Partner aufsparen. Die bloße Haut ist empfänglich für Berührung und Zärtlichkeit. Es ist der abgegrenzte Bereich, in dem sich die Liebe wohlfühlt und entfalten kann. Dagegen berührt der Porno-User nur sich selbst. Fühlt er sich auch nicht ganz wohl dabei, ist es doch bequem und folgenlos. Denn in der Pornographie wird ihm frei Haus geliefert, was er sich sonst durch Zuwendung und Liebe erst verdienen muss. Um die Nacktheit des Paradieses hat die Kultur einen Wall gezogen, der im Internet geschleift ist.

Liebe ist stärker als der Tod. Auf deren Höhepunkt, dem Orgasmus, trifft zu, was der Theologe Rudolf Otto über das Heilige sagte. Es sei »zugleich unendlich schauervoll und unendlich wundervoll«. Liebe ist Zauber, oder sie verdient den Namen nicht. Pornographie ist entzauberte Liebe. Dasselbe gilt für die Nacktheit. Sie ist nicht umsonst tabu, denn sie drückt jene Intimität aus, die man nicht mit jedermann teilen möchte. Mit der veröffentlichten Nacktheit geht es ebenso, wie der Philosoph Immanuel Kant einmal über den Regenbogen sagte: Spätestens nach ein paar Minuten löst der faszinierende Anblick nur noch Gähnen aus.

Das globale Massenmedium Pornographie wird von amerikanischen Corporations angeführt. Der Umsatz mit der Nacktware übertrifft den der Hollywoodstreifen um ein Vielfaches. Schätzungen reichen von zehn bis hundert Milliarden Dollar, wobei die Gewinne, die dabei für das Silicon Valley als Multiplikator abfallen, nicht einmal eingerechnet sind. Das vermeintlich unbeschwerte Vergnügen an den Pornostreifen kostet nicht nur Geld. Es muss von den Konsumenten teuer erkauft werden: mit der Entwertung der Liebe. Wozu noch wirkliche Liebespartner? Porno abstrahiert von der Vergänglichkeit, erschafft die Illusion, dass alles perfekt ist und man alles sofort haben kann. Ohne Mühe grenzenlose Lust. Die Unlust an der Wirklichkeit kommt hinterher, vor allem die am wirklichen Partner, der beim Vergleich mit den kalifornischen Luxuskörpern schlecht abschneidet. Warum nicht jemand Passenderes suchen?

Die Treulosigkeit ist ein verschwiegenes Trauma unserer Zeit. Was einst Fremdgehen hieß, hat alle Fremdheit verloren. An jeder Plakatwand kann man die Werbung von Kuppelagenturen lesen, dass man »schließlich nicht auch jeden Tag dieselben Schuhe trägt«. Wer sich auf einen Partner beschränkt, wird als »auf ihn fixiert« belächelt. Aber nicht nur die von Agenturen vermittelte Untreue tötet die Liebe. Das gilt auch für den Sex in der Cyberwelt, der nur einen Klick weit entfernt ist. Wer bei Internetpornos den Kitzel der Heimlichkeit genießt, spürt sehr wohl, dass etwas nicht in Ordnung ist. Vielleicht ahnt er sogar, dass er damit die eigene Frau betrügt und eigentlich auch alle anderen Frauen, die einen Anspruch darauf haben, körperlich geliebt zu werden. Wer an einen Pornostar erst verliebte Blicke und dann seine genetischen Informationen verschwendet, entzieht sie jenen, die damit etwas anfangen könnten.

Da der Zauber und die Macht der natürlichen Sexualität aus der Liebe herausgezogen wurden, bleibt von der Paarbildung oft nur eine sterile Veranstaltung übrig. Cool spricht man von einem Verhältnis, in dem der Geliebte als Lebensabschnittspartner firmiert. Auch er hat, wie alles, ein Verfallsdatum. Ist die Sexualität erst ins Internet abgewandert, bleibt nur die gewohnheitsmäßige Paarbeziehung, die Zugewinngemeinschaft des Gesetzes oder Immanuel Kants Definition der Ehe, wonach es sich dabei um das Recht zur »exklusiven Nutzung der gegenseitigen Geschlechtsorgane« handelt. Dass dies eigentlich der Erzeugung neuen Lebens dient, wird eher als störend empfunden. In Zukunft dürfte das Reproduktionsgeschäft ohnehin in die Hände der Gen- und Klontechniker geraten. Bei denen weiß man wenigstens, was man für sein Geld kriegt.

Die Cyberwelt bietet sich als große Trostspenderin an. Auf alle beziehungsmüden oder -geschädigten Männer warten kalifornische Schönheitsköniginnen, die so mitreißend falsch stöhnen und mit ihren falschen Wimpern und Brüsten vergessen machen, dass es gar keine kalifornischen Schönheitsköniginnen sind. Sondern arbeitslose, oft drogensüchtige Mädchen aus dem Mittleren Westen, die für ein paar Scheinchen sozusagen ums nackte Überleben kämpfen.

Virtuelle Lust muss kein Leben hervorbringen. Dass das Geschlechtliche, das einem vor die Nase gehalten wird, eigentlich zum *Pair Bonding*, zur Paarbildung samt Kinderzeugung und -betreuung geschaffen ist, wird ignoriert. Was man sieht, genügt. Wen man sieht, auch. So liefern Plattformen wie »Tinder« oder »C-Date« ihren Kunden mögliche Partner aus der näheren Umgebung an, was ganz offiziell »zur Verabredung von unverbindlichem Sex« (Wikipedia) führen soll. Und damit es genau die Art von Sex ist, die der Kunde von seiner Mitgliedschaft erwarten darf, legt er die Karten auf den Tisch des Hauses und beschreibt seine Usancen und Präferenzen so detailliert, wie es nicht einmal der eigene Partner zu hören bekommt.

Das Erfolgsgeheimnis dieser Börsen für *Casual Sex* (Gelegenheitssex) besteht in ihrem Kuppelalgorithmus, mit dessen Hilfe angeblich hundertprozentige Passgenauigkeit erzielt wird. Unbesehen fallen sich die Partner in die Arme. Wie man sagt, dass auf jeden Topf ein Deckel passt, bieten diese Intimagenturen zu jeder aktiven Seite die passive, zu jedem notorischen Ehebrecher die notorische Ehebrecherin, zu jedem Sadisten den masochistischen Widerpart. Den Millionen Deutschen, die beim großen Liebesglücksspiel mitmischen, geht es dabei wie der Blondine auf der Litfaßwerbung, die mit reizendem Lächeln sagt, ihr eigenes Bett kenne sie schon zur Genüge. Oder wie dem hochzufriedenen Kunden, der glaubwürdig bloggte, dank »C-Date« habe er schon »reihenweise Frauen flachgelegt«.

Beim frisch angebahnten *Matching* (Paarbildung) trifft sich jeweils das computergenerierte Paar, beschnuppert sich eilig, packt seine exotischen Paraphernalia samt Smartphone fürs Erinnerungsfoto aus, kopuliert dann bei Gefallen, um hinterher Reißaus zu nehmen. Denn das kostenpflichtige Lustspiel endet meist in Ernüchterung. Deutlich wird einem vor Augen geführt, dass die Maske, ob Idealgesicht oder Gummilarve, mit der Wirklichkeit nichts zu tun hat. Man küsst einen Prinzen, und am Ende kommt ein Frosch heraus. Wo man ein Wunschbild suchte und zu finden glaubte, war es doch nur ein allen irdischen Leiden unterworfenes, hilfesuchendes Menschenkind, das sich, hinter einem Fantasienamen verborgen, nach menschlicher Empathie sehnt.

Wenn man heute von Liebe redet, meint man meistens Sex. Als der Türöffner zur sexuellen Befreiung, Sigmund Freud, alle menschlichen Verhaltensweisen auf die Geschlechtlichkeit zurückführte, veränderte er das Selbstverständnis der Menschen radikal: Nicht länger geht es um das Erlernen von Empathie, sondern um Lust-Gewinn und Unlust-Vermeidung, um Triebwunsch und -versagung. Diese Vorstellung bestimmt heute die reale Welt ebenso wie die Cyberwelt. Als willkommene Folge der Sexuellen Revolution ergab sich, dass man die Scham als armseliges Relikt der Unfreiheit abschaffen durfte. Eine neue Freiheit entstand, sich die Lust zu suchen, wie und wo man sie fand. Und das mit gutem Gewissen.

Schlampenstempel

Man kehrte sich nicht von der Tugend ab, sondern erklärte Sex zur neuen Tugend. Mit den 1960er Jahren begann ein in der Geschichte einmaliger Siegeszug der Nacktheit, die sich mit anderer Nacktheit paart. Dabei wurde auch der Unterschied zwischen gelebter und betrachteter Sexualität aufgehoben. Auf die Schwarz-Weiß-Akte in den Billigmagazinen folgten die farbigen, auf diese die ultrascharfen in HD. Kein wirklicher Mensch kam an Perfektion diesen schamenthaarten Wundergeschöpfen gleich. Am wenigsten, zu dessen Leidwesen, der eigene Ehepartner.

Wer in der Anfangszeit gemimten Geschlechtsverkehr betrachten wollte, musste ins Spezialkino. Für viele Interessenten bildete dies eine unübersteigbare Schwelle. Nach dem linkischen Kamasutra der skandinavischen Schmuddelstreifen kamen die choreographierten Schinken der amerikanischen Breitwand-Pornos. Seit den 1970er Jahren entwickelte sich in Kalifornien die weltumspannende Sexindustrie. Fast täglich spuckt sie immer neue Spielfilme immer gleichen Inhalts aus. Den nächsten Schritt zur Pornofreiheit eröffnete die Technologie, alles im Videorecorder aufzunehmen und zu speichern. Und mit der Videokamera auch sich selbst mit oder ohne Gattin selbst aufzunehmen und zu speichern: Denn noch besser als Pornogucken ist Pornomachen. Der nächste Durchbruch zur Lust kam mit der DVD und ihrer riesigen Pixelzahl, mit der sich alles verlustfrei anschauen und brennen ließ. Es gab nicht mehr nur Nackte in den üblichen Verschlingungen zu betrachten, sondern jede Pore und jedes Härchen auf ihren Luxuskörpern bot sich dem neugierigen Auge dar.

Bald gab es auch keine Härchen und am wenigsten Schamhärchen mehr zu bewundern. Mit Ausnahme des Kopfes, wurden die Körper einer Totalenthaarung unterzogen. An deren Stelle traten Tätowierungen, erst in bescheidener Zahl und bei Frauen meist, nicht ganz zutreffend, Arschgeweih genannt. Der amerikanische Ausdruck für diese in den 1990ern populäre, aber seit den 2010er Jahren verpönte Verzierung lautet *Tramp Stamp*. An die Stelle des »Schlampenstempels« traten die bunten Hautlandschaften, mit ihren Drachen oder Marienerscheinungen, die sich den Kameras als Gesamtkörperkunstwerke darboten. Der Sex wurde zur Beigabe. Wegen der begrenzten Zahl akrobatischer Stellungen, die man mit allen Körperöffnungen multiplizieren kann, lief alles nach demselben Drehbuch ab. Der Popularität tat das keinen Abbruch.

In den 1990er Jahren kam das weltweite Netz und mit ihm der Durchbruch zur wahren Sexuellen Revolution: Alles überall haben können und alles überall gratis haben können, das war die neue Freiheit. Mit der digitalen Nacktakrobatik wurde das weltweite Netz zur Plattform der Menschheitsbefreiung schlechthin. In Sachen Sexualität präsentiert sich die Cyberwelt als grenzenloser Wunscherfüller. Das Obszöne, das einst »hinter der Szene« der Öffentlichkeit bleiben musste, räkelt sich jetzt im Rampenlicht. Was früher für Kinder tabu war und in den USA mit dem Warnhinweis des dreifachen X versehen wurde, steht heute schon den Smartphone-Eleven im Kindergarten zur Verfügung. Zwar werden die Sexvideos in Amerika als *Adult Films* (Erwachsenenfilme) bezeichnet, doch halten sich die modernen Kids für erwachsen genug, Erwachsenen bei ihren nackigen Sandkastenspielen zuzuschauen.

»Auch kleine Kinder«, so berichtete der »Spiegel« im Sommer 2020, »haben mittlerweile Zugang zu Hardcore-Pornos im Netz.«[148] Sie schauen nicht mehr nur zu, sondern stellen sich, heranwachsend, »selbst ins Netz«. Der Jugendsport *Sexting* steht für ein *Texting*, das sich exklusiv mit Sex beschäftigt. Bei dieser Smartphone-Variante des Telefonsex zeigt man sich nackt und mit anzüglichem Begleittext, erst unter vier Augen, dann zur gefälligen Beachtung der Gleichaltrigen und mit etwas Glück auch einer zahlungsfähigen Kundschaft.

Kaum etwas erfreut sich einer solch weltweiten Zustimmung wie die Internet-Sexualität. Der nackte Bilderzirkus, der mit seinen süßlich-kitschigen oder bizarren Figuren das Internet beherrscht, macht den Menschen selbst zum Joystick. Er wird Teil eines Regelkreises, den die Erregung steuert. Der User glaubt, alles in der Hand zu haben, aber geführt wird er von der Handlung. Ihr idealer Verlauf gipfelt im gleichzeitigen Höhepunkt von Abbild und Wirklichkeit. Dies ist der Kult, vor dessen Altar die Menschen und Völker knien, nicht immer, aber, statistisch belegt, immer öfter, um mit ihren ölglänzenden Idolen Kommunion zu halten. Man opfert den Götzen, und das heißt immer auch, man opfert sich den Götzen. Aber diese Auflösung scheint Erlösung zu bieten. Wie die Cyberwelt beweist, machen alle mit. Porno bietet instantane Triebabfuhr. Sich Ausschließen ist ausgeschlossen. Wer sich nicht in eine ruhige Ecke zurückzieht, um seiner Natur freien Lauf zu lassen,

der ist verklemmt. *Are you hung up?* (Bist du verklemmt?),
fragte schon 1967 der musikalische Freiheitsapostel Frank
Zappa. Heute ist dank Internet niemand mehr *hung up*. Wer
sich an diesem digitalen Nacktuniversum nicht berauscht, ist
im analogen Gestern zurückgeblieben.

An vorderster Front der Selbstbefreiung durch Selbstbefriedigung stehen laut Google die Deutschen. Sie gehören zu den
Topkonsumenten der Internetpornographie. Zwar beträgt ihr
Anteil an der Weltbevölkerung nur gut ein Prozent, ihr Anteil
am internationalen Internetporno-Konsum aber 12,4 Prozent.[149]
Alle schauen, viele lassen schauen. Für das Schauen zahlt man
anfangs nichts, das Schauenlassen zahlt sich von Anfang an
aus. Die Sexindustrie wirbt mit dem überzeugenden Slogan:
»Geld von zuhause aus verdienen!« Am heimlichen Volkssport
der einen oder anderen Art nehmen rund 15 Millionen Deutsche teil. Sie lieben bodenständig, ihr bevorzugter Pornosuch-
begriff ist: *German*. Auf den Spuren ihrer Eltern suchen angeblich 40 Prozent der Kinder nach sexuellen Inhalten zum
Studieren, Speichern, Versenden und Einander-auf-dem-Smart-
phone-Zeigen. Früher hieß das »Jugend forscht«.

Die beliebtesten Plattformen, auf denen Sex im Internet
stattfindet, wurden von Deutschen entwickelt. Auch das größte
Pornounternehmen ist oder war deutsch. Es heißt *Mindgeek*, ein
passender Name, der den einzelgängerischen Computerfreak
bezeichnet. Zu dieser Dachorganisation gehören die beliebten
Videoplattformen Pornhub, Redtube und YouPorn, das sich als
Youtubes nackte Variante anbietet. Mindgeek, das »Google der
Internetporno-Branche«[150], soll jährlich mehrere Milliarden
Dollar Umsatz bringen. Eigenartig, wo doch das Gucken angeblich nichts kostet. Aber die Clips, die gratis auf dem Lustmenü
angeboten werden, sind Dilletantenware, die für Anfänger als
Einstiegsdroge dient. Wie bei den Games oder den Opioiden
steigt man langsam auf härtere Angebote im geldverschlingen-
den »Premium-Bereich« empor. Dort werden einem nicht nur die

immer selben Tätigkeiten der immer selben Photoshop-Standard-Bodies angeboten, sondern diese auch im Format abendfüllender Kinofilme. Da sich die Drehbücher, nach denen die bronzierten Marionetten sich bewegen, immer nur um das Eine drehen, gibt es im Grund auch nur ein Drehbuch.

Jeder Online-Sex-User kann sich per Eingabefeld à la Google seine Wunschvorlage bestellen, die prompt und mit Werbung geschmückt, geliefert wird. Bei den *Pornsites* handelt es sich also um Suchmaschinen, auf denen jeder findet, was er sucht. Obwohl es immer nur um eine Handvoll Haut und Haare geht, ist das Angebot scheinbar unendlich, weil täglich neue Nackt-amateure hinzukommen. Wie üblich in den Social Media hoffen sie auf »Klicks« und Followers, damit ihr Umsatz steigt. Und für die Zuschauer auch die Suchtgefahr.

In Deutschland hat die Zahl der Pornosüchtigen, so das ZDF, »circa eine halbe Million erreicht, wobei eine hohe Dunkel-ziffer vermutet wird«[151]. Wie bei den Videogames setzen die Plattformbetreiber auf den Kontrollverlust, der hier durch die schiere Masse des immer neuen Immergleichen erreicht wird. Nach dem Clip ist vor dem Clip. Dabei verhalten sich die User, so Norman Doidge, im »endlosen Harem der Sexobjekte« wie »Ratten in Käfigen, die auf einen Hebel drücken, um an einen Schuss Dopamin zu kommen.«[152] Wobei die Ausschüttung des Glückshormons Befriedigung nur vorspiegelt. Sie hält gerade so lange an, bis der nächste Clip mit neuen Glücksversprechen beginnt. So mutiert der Zuschauer zum Junkie, die Suchma-schine zur Suchtmaschine.

Für Sigmund Freud, der den Sex aus der Schmuddelecke zog, sucht sich der Trieb die Lust, wo er sie findet. Alle Proble-me der Menschheit kamen daher, dass die Kultur ein Ausleben dieser Tiernatur blockierte und den direkten Lustgewinn zu verhindern suchte. Zugunsten des familiären Zusammenhalts, des staatlichen Reglements, der gesellschaftlichen Ordnung und vor allem der regelmäßigen Arbeit wurde der Mensch seines höchsten Glücks beraubt. Zwar sah Freud sich auf Seiten der Kultur und ihrer Institutionen, soweit sie menschenwürdig gestaltet waren. Doch beschrieb er auch den hohen Preis, den die Menschheit für ihre Zähmung zu bezahlen hatte.

Als Folge dieser Domestizierung stellten sich psychische Krankheiten, die sogenannten Neurosen, ein. Sie raubten dem Einzelmenschen seine naturgegebene Freiheit, indem sie seine sexuelle Selbstverwirklichung verhinderten. Schlimmer noch, die blockierte Libido-Energie verwandelte sich in Aggressivität und Zerstörungswut, was im Endeffekt zu Gewaltausbrüchen und Kriegen führte. Das Destruktive war also nicht, wie die Kirche lehrte, die selbständige Macht des »Bösen«, sondern nur Folge der gehemmten Libido. Wurde diese befreit, so glaubten die Freudianer, endete das Böse, gab es keine Kriege mehr, und die Menschheit fand sich im irdischen Paradies der Gleichheit wieder, dem Schlaraffenland der erfüllten Wünsche. Für die Hippie-Generation war es Kalifornien.

Zur Wirklichkeit wurde diese Utopie in der Cyberwelt. Ein Klick, und alles ist da. Diesem Lustprinzip ist die Computertechnik von Anfang an entgegengekommen: Die Elektronik wurde immer platzsparender und leistungsfähiger, damit die Wünsche immer schneller befriedigt werden konnten. Die Überlegenheit eines Smartphones zeigt sich in seinem Miniaturformat, mehr aber noch in seiner Geschwindigkeit. Diese bedeutet auch, dass es keinen Befriedigungsaufschub mehr gibt. Und das Data Mining bewirkt, dass der Wunsch schon erfüllt wird, bevor er noch aufgetaucht ist. Die Antwort kommt vor der Frage. Die Cyberwelt ist schneller als der menschliche Gedanke. Durch die Auswertung der Lebensdaten, sowohl der freiwillig preisgegebenen wie auch der unbemerkt abgeschöpften, wird der Wunsch im Augenblick seines Auftauchens befriedigt, ja nicht nur das: Oft wird erst durch das Erscheinen des Lustobjekts der Wunsch danach geweckt. Und zum Wünschen ist die Psyche des Menschen immer bereit.

Der Pornogucker wird eins mit den Bildern und Filmen, die er ansieht, als sähen sie ihn an, und die er sich reinzieht, weil sie ihn in sich reinziehen. Da hier und dort das Gleiche geschieht, gibt es kein Hier und Dort mehr. Die Aufnahmen halten etwas fest, auch in dem Sinn, wie man jemanden festhält. Doch nicht nur das: Ein Motiv festhalten, bedeutet auch, man fotografiert etwas und nimmt es mit. Geschieht die Aufnahme heimlich, stiehlt man es. Man kann sich aber auch selbst bestehlen. Junge Frauen haben aus dem Verkauf ihrer Intimität einen Beruf gemacht. Sie fixieren sich selbst wie Schmetterlinge, damit zahlende Kunden sie in ihre Sammlung aufnehmen können. Die Cyberwelt bietet einen solchen Marktplatz der Peinlichkeiten, auf denen gegen Überweisung die jugendlichen Webcam-Ichs, um im Bild zu bleiben, ihre hübschen Flügel spreizen.

Wird das Obszöne, das heißt, was nicht zur öffentlichen Szene gehört, in die Höhlenwelt der Allesgucker integriert, ist es nicht länger obszön, sondern alltäglich. Das Ausstellen von Privatheit bringt den Tod der Privatheit, das Mimen von Vertrautheit oder gar Sympathie erschafft die Heuchelei. Durch die Webcam, die als *Spycam* (Spionagekamera) benutzt wird, ist nichts mehr heimlich, und nirgendwo ist es dem Mensch noch »heimelig«. Zuhause war einmal.

Wenn Porno den Menschen nicht zur Sexualität hin, sondern von ihr wegführt, lässt sich dasselbe von der Cyberwelt sagen. Deshalb passen beide zusammen wie ein Paar, das aneinander Gefallen gefunden hat. Mit jeder digitalen Neuentwicklung werden die Clips raffinierter, und auch die Werbung nimmt im selben Maß zu. Sie bietet dem User mehrere Stufen der inneren Beteiligung an: Man stellt neue Filme vor, man stellt neue Mädchen (»Frischfleisch«) vor, die vor der Webcam ihre traurig-armselige Show abziehen. Und schließlich kommen jene Wesen zum Zug, die sich in der Stadt des Nutzers gleich um die Straßenecke anbieten. Man erschrickt: Woher wissen die? Spätestens dann wird dem Kunden klar, dass man über ihn und seine Lebensumstände sehr genau Bescheid weiß. Wir kennen dich, so wird signalisiert, und wir kennen deine Vorlieben. »Ruf mich an«, lautet die freundliche Empfehlung, als wäre es »Trink Coca-Cola«. Und da man schon so weit gekommen ist, gibt man nach. Und wie so oft im Leben führt Nachgiebigkeit zu kostenpflichtigen Zusatzleistungen.

Die Porno-Apps und -Websites finanzieren sich, wie könnte es anders sein, durch Werbung. Nach bewährter Manier wird sie einem ohne falsche Scham unter die Nase gehalten. Banner verdecken die Sicht, Pop-ups überraschen einen wie nackte Springteufelchen, Websites transferieren den Nutzer ungefragt auf andere Websites, man wird herumgereicht vom einen Busen zum nächsten Po. Was in der Werbung angeboten wird, ist meist der lockend-süße Zuruf einer Nackten, die um Rückruf bittet.

Gegen minutengenau abgerechnetes Honorar lassen Frauen den zahlenden Kunden an ihrem Leben teilhaben, rund um die Uhr, bei jeder Art von Verrichtung, Essensaufnahme und -abgabe, Morgen-, Mittag- und Abendtoilette, möglichst ausführlich. Am Ende die gynäkologische Inspektion oder, mit etwas Glück, sogar ein Männchen, das stellvertretend für alle tut, was alle gern täten. Hunderttausende teilen so das äußerliche und innerliche Leben der Webcam-Artistinnen, die sich für die Webcam-Autisten zum Äffchen machen. Viele ihrer Subskribenten sind mit ihnen geradezu verheiratet. Der Begriff »Öffentliches Mädchen« hat damit einen neuen Sinn bekommen.

Der kleine und der große Tod

Wunscherfüllung ist das Prinzip, nach dem Cyber- und Pornowelt funktionieren. Aber das bedeutet auch, dass aus Vollständigkeitsgründen wirklich alle Wünsche erfüllt werden, jenseits des Anstands, der Gesetze, jenseits von Gut und Böse. Möchte man gerne Kinder sehen, die in das Sexleben der Erwachsenen hineingezerrt werden, bitteschön. Kinderpornographie ist das Monster, das durchs Internet gemästet wurde. Die Epidemie der wehrlosen Kleinen, die vor Kameras zu Darstellern ihrer eigenen Entwürdigung werden, wurde erst durch die Social Media ermöglicht. Was früher eine Perversion Einzelner war, die sich ihr erbärmliches Vergnügen mit schlechtem Gewissen und der Gefahr des Erpresstwerdens erkauften, ist heute Billigware auf dem Massenmarkt.

Zugleich mit der spielend leichten Erreichbarkeit bietet diese Globalverbreitung eine Entlastung der Gewissen. Was den Einzelmenschen instinktiv bedrückt, wird auf Tausende, vielleicht Millionen Schultern verteilt. Gemeinschaft entlastet, gemeinsam Verbotenes tun, lenkt einen davon ab, dass es verboten ist. Wird eine Perversion von einer Riesengemeinde geteilt, ist es, demokratisch betrachtet, keine Perversion mehr, sondern etwas fast schon Normales. Die Masse macht's. Das Zugehörigkeitsgefühl zu anonymen Anderen, die durch die gemeinsame Untat nicht mehr »Andere«, sondern Gleichgesinnte und Gleichfühlende sind, übertönt das schlechte Gewissen wie laute Musik die Schreie gequälter Kinder.

Auch die Schreie der Erwachsenen sind nicht immer der Ausdruck gespielter Lust. Ein einziger Klick auf den Angebotskatalog eines Sexportals genügt, um einen Blick in Dantes Hölle zu werfen. Hier wird mit demselben Raffinement gequält wie in den mittelalterlichen Folterkammern. Und es ist nicht gespielt. Denn die armen Frauen oder Männer, die sich für Geld fesseln oder knebeln lassen, die mit Stricken gekreuzigt oder in Ledermasken eingeschnürt werden, ahnen nicht, was auf sie zukommt. Neben altbewährten Peitschenschlägen wird hier am liebsten mit Elektroschocks gearbeitet, die man unter Strom verabreicht, damit das Ächzen, Stöhnen und Schreien nicht nur echt wirkt. Mit elektrischen Massagegeräten bearbeitet man die telegenen Teile, bis das Schmerz-

in Lustgeheul übergeht und von da wieder zurück. Für diese Hölle gibt es, wie weltweit viele Millionen Besucher beweisen, ein Riesenpublikum.

Aber nicht nur Schmerz wird zur allgemeinen Belustigung zugefügt, sondern es geht den Betroffenen, wie im römischen Kolosseum, auch ans Leben. Ähnlich beliebt und verboten wie die *Child Pornography* sind die sogenannten *Snuff Films* (Mordfilme). Hier wird auf schauderhaft realistische Weise gefoltert, verstümmelt und enthauptet, als wäre es wirklich. Dass man es nicht mit letzter Sicherheit weiß, trägt zur anregenden Wirkung bei. Wie aus der bayerischen Kriminalitätsstatistik im März 2020 hervorging, haben Gewaltpornos die deutschen Schulen erobert. Dank Smartphone kann man in den Pausen grüppchenweise all das sehen, was kein Fernseher zeigt und worüber niemand spricht: *Bondage* (Fesselsex), *Gang Bang* (Gruppenvergewaltigung), *Tortures* (sadistische Folterungen) und unvermeidlich auch *Snuff Clips*, mit denen sich die bayerische Schuljugend auf die Härte des Lebens vorbereitet. Manche dieser Tötungsdokus sind authentisch. Mindestens vier zur Anklage gebrachte Morde wurden ins Internet gestellt. Wie die Mörder zugaben, bestand darin auch der Zweck der Verbrechen.

Die Paradoxie der Sexualität besteht darin, dass sie einerseits als große Lustspenderin und Menschheitsbefreierin wirkt und andererseits den Menschen neue Zwänge auferlegt, mit denen die Lust in Leiden, die Freiheit in die Unfreiheit der Sucht verwandelt wird. Mit denen der »kleine Tod«, wie der sexuelle Höhepunkt genannt wird, langsam in den großen Tod übergeht, erst in den der Menschlichkeit, dann in den des Menschen selbst.

Gerade in den unzähligen Spielarten der Sucht zeigt sich der Wiederholungszwang, der etwa bei den Drogen unmittelbar selbstzerstörerisch wirkt. In anderen dagegen, etwa der Gambling-, Game- oder Pornosucht, gibt sich das Destruktive nur sukzessive zu erkennen. Ist der Mensch erst nach irgendetwas »süchtig«, haben Vernunft und Selbstbestimmung, meist auch die Selbsterhaltung kein Mitspracherecht mehr.

Das Scheinleben online ist heute zur weltbeherrschenden Sucht geworden. Man fühlt sich frei in der schönen neuen Cyberwelt und ist doch nur Bedienautomat einer ferngesteuerten Maschine. Man glaubt, etwas zu wollen. Doch zuvor hat jemand gewollt, dass man es will. Und scheinen die Wunschklicks auch der eigenen Laune zu entspringen, so folgen sie doch nur vorgegebenen Pfaden. Alle User glauben, aus freien Stücken zu handeln. Sie müssen es aber und wissen es nicht.

Sie wissen auch nicht, nach welchen Stereotypen das Leben abläuft, das sie als »ihr Leben« in der Cyberwelt führen. Sie führen es auch nicht, sie werden geführt. Und nicht zufällig verweist man sie immer an dieselben Klicks, dieselben Sites, dieselben Communities, dieselbe Werbung. Und dasselbe Ich, das in seinem eigenen Spiegelbild gefangen ist. Der posthumane Mensch lebt nicht, sondern stellt die ewige Wiederholung dessen dar, was man ihm als sein wahres Ich vorführt. Das Leben in der Cyberwelt ist ein Labyrinth, aus dessen endlosem *circulus vitiosus* es keinen Ausweg zu geben scheint.

Die Maschine steht still

Oliver Sacks' bekanntestes Buch heißt »Awakenings« (»Zeit des Erwachens«). Es handelt von einer modernen »Totenerweckung«, bei der der Neurologe Patienten, die seit Jahrzehnten im Wachkoma lagen, durch die experimentelle Gabe einer Droge wieder ins Leben zurückrief. Verfilmt mit Robert De Niro und Robin Williams, kam die Geschichte Anfang 1991 in die Kinos. Der Film handelte nicht von einem besonders interessanten Fall aus der Psychiatrie, sondern von der Empathie eines Arztes für seine Patienten, die förmlich Wunder wirkte.

Damals bot sich mir die Gelegenheit, zusammen mit dem Fotografen Robert Lebeck den Arzt in New York zu besuchen. Zwei Tage lang sprachen wir nicht nur über den Film, sondern über seine ganze Lebensphilosophie, die sich in vielem von der Moderne abwandte.[153] Für ihn zählte nicht Effizienz, sondern allein die Zuwendung zum Mitmenschen, der sich oft genug hinter seiner Krankheit verbirgt. »Bei meinen Patienten lasse ich mich von der Empathie leiten«, sagte er. »Ich möchte in ihren Schuhen stehen, förmlich eins werden mit ihnen. Nur so ist Begreifen möglich. Ohne Begreifen aber gibt es kein Helfen.« Wie Platons Lehrer Sokrates sich als »Geburtshelfer« der Vernunft bezeichnete, wollte der New Yorker Psychiater das, was in den Kranken im geistigen Dunkel lag, erhellen. Sie aus der Höhle, in der sie gefesselt lagen, ans Tageslicht führen. Das verschüttete Menschliche der Kranken zu neuem Leben erwecken.

Auf dem Schreibtisch von Oliver Sacks lagen neben Stößen Papiers nur einige Bleistifte und ein Füllfederhalter samt Tintenfass. Ein PC war beiseite geschoben. Dabei gehörte der Schreibcomputer seit Ende der 1980er Jahre zum Standard jedes Schriftstellers. Der Autor, der auf sich hielt, benutzte den Apple »Macintosh«, einen hellgrauen Würfel mit dem kleinen Schwarz-weiß-Bildschirm, der auf einem liegenden Rechner mit einem Schlitz für Floppy-Discs thronte.

Auf meine Frage erklärte er, dass es ihn störe, wenn sich die Technik »zwischen seine Gedanken und deren Niederschrift schiebt. Der Geist kommt sehr gut ohne Elektronik aus, auch ohne das Geklapper der Tastatur. Ich schreibe alles per Hand. Wenn ich formuliere, ist mir der Kontakt zum Papier, selbst das Geräusch des Bleistifts, der über das Blatt gleitet, wichtig. Übrigens führe ich auch über jeden meiner Patienten Tagebuch.« Dabei wies er auf einen großen offenen Schrank, der von oben bis unten mit schmalen Bändchen und Audiokassetten gefüllt war. »Von dem, was meine Patienten mir erzählen, darf nichts verloren gehen.« Ich weise auf eine elektrische Schreibmaschine in einem Buchregal hin. »Also doch moderne Technik?« Er lächelt. »Nur als Notbehelf«.

Oliver Sacks starb 2015 82-jährig in New York. Kurz vor seinem Tod schrieb er eine Botschaft an alle Menschen. Seine dringende Warnung nannte er, in Erinnerung an E. M. Forsters Vision, »Die Maschine bleibt stehen«.[154] Für Oliver Sacks stehen die Menschen im Begriff, sich selbst aufzugeben. Nur scheinbar bietet die Cyberwelt ein Abbild der Wirklichkeit. Sie ist selbst eine Wirklichkeit, die den Menschen unmerklich seiner selbst entfremdet und in eine existenzielle Katastrophe führt.

Sacks nennt diese Katastrophe »neurologisch«, weil sie nicht durch Nuklearwaffen, Umweltvernichtung, Virenpandemien oder Erderwärmung bewirkt wird, sondern durch die Veränderung des menschlichen Gehirns, die wiederum den selbstzerstörerischen Wandel seines kollektiven Bewusstseins herbeiführt. Der Mensch distanziert sich von der Natur und damit auch von sich selbst. Diese Katastrophe fügt er sich »sehenden Auges« selbst zu. Er geht sich verloren. Er lebt zwar noch, aber nur virtuell.

Geschwächt vom Krebs, der ihn töten wird, prophezeite Oliver Sacks den Menschen ihre Zerstörung durch die Cyberwelt, die einer Selbstzerstörung gleichkommt. Denn diese Wirklichkeit, die den Menschen entwirklicht, ist menschengemacht. Und wird, traurig zu sagen, von den Menschen innig geliebt. Alle Wünsche werden von Amazon postwendend erfüllt, alle Fragen von Google beantwortet, jedem wird von Facebook geschmeichelt und von Netflix Unterhaltung geboten. Unbemerkt bleibt, dass dies zu einer Dauerprogrammierung führt, der sich das Gehirn dank seiner Plastizität anpasst.

Die schleichende Machtübernahme durch die digitale Pseudorealität, so der Neurologe, führt zu einer messbaren Veränderung des Denkorgans. Das systematisch manipulierte Gehirn denkt nicht nur anders, es verschaltet sich auch anders. Es

»tickt« wie eine Zeitbombe. Das wiederum bedeutet, dass es nicht denkt, wie es will, sondern wie es sich selbst entschlossen hat, denken zu müssen. Dank internetkompatibler Konditionierung verlernt der Cybermensch, zwischen Wirklichkeit und Virtualität zu unterscheiden. Und er verwechselt seine Online-Identität mit seinem humanen Selbst, das schon deshalb an den Rand gedrängt wird, weil es nicht so smart ist wie die Maschine. Die künstliche Intelligenz wird zum heimlichen Ideal der realen.

Die Smartphones, die heute alle Aufmerksamkeit absorbieren, so Oliver Sacks, haben jeden Nutzer »in eine virtuelle Realität hinein getaucht, die zu seiner Entmenschlichung *(dehumanizing)* führt«. Wirkliches Interesse an den Menschen und der Umwelt ist, zumindest in den Großstädten, weitgehend verschwunden. »Die Mehrheit klebt heute pausenlos an ihren Gerätchen«. Zugleich mit diesem Rückzug aus der Öffentlichkeit wird, paradoxerweise, alle Privatheit der Öffentlichkeit preisgegeben.

»In einer Welt, die sich an die Non-stop-Nutzung der Social Media gewöhnt hat«, so schreibt er, »gibt es kaum mehr Interesse am Privatleben«. So »sitzen die Menschen in der Falle der virtuellen Welt, und sind gleichzeitig nie mehr allein«. Vor dem wirklichen Selbst geflohen, trifft man unzählige Andere, die ebenfalls vor sich selbst geflohen sind. Die Kunstmenschen sind unter sich und unterhalten sich über ihre Kunstwelt. Die Möglichkeit, sich kontemplativ »auf ein Kunstwerk, eine wissenschaftliche Theorie, einen Sonnenuntergang oder das Gesicht eines geliebten Menschen« einzulassen, »hat man aufgegeben.«

Ursache ist auch die »subtile Sinnentleerung« dessen, was einst menschlicher Kontakt, menschliche Gesellschaft und menschliche Kultur bedeuteten. »Als Neurologe hatte ich viele Patienten, die durch eine Zerstörung des Gedächtnissystems in Amnesie fielen. Und unwillkürlich muss ich an sie denken, wenn ich die heutigen Menschen sehe, die jeden Sinn für Vergangenheit und Zukunft verloren haben und in einem Gaukelspiel flüchtiger, ständig wechselnder Eindrücke gefangen sind.«

Am stärksten betroffen sind »die jungen Leute, die in der Social Media-Ära aufgewachsen sind. Sie besitzen keinerlei persönliche Erinnerung an das Leben, wie es vorher war, und keine Immunität gegen die Verführungen des digitalen Lebens.« In dieser kollektiven Amnesie geht alles verloren, was man Menschlichkeit und menschliche Kultur nannte. An ihre Stelle tritt die Pseudorealität der Cyberwelt, der sich das Gehirn perfekt angepasst hat.

»Es ist bemerkenswert«, schreibt der Autor in seinem Weltabschiedstext, »dass E. M. Forster vieles davon in seiner Story visionär vorausgesehen hat«. Und er zitiert aus der Geschichte »Die Maschine steht still« das Gespräch zwischen dem Helden und seiner Mutter, wo er ihr sagt, »dass wir einen Teil unserer selbst verloren haben, und dass wir es sind, die sterben, während das einzige Ding, das hier unten wirklich lebt, die Maschine ist«. Der Neurologe fügt hinzu: »Genauso fühle ich mich, und täglich mehr, angesichts unserer verhexten, besessenen Gesellschaft.«

Vielleicht war der sterbende Oliver Sacks der Erste, der von einem Horror vor der schönen neuen Cyberwelt erfasst wurde, in der für alles Platz ist. Nur nicht für die Menschlichkeit.

20. Kapitel

Von der Gelassenheit

*»Nun steht es durch Gottes Güte so,
dass wir niemals richtiger und
heiliger handeln, als wenn wir uns
unvermögend und untauglich
zum Handeln zu sein scheinen.«*[155]
Martin Luther, 1542

Das Geheimnis des Nicht-Tuns

Alles Lebendige ist aktiv. Angetrieben von der Sonnenenergie,
kann es gar nicht anders. Aber es kennt Ruhepausen, die das
rastlose Vorwärtseilen regelmäßig unterbrechen wie die Nacht
den Tag. Was lebt, muss Atem holen können. Die Cyberwelt
muss das nicht. Auch sie funktioniert mit Photonen, wie sie
von der Sonne ausgesandt werden. Aber sie ist nicht lebendig.
Dennoch ist sie so aktiv, dass der Mensch ihr kaum folgen
kann. Und sie ist so energiegeladen, dass sie keine Unterbrechung kennt. Tag und Nacht gibt es für sie nicht, und auch
nicht für den, der ihr dient. So eilt die Cyberwelt dem Lebendigen davon, und wer sich ihr mit Haut und Haar ausliefert,
wird immer zu spät kommen.

Gegen das Internet ist kein Kraut gewachsen. Man kann es
nicht ändern. Vor allem kann man nichts an seiner rasanten
Ausbreitung ändern. Aber man kann sich selbst ändern. Etwa
indem man aufhört, sich als lenkbarer Kunde bedienen zu
lassen, und sich stattdessen auf das beschränkt, was man an-

geblich schon ist, Nutzer. Dann sieht man den Computer als das, was er eigentlich sein sollte: als Werkzeug, das man benutzt, weil es einem hilft, das eigene Leben zu gestalten. Statt sich von ihm das Leben gestalten oder gar übernehmen zu lassen. Das setzt voraus, dass man sein eigenes Interesse von dem der Cyberwelt zu unterscheiden lernt. Hat man erreicht, was man sich vorgenommen hat, kann man das Werkzeug getrost beiseitelegen. Dann nimmt man sich die Pause, die das Internet nicht kennt. Dann schließt man die Augen und kümmert sich nicht mehr um das Kamera-Auge, das einen anstarrt.

Das sagt sich leicht und tut sich schwer. Aber auf Tun kommt es hier gar nicht an. Der Mensch, der von morgens bis abends und möglichst auch in der Nacht seinen Computerdienst verrichtet, kann auch anders. Indem er den Computer das Nötige tun lässt. Und ihn, wenn es getan ist, abschaltet. Die Maschine und auch den eigenen heißgelaufenen Geist, dem vor lauter Hast das Hören und Sehen vergangen ist. Schaltet er wahrhaft ab und nicht nur, indem er einen Meditationskurs herunterlädt, dann kommt er wieder zu Sinnen. Dann kehren ihm seine fünf Sinne zurück. Und eine Welt, die kein Guckkasten ist, sondern Wirklichkeit.

Die Computerwelt kann alles. Nur mit der Computerabstinenz anfreunden kann sie sich nicht. Zur Totalverweigerung lässt sie es gar nicht erst kommen. Ihr Gegenmittel gegen das Abschalten heißt Ablenkung. Das Internet, sagt der kanadische Autor Cory Doctorov, »ist ein Ökosystem von Ablenkungstechnologien«.[156] Bevor ein Nutzer auf die rettende Idee kommt, sich einfach zu entziehen, hat man ihn schon auf andere Gedanken oder vielmehr andere Wünsche gebracht. Denn der Online-Mensch ist weniger eine Denk- als eine Wunschmaschine. Das Rezept der Betreiber besteht darin, den Kunden zuerst auf ein Thema, einen Text, ein Bild oder einen Clip hinzulenken. Man packt ihn mit einem Inhalt, der ihn vielleicht gar nicht interessiert. Nach kurzem Verweilen lenkt man ihn auch davon wieder ab, damit er sich vom nächsten Reiz gefangennehmen lässt. Durch Ablenkung wird man von der Ablenkung abgelenkt. Von Reiz zu Reiz entgleitet einem die Selbstkontrolle und damit die Fähigkeit, einen Schlussstrich zu ziehen. Das Internet ist das Perpetuum Mobile, das es nicht gibt.

Hinlenkung und Ablenkung bilden die Wellen des Internet, auf denen das Surfbrett des Nutzers dahintreibt. Scheinbar ziellos, in Wahrheit unsichtbar geführt. Während seiner Seefahrt kommt kein Surfer auf die Idee, dass er nur Spielball der Wellen oder eines unbekannten Lenkers ist, der an einem unsichtbaren Faden zieht. Da das Cybermeer keine Ufer kennt, ist Aussteigen unmöglich. Man denkt nicht einmal daran. Denn die nächste Innovationswelle, die einen ins Unabsehbare weiterträgt, rollt schon heran.

Mit allen Mitteln wird versucht, den Menschen an seinen Bildschirm zu ketten. Man ködert ihn mit den Aktualitäten, die sich förmlich überschlagen. Man hängt ihn an die *Feeds*, die nie enden. Wunschgemäß lässt er sich von ihnen »füttern« wie der Säugling an der Mutterbrust. Da er der Eigenverantwortung überhoben ist, entwickelt er Abhängigkeiten. Als unvermeidliche Folge entsteht die Sucht nach dem nächsten Neuen. Die Sucht, sich einer neuen Sucht ausliefern zu können.

Die Cyberwelt bleibt einem immer auf den Fersen. »Nicht abschalten«, mahnt der Rechner mit jeder App, die er einem anbietet. »Ihren Einsatz bitte«, ruft das Wettspiel, das einem das Geld aus der Tasche zieht, »Nachladen«, befiehlt das Ego-Shooter-Spiel, mit dem man sich die Seele aus dem Leib schießt. »Deine Liebe bitte«, fordert das Webcam-Fräulein, das sich räkelt, bis seinem zahlenden Anbeter der Mund offen steht. »Du hast eine neue Mail«, summt das Wundertäfelchen, und das ist nun wirklich unwiderstehlich. Zum Abschalten bleibt keine Zeit.

Angeblich schenkt die Cyberwelt Freiheit. Tatsächlich ist man so frei, sich in Abhängigkeit von ihr zu begeben. Was nicht auffällt, weil man sich selbst in ihr wiederzuerkennen glaubt. Man sieht sich, wie man gerne wäre, und wird nie satt davon. Im Vergleich mit dem Cyber-Ego ist das Alltags-Ich chancenlos. Unablässig muss es, um überhaupt zu überleben, mit der Wirklichkeit Kompromisse eingehen. Auch daher stammt das Fluchtverhalten, das sich bei Internet-Nutzern beobachten lässt. Sie benutzen nicht nur »jede freie Minute«, um in den Social Media ihrem »wahren« Ich zu begegnen. Sondern sie schaffen sich den nötigen Freiraum selbst. In der Schule, am Arbeitsplatz und selbst bei einem Date darf der Griff nach der wahren Identität nicht fehlen. Und die beruhigende Gewissheit, dass zur ewigen Angst, etwas zu versäumen, kein Grund vorliegt. Zumindest für den Augenblick.

Menschsein heißt eigentlich, eins mit seiner Welt zu sein. Nicht vor ihr zu sitzen wie vor einem randlosen Monitor. Statt nur gespannt zuzusehen, nimmt der Mensch teil an der Wirklichkeit, die die seine ist. Und nimmt an den Anderen Anteil. Auch dafür bietet das Internet einen täuschenden Ersatz, der das Original in allem zu übertreffen scheint. Dank der Social Media muss man sich nicht länger mit einer Handvoll von Bekannten oder Kollegen begnügen, sondern wird von Millionen ins elektronische Herz geschlossen. An dieser redseligen Scheinwelt kann jeder teilnehmen, sobald er sich selbst in ein redseliges Schein-Ich verwandelt. Vielleicht auch einen Schein-Namen annimmt. So wird man aus einem Menschen ein Facebook-Phantom. Doch die Facebook-Welt zeigt den Teilnehmern, wie der Name sagt, nur ihr *face*. Das englische Wort hängt mit dem deutschen »Fassade« zusammen. Und Fassaden sind nötig, um die Leere, die sich hinter ihnen auftut, zu verbergen.

Alles Lebendige fürchtet die Leere, das Grauen vor dem grenzenlosen Raum. Dieser sogenannte *horror vacui* (lat. Angst vor der Leere) wurde der Natur schon in der antiken Philosophie nachgesagt: Es ist das Entsetzen des Daseins vor dem Nichtsein, aus dem es einst entstanden ist. Deshalb füllt die Natur jedes freie Plätzchen aus. Sie wächst, wuchert und

ruht nicht, bis sich überall dort, wo Leere war, etwas Lebendiges regt. Und dieselbe Angst vor dem Abgrund der Leblosig-
keit, dem endlosen Nichts, beherrscht auch den Menschen. Wie
die Angst vor der Nachtschwärze und der betäubenden Stille
scheint auch der *horror vacui* zu seinem genetischen Erbe zu
gehören.

Insofern bietet die Cyberwelt ein perfektes Abbild der
menschlichen Psyche. Hyperaktiv kämpft sie gegen jede Pause,
jedes Atemholen, schließlich gegen ihr eigenes Verstummen
an. In rastloser Bewegung gleitet sie von Inhalt zu Inhalt, wobei
die jeweils aktuellen News die vorhergehenden ebenso über-
wältigen, wie es ihnen von den folgenden droht. Jeder Nachricht sitzt die nächste im Nacken. Eine Website ist der anderen
Tod. Wie ein Kino, dessen Filme im 24/7-Modus laufen, hat der
Bildschirm immer etwas vorzuführen. Jede Lücke wird mit etwas gefüllt, egal, ob es sich um neutrale oder interessengesteu-
erte Informationen handelt, die zu unterscheiden sogar einem
Algorithmus schwerfallen dürfte.

Tritt einmal eine unerwartete Pause ein, sprengt dies den
Rahmen der digitalen Aktivität. Stockt einmal das Bild, stürzt
der PC ab oder liegt das Smartphone wie ein totes Plastikding
in der Hand, dann kommt im Benutzer ebenfalls etwas ins
Stocken. Bricht die Informationsversorgung zusammen, scheint
auch die Energie des Menschen wie abgeschnitten. Denn was
er für die Welt hält, die er unter Kontrolle hat, versagt ihm
plötzlich ihren Dienst. Und das fühlt sich an, als würde er
selbst versagen. Er will etwas dagegen tun, aber was? Seine
Selbstsicherheit weicht der Urangst vor dem Kontrollverlust.
Nichts ist mehr berechenbar. Für die Zukunft sieht man schwarz.

Aber Schwarz ist nicht gleich Schwarz. Denn das Dunkel
des erloschenen Bildschirms unterscheidet sich in nichts von
der Nacht hinter den geschlossenen Augenlidern. Man muss
sie nur wahrnehmen. Wo Konsternation war, könnte Kontem-
plation entstehen. Wo Verfallenheit an das Außen, Selbstver-

gewisserung. Die Entspannung des Innehaltens, die Ruhe der Unbewegtheit sind, wie der Schlaf, Zeiten der Zeitlosigkeit. Nach der binären Logik bedeutet das Aus des Computers, der den Menschen beherrschte, zugleich das Ein seines befreiten Selbst. Wie der Mensch, der aus Platons Schattenhöhle empor-steigt, zu sich selbst und damit zur wahren Welt erwacht. Schon in der Antike war das fromme Utopie.

Da der Online-Mensch ständig unter Termindruck steht, kann er gar nicht loslassen. Dranbleiben ist die Devise. Statt mit geschlossenen Augen dem eigenen Herzschlag und den Geräuschen der Umwelt zu lauschen und mit jedem Atemzug Wirklichkeit einzuatmen, fiebert er dem Augenblick entgegen, an dem der Computer wieder hochfährt. Dann fährt er selbst mit hoch. Und darf aus der medialen Totenstarre auferstehen. Wieder hängt er dann am Tropf des Photonenflusses, der ihm eine Scheinwirklichkeit mit seinem Phantom-Ich vorführt. Wieder läuft er im Hamsterrad der wechselnden Bilder, ohne einen Fußbreit voranzukommen. Denn seine Angst, dieser ar-chaische Horror vor der Sinnlosigkeit, tritt auf der Stelle.

Geradezu unvorstellbar erscheint, dass man auch abschalten kann, um Internet auf Internet, Ich auf Ich beruhen zu lassen. Gelassen zu sein. Schon zu Platons Zeiten lehrten buddhistische Mönche die Kunst, nicht durch die allgemein übliche Selbstbe-hauptung, sondern durch Selbstzurücknahme zu wirken. Gutes zu wirken. Wer sein Ich und seine Welt loslassen kann, erfährt sich und seine Welt neu. Gelassenheit bedeutet nicht, *relaxed* oder gar cool zu sein. Weder koppelt sich der Gelassene von der Wirklichkeit ab noch erhebt er sich über sie. Auch handelt es sich nicht um eine anspruchsvolle Form des Nichtstuns. Gelassenheit ist ein Tun, das alles bewirkt, ohne selbst zu wirken. »Durch Nicht-Tun wird die Welt gewonnen«, sagte der chinesische Weise Lao-Tse, »durch Tun wird sie verloren.«

Seit dem 13. Jahrhundert wurde die Gelassenheit auch im Christentum gepredigt. Freilich nicht von der Papstkirche, sondern von der innerkirchlichen Opposition. Von Meister Eckhart über Johannes Tauler bis zu Luthers Mentor, Johann von Staupitz, und dem Reformator selbst sprach die Mystik von der »Gottgelassenheit«. Man besaß den Glauben nicht, sondern ließ ihn los. Und man ließ auch das Ego los, das sich an ihm festgehalten hatte. Mehr noch, so lehrte Meister Eckhart, »man kann Gott nur finden, indem man ihn lässt«.

Im selben Jahr 1515, in dem Luther im Wittenberger Klosterturm aufging, dass der Glaubende auch ohne Werke gerechtfertigt ist, erschien das neueste Büchlein seines Mentors Staupitz. Darin konnte man lesen, dass man »tausend Jahre suchen könnte und doch nichts Nützlicheres fände« als die Gelassenheit. »Lass dich, edle Seele«, so schrieb der Augustiner, »lass alle Dinge, und dich selbst, um dessen willen, der alle Dinge um deinetwillen gelassen hat. Lass Tugend, lass Gnade, lass selbst den sterbenden Christus«. Und sollte es dem Gläubigen gelingen, »Gott selbst zu lassen«, so versprach Luthers geliebter »Vater«, »so wirst du nimmer verlassen von Gott«.[157]

Gelassenheit ist nicht machbar. Deshalb war sie auch nie in Mode. Auch bietet sie keine Technik der Stressbewältigung. Weil sie keine Technik ist. Sie ist auch keine Methode, die zu etwas führt. Sie bringt einem kein Abschlussdiplom ein. Mit den Zen-Meistern könnte man sie den Weg nennen, der das Ziel ist. Man bewegt sich, aber bleibt im Inneren unbewegt. Denn man ist immer schon dort, wo man eigentlich erst hin möchte.

Die Stillung des Sturms

Vor lauter Tätigkeitsdrang verlernt der Mensch, was er noch als Kind konnte: einfach da zu sein und staunend wahrzunehmen. Denn ständig befällt ihn die Angst, irgendwann nichts mehr machen zu können und den Anschluss zu verlieren. Der

Stress, der den modernen Menschen bis zur Besessenheit erfüllt, greift auf alles über. Stress ist maskierte Todesangst. Gelassenheit hebt die Angst auf. Seinem auf dem Augsburger Reichstag geängstigten Freund Philipp Melanchthon riet Luther im Mai 1530, er solle sich einfach zurücknehmen, sein überreiztes Gemüt in Balance bringen. »Man dient Gott auch durch Nichtstun«, schrieb ihm der Reformator, »ja, durch nichts mehr als Nichtstun.«[158] Ein anderes Wort dafür ist Gelassenheit.

Für die Moderne ist sie ein Fremdwort. Die Eigendynamik des Fortschritts, der ständig über sich selbst hinwegschreitet, treibt den Menschen zu immer neuen Großtaten. Aber wer zu etwas hingetrieben wird, der wird zugleich von sich weggetrieben. Er gewinnt die Welt, aber verfehlt sich selbst. Zwar steht ihm das Cyber-Universum zu Diensten, das vieles bietet und alles verspricht. Doch dabei hat er schon vergessen, wer er selbst ist, dem sie zu Diensten steht. Wer dieses Ich-Wesen ist, das rastlos fortschreiten und erfolgreich sein will. Weil er die Gegenwart seines Daseins nicht erträgt, dringt der Mensch immer weiter auf ein unbekanntes Terrain vor, das er die Zukunft nennt.

Dagegen lehrt die Gelassenheit: »Sorge dich nicht um morgen. Wer von euch kann mit all seiner Sorge sein Leben auch nur um einen Augenblick verlängern?« Die posthumane Welt ist stets in Sorge um sich selbst. Ihre atemlose Erzählung kennt keine Pausen. Ihre Großwetterlage bringt nicht die Stille, in der der Mensch Luft schöpfen kann, sondern den Sturm, der alles mit sich fortreißt.

Sturm ist ein klassisches Bild für die bedrohte Existenz des Menschen. Das unberechenbare meteorologische Geschehen, bei dem einem die Wirklichkeit gleichsam um die Ohren fliegt, überfordert den Menschen. Der Sturm entzieht sich jeder Planung, aber er zieht jeden in Mitleidenschaft. Wer sich gerade noch für den Herrn seines Schicksals hielt, weiß plötzlich nicht mehr, wo ihm der Kopf steht. Der Denker Seneca, der von seinem Schüler Nero zum Selbstmord gezwungen wurde, verglich den Sturm mit der Todesgefahr, die plötzlich über den Menschen hereinbrechen kann. »Ihr entgeht nur der Gelassene«, lehrt der Zeitgenosse Jesu, »der im Toben des Sturmes die Ruhe bewahrt«[159]. Ruhe gibt es nicht, es sei denn, man bewahrt sie. Dann wird der Drang des Machens zur Freiheit des Duldens. Und an die Stelle des rastlosen Leistungszwangs tritt Geduld.

In der Geschichte von der »Stillung des Sturms« fährt Jesus mit seinen Jüngern über den See Genezareth. Als ein Unwetter aufzieht und das Boot in Seenot gerät, bricht Panik aus. Trotz des ohrenbetäubenden Lärms der Wellen und des Geschreis der Passagiere schläft Jesus. Nichts kann ihn aus der Ruhe bringen. In Todesangst rütteln die Jünger ihn wach. Ohne dass ihr Meister etwas tun müsste, geschieht das Wunder: Er erhebt sich, der Sturm legt sich. Und der See, als hätte er nur darauf gewartet, liegt glatt wie ein Spiegel.

Das göttliche Wunder von der Stillung des Sturms kann jeder erleben, wenn er Sturm Sturm sein lässt. Dann ruht die Welt von ihrer ewigen Aufgeregtheit aus, und der Mensch ruht mit. Er lässt, was geschieht, geschehen. Er schweigt. Und wartet auf den Moment, in dem ein leises Wort oder eine sanfte Geste das bewirkt, was durch keine noch so spektakuläre Tat hätte erreicht werden können. Panik ist ansteckend, Gelassenheit auch. Wie in den Evangelien beschrieben, verwandelt sie alle, die vor Angst gelähmt, vor Verwirrung blind, vor Entsetzen stumm und vor Selbstzweifeln schon im Leben tot sind, in lebendige, nach Luthers Ausdruck, »wahrhaft menschliche Menschen«.

Gelassenheit schafft Distanz zu sich selbst, auch zum Computer. Lässt man ihn in Ruhe, so bemerkt man erstaunt, dass er einen auch in Ruhe lässt. Das große, bunte Weltspektakel, das auf seiner Bühne aufgeführt wird, findet dann ohne Zuschauer statt. Hinter geschlossenen Vorhängen. Öffnet man sie doch einmal, hebt augenblicklich das Drama der rastlosen Bewegung wieder an, als hätte es nur auf einen gewartet. Das muss einen nicht vom Sitz reißen. Man kann es in Ruhe wahrnehmen, ohne es unbedingt für wahr zu nehmen. Man kann alles bewegen, ohne davon bewegt zu sein. Man kann auch den Vorhang jederzeit wieder zuziehen.

»Der Gelassene«, sagt Meister Eckhart, »bleibt beständig in sich selbst, unbewegt und unwandelbar.« Was wie Weltfremdheit klingt, ist in Wahrheit Weltzugewandtheit, Menschenzugewandtheit. Nur wer befreit ist, kann andere befreien.

Anmerkungen

1 Oliver Sacks, The Machine Stops, The New Yorker, am 11.2.2019 postum veröffentlicht.

2 Pedro Domingos, The Master Algorithm, 2015, 286.

3 Aldous Huxley, Brave New World Revisited, New York 1958, 28.

4 Shoshana Zuboff, Das Zeitalter des Überwachungskapitalismus, Frankfurt 2018, 590.

5 Nick Bostrom, Superintelligenz, Szenarien einer kommenden Revolution, Berlin 2014, 11.

6 Bostrom, Superintelligenz, 9.

7 Nick Bostrom, Are we living in a simulation? Philosophical Quarterly 2003, vol. 53, 11, 243 f.

8 Bostrom, Superintelligenz, 16.

9 D. H. Lawrence, Die gefiederte Schlange, Zürich 1986, 47.

10 Antonio Garcia Martinez, »Facebook ist legales Crack«, Zeit Online 12.9.2016.

11 Margaret O'Mara, The Code, Silicon Valley and the Remaking of America, New York 2019, 31.

12 Yuval Noah Harari, Homo Deus, München 2017, 69.

13 Rana Foroohar, »Don't be evil« – How Big Tech Betrayed its Founding Principles, New York 2019, 3.

14 Margaret O'Mara im Spiegel-Interview 16.11.2019.

15 C. S. Lewis, The Abolition of Man, Columbia University 2002 online, 26.

16 Eric Schmidt, Jared Cohen, Die Vernetzung der Welt, Reinbek 2013, 9 f.

17 Dakota Shane, How to Create a Culture of Innovation, Inc.com 29.4.2019.

18 Dankesrede anlässlich der Verleihung des Friedenspreises des deutschen Buchhandels an Jaron Lanier 2014.

19 Gery Meck, Bettina Weiguny, »Disruption, Baby, Disruption!«, Frankfurter Allgemeine Zeitung 27.12.2015.

20 Justin Fox, The Disruption Myth, The Atlantic October 2014.

21 Jan Heidtmann, Internet abschalten: Das Digitale frisst uns auf, München 2019.

22 Luther an Georg Spalatin, 15. Oktober 1519.

23 Thomas Ramge, Mensch und Maschine, Ditzingen 2018, 94.

24 Spiegel Online 5.12.2019.

25 Heidtmann, 37.

26 Foroohar, 125.
27 A.a.O., 117.
28 Zuboff, 170 f.
29 Foroohar, 21.
30 Joel Bakan, The Corporation, New York 2004, 18.
31 Huxley, Brave New World Revisited, 25.
32 Garcia Martinez, Zeit Online 12.9.2016.
33 Bakan, 34 f.
34 Investopedia, Corporate Bancruptcy, online 25.6.2019.
35 George Gilder, Das Leben nach Google, Kulmbach 2020.
36 Seneca, 2. Brief an seinen Schüler Lucilius.
37 Leibniz, Theodizee.
38 Spiegel 10.4.2014.
39 Netflix-Doku über Bill Gates 2019.
40 Online Mercury News, 21.1.2014.
41 Herbert Okolowitz, Virtualität bei G. W. Leibniz, Dissertation,
    Augsburg 2006.
42 Book of Codes, Berkeley and Los Angeles 2009, 84.
43 Foroohar, 190.
44 Gero von Randow, Die Zeit, Oktober 2016.
45 Nicholas Carr, Wer bin ich, wenn ich online bin ...,
    München 2010, 8.
46 Prof. Christian Bauckhage, Frankfurter Institut für Intelligente
    Analyse- und Informationssysteme.
47 Donna Haraway, The Haraway-Reader, New York and London
    2004, 7.
48 Dschuang-Tsi, Das wahre Buch vom südlichen Blütenland,
    hrsg. v. Richard Wilhelm, Jena 1912, 177.
49 Aldous Huxley, Brave New World, Vorwort zur 25. Auflage,
    New York 1962.
50 Carr, 38.
51 Derek Thompson, Google's CEO, The Atlantic 1.10.2010.
52 Manfred Spitzer, Die Smartphone-Epidemie, Stuttgart 2018, 188.
53 Richard David Precht, Künstliche Intelligenz, München 2020, 7.
54 Max Planck, Determinismus oder Indeterminismus,
    Leipzig 1948, 344 f.
55 Zit. nach Harry Paul, Photonen, Berlin 1985.
56 Julian Assange, Cypherpunks, New York 2016, 40.
57 Jan Dams, »So spionieren Geheimdienste deutsche Firmen aus«,
    Welt Online 20.2.2017.
58 Manager-Magazin 16.3.2020.
59 Scott Galloway, The Four. The Hidden Agenda of Amazon, Apple,
    Facebook and Google, New York 2017.

60 Jaron Lanier, Wem gehört die Zukunft, Hamburg 2014, Cover.

61 Natasha Dow Schüll, Addiction by Design, Princeton 2014, 160.

62 Frankfurter Allgemeine Zeitung 26.6.2018.

63 Brian Scudmore, The Truth about Smartphone Addiction,
Forbes 30.10.2018.

64 American Cancer Society, US Tobacco Companies tell the Truth
About Addictive Products, 21.11.2017.

65 Der digitale Mensch, Spektrum der Wissenschaft 2016, 11.

66 Zuboff, 233.

67 Bernd Graff, »Rassistischer Chat-Roboter«, Süddeutsche 3.4.2016.

68 Byung-Chul Han, Palliativgesellschaft, Berlin 2020, 25.

69 Eric Schmidt, Newsweek 10.1.2017.

70 Hannah Arendt, The Origins of Totalitarianism,
San Diego 1973, VIII.

71 L. Howell, Digital Wildfires in a Hyperconnected World,
WEF Report 2013.

72 Hanna Arendt, Elemente und Ursprünge totaler Herrschaft,
München 1986, 714.

73 Zuboff, 533.

74 F. M. Dostojewski, Die Brüder Karamasoff, München 1977, 1192.

75 New York Times 9.5.2019.

76 Heidtmann, 42.

77 New York Times 4.3.2018.

78 Luther an Staupitz, 31. März 1518.

79 Britannica online 2012, 127.

80 Daily Mail 7.6.2019.

81 Berliner Tagesspiegel 3.6.2019.

82 Foroohar, XVII.

83 Norman Doidge, The Brain That Changes Itself, Penguin 2007, 311.

84 CNN online 2.5.2020.

85 Global Cyber Risk Perception Survey,
hrsg. v. Marsh und Microsoft online.

86 Victor Hugo, Das Teufelsschiff, Zürich 1987, 324.

87 Georg Rüschemeyer, Ganz im Vertrauen,
Frankfurter Allgemeine Zeitung 18.2.2019.

88 Stephen Hawking, Expeditionen an die Grenzen der Raumzeit,
Reinbek 1996, 95.

89 Zit. nach Frankfurter Allgemeine Zeitung 19.8.2020.

90 Süddeutsche Zeitung, 24.1.2016.

91 »The Conspiracy Theories of Donald Trump«,
CNN-Report von Fareed Zakaria, 6.9.2020

92 CNN online 23.8.2020.

93 Mary L. Trump, Too Much and Never Enough, New York 2020, 19.

94 Trump, 48.

95 Trump, 9.

96 Walter Lippman, The Political Scene, New York 1919, 38.

97 McKay Coppins, The Billion Dollar Disinformation Campaign, The Atlantic Februar 2020.

98 Eugene Robinson, Washington Post 3.10.2019.

99 Julia Carrie Wong, One Year Inside Trump's Monumental Facebook Campaign, The Guardian 30.1.2020.

100 Stephen King, Washington Post 3.2.2020.

101 Spitzer, 284.

102 Guardian Online 5.1.2020.

103 Matthew Rosenberg, »Trump Adviser has Pushed Clinton Conspiracy Theories«, New York Times 5.12.2016.

104 Edelman Trust Barometer 2018.

105 Samuel Gibbs, Apple Co-founder Steve Wozniak Says Humans Will Be Robot's Pets, Guardian 25.6.2015.

106 Precht, Künstliche Intelligenz 2020.

107 Tim Adams, Jaron Lanier: ›The Solution is to Double Down on Being Human‹, The Guardian 2.12.2017.

108 H+ Magazine online, San José, California, Herbst 2009, 12.

109 Carr, 8.

110 Doidge, 311.

111 Trends für die Künstliche Intelligenz, Fraunhofer Institut online 2017.

112 Künstliche Intelligenz, online 2017.

113 Ben Popper, Mark Zuckerberg thinks AI will start outperforming humans, The Verge online 28.4.2020.

114 Welt Online 28.7.2017.

115 Bitkom Künstliche Intelligenz, online 2017.

116 CNBC online 14.3.2018.

117 Katherine Hayles, How We Became Posthuman, Chicago 1999, 5.

118 Friedrich Nietzsche, Werke in drei Bänden, hrsg. v. Karl Schlechta, München 1956, III, 148,.

119 Zuboff, 465.

120 Deutschlandfunk Kultur 5.1.2019, Interview Meike Laaff.

121 Christian Salmon, Storytelling, Paris 2017.

122 Richard Dawkins, The Selfish Gene, New York 2006, 193.

123 Julia Shaw, Das trügerische Gedächtnis, München 2016.

124 Edward Bernays, Propaganda, New York 1928, 9.

125 Jimmy Leipold, »Edward Bernays und die Wissenschaft der Meinungsmache«, Arte Film 2019.

126 Larry Tye, The Father of Spin, Edward Bernays and the Birth of Public Relations, New York 1998, 102.

127 George Orwell, 1984, deutsche Übers. 1950 online.

128 Noam Chomsky, Media Control 1991, o. S. online.

129 Karl E. Ettinger, Hrsg., »Public Relations Directory and
Yearbook« I, 1945.

130 Tye, 103.

131 Saturday Review of Literature, »Needed: A Grand Strategy«,
7. März 1942, 10.

132 Tye, 19.

133 Huxley, Brave New World Revisited 1958, 39.

134 Vance Packard, The Hidden Persuaders, New York 1957, 27.

135 Richard Perloff, The Dynamics of Persuasion, New York 2010.

136 Spitzer, 173.

137 Eric Burns, The Invasion of the Mind Snatchers,
Philadelphia 2010, 17.

138 B. F. Skinner, Beyond Freedom and Dignity, New York 1971, 179.

139 Harari, 409.

140 Zuboff, 400.

141 Oliver Sacks, On the Move, Reinbek 2016, 420.

142 Foroohar, 110.

143 Sacks, On the Move, 304.

144 Foroohar, 117.

145 Ebenda.

146 David Axe, »New Drone Cockpits«, Motherboard online 12.7.2018.

147 Harari, 69.

148 Arno Frank, »Kaffekränzchen mit YouPorn«,
Spiegel Online 22.7.2020.

149 Netzspiegel online, 16.5.2018.

150 Focus 24.2.2016.

151 ZDF online 12.3.2019.

152 Doidge, 104.

153 Auszüge daraus erschienen im »Stern« vom 14.1.1991 unter
dem Titel »Der sanfte Riese«.

154 Sacks, The Machine Stops, The New Yorker 11.2.2019.

155 Luther an Amsdorf, Februar 1542.

156 Cory Doctorov, Writing in the Age of Distraction, Locus 2009.

157 Johannes Staupitz, »Von der Nachfolge des willigen Sterbens
Christi«, Staupitzens Sämmtliche Werke, Potsdam 1867, 81.

158 Luther an Melanchthon, 12. Mai 1530.

159 Seneca, 41. Brief an Lucilius, Apelt 2, 141.

Namenregister

Joachim Köhler

Luther!

Biographie
eines Befreiten

408 Seiten | 13 x 21,5 cm
Hardcover | mit farb. Tafelteil
ISBN 978-3-374-04420-7
EUR 22,90 [D]

»Christsein heißt, von Tag zu Tag mehr hineingerissen werden in Christus.« Dieses leidenschaftliche Bekenntnis des Reformators steht im Mittelpunkt dieser brillanten Biographie, die Luthers dramatische Entwicklung in drei Stadien – Bedrängnis, Befreiung und Bewahrung – darstellt. Mit Sympathie und beeindruckendem psychologischen Gespür lässt der Autor den Glaubenskämpfer lebendig werden.

EVANGELISCHE VERLAGSANSTALT
Leipzig www.eva-leipzig.de

Tel +49 (0) 341/ 7 11 41 -44   shop@eva-leipzig.de

Gottfried Böhme

Der gesteuerte Mensch?

Digitalpakt Bildung –
eine Kritik

272 Seiten | 12 x 19 cm
Klappenbroschur
ISBN 978-3-374-06341-3
15,00 [D]

Big Data greift nach der Schule, digitale Medien sollen den Schulalltag bestimmen. Doch die wenigsten erkennen: Es geht nicht um eine Ergänzung des Unterrichts, es geht um die Neudefinition dessen, was Schule heißt. Es geht um die Rolle, die in Zukunft Klassen, Lehrer und besonders Schüler in ihr spielen sollen. Schule soll durch eine »digitale Bildungsrevolution« umgekrempelt werden – und der Begriff »Revolution« ist ernst zu nehmen.
Die Schule ist eine sehr empfindliche Stellschraube unserer Gesellschaft. Wer an ihr dreht, der bewegt sehr viel mehr als nur Schüler. Schulen sind keineswegs nur Lernorte. Bildung ist der Kitt, der eine Gesellschaft noch am ehesten zusammenhalten kann. Und das sollen in Zukunft Algorithmen gewährleisten? Die Sorge ist berechtigt, dass solcher Umbau kulturrevolutionäre Ausmaße annehmen könnte.